ALLY CROWE

Make
IT
Real

Moon Notes

Liebe Leserin, lieber Leser,
wenn du traumatisierende Erfahrungen gemacht hast, können
einige Passagen in diesem Buch triggernd wirken. Sollte es dir
damit nicht gut gehen, sprich mit einer Person deines Vertrauens.
Auch hier kannst du Hilfe finden: www.nummergegenkummer.de
Schau gern auf S. 400, dort findest du eine Auflistung der
potenziell triggernden Themen in diesem Buch. Um Spoiler zu
vermeiden, steht der Hinweis hinten im Buch.

Originalausgabe
1. Auflage
© 2025 Moon Notes im Verlag Friedrich Oetinger GmbH,
Max-Brauer-Allee 34, 22765 Hamburg
Alle Rechte vorbehalten
Vorbehalten sind ausdrücklich auch alle Rechte für ein Text und
Data Mining, KI Training und ähnliche Technologien
© Text: Ally Crowe, 2024
Ally Crowe wird vertreten durch die Agentur Sinnhöfer
© Umschlaggestaltung: Rocket & Wink, Hamburg
Lektorat: Jara Dressler
Satz: Sabine Conrad, Bad Nauheim
Druck und Bindung: FINIDR, s.r.o.,
Lípová 1965, 737 01 Český Těšín, Tschechische Republik
Printed 2025
ISBN 978-3-96976-064-2

www.moon-notes.de

Für Sina und Vanessa ♥

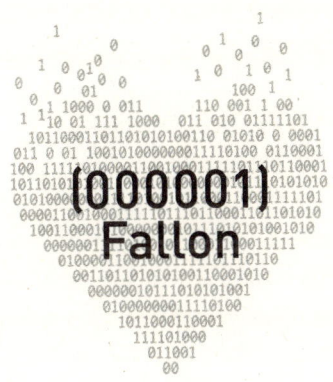

(000001) Fallon

Verstohlen warf ich einen Blick über die Schulter und versicherte mich nun schon zum dritten Mal innerhalb weniger Augenblicke, dass ich auch wirklich allein war. Doch nachdem Samuel, mein Chef, vor exakt drei Minuten das Großraumbüro für die Mittagspause als Letzter verlassen hatte, war bisher niemand wiedergekommen. Ein unruhiges Flattern breitete sich in meiner Brust aus, während ich nach dem Laptop in meinem Rucksack griff und ihn vor mir auf den Schreibtisch stellte. Ich versuchte, das Gefühl beiseitezuschieben, immerhin war es nicht so, dass ich etwas Verbotenes tat. Nur etwas, dass ich um jeden Preis geheim halten wollte. So wie damals, als ich mich heimlich für *Twilight* ins Kino geschlichen hatte, ohne dass Dad etwas davon mitbekam.

Mein Herz hämmerte mit der Wucht eines kleinen Presslufthammers gegen den Brustkorb, und nicht einmal das tiefe Ein- und Ausatmen half. Ich wollte nicht. Wirklich nicht. Aber es war nicht so, dass ich eine andere Wahl gehabt hätte.

Für einige Sekunden schloss ich die Augen und holte erneut Luft, ehe ich mir in Gedanken meinen Passsatz aufsagte und das erste Zeichen eines jeden Wortes des Refrains von Taylor Swifts *I Did Something Bad* ins Eingabefeld eintippte. Natürlich mit Satzzeichen und einigen Zahlen, die ich statt der entsprechenden

Buchstaben verwendete. Immerhin hing von diesem Passwort praktisch mein Leben ab.

Sofort erschien mein Manuskript auf dem Display, und wie aus einem Reflex sah ich mich erneut um.

Ich war immer noch allein.

»Reiß dich zusammen, Fallon«, murmelte ich und legte die Finger auf die Tasten. Eigentlich hatte ich dieses Kapitel gestern Abend fertig schreiben wollen, war dann aber vor lauter Erschöpfung über der Tastatur eingeschlafen. Das machte sich nicht nur in extrem fiesen Nackenschmerzen bemerkbar, sondern auch reihenweise wirrer Buchstaben. Meine Wange war wirklich fleißig gewesen und hatte es geschafft, ganze zwanzig Seiten zu füllen, ehe ich mich ins Bett geschleppt hatte. Wenn ich auch nur halb so schnell schreiben würde, dann wäre das Manuskript in einem Monat fertig. Aber meine Finger und mein Gehirn waren im Vergleich zu meiner Wange nur zu Schneckentempo fähig, weswegen ich nun zu drastischeren Maßnahmen greifen musste.

Wie eben heimlich in der Mittagspause meiner eigentlichen Arbeit zu schreiben. Da sich alle Kollegen um diese Zeit durch das Mittagsangebot verschiedener Pubs probierten, hatte ich das Büro wenigstens für eine knappe Stunde für mich ganz allein.

Ein allerletztes Mal blickte ich mich um, doch der Testosteronspiegel in diesem Raum war noch nicht wieder gestiegen, also wandte ich mich dem blinkenden Cursor zu, der mich begrüßte. Zunächst löschte ich den riesigen Buchstabenblock, was meinem Wordcount zumindest keinen allzu großen Stich versetzte, da es nur als ein Wort gezählt worden war, ehe ich den Satz zu Ende schrieb, bei dem ich mittendrin aufgehört hatte.

Das Knacksen meiner Finger ertönte, dann legte ich diese wieder auf die Tastatur und begann, das Kapitel weiterzuschreiben. Es war diese Art von Szene, bei der ich als Leserin am liebsten *Jetzt fallt doch endlich übereinander her!* in ein Kissen geschrien hätte.

Und meine Protagonisten waren kurz davor, immerhin waren sie gemeinsam in einer winzigen Abstellkammer des Bürogebäudes gelandet, in der man sie auf keinen Fall zusammen erwischen durfte.

Es wäre wirklich das perfekte Setting für eine erste heiße Szene, doch ich beschloss, die beiden noch ein wenig länger zu quälen. Sie und vermutlich auch meine Leserschaft. In der Hinsicht war ich keinen Deut besser als meine Kolleginnen. Wir liebten es einfach, andere zappeln zu lassen.

»Fallon, kann ich kurz mit dir reden?«

Mir wurde heiß und kalt zugleich, und wie aus Reflex schlug ich den Laptop zu, während ich mit aller Mühe versuchte, nicht auszusehen, als hätte ich heimlich Papier aus dem Drucker geklaut. Was verdammt schwierig war, da mein Chef plötzlich neben meinem Schreibtisch stand und mich misstrauisch musterte.

Verdammt. Wieso hatte ich nicht gehört, dass die Kaffeemaschine mit der Lautstärke eines Schlagbohrers durch den Raum dröhnte, während sich meine Kollegen um mich herum unterhielten? Das konnte ich nicht einmal auf den blöden Teppichboden schieben. Aber seine Schuld war es zumindest, dass Samuel Ninja-gleich neben mir aufgetaucht war.

Seine Augenbrauen waren noch immer auf die Art hochgezogen, als glaube er, mich bei etwas ertappt zu haben.

»Was gibt es?«, fragte ich und räusperte mich, während ich versuchte, an seinem Gesicht abzulesen, ob er das Dokument auf meinem Bildschirm gesehen hatte.

»Was hast du da gemacht?« Sein Blick war unverwandt auf den Laptop gerichtet, den ich eilig zurück in den Rucksack schob.

»Ich soll einen Schulaufsatz für meine Cousine korrigieren«, log ich und betete, dass ich den Laptop in meiner Panik schnell genug geschlossen hatte.

Denn »Erektion«, »Stöhnen« und »strich mit den Fingern die

Innenseite meiner Schenkel empor« würden definitiv einige Fragen über die Schule aufwerfen.

»Verstehe.« Samuels Augenbrauen waren mittlerweile wieder von ihrem Besuch bei seinem Haaransatz zurückgekehrt, während er nickte, als würde er mir bei etwas zustimmen, auch wenn ich nicht sagen konnte, wobei. »Ich wusste gar nicht, dass du eine Cousine hast.«

Ja, ich auch nicht, dachte ich und zuckte nichtssagend mit den Schultern, weil ich nicht wusste, was ich ihm darauf antworten sollte. Dad hatte keine Geschwister, durch die ich welche haben könnte, und Mum hatte den Kontakt zu ihrer Familie abgebrochen, noch bevor sie meinen Dad kennengelernt hatte. Aber da mein Nachname praktisch alles war, was meine Kollegen über mich wussten, konnte ich ihnen auch den Tod meiner Grandma weismachen. Und ich würde es, wenn es dafür sorgte, dass meine Nebenbeschäftigung als Autorin weiterhin geheim blieb.

»Gut, gut«, sagte er und sah sich in dem Großraumbüro um, fast so, als wollte er sich vergewissern, dass uns niemand belauschte. Wenigstens war Ethan noch nicht wieder da, mit dem ich mir eine Zweiertischgruppe teilte und der mir somit gegenübersaß.

»Geht es um das Amber-Projekt?«, fragte ich mit dem Hauch einer unguten Vorahnung, nachdem Samuel mehrere Sekunden lang nichts gesagt hatte. Mein Vorgesetzter war sonst jemand, den man nur zum Schweigen brachte, indem man ihm seine über alles geliebten, scheußlich gemusterten Krawatten in den Hals stopfte. Wenn er also nicht wusste, was er sagen sollte, dann lag es meistens daran, dass die Nachrichten nicht gerade positiv waren.

»Ja«, gab er schließlich zu und hob beschwichtigend die Hände, ehe er mir überhaupt gesagt hatte, was los war. Was meine unguet Vorahnung noch ein klein wenig mehr befeuerte. »Ich kann dich nicht als Architektin für das Projekt einsetzen.«

Seine Worte trafen mich wie ein Fausthieb in die Magengegend. Immerhin hatte er mir nach dem letzten Projekt versprochen, dass ich diese Rolle bekommen würde. Weil ich mir die Nächte um die Ohren geschlagen hatte, damit wir unsere Deadline schafften, während sich meine Kollegen im Tynecastle Stadium Fußballspiele angesehen oder die Abende gemeinsam im Pub verbracht hatten. Ich wollte diese Rolle, um meinen Kollegen endlich beweisen zu können, dass ich nicht nur gut darin war, Code zu schreiben, sondern auch ein komplettes Projekt zu konzeptionieren. Mir zu überlegen, welche Technologien und Frameworks wir wie einsetzen und wie die einzelnen Komponenten ineinandergreifen sollten. Es wäre meine Chance gewesen, zu zeigen, dass ich mehr konnte als nur Vorgaben erfüllen.

»Wer wird es stattdessen?«, stieß ich durch zusammengebissene Zähne hervor, auch wenn ich die Antwort bereits kannte. Die einzige andere Person, die neben Samuel und mir an diesem Kundenmeeting teilgenommen hatte.

»Jesper.«

Auch wenn es offensichtlich gewesen war, machte es das nicht besser, ausgerechnet diesen Namen zu hören.

»Das war so nicht abgemacht«, sagte ich und bemühte mich, meine Stimme ruhig klingen zu lassen, auch wenn mir das Blut in den Ohren rauschte. Wie von selbst trommelten meine Finger energisch auf der Tischplatte herum. Ruhig bleiben. Ich musste um jeden Preis ruhig bleiben. Sonst wäre ich ja sowieso nur wieder *viel zu emotional* in seinen Augen.

»Ich weiß, ich weiß. Aber was soll ich machen?«, erwiderte er und zuckte mit den Schultern, wobei das Hemd aus dem Bund seiner Hose rutschte, was dem pseudoseriösen Outfit einen kleinen Knacks verpasste. »Der Kunde hat darauf bestanden.«

Ein Schnauben drang reflexartig aus meiner Kehle, und ich lehnte mich tief in das Polster des Schreibtischstuhls, die Finger in die Armlehnen gegraben, um meinem überaus rückgratlosen

Chef nicht an den Hals zu springen. Denn ich war definitiv kurz davor. Und alles, was mich davon abhielt, war die Tatsache, dass sich ein Aufenthalt im Gefängnis nicht gut in meinem Lebenslauf machen würde.

»Natürlich hat er das«, erwiderte ich leise und rückte die Goldrandbrille auf der Nase zurecht, ohne die ich keine drei Schritte weit sehen konnte. »Was war seine Begründung?«

Samuel stieß einen schweren Seufzer aus, und seine sonst so blasse Haut färbte sich allmählich rot. Ein eindeutiges Zeichen dafür, dass er sich aufregte, weil er keine Lust hatte, das zu diskutieren. Schön. Damit waren wir schon zu zweit.

»Mach es doch nicht kompliziert, Fallon. Er will nun einmal Jesper.«

»Aber er muss doch einen Grund genannt haben?«, versuchte ich es erneut in einem bemüht freundlichen Tonfall, der mir jedes bisschen Kraft abverlangte. Ich wollte nicht freundlich sein. Ich wollte, dass er zugab, dass es einzig und allein an der Tatsache lag, dass Männer andere Männer für kompetenter hielten. Insbesondere in einer männerdominierten Branche wie der Softwareentwicklung.

Mir war der abschätzige Blick dieses schmierigen Kerls nicht entgangen, als er mich bei unserem ersten Meeting vor einigen Wochen gesehen hatte.

Ich hatte mir stundenlang den Kopf darüber zerbrochen, wie ich mich stylen konnte, sodass er mich ernst nehmen würde, und in mir nicht nur das schmückende Beiwerk sah. Denn in der Vorstellung vieler Männer konnte eine gestylte Frau unmöglich kompetent sein. Aber ohne Make-up hätte er mich sicher gefragt, ob ich krank wäre. Also hatte ich einen Mittelweg gewählt. Und dennoch hatte er die Frechheit besessen, mir zu sagen, wie er seinen Kaffee trank, obwohl die Kanne, die Tassen sowie Milch und Zucker auf dem Tisch direkt vor ihm gestanden hatten.

Anschließend hatte er mir geraten, doch mehr zu lächeln, weil das als Samuels Sekretärin zu meinem Job gehören würde. Jesper hatte ebenfalls nicht gelächelt, sondern die ganze Zeit über eher den Eindruck erweckt, ihm würde ein Zeh abfrieren, aber bei ihm war es natürlich professionell. Immerhin war er ein Mann, und niemand würde jemals auf die Idee kommen, so etwas zu ihm zu sagen.

Und ich war einfach so verdammt freundlich geblieben, während ich ihm erklärt hatte, wer ich war, weil Samuel es nicht für nötig gehalten hatte. Weil ich professionell wirken wollte und nicht wie jemand, die sich wegen jeder Kleinigkeit aufregte oder aus der Fassung bringen ließ, nur weil ihr Gegenüber ein sexistischer Arsch war. Und nun bereute ich es, ihm nicht wenigstens seinen giftgrünen Energydrink über seine vor Gel triefenden Haare geschüttet zu haben.

Nach dem Meeting war nur einmal mehr klar gewesen, dass es Männern wie ihm egal war, wie ich auftrat. Ich würde sie nie davon überzeugen können, dass ich genauso gute Arbeit leistete wie meine männlichen Developer-Kollegen. Vielleicht glaubte er auch, dass die Entwickler den Code mit ihren Penissen schrieben.

»Fallon. Nimm das doch nicht so persönlich.« Samuels Kopf hatte mittlerweile die Farbe einer Tomate angenommen, seine Stimme klang angestrengt, und ich fragte mich für einen Moment, ob beides daran lag, dass er gerade keine Luft bekam. »Sieh es stattdessen als Chance, noch etwas mehr zu lernen.«

Ich biss die Zähne wieder zusammen, um zu verhindern, dass ich Samuel tausend Flüche an den Kopf warf, und kippte mit der Stuhllehne wieder nach vorn. So schwungvoll, dass mein Knie fast schmerzhafte Bekanntschaft mit dem Tischbein gemacht hätte. Heute war wirklich nicht mein Tag.

»Nach diesem Projekt befördere ich dich wirklich. Aber es ist zu wichtig, um es an die Konkurrenz zu verlieren.«

Mir lagen einige sarkastische Erwiderungen auf der Zunge, die ich eine nach der anderen herunterschluckte. Sicher verstand ich, dass dieses Projekt – der Aufbau des neuen Webshops von Cassie Amber – wichtig war. Extrem wichtig, immerhin handelte es sich bei ihr um eine Beauty-Influencerin, die mittlerweile über acht Millionen Menschen via Social Media an ihrem Leben teilhaben ließ.

Genau genommen war sie also unsere Kundin, doch Cassies Manager war derjenige, der uns beauftragte und mit uns verhandelte. Und Samuel verbog und verrenkte sich für diesen Typen, der über Cassies Projekt sprach, als wäre sie ein naives, kleines Mädchen, das mit Spielgeld versuchte, einen Laden zu eröffnen.

Und nun war ausgerechnet Jesper zum Architekten befördert worden. Nachdem wir uns bereits bei dem letzten gemeinsamen Projekt mehrfach in die Haare bekommen hatten, hegte ich keine Zweifel, dass das hier auch wieder so sein würde. Nur dass er dieses Mal als Architekt das letzte Wort hatte. Mr Perfect himself, der alles besser wusste und besser konnte. Was hatte ich dem Universum getan, dass es mich so bestrafte?

Gern hätte ich gegen das Tischbein getreten, doch am Ende tat mir das mehr weh als dem Holz, also ließ ich es sein. Es war nur so unfair. Jesper war einfach vor nicht einmal einem Jahr bei We Solve IT aufgetaucht und hatte die Herzen aller Kollegen mit seinem arroganten Gehabe im Sturm erobert, während ich seit meiner Studienzeit hier arbeitete, Überstunden machte, aber trotz allem nur eine von vielen im *Backend*-Team war.

Was wichtig war, immerhin waren wir für alles zuständig, was man auf den ersten Blick nicht sah. Wie in einem Webshop die Nutzer verwaltet oder die Bestellungen verarbeitet wurden. Oder die Anbindung der Datenbank, damit neu angelegte Produkte bald im Shop auftauchten. Ohne uns ging nichts. Und trotzdem fühlte es sich mies an.

»Schön«, sagte ich knapp, nachdem mir bewusst wurde, dass mich Samuel noch immer erwartungsvoll anstarrte. Mein Kiefer tat mittlerweile weh, und ich hatte keinen Nerv mehr, weiter mit ihm zu reden. Zumindest nicht, ohne zu explodieren. Seine angespannten Gesichtszüge wurden weicher, und seine Haut nahm wieder eine menschlichere Farbe an. Er lächelte erleichtert. Was vielleicht daran lag, dass ich ihn nicht mehr so anfunkelte, als wollte ich ihm gern einen kleinen Schubs die Treppe hinunter geben.

»Schön«, wiederholte er zufrieden und nickte bekräftigend, ganz so, als wären damit alle Probleme aus der Welt geschafft. Für ihn waren sie das auch. »Dann bis später.«

Ich sah ihm aus den Augenwinkeln nach, wie er das Büro durchquerte, vorbei an gereckten Hälsen, die keinen Zweifel daran ließen, dass meine Kollegen das Gespräch belauscht hatten. Ein unangenehmes Gefühl von Scham mischte sich zu der Wut, weil nun alle wussten, dass mich weder Samuel noch dieser Manager-Typ für fähig hielten. Und das tat mehr weh, als es sollte.

Damit es nicht so aussah, als würde ich Samuel mit meinen Blicken erdolchen, wandte ich mich meinem Mailpostfach zu, in dem sich in der letzten halben Stunde fünf Benachrichtigungen zu abgestürzten Jobs auf der Datenbank tummelten. Die gehörten zu einem beendeten Kundenprojekt, für das sie einen Wartungsvertrag abgeschlossen hatten, sodass wir sicherstellen mussten, dass alles reibungslos lief. Das war in den meisten Fällen relativ unspektakulär, und wenn nicht, dann war es eine halbe Katastrophe. Es gab einfach nichts dazwischen.

Seufzend klickte ich mich durch die Absturzmeldungen und versuchte nachzuvollziehen, wieso unser Kunde den Admin-Account für den Zugriff auf die Datenbank gelöscht hatte. Vielleicht war er mit der Maus ausgerutscht. Vielleicht war auch seine Katze über die Tastatur gelaufen. Aber nicht einmal mein Groll darüber schaffte es, Jespers dunkle Stimme auszublenden, die von der anderen Seite des Büros erklang. Er bedankte sich bei Samuel. Es war nicht so, dass er besonders laut redete, doch wann immer er sprach, hatte ich plötzlich das Gehör einer Fledermaus.

Gerade hätte ich einen Arbeitsplatz in der Etage über uns bevorzugt. Und das musste etwas heißen, denn dort trieb Hank sein Unwesen, ein eigenartiger Typ um die vierzig, der mitten am Tag die benutzten Kaffeetassen von den Schreibtischen der anderen klaute und diese dann auf der Fensterbank direkt neben sich aufreihte. Niemand wusste, wieso er das tat. Aber er war der Einzige, der sich freiwillig mit unserer internen Infrastruktur herumschlug. Denn an der war in den letzten Jahren so viel herumgebastelt worden, dass dieses mosaikartige Wirrwarr Gerüchten zufolge bereits einige der besten Entwickler in den Wahnsinn getrieben hatte. Lediglich Hank schien dagegen immun zu sein. Und da niemand seinen Job übernehmen wollte, falls er kündigte, nahmen wir es einfach hin. Und zumindest räumte er die Tassen am Ende des Arbeitstags immer in die Spülmaschine, während ich mich bei einem Großteil meiner Kollegen fragte, ob sie diese neumodische Technologie schon einmal von innen gesehen hatten.

Über den Rand meines Monitors hinweg spürte ich Ethans Blick, der in den letzten fünf Minuten offensichtlich wieder aufgetaucht war und mich mit einem süffisanten Grinsen ansah. So wie seine Mundwinkel zuckten, gab er sich nicht einmal Mühe, seine Schadenfreude zu verbergen.

Ich versuchte, ihn zu ignorieren, und war fast dankbar über den Anruf des Kunden, dem mittlerweile auch aufgefallen war, dass auf seiner Webseite für exotische Fische gerade nur noch Fehlermeldungen angezeigt wurden.

Nachdem ich das Telefonat beendet hatte, war Ethan nicht mehr an seinem Platz, sondern stand zusammen mit Harvey und Will bei Jesper, als wäre dieser Regina George persönlich.

Es war mir egal. Völlig egal. Immerhin hatte ich Wichtigeres zu tun. Wie den Server-Agent wieder zum Laufen zu bringen.

Bis dieser endlich wieder den Dienst aufgenommen hatte, war das Büro wie ausgestorben. Dass Samuel bereits den Feierabend eingeläutet hatte, überraschte mich nicht, denn obwohl er unser Abteilungsleiter war, kam er morgens als Letzter und ging als Erster. Doch auch der Rest der Devs, die auf dieser Etage saßen, hatte sich in Luft aufgelöst. Ich machte mir nicht die Mühe, die noch offenen Programme zu schließen, sondern versetzte den Rechner in den Ruhemodus und durchquerte den menschenleeren Raum. Gerade als ich fast die Tür zu unserer Etage erreicht hatte, schwang diese auf, und zu meinem Leidwesen waren doch nicht alle nach Hause gegangen.

»Wieso bist du noch hier?«, fragte Jesper und klang nicht minder überrascht, während die Tür hinter ihm wieder ins Schloss fiel und somit meinen einzigen Fluchtweg aus dieser Situation versperrte. In seiner Hand hielt er eine Tasse, von seinem Laptop keine Spur. Er kam näher, der Duft seines holzig zitronigen Parfüms kitzelte meine Nase.

»Weil ich noch zu tun hatte, statt Kaffeepausen mit den Kollegen zu machen«, erwiderte ich reflexartig und sah zu ihm hoch. Seine ohnehin schon ebenholzfarbenen Augen wirkten hinter den Gläsern seiner rahmenlosen Brille noch dunkler als sonst, und der oberste Knopf seines tiefblauen Hemdes war offen, was ihn aber zu meinem Leidwesen nicht einmal weniger perfekt aussehen ließ.

Er schnaubte. »Ich hatte ein Meeting.«

»Keiner von euch schafft es, sich während eines Meetings Notizen auf dem Rechner zu machen«, erwiderte ich und verschränkte die Arme vor der Brust. »Verzeih mir, wenn ich nicht glaube, dass du plötzlich auf Papier schreibst.«

Das wusste ich, weil ich diejenige war, die in jeder einzelnen

Besprechung dafür zuständig war, das Protokoll zu tippen oder wichtige Notizen festzuhalten. Teilweise wurde ich zu Calls eingeladen, an deren Projekten ich überhaupt nicht teilnahm.

Jesper verdrehte die Augen, und seine sonst so bemüht kontrollierte Fassade bekam einen winzigen Riss. »Ich bin durchaus in der Lage, mir ein paar Details zu merken. Das kann das Gehirn für gewöhnlich, wenn man nicht so kleinlich darauf besteht, alles aufzuschreiben.«

»Ich bin kleinlich, weil ich in einem Ticket mehr stehen haben will als nur die Überschrift?«, erwiderte ich leicht genervt.

»Nein, du bist kleinlich, weil du einen halben Roman in der Beschreibung erwartest.«

Bei dem Wort *Roman* zuckte ich innerlich zusammen, auch wenn dem rationalen Teil meines Gehirns klar war, dass er in einem völlig anderen Kontext davon sprach.

»Tickets sollen so geschrieben sein, dass jeder Dev sie bearbeiten kann«, verteidigte ich mich und machte einen Schritt auf ihn zu. »Und wir können nun mal nicht in deinen Kopf sehen, um an die Infos zu kommen, die du möglicherweise hast.«

»Mag sein, dass das in der Theorie so ist«, erwiderte er, »aber unsere Projektteams sind so klein, dass von vornherein klar ist, wer welche Aufgabe übernimmt. So was ist damit also überflüssig.«

Ich biss die Zähne zusammen, weil ich genau wusste, dass Samuel ihm recht geben würde. Aber ich war davon überzeugt, dass das Chaos des letzten Projekts durch eine schlechte Kommunikation und Dokumentation entstanden war.

»Ich hoffe, dir ist klar, dass du als Architekt nun dafür verantwortlich bist, unsere Tickets aufzubereiten. Falls Samuel uns nicht doch noch einen Businessanalysten herzaubert«, antwortete ich schließlich, wohl wissend, dass er das nicht tun würde. Bei We Solve IT war jeder irgendwie alles, und eine richtig klare Aufga-

benverteilung gab es kaum, was mich regelmäßig in den Wahnsinn trieb.

»Ich denke, dass meine Kompetenzen dafür mehr als ausreichend sind.«

»An deinen Kompetenzen zweifle ich auch nicht. Nur an deiner Fähigkeit, mitzuschreiben.«

Es würde nur noch wenige Sekunden dauern, bis ich ihm an
die Gurgel springen würde. Was sich schwierig gestalten könnte,
immerhin war er fast einen Kopf größer, was mich aber nicht davon abhalten würde, es zumindest zu versuchen.

Er fuhr sich mit den Händen durch die dunklen Haare, ehe
er seine Arme vor der Brust verschränkte. Einige dicke silberne
Ringe schlangen sich um seine langen Finger und verliehen seinem sonst so professionellen Aussehen etwas Verwegenes. Seine
Kiefermuskulatur spannte sich an, und sein eben noch so neutraler Blick wurde merklich kühler. »Ich freue mich wirklich, nicht
mehr ewig mit dir diskutieren zu müssen.«

»Würdest du dir mal eingestehen, dass du nicht immer alles
besser weißt, dann müssten wir das auch gar nicht«, entgegnete
ich und erntete dafür ein genervtes Kopfschütteln.

»Wieso habe ich gehofft, dass es dieses Mal anders wird? Nur
zur Info, ich reiße mich nicht um eine Zusammenarbeit mit dir.
Das letzte Projekt hat mir schon gereicht.«

»Wenigstens da sind wir uns einig«, erwiderte ich und stürmte
an ihm vorbei, ohne seine Antwort abzuwarten.

(000010)
Fallon

Jack machte einen Schritt auf mich zu, während mein Herz so stark gegen den Brustkorb schlug, dass dieser zu zerbersten drohte. Dann noch einen. Und noch einen, bis er endlich vor mir stand, der Duft seines holzigen Parfüms meine Nase kitzelte und ich in dem tiefen Braun seiner Augen versinken konn–

Ich hielt inne. Etwas fühlte sich falsch an, also wechselte ich zur Charakterbeschreibung, in der Jacks Augen definitiv nicht braun waren. Außer vielleicht, das Meer glich neuerdings eher einem Moor. Und war sein Duft wirklich holzig? Mir war so, als hätte ich ihn wenige Seiten vorher anders beschrieben … Meine Finger zitterten, während ich versuchte, sie halbwegs koordiniert um den Henkel der »Fuck the Patriarchy«-Tasse zu schlingen. Hastig trank ich einige Schlucke daraus, so als würde der Kaffee meine innere Unruhe einfach wegzaubern.

Ich liebte meinen Nebenjob als Autorin, aber manchmal bereitete er mir schlaflose Nächte. Wortwörtlich, denn irgendwie musste ich das Manuskript ja beenden. Und nachdem ich bereits für mein letztes um eine Fristverlängerung gebeten hatte, weil ich mir die Nächte für das damalige Projekt um die Ohren geschlagen hatte, wollte ich das dieses Mal um jeden Preis vermeiden.

Ich legte die Finger erneut auf die Tastatur und tippte den letzten Satz zu Ende, ehe ich mit dem nächsten begann.

»Willst du das wirklich?«, wisperte er, sein warmer Atem strich mir wie eine sanfte Berührung über die Haut.

»Ja«, sagte ich, leise, doch bestimmt. Ein gehauchtes Stöhnen entwich meinen Lippen, als er seine Hand auf meine Taille legte und mich näher an sich zog. Der Stoff seiner Hose rieb gegen die nackte Haut meiner Beine und fachte das Feuer in meinem Inneren noch weiter an. Meine Hände wanderten wie von selbst zu seinem Gesicht, strichen über seine glatte Haut.

Unsicher warf ich erneut einen Blick in meinen Charakterbogen, in dem ich Jack eindeutig einen Bart verpasst hatte. Den ich auch schon an anderen Stellen erwähnt hatte, immerhin hatte meine Protagonistin Chloe bereits mehr als einmal darübergestrichen.

Ich wechselte zurück ins Manuskript, versuchte das Bild von Jack vor meinem geistigen Auge zu speichern. Vielleicht sollte ich es auf dem zweiten Monitor einfach anzeigen lassen, aber zu viel visueller Input lenkte mich beim Schreiben meistens ab. Und noch mehr Ablenkung konnte ich gerade nicht verkraften.

»Konzentrier dich, Fallon«, ermahnte ich mich und griff nach Ada, meiner Gummiente, benannt nach Ada Lovelace, die zwischen den Monitoren saß und mich durch ihre nicht verglaste Plastikbrille fast vorwurfsvoll anstarrte.

Meine Freundin Amira hatte sie mir geschenkt, nachdem sie über den Begriff *Rubber Duck Debugging* gestolpert war, weil ihrer Meinung nach jede Softwareentwicklerin eine Gummiente brauchte, um mit ihr über ihre Probleme reden zu können. Gerade dann, wenn mich die Arbeit bis nach Hause verfolgte. Mittlerweile musste sich Ada aber nicht nur meine Code-Probleme anhören, sondern alle. Wenn mich Jesper wieder einmal aufregte. Wenn ich wieder einmal erkältet war, weil in unserem Büro dauerhaft Eiszeit herrschte. Und auch wenn ich beim Schreiben nicht weiterkam. Es war klischeehaft, aber es half. Nicht weil Ada tatsächlich antwortete, wofür ich ziemlich dankbar war, sondern weil sie mir erlaubte, meine Gedanken laut zu formulieren, ohne mich dabei zu fühlen, als würde ich Selbstgespräche führen.

»Jack riecht nach Minze, trägt einen Bart und hat ozeanblaue Augen«, sagte ich und hob sie auf meine Handfläche. Die kleine Brille auf ihrem riesigen roten Schnabel verrutschte leicht. »Er hat keine braunen Augen, keine glatt rasierte Haut und ist kein arroganter Besserwisser, der Chloe sagt, wie sie ihren Job zu erledigen hat. Auch wenn er nun ihr Chef ist.«

Ich wiederholte die Worte noch einige Male, bis ich merkte, dass das unruhige Rumoren in meinem Inneren allmählich nachließ und das Herz nicht mehr panisch raste. Hätte Ada sprechen können, dann hätte sie mir vermutlich schon nach der zweiten Wiederholung gesagt, dass ich endlich die Klappe halten und weiterschreiben soll. Oder dass ich mir Schreibfreundinnen suchen musste, die ich mit meinen Problemen nerven konnte. Deswegen war ich froh, dass sie mein Gerede stumm ertragen musste. Ich setzte sie zurück an ihren Platz direkt neben einen der Monitore und atmete tief durch.

Seine Lippen strichen quälend langsam über meine Stirn, wanderten weiter über die Wangen und verharrten einen Augenblick direkt am Ohr. Und obwohl das Blut tosend rauschte, hörte ich seine nächsten Worte ganz deutlich.

»Ich reiße mich auch nicht um eine Zusammenarbeit mit dir.«

Verärgert löschte ich den letzten Satz von Jack, der wirklich wusste, wie man die Atmosphäre einer heißen Szene im Keim erstickte.

Verdammt. Ich lehnte mich in dem Bürostuhl zurück, kippte leicht nach hinten und starrte an die Decke. Was war heute nur mit mir los? Seit Wochen schon freute ich mich, endlich die erste explizite Szene zwischen den beiden schreiben zu können, und dann waren meine Gedanken offensichtlich ganz woanders. Oder besser gesagt, bei jemand anderem. Und das, obwohl ich heute sogar meine Chili-Socken trug, damit die heißen Szenen besonders spicy wurden.

Gott, konnte Jesper mich nicht mal in meiner Freizeit in Ruhe lassen? Reichte es ihm nicht schon, mich während der Arbeit mit seiner Existenz in den Wahnsinn zu treiben? War sicher schön, wenn man sich mit allem so leichttat. Wenn man nicht dauernd infrage gestellt wurde. Wenn einem alles in den Schoß fiel und man nicht erst nett dafür lächeln musste. Oder für alles dankbar sein sollte.

Ich kippte wieder nach vorn, riss mir die Kopfhörer von den Ohren und stand auf. Mein Kaffee war leer, und für einen weiteren war es mittlerweile fast zu spät, immerhin wollte ich auch nicht die ganze Nacht wach liegen und mich immer wieder über den Verlauf unseres Gesprächs aufregen. Knochen knacksten, als ich mich streckte, ehe ich den Laptop zuklappte.

Es war kurz nach halb acht, und auch wenn ich für das Schreiben heute keinen Kopf mehr hatte, war mein Feierabend noch in weiter Ferne. Denn meine Social-Media-Kanäle schmissen sich leider nicht von allein, und sofern ich gegen die anderen Tausenden von talentierten Autorinnen auch nur den Hauch einer Chance haben wollte, kam ich da nicht drum herum.

Also widmete ich mich im Badezimmer dem Kampf mit den Kontaktlinsen. Selbst nach zwei Jahren hatte ich mich noch nicht an das Ziepen gewöhnt, wenn ich sie einsetzte. Was auch zum Großteil daran lag, dass meine Augen vom ständigen Starren auf diverse Bildschirme unglaublich trocken waren. Doch meine große, runde Brille war einfach zu auffällig. Und ganz ohne Sehhilfe schaffte ich es kaum unfallfrei durch die Wohnung, diese Glanzleistung fiel mir schon mit Brille häufig schwer genug.

So häufig, dass ich von meiner Freundin Mick zu meinem letzten Geburtstag neben einem wunderschönen Notizbuch, in das ich niemals auch nur ein einziges Wort schreiben würde, eine Packung mit Gummiecken bekommen hatte. Genug, um jeden Tisch und jeden Schrank damit auszustatten und zu verhindern, dass ich mich versehentlich aufspießen würde.

Nachdem die dunkelblauen Linsen endlich das Graugrün meiner Iriden verdeckten, beträufelte ich sie noch mit einem Spritzer Augentropfen, damit ich nachher nicht aussah, als hätte ich die letzten drei Stunden geheult.

Dann ging es ans Make-up. Man sah mir an, dass ich die letzten Nächte viel zu lang geschrieben hatte, denn die dunklen Stellen unter meinen Augen verschwanden erst nach drei Schichten Concealer.

Fast perfekt, dachte ich, nachdem ich den roten Lippenstift aufgetragen hatte, und holte einige Bobby-Pins und ein Haargummi aus einer anderen Schublade. Zunächst flocht ich mir einen Zopf, dann steckte ich mir meine dunkelbraunen, schulterlangen Haare am Kopf fest und zog die blonde, ewig lange Perücke darüber. Wenn mein Zweitname, den ich als Pseudonym benutzte, schon dem der blonden Vampirin aus *Twilight* glich, dann konnte es mein Aussehen ebenso.

Wenn man einmal von dem übergroßen Hoodie absah, auf dem der berühmte Entwicklerspruch »It's not a bug, it's a feature« stand, dann hätte ich mich auf der Straße nicht einmal selbst wiedererkannt.

Und genau so sollte es ja auch sein. Fallon, die sich nichts aus hübschen Klamotten machte und sich stattdessen so wenig körperbetont wie möglich kleidete, damit man sie ernst nahm. Und

Rosalie, die sich gern schminkte und für das perfekte schwarze Kleid sterben würde.

Gerade, als ich mit der schönen dunkelgrünen, aber verflucht engen Bluse kämpfte, klingelte mein Handy. Hastig zog ich den Stoff über meinen Kopf und stolperte zum Schreibtisch, auf dem es sich vibrierend der Kante näherte. Kurz erhaschte ich einen Blick aufs Display, ehe ich auf den grünen Button drückte.

»Hey, Dad«, sagte ich und klemmte das Handy zwischen Ohr und Schulter, um den linken Arm durch den Ärmel zu zwängen. »Wie geht es dir?«

»Gut, gut«, erklang sein tiefes, warmes Brummen. Vereinzelt konnte ich Vogelgezwitscher im Hintergrund ausmachen.

»Bist du wieder am See?«, fragte ich und ließ mich gegen die Wand auf den Boden sinken. Die Erinnerung an warme Sonnenstrahlen, die auf dem Wasser glitzerten, trieben durch meine Gedanken. Ebenso wie die unzähligen Mückenstiche, die nach wenigen Stunden meinen halben Körper bedeckt hatten.

»Wollte mal schauen, wie die Fische dieses Jahr beißen.« Wie zur Bestätigung plätscherte es. »Hatte noch keinen Erfolg. Aber das wird noch.«

Ich lachte leise auf, bei der Vorstellung, dass mein ruhiger, stoischer Vater vermutlich schon seit Sonnenaufgang am Ufer des Sees saß und optimistisch genug war, zu glauben, dass er heute noch ein paar Fische an die Angel bekam.

»Ganz bestimmt«, bestätigte ich amüsiert, und er lachte ebenfalls, auf seine Teddybärenart.

»Was macht dein neuer Job?«, fragte er dann, und mein Herz sank ein klein wenig tiefer.

»Hab ihn nicht bekommen«, gab ich zerknirscht zurück.

»Wieso das?«

»Wenn ich das nur wüsste.« Natürlich wusste ich es. Zumindest war ich mir mit einer Wahrscheinlichkeit von fünfundneunzig Prozent sicher. Doch ich brachte es nicht über mich, das Dad gegenüber auszusprechen. Nicht, wenn ich das Gefühl hatte, es würde in seinen Ohren wie eine Ausrede klingen, die ich nur suchte, um mir nicht eingestehen zu müssen, dass ich nicht so gut war wie Jesper.

»Hm«, machte er nur, und für einen Moment sagte er nichts, stattdessen lauschte ich dem Singen eines Vogels. »Wer hat ihn dann bekommen?«

»Mein Kollege. Der mich immer so aufregt.«

»Ach der.« Er schnaubte nur abfällig, was meine Laune ein klein wenig hob. »Mach dir nichts draus, Fallon. Dein Chef beweist nur, dass es im Arbeitsleben nicht auf Kompetenz ankommt.«

»Dad!«, brachte ich prustend hervor, weil die Art und Weise, wie er das sagte, seine Aussage wie eine unumstößliche Tatsache klingen ließ. »Danke.«

»Hm? Wofür?« Trotz seiner Frage hörte ich das Grinsen in seiner Stimme, das mir ziemlich deutlich machte, dass er sehr wohl wusste, was ich meinte. Dann stöhnte er entnervt auf.

»Was ist los?«, fragte ich irritiert, ehe ich ein lautes Kreischen durch die Leitung hörte. »Hast du jemanden mit deiner Angel erstochen?«

»Noch nicht«, gab er emotionslos zurück und murmelte einige unverständliche Flüche in seinen langen Bart. »Die Töchter von den Millers sind hier. Die waren letzte Woche auch schon da. Plappern den ganzen Tag nur über Jungs, Klamotten und Make-up und machen Fotos. Die stellen sie dann ins Internet, damit ihnen irgendwelche Leute Komplimente machen. Das soll einer verstehen.«

»Wenn ich reich bin, kaufe ich dir einen Privatsee. Dann kannst du ganz in Ruhe angeln«, versuchte ich ihn abzulenken, während mein Blick über das Fotoequipment glitt. Und über das Chaos der verstreuten Deko-Artikel ringsherum.

»Haben die wirklich nichts Besseres zu tun?« Er stieß erneut einen tiefen Seufzer aus. »Ich bin froh, dass du nicht so geworden bist.«

Ich brachte nur ein halbes, unangenehm berührtes Lachen hervor, weil ich es nicht übers Herz brachte, ihm auch noch verbal zuzustimmen. Aber ich wollte auch nicht das Bild zerstören, dass mein Dad von mir hatte. Immerhin war er derjenige gewesen, der mich in meinem Wunsch, Informatik zu studieren, von Anfang an unterstützt hatte. Er war derjenige, der an mich geglaubt hat, ganz gleich, wie oft ich über das Studium, und noch mehr über meine Kommilitonen, geflucht hatte. Ich wollte, dass er stolz auf mich sein konnte.

Und das war er – auf Fallon, seine Softwareentwickler-Tochter. Nicht auf Rosalie Golden, die heiße Liebesromane schrieb.

»Heute beißt hier nichts mehr«, sagte Dad plötzlich. »Wenn du Zeit hast, können wir mal wieder zusammen angeln. Vielleicht beißen sie ja dann.«

»Gern«, antwortete ich mit belegter Stimme und räusperte mich. »Hab dich lieb, Dad.«

»Ich dich auch, meine Kleine.«

Auch nachdem das Display bereits wieder verdunkelt war, verharrte ich noch einige Minuten am Boden, bis ich endlich die Motivation aufbrachte, auch den rechten Arm durch den Ärmel zu schieben. Dann rappelte ich mich auf, auch wenn das flaue Gefühl im Inneren nicht verschwand, und ging zu meiner Schmuckschatulle, aus der ich eine Kette hervorzog.

Rosalie Goldens Outfit war komplett.

Zumindest die obere Hälfte meines Körpers, denn aus der Jogginghose quälte ich mich heute nicht. Die sah sowieso niemand, also konnte ich es mir damit auch bequem machen, während ich mich vor der Kamera drapierte und mein Buch vor die Linse hielt.

Probehalber verzog ich die Lippen einige Male zu einem Lächeln. Jetzt war der falsche Zeitpunkt für schlechte Laune.

»Hallo, zusammen«, begrüßte ich meine Followerinnen und Follower. »Ich bin Rosalie Golden, Autorin, und hier sind fünf Gründe, wieso du meinen Roman *Loveless Touch* unbedingt lesen solltest.«

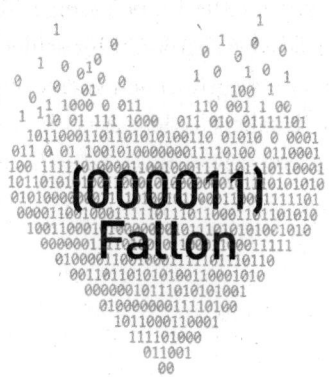

(000011) Fallon

»Schön, dass du nicht gekündigt hast«, begrüßte mich Diana, nachdem sie die Tür zur ersten Etage geöffnet hatte. Der graue Betonboden bildete einen starken Kontrast zu dem Teppich in unseren Etagen, ebenso wie die höhenverstellbaren Schreibtische, die sich überall in dem Co-Working-Space befanden. Ich wäre neidisch gewesen, wenn es hier unten nicht ungefähr noch zehn Grad kälter gewesen wäre als in unseren Büros.

»Hattest du Angst, dass ich nach deinem Urlaub nicht mehr hier bin?«, erwiderte ich mit einem Grinsen und schlenderte zu dem riesigen Empfangstresen herüber. Die drei Wochen in Italien hatten ihrem sonst so blassen Teint ziemlich gutgetan.

»Du brauchst gar nicht zu lachen. Ich wundere mich jeden Tag, wieso du noch hier bist.« Sie warf ihre Arme dramatisch in die Luft, ehe sie aufstand und um den Tresen herum zu mir kam. Das vertraute Klackern ihrer High Heels hallte durch das leere Foyer.

»Ach, da muss schon ein bisschen mehr passieren«, erwiderte ich leichthin und umarmte sie. Ihre wunderschönen roten Locken kitzelten meine Nasenspitze. Diana war vermutlich knappe zehn Jahre älter als ich, die Managerin des Co-Working-Space und damit eine der wenigen Frauen im ganzen Gebäude. Ihr Chef war mindestens ein so großer Arsch wie Samuel und behandelte sie teilweise mehr wie seine persönliche Assistentin. Denn für gewöhnlich stand es nicht in der Aufgabenbeschreibung einer Managerin, Geschenke für die Kinder ihres Bosses auszusuchen. Oder die für seine Frau.

Kurzum – wir waren Leidensgenossinnen.

Deswegen regten wir uns in unregelmäßigen Abständen nur zu gern über unsere Kollegen auf.

»Also, was habe ich verpasst?«, fragte sie auf dem Weg zur Küche, die wir bisher für uns ganz allein hatten. Was um halb acht auch kein Wunder war. Die meisten hier kamen erst gegen neun, was uns noch ein wenig Zeit verschaffte.

»Eigentlich nichts.« Ich zuckte mit den Schultern und nahm die Tasse entgegen, die mir Diana reichte.

»Was ist mit deiner Beförderung?«, fragte sie und stellte ihre eigene Tasse unter den riesigen Kaffeeautomaten.

Ich verzog das Gesicht, spürte die Enttäuschung, die ich immer noch mit mir herumtrug, erneut aufwallen. »Welche Beförderung?«

»Na die von dem Proje…« Sie brach mitten im Wort ab, als sie begriff, was ich meinte. »Echt jetzt?«

»Jepp.« Nachdem Dianas Kaffee fertig war, stellte ich meine Tasse darunter. Samuel war zu geizig, wirklich gute Bohnen zu kaufen, weswegen ich dankbar für jede Chance war, hier unten welchen trinken zu können. »Aber das nächste Projekt kommt bestimmt.«

Zumindest versuchte ich, mir das einzureden. Mir und meinen beiden besten Freundinnen, die davon nicht ganz so überzeugt waren.

»Ich weiß nicht, wie du das aushältst.«

»Zumindest werde ich nicht wiederholt gefragt, ob ich Kaffee holen kann«, erwiderte ich mit einem grimmigen Lächeln, und Diana stieß ein leises Seufzen aus. Durch die vergleichsweise aufwendige Ausstattung war der Co-Working-Space nicht ganz günstig, was in direktem Verhältnis zu den Kunden stand.

Bei diesen handelte es sich neben einigen vielversprechenden Start-ups überwiegend um Anzug-Typen, die den ganzen Tag telefonierend durch die Etage liefen, dafür aber nicht einmal den Unterschied zwischen »dediziert« und »dezidiert« kannten.

»Wenn du irgendwann einen besseren Job gefunden hast, nimm mich mit, ja? Wenn das Gehalt nicht so gut wäre, hätte ich mich längst woanders beworben.«

»Mache ich«, erwiderte ich mit einem kleinen Schmunzeln, weil sie genauso gut wie ich wusste, dass das nicht passieren würde. »Genug davon – erzähl mir von deinem Urlaub.«

Als eine Dreiviertelstunde später doch die ersten Gäste kamen, verabschiedete ich mich von Diana und ging zurück in das vergleichsweise warme Treppenhaus, wo ich die Stufen bis zur dritten Etage nach oben stieg.

Kaum dass ich die Tür mit dem Transponder geöffnet hatte und mir der klebrig süße Geruch von Mikrowellenpopcorn aus der Küche entgegenschlug, stellten sich mir die Härchen auf. Zügig ging ich an der Sitzecke und einer Dreier-Tischgruppe vorbei, an der William besagtes Popcorn in sich hineinschaufelte, als wäre er im Kino und der Vorspann würde gerade laufen.

»Pff«, schnaubte Ethan mit einem Blick auf mich, kaum dass ich mich hingesetzt hatte.

»Was ist?«, erwiderte ich, auch wenn ich es eigentlich gar nicht wissen wollte. Doch Ethan würde dieses Geräusch sonst in den nächsten zehn Minuten noch ungefähr zwanzigmal machen, also brachte ich es lieber gleich hinter mich.

»Dein Shirt. Ich hätte dich echt nicht für *so* eine gehalten.« Er wackelte ominös mit den Augenbrauen, während er dabei so breit grinste, als hätte er mich erwischt, wie ich heimlich Toilettenpapier mitgehen ließ.

Ich sah an mir herunter, auf das verwaschene *Black-Sabbath*-T-Shirt, bei dem ich für den Bruchteil einer Sekunde befürchtet hatte, es heute früh im Halbschlaf auf links angezogen zu haben. Aber der Aufdruck war da, wo er sein sollte, und Diana hätte mich ziemlich sicher darauf hingewiesen. Normalerweise trug ich im Büro fast ausschließlich einfarbige Sachen, doch die waren gerade in der Wäsche, die ich schon seit drei Tagen machen wollte.

Statt erneut nachzufragen, ließ ich mich auf den Stuhl fallen und zog die Strickjacke enger um mich. Es war Mai, und draußen liefen die meisten Menschen in sommerlicher Kleidung bei angenehmen dreiundzwanzig Grad durch die Gegend, während meine Kollegen offenbar allesamt der Meinung waren, dass das mindestens zehn zu viel waren.

»Kannst du mir drei Songs nennen?«

»Sogar alle Songs aller Alben in chronologischer Reihenfolge«, erwiderte ich ungerührt und ohne ihn anzusehen. Immerhin war das Dads Lieblingsband. Und offiziell meine, weswegen er uns beiden Partnershirts gekauft hatte, worüber ich mich wirklich gefreut hatte. Wenn es auch eher die Geste gewesen war, denn auch wenn ich sämtliche Lieder und Texte kannte, war es einfach nicht meine Musik. Doch ich musste Ethan mein Dasein als heimliche Swiftie nun nicht noch auf die Nase binden.

Ich checkte meine Mails und sah eine Besprechungseinladung um zehn Uhr für das neue Projekt. Jesper hatte wirklich ein Talent dafür, wie er mir schon frühmorgens den Tag ruinieren konnte. Auch wenn es keine allzu große Überraschung war. Schließlich versuchte Jesper seit dem offiziellen Projektstart vor drei Wochen, die Anforderungen einzuholen, wohl mit mehr oder weniger großem Erfolg. Mr Trey schien nicht sonderlich kooperativ zu sein, und davon einmal abgesehen, wusste er nicht, was er wollte. Ich konnte nicht verhindern, ein klein wenig schadenfroh zu sein, auch wenn mir Jesper tatsächlich ein bisschen leidtat. Einfach nur, weil Mr Trey selbst ohne den Sexismus ein Arsch war.

Aber das Amber-Projekt war für Zukunfts-Fallon. Gerade musste sich Gegenwarts-Fallon noch um eines ihrer anderen drei Projekte kümmern.

»Also?«

Irritiert sah ich auf und begegnete Ethans Blick, der mich über den Rand seines Monitors hinweg prüfend ansah.

»Also was?«

»Na, auf, auf – die Titel!«

Ich verband mich mit dem VPN des Kunden, um auf seine Datenbank zugreifen zu können. Dieser hatte bei uns vor einem Jahr einen Webshop für Haarpflegeprodukte beauftragt und wollte nun für sämtliche Einträge einen neuen Text, Fotos und Preisänderungen. Was eine verdammt nervige und langweilige Arbeit war.

»Wenn du sie nicht weißt, dann google sie doch einfach«, sagte ich schließlich, als mir auffiel, dass er mich immer noch ansah.

»Ich wollte wissen, ob du sie kennst.« Mit einem winzigen Anflug von Genugtuung stellte ich fest, dass er unzufrieden klang. Weil ich nicht wie ein dressiertes Hündchen durch die Reifen sprang, die er mir hinhielt.

»Das habe ich dir bereits gesagt«, entgegnete ich bemüht ruhig.

Ethan schnaubte, murmelte dann noch so leise etwas, dass ich es nicht verstand, und wandte sich endlich seinen eigenen Aufgaben zu.

Ich machte mich daran, die Einträge zu ändern. Meine Konzentration wurde nur hin und wieder von Samuel unterbrochen, der so laut telefonierte, dass der gesamte St Andrew Square ihn sicher hören konnte.

Dennoch bemerkte ich Jespers Anwesenheit erst, als er sacht auf meinen Tisch klopfte. Der Teppichboden schluckte wirklich jedes Geräusch, und etwas sagte mir, dass sich Jesper auch mir zuliebe keine Glocke um den Hals hängen würde.

»Was ist?«, fragte ich knapp, frustriert von den letzten Wochen, in denen ich seinetwegen mit meinem Manuskript kaum weitergekommen war.

»Wir haben um zehn einen Termin oben im Besprechungsraum«, sagte er, und erneut umhüllte mich der Duft seines Parfüms.

»Ich weiß«, erwiderte ich und versuchte, Ethan auszublenden, der uns vollkommen ungeniert beobachtete. Das hatte doch die letzten beiden Stunden auch ganz gut geklappt. *The Man* von Taylor ertönte in meinem Kopf, wie so häufig, wenn ich mit Jesper reden musste. »Es ist noch nicht zehn.«

»Du hast die Meeting-Einladung nicht angenommen.«

»Ich habe sie trotzdem gesehen.«

Und vergessen. Zumindest, sie anzunehmen.

Mein Handy, das mit dem Display nach oben auf meinem Schreibtisch lag, vibrierte lautstark, und der Name »Margo Heather« war groß und deutlich darauf zu erkennen. Meine Lektorin bei LoveLit.

Ohne Jesper irgendeine Erklärung zu geben, beugte ich mich hastig über den Tisch und griff mit klopfendem Herzen danach. Margo rief mich so gut wie nie an, was ihren Anruf jetzt nicht gerade weniger beunruhigend machte. War etwas mit dem neuen Buch? Hatte ich mich bei meiner Deadline um mehrere Monate vertan und längst Abgabe gehabt?

Ich hastete an Jesper vorbei aus dem Büro ins Treppenhaus. In meinem Nacken glaubte ich, seinen vorwurfsvollen Blick zu spüren, denn das Kribbeln auf meiner Haut ließ erst nach, als die Tür hinter mir ins Schloss gefallen war.

»Hallo?«, sagte ich atemlos und warf einen Blick die Treppen hinunter, doch niemand schien sich gerade hier aufzuhalten.

»Hallo, Fallon«, sagte Margo freundlich, was meine unruhigen Gedanken zumindest ein klein wenig abschwächte. »Hast du kurz Zeit?«

»Sicher.« Ich atmete leise aus und holte tief Luft, während ich einige Stufen nach unten ging, um nicht direkt vor der Bürotür zu stehen. Dann lehnte ich mich gegen das Fenster. Sonnenlicht wärmte meine kühle Wange, und ich schloss für einen Moment die Augen. »Was kann ich für dich tun?«

»Die Buchhandlung Bookberry hat dich für eine Lesung angefragt.«

Ich riss bei ihren Worten die Lider wieder auf, spähte erneut nach oben und unten, doch niemand außer mir schien hier zu sein.

»Wirklich?«, fragte ich leise.

Mein Herz, das sich bis eben gerade wieder halbwegs beruhigt hatte, legte nun einige Saltos hin. Das wäre meine erste Lesung vor einem Publikum. Bookberry war zwar nicht Waterstones, aber ich stöberte dort gern, wenn ich zwischen der Arbeit und dem Schreiben ein bisschen Luft zum Atmen hatte.

»Ja, sie würden sich freuen, wenn das klappt. Es ist etwas kurzfristig, am Samstag in zwei Wochen. Was sagst du?«

Nein, war der erste Gedanke, der mir durch den Kopf schoss. Nein. Vor der Kamera in meinen eigenen vier Wänden konnte ich alles kontrollieren, was ich ins Netz stellte. Jedes Bild, jedes Video, bei dem ich das Gefühl hatte, dass *Fallons* Mimik zu verräterisch war, wurde einfach gelöscht. Aber während einer Lesung war ich nicht in der Lage, zu verhindern, dass ich gefilmt wurde. Dass ich erst dann die Videos und Bilder zu sehen bekam, wenn es vielleicht schon zu spät war und mich jemand erkannt hatte.

»Ich würde gern darüber nachdenken«, entgegnete ich schließlich, nachdem die Stille zwischen uns immer länger geworden war und Margo sich leise räusperte, als wollte sie sichergehen, dass ich noch nicht aufgelegt hatte. »Ich habe eine Deadline für ein Projekt bei der Arbeit.«

»Verstehe«, sagte sie, und ich konnte nur allzu deutlich hören, dass sie sich eine andere Antwort erhofft hatte. Eine, die ich ihr auch wirklich gern gegeben hätte. »Bis wann kannst du das klären?«

Verdammt, das war so eine tolle Chance. Meine Bücher verkauften sich zwar ganz gut, doch eine Lesung bot noch einmal eine vollkommen andere Möglichkeit, meine Leserinnen zu erreichen. Eine andere Beziehung zu ihnen aufzubauen. Offline, ohne einen Bildschirm zwischen uns.

»Ich melde mich spätestens morgen bei dir.« Auch wenn ich da genauso wenig eine Antwort haben würde.

»Alles klar.« Sie machte eine Pause, was für mich das Ende unseres Gesprächs einleitete, doch dann fuhr sie fort: »Hör zu, ich will dir da nicht reinreden, aber ich denke, du solltest es wirklich machen, Fallon. Ich meine …«

Ich verstand nicht mehr, was sie sagte, denn plötzlich wurde am oberen Ende der Treppe die Tür aufgerissen, und meine Kollegen strömten laut lachend heraus.

Verdammt, das Meeting.

»Ich muss Schluss machen. Bis morgen dann«, würgte ich sie ab und hastete die Stufen nach oben, doch die Tür fiel krachend ins Schloss, und ich starrte einen Moment verdattert darauf. Wenn ich den Transponder dabeigehabt hätte, der zusammen mit meinem Rucksack unter dem Schreibtisch war, wäre ich auch allein wieder hineingekommen. We Solve IT belegte leider nicht das komplette Gebäude, sondern nur zwei Etagen, weswegen ich das Ding normalerweise in meiner Hosentasche trug, wenn ich unsere Etage verließ. Normalerweise. Nun war ich gezwungen, auf die Klingel zu drücken, die durch den ganzen Raum hallte. Keine drei Sekunden später schwang die Tür auf, und Jesper stand vor mir, der eigentlich schon längst im Meetingraum sein sollte, statt hier wie die Inquisition auf mich zu warten. Sein Blick, so von oben herab, wirkte ausnahmsweise nicht ganz so hochmütig. Stattdessen lag mehr eine ungewohnte Anspannung darin.

»Schlüssel vergessen«, antwortete ich zerknirscht auf seine ungestellte Frage, auch wenn die Antwort offensichtlich war.

»Nimm deinen Laptop, und komm mit nach oben. Die anderen warten schon.«

Es ärgerte mich, dass ich mich nicht über ihn ärgern konnte, denn das hier war meine eigene Schuld. Ebenso wenig konnte ich es ihm übel nehmen, dass seine Stimme so vorwurfsvoll klang, also nickte ich nur und huschte an ihm vorbei, um den Laptop zu holen.

Als ich zur Tür zurücklief, stellte ich fest, dass Jesper dort wartete, ganz so, als wollte er sichergehen, dass ich ihm auch wirklich folgte.

Während wir Stufe um Stufe nach oben stiegen, machte sich ein eigenartiges Rumoren in meinem Magen breit, und Margos Stimme klang erneut in meinen Ohren.

Eine Lesung. Ich hatte die Chance auf eine Lesung. Vor echten Menschen, nicht nur vor dem Display meines Handys. Vor Leuten, die meine Bücher mochten. Ich konnte signieren. Leuten Widmungen schreiben. Das Lächeln auf ihren Gesichtern sehen.

Was sollte ich jetzt tun? Am liebsten wäre ich nach Hause gefahren und hätte mich in meinem Bett verkrochen. Doch das war als Fünfundzwanzigjährige leider keine akzeptierte Art mehr, mit seinen Problemen umzugehen. Auch wenn es das dringend werden sollte.

Der restliche Arbeitstag zog sich mehr als meine Schreibsessions, nur dass ich jetzt nicht einfach meinen Laptop zuklappen und etwas anderes machen konnte. Stattdessen musste ich mir über zwei Stunden unseren Schlachtplan anhören, wie wir den Manager von Cassie Amber mit einem, natürlich, viel zu knapp kalkulierten Zeitplan zufriedenstellen würden. In den Gesichtern meiner Kollegen sah ich vereinzelt Zuckungen, die ziemlich sicher auch auf meinem Gesicht zu sehen waren. Es war so typisch Samuel. Ich arbeitete mittlerweile lang genug hier, um zu wissen, dass kein Einwand ausreichen würde, den Zeitplan anzupassen. Einen kompletten Webshop in drei Monaten für einen Typen, dessen Meinung sich schneller änderte als das schottische Wetter im April. Noch mochte das alles halbwegs machbar aussehen, doch mich beschlich das Gefühl, dass es nicht lange dauern würde, ehe das Chaos ausbrach.

Nicht, dass sich irgendwer außer uns Devs dafür interessierte. Denn am Ende funktionierte es ja irgendwie, doch dass wir dafür unzählige Überstunden schieben mussten, war unseren Chefs völlig egal. So wie praktisch alles, außer unseren Umsatzzahlen. Einen Vorteil hatte ihre Gleichgültigkeit allerdings, zumindest für mich: Kaum dass sie mir damals meine Nebentätigkeit als Autorin ohne weitere Nachfragen bestätigt hatten, hatten sie es kurz danach wieder vergessen. Womit ich mir zumindest keine Sorgen machen musste, dass sie es irgendwem erzählten.

Jesper stand neben der Leinwand, auf die der uralte Beamer die PowerPoint-Präsentation projizierte, und trug, trotz der Kälte hier, ein kurzärmeliges dunkles Hemd, das sich über seine Brust spannte. Die silbernen Ringe an den Händen reflektierten immer wieder das Licht und zogen meine Aufmerksamkeit nahezu magisch auf seine langen Finger. Wäre er nicht so ein arroganter Besserwisser gewesen, dann hätte er mit seinem markanten Kinn, den hohen Wangenknochen und den dunklen Haaren als Vorbild für einen meiner Protagonisten dienen können.

Aber eher würde ich nie wieder ein einziges Wort tippen, als dazu gezwungen zu sein, beim Schreiben freiwillig an ihn zu denken. Er raubte mir jetzt schon außerhalb der Arbeitszeit die Nerven.

»Also, ich hab von dieser Cassie noch nie gehört. Ist die wirklich berühmt?«, fragte Benjamin, der sich wie ein Achtzigjähriger im Körper eines Mannes Anfang dreißig benahm. Er betonte wahnsinnig gern, dass es diesen »Social-Media-Quatsch« zu seiner Zeit nicht gegeben hatte, ganz so, als hätte er dafür eine Auszeichnung verdient. In unserer Abteilung war er als Tester für die Qualitätssicherung zuständig, damit wir dem Kunden nachher kein Produkt vorsetzten, bei dem alle drei Minuten eine kryptische Fehlermeldung aufploppte. Aktuell brauchten wir ihn eigentlich nicht, da noch kein Produkt existierte, dass er testen konnte. Aber er musste dabei sein, um einzuschätzen, wie lange die Testphase dauern würde.

Jesper zuckte mit den Schultern, woraus ich schlussfolgerte, dass er sie vor diesem Auftrag auch nicht gekannt hatte. »Sie ist im Netz durch ihre Make-up-Videos bekannt geworden.«

»Dafür muss man echt viel können«, sagte Jamie feixend, und ein Zucken ging durch meinen Körper, als das vereinzelte Gelächter meiner Kollegen an meine Ohren drang.

Jamie war gemeinsam mit Ethan und mir im Backend-Team, und ich hatte jetzt schon keine Lust mehr auf die Zusammenarbeit. Der Vierte für dieses Projekt war Harvey, der ständig grinste, so als hätte es jemand auf seinem Gesicht festgetackert. Ich hatte noch nie erlebt, dass er jemals schlechte Laune gehabt hatte, was mir ziemlich suspekt vorkam.

»Cassie Amber leidet an einer Hautkrankheit und zeigt deshalb anderen Menschen, wie sie sich schminkt, damit man die betroffenen Stellen in ihrem Gesicht nicht mehr sieht«, warf ich bemüht ruhig ein, auch wenn ich das Gefühl hatte, damit ein Klischee zu bedienen, weil ich als die einzige Frau Cassie Amber kannte. Ihre Videos tauchten regelmäßig auf der For-You-Page meines privaten TikTok-Kanals auf, und ihre Make-up-Tipps waren wirklich Gold wert.

Jesper schien für den Bruchteil einer Sekunde irritiert von meinem Einwurf zu sein und starrte mich an, als wäre ihm erst jetzt eingefallen, dass ich ebenfalls in diesem Raum saß. Allem Anschein nach hatte er bisher noch nicht bemerkt, dass ich fleißig daran arbeitete, ihm mit meinem Todesblick ein Loch in den Kopf zu brennen.

»Wie auch immer«, versuchte er das Thema zurück auf seine Präsentation zu lenken. »Fakt ist, dass wir es uns mit ihrem Management nicht verscherzen wollen.«

Der Satz klang verdächtig nach einem Briefing von Samuel. Ich musste mich zusammenreißen und das Projekt hinter mich bringen. So, dass selbst Samuel danach gezwungen war, anzuerkennen, dass ich in der Lage war, ein Projektteam zu leiten.

Zumindest sofern Jesper nicht mit an Bord war.

Mir schien die Energie für mindestens zehn Lebensjahre abhandengekommen zu sein, als ich gegen fünf Uhr endlich Feierabend machte. Margo hatte sich nicht noch mal gemeldet, aber ich musste ihr spätestens morgen eine Antwort geben. Blöd war nur, dass ich die Antwort nicht kannte und allein auch nicht finden würde.

Kurzerhand zog ich mein Handy aus der Hosentasche und tippte eine Nachricht an Amira und Mikayla, während ich fast über die Leine eines Hundes stolperte, der einmal quer über den Gehweg gerannt war.

Ich: Heute Abend ins Black Rose?
Amira: Ja! Ich muss endlich aus dem Labor raus.

Mikayla: Du warst schon letzte Woche draußen. Reicht das nicht?

Amira: Ich fange an, mit meinen Egeln zu sprechen. Ist dir das Antwort genug?

Ich: Ich rede ständig mit Ada. Ist das nicht normal?

Mikayla: Ihr seid wirklich zu wenig unter Menschen. 20 Uhr.

(000100)
Fallon

Schon beim Eintreten schlug mir Hitze und leise Musik entgegen, zusammen mit dem allgemeinen Gemurmel von unzähligen Gesprächen. Auf dem Fernseher an der Wand lief Darts. Bevor ich zum Studieren nach Edinburgh gezogen war, hatte ich es im einzigen Pub meiner kleinen Heimatstadt oft mit Dad gespielt. Und während ich das tatsächlich unterhaltsam gefunden hatte, war das Zusehen hingegen einfach nur sterbenslangweilig.

Ich reckte den Hals. Es war kurz nach acht, und es hätte mich nicht überraschen sollen, dass ich Mikayla bereits in einer Ecke sitzen sah, denn bei der Vergabe der Pünktlichkeit hatte sie meine und Amiras Portion offensichtlich mit abbekommen. Ihre Größe und die hellblonden Haare, die sie zu einem Pferdeschwanz gebunden hatte, machten es einfach, sie in dem dämmerigen Licht zu erkennen. Erst beim Näherkommen bemerkte ich die dunkelgrüne Glitzerhaarspange, mit der sie einige Strähnen aus dem Gesicht verbannt hatte.

»Hey, Mick«, begrüßte ich sie und beugte mich vor, um sie zu umarmen, hielt jedoch inne, als mir ein überwältigend süßer Duft in die Nase stieg.

Mick stieß einen langen Seufzer aus. »So schlimm?«

»Schlimmer«, erwiderte ich und zog sie in die Arme, nur um

sie so schnell wie möglich wieder loszulassen und etwas Abstand zwischen uns zu bringen.

»Lila hat Parfüm für sich entdeckt«, eröffnete sie und zuckte mit den Schultern. »Genau genommen hat sie den Druckkopf einer Flasche entdeckt und fand es wahnsinnig toll, damit herumzulaufen und alles und jeden einzusprühen. Das hier«, sie deutete an sich herunter, auf ihre dunkelblaue Jeans und die helle Bluse, »habe ich nur abbekommen, weil ich den Raum betreten habe, um sie einzufangen. Silas' Schlafzimmer riecht, als wäre die Weihnachtsbäckerei explodiert. Er schläft die nächsten drei Tage im Wohnzimmer.«

Ich wusste, dass Mick Delilah und Matthias, die Kinder ihres Bruders, über alles liebte, auch wenn sie gerade ein Gesicht zog, das mehr danach aussah, als wollte sie ihnen das Verwandtschaftsverhältnis kündigen. Nach dem Tod von Silas' Frau vor zwei Jahren kümmerte sie sich tagsüber um die beiden, während Silas arbeitete.

»Als Entschuldigung hat mir Lila ihre Haarspange geschenkt.« Sie tippte gegen das grün glitzernde Ding in ihren Haaren.

»Sie passt hervorragend zu deinen Augen«, witzelte ich, und ihre Lippen verzogen sich zu einem Lächeln, ehe sich die hellgrünen Augen misstrauisch verengten.

»Was ist los?«

»Was meinst du?«, erwiderte ich betont ahnungslos, obwohl ich wusste, dass ich diesen Kampf verloren, noch ehe er überhaupt begonnen hatte. Es war schlichtweg unmöglich, etwas vor ihr geheim zu halten.

Mick und ich hatten uns vor drei Jahren im Studium kennengelernt, einige Monate vor dem Unfall ihrer Schwägerin. Sie war zwei Semester über mir, weswegen wir uns nur durch Zufall in einem Kurs getroffen hatten, dessen Prüfung Mick wiederholen musste. Wenige Stunden nachdem ich herausgefunden hatte, dass mich mein arschiger Ex-Freund betrogen hatte. Am liebsten hätte ich mich heulend ins Bett verzogen, nachdem ich ihn mit einigen Flüchen belegt hatte, deren Anleitungen ich durch Zufall im Netz gefunden hatte. Doch ich war zu dem Kurs gegangen, mit meinem besten Pokerface, das ich trug, seit Mum vor knapp sechzehn Jahren das erste Mal abgehauen war.

Und dennoch hatte sie mir angemerkt, dass etwas nicht stimmte, und so lange nachgebohrt, bis ich mit der Sprache herausgerückt war. Gemeinsam hatten wir dann ganz zeremoniell einige seiner Klamotten angezündet, die er in meinem Wohnheimzimmer gelassen hatte.

»Laut meiner Statistik hättest du dich erst nächste Woche wieder melden sollen, was heißt, dass etwas vorgefallen ist«, sagte sie und zuckte mit den Schultern, ganz so, als wäre das vollkommen offensichtlich gewesen. Was es vermutlich auch war, denn immerhin hatten wir uns bereits am letzten Wochenende zu unserem *Brooklyn-Nine-Nine*-Rewatch getroffen, wo wir gemeinsam mit einer Flasche Weißwein Samuel, Jesper und Micks Nachbarn verflucht hatten. Allerdings mehr lautstark verbal als mit irgendwelchen Esoterik-Anleitungen aus dem Netz.

»Ich dachte, ich überrasche dich einfach mal«, erwiderte ich, ein – zugegeben – ziemlich schwacher Versuch, sie abzulenken. Das zeigten mir die hochgezogenen Augenbrauen.

Mir war absolut klar, dass ich nichts tun konnte, um Mick davon zu überzeugen, dass alles in Ordnung war, denn das war es ja auch nicht. Genau deswegen wollte ich ja, dass wir uns trafen. Bloß hatte ich dabei nicht einkalkuliert, dass ich ihnen dazu ja tatsächlich sagen musste, was los war.

»Ich sag's dir, wenn Amira da ist«, erwiderte ich geschlagen. »Rose IPA? Oder arbeitest du nachher noch?«

»Manchmal regt ein Bier auch die Kreativität an, die ich brauche, um ein paar Schwachstellen ausfindig zu machen«, sagte sie geschäftsmäßig und stöhnte dann auf. »Und das Einzige, was mich gerade vom Arbeiten abhält, ist mein Nachbar. Seine Freundin hat sich am Dienstag von ihm getrennt, und jetzt schaut er bis morgens um drei lautstark Pornos.«

»Scheint ihn ja hart getroffen zu haben«, antwortete ich mit neutraler Miene, musste jedoch lachen, als ich Micks Blick sah.

»Vielleicht will er dem Haus weismachen, dass er auch weiterhin ein aktives Sex-Leben hat.« Sie zuckte mit den Schultern und schnippte sich eine Strähne ihres blonden Haars aus dem Gesicht. »Als würden wir den Unterschied nicht merken. Nachdem ich ihn diese Woche ungefähr jeden Abend freundlich darauf hingewiesen habe, dass man ihn bis in die Highlands hört, habe ich vorhin der Hausverwaltung gemailt. Mal sehen, ob es was bringt.«

»Dann entspann dich ein wenig, und ich hole uns erst mal Bier«, sagte ich und stand auf, auch um von dem kopfschmerzerregenden Weihnachtsbäckerei-Delüx-Geruch wegzukommen. Mick lehnte sich im Stuhl zurück, die tiefen Augenringe auf ihrer hellen Haut trotz des Concealers sichtbar. Um sich tagsüber um Delilah und Matthias kümmern zu können, arbeitete sie die Nacht hindurch und suchte als Bug-Bounty-Hunter nach Sicherheitslücken auf Websites oder in Programmen. Wofür sie dann von den Unternehmen entsprechend bezahlt wurde. Und so flexibel das auch war, so müde sah sie von Zeit zu Zeit aus. Insbesondere in den Phasen, in denen die Vierlinge, die in der Etage unter ihr wohnten, frühmorgens einen Schreiwettbewerb abhielten, sodass sie den fehlenden Schlaf nicht einmal dann nachholen konnte.

Ich trottete zur Bar hinüber, an der ein Mann gerade sein Bier entgegennahm. Darts war mittlerweile vorbei, und nun lief Fußball. Wenigstens damit hatte ich mich nie beschäftigen müssen, denn Dad fand Fußball genauso langweilig wie ich, weswegen wir uns stattdessen lieber gemeinsam darüber aufgeregt hatten.

»Drei Rose IPAs«, bestellte ich, als der Barkeeper zu mir kam, und stützte die Unterarme auf dem Tresen ab. Vorsichtig lugte ich über die Schulter zu Mick, in der Erwartung, dass sie jeden Moment hinter mir auftauchte, um mich auszuquetschen. Doch der fehlende Schlaf und das Parfümbad schienen über ihre ansonsten nicht existierende Geduld gesiegt zu haben.

Einerseits konnte ich es kaum abwarten, ihnen davon zu erzählen, während ich es auf der anderen Seite auch einfach gern totschweigen wollte. Mir war selbst klar, wie absolut paradox das klang, und trotzdem konnte ich nichts dagegen tun.

»Fallon?«

Eine männliche Stimme riss mich aus den Gedanken und jagte mir einen Schauer über den Rücken. Nicht die angenehme Art, die man bekommt, wenn ein wirklich heißer Typ verführerische Dinge in einer tiefen Tonlage sagt, sondern mehr, wie wenn lange Fingernägel über eine Tafel gleiten.

Das hatte mir gerade noch gefehlt.

Ich presste die Lippen zusammen und richtete meinen Blick starr auf den Barkeeper, dessen Arbeitsgeschwindigkeit sich plötzlich in die einer Schnecke verwandelt hatte. Ausgerechnet dann, wenn mein Ex-Freund nur wenige Schritte von mir entfernt am Tresen stand. Hatte ich ihn irgendwie manifestiert, oder was? Seit unserer eher unschönen Trennung liefen wir uns immer mal wieder über den Weg, weil er zu meinem Leidwesen nicht das Weite gesucht hatte. Edinburgh war nun mal nicht London oder eine andere Millionenstadt, und für gemütliche Pubs war die George Street eine ziemlich gute Adresse. Nicht, dass das die Begegnungen irgendwie erträglicher machte. Insbesondere deswegen nicht, weil ich nie wusste, welches Gesicht von Owen ich zu sehen bekam. Das Überhebliche, weil er von Anfang an viel zu gut für mich gewesen war? Das Reumütige, weil er mich unbedingt wieder zurückhaben wollte? Das Gewissenlose, bei dem er mit mir plaudern wollte, als wären wir alte Freunde? Ich schien etwas an seinem Ego ziemlich angeknackst zu haben, wenn er selbst nach drei Jahren noch nicht darüber hinweg war.

»Lass mich in Ruhe«, brummte ich, als er einen Schritt auf mich zu machte. Der Barkeeper stellte eins der Biere vor mir ab.

»Bitte, Fallon«, sagte Owen, blieb jedoch tatsächlich stehen. Traurig, dass selbst diese kleine Sache mich ehrlich überraschte. »Können wir nicht reden?«

Ah, es war der reumütige Owen. Das hatte ich während der letzten Begegnungen häufiger gesehen, und es konnte nur bedeuten, dass sein Leben gerade nicht so lief, wie er sich das vorstellte.

Und das sah man ihm an. Keine Ahnung, was er in letzter Zeit so tat, aber dem glasigen Blick und dem fahlen Teint nach sollte er dringend damit aufhören. Neben ihm wirkte ich selbst dann wie das blühende Leben, wenn ich früh aufstehen musste, obwohl ich die Nacht davor nur noch ein Kapitel hatte lesen wollen und es plötzlich morgens um fünf gewesen war.

Immer, wenn ich ihn sah, fragte ich mich erneut, was ich an ihm überhaupt attraktiv gefunden hatte. Er hatte keine Ausstrahlung, keine Hobbys und vor allem keine Träume. Doch all das hatte ich nicht gesehen. Die rosarote Brille hatte wohl auch ein paar Synapsen in meinem Hirn kurzgeschlossen. Ich schob es auf die Einsamkeit, weil ich allein in einer neuen Stadt gewesen war und selbst nach einem Jahr nur ein paar Bekannte gehabt hatte.

»Nein, können wir nicht«, entgegnete ich knapp und trommelte mit den Fingern auf dem Tresen. Vielleicht beeilte sich der Barkeeper dadurch wenigstens ein winziges bisschen.

»Ich vermisse dich.«

»Du vermisst jemanden, der sich um dich kümmert«, entgegnete ich ruhig. »Der für dich kocht, deine Wohnung aufräumt und dir sagt, wann deine Termine sind. Ich habe einen Tipp für dich – zieh zurück zu deinen Eltern.«

In den drei Jahren unserer Beziehung hatte ich seine Mutter nur zweimal gesehen. Was mir gereicht hatte. Denn sie war ein Albtraum. Weil sie das Gefühl hatte, ich würde mich nicht gut genug um ihren einzigen Sohn kümmern. Und es hatte tatsächlich eine Zeit gegeben, in der ich versucht hatte, es ihr recht zu machen. Aber ich schien bei Müttern kein gutes Händchen zu haben, weder bei meiner eigenen noch bei einer fremden.

»Du bist echt kalt«, murmelte er, und als er noch ein Stück näher kam, konnte ich den Alkohol in seinem Atem riechen. Das erklärte dann auch die Reumütigkeit. Ebenso wie die Dreistigkeit, anzunehmen, dass ich mich mit ihm unterhalten würde. »Ich dachte, ich habe dir mal was bedeutet.«

»Richtig, Vergangenheit. Hast du es mittlerweile geschafft, erfolgreich jedes weibliche Wesen aus deinem Leben zu vergraulen, oder wieso gehst du mir jetzt auf die Nerven?«

Ein klein wenig freute es mich, einen Hauch von Schmerz in seiner Miene aufblitzen zu sehen. Offensichtlich hatte ich damit ins Schwarze getroffen. Aber was erwartete er auch, wenn er es vollkommen okay fand, auf verschiedenen Studentenpartys mit verschiedenen Frauen herumzumachen, während seine Freundin für Klausuren lernte und über das Thema ihrer Masterarbeit grübelte?

Er stieß einen frustrierten Seufzer aus. »Ich hab mich doch schon entschuldigt.«

»Und trotzdem ändert das nichts.«

Er musste wirklich einen Schlag auf den Kopf bekommen haben, wenn er glaubte, diese Begegnung würde anders enden als die zuvor. Lieber stimmte ich Jesper in der nächsten Diskussion ohne Widerworte zu, als Owen wieder in mein Leben zu lassen.

Er holte Luft, doch ehe er etwas sagen konnte, verzog er fast angewidert das Gesicht, als Mick sich zwischen uns drängte. Owen taumelte zurück, wirkte leicht desorientiert. Vielleicht sollte ich einfach eine Notfallflasche Parfüm mit mir herumtragen.

»Ich helfe dir«, sagte Mick mit einem Lächeln, das auf eine gruselige Art freundlich wirkte.

»Danke. Ich erzähle es dir trotzdem erst, wenn Amira da ist«, entgegnete ich leise und grinste, ehe ich nach den zwei Gläsern griff, die mittlerweile vor mir standen. Owen starrte uns immer noch an, doch er kam Mick nie näher, als es sein musste. Was hauptsächlich daran lag, dass er nicht wollte, dass alle Leute sehr deutlich sahen, dass sie ihn überragte.

»War einen Versuch wert.« Sie schnappte sich das dritte Glas, dann gingen wir zurück zu unserem Tisch.

Es kostete mich einiges an Überwindung, nicht nachzusehen, ob Owen uns vielleicht folgte. Ich traute ihm, gerade alkoholisiert, nicht weiter über den Weg, als ich ihn werfen konnte, doch da Mick nichts sagte, vermutete ich, dass er sich in die Ecke verkrochen hatte, aus der er gekommen war, und schmollte. Denn darin war er schon früher wirklich Weltklasse gewesen, was man nicht über all seine Fähigkeiten sagen konnte.

»Amira ist gleich da«, sagte Mick und lugte über meine Schulter hinweg zu Owen. »Sie bringt sicher irgendeinen Egel mit, den wir an ihm ausprobieren könnten.«

Die Anspannung löste sich bei ihren Worten, und ich lachte leise auf. Fünf Minuten später schneite Amira in den Pub und warf sich den langen geflochtenen Zopf zurück über die Schulter, nachdem sie sich gesetzt hatte.

»Hallo, zusammen«, flötete sie gut gelaunt, wenn auch leicht aufgedreht. Was ziemlich sicher an ihrem exzessiven Irn-Bru-Konsum lag. An manchen Tagen trank sie das Zeug wie Wasser. »Was riecht hier so …?«

»Lila hat die Parfümsammlung ihrer Mutter gefunden und ausprobiert«, war Micks knappe Erklärung, und Amira nickte, als würde das für sie alle Fragen beantworten. Aber sie hielt sich nie mit unwichtigen Details auf. Dann landete Micks Blick wieder erwartungsvoll auf mir. »Also?«

»Oh?«, machte Amira neugierig und beugte sich über den Tisch näher zu mir herüber, während ihre ohnehin schon großen braunen Augen noch größer wurden.

Nun wandte ich mich doch um und versicherte mich erneut, dass Owen wirklich weit genug von uns entfernt saß und uns unter gar keinen Umständen hören konnte. Als ich damals mit dem Schreiben meines ersten Manuskripts angefangen hatte, war es etwas, was ich für mich machen wollte. Ohne verurteilt zu werden. Owen interessierte sich sowieso nicht für Bücher, erst recht nicht für, wie er es bezeichnete, »Geschichten für verzweifelte Frauen«. Aber irgendwie war ich auf die wahnwitzige Idee gekommen, er würde sich trotzdem für mich freuen, als ich meinen ersten Verlagsvertrag bekommen hatte. Voller Vorfreude hatte ich mir ausgemalt, wie ich ihm den fertigen Vertrag präsentieren würde. Er hatte stattdessen lieber Lisa Blaine seine Zunge in den Hals gesteckt.

Jetzt war ich froh, dass ich damals bei der ersten Mail von Margo noch nichts gesagt hatte. Denn in keiner Welt hätte er mein Pseudonym geheim gehalten. Er hatte es ja nicht einmal geschafft, die Geschichte mit Lisa geheim zu halten, und stattdessen damit geprahlt.

Ich beugte mich ebenfalls vor, und auch Mick gesellte sich zu unserer verschwörerischen Gemeinschaft.

»Meine Lektorin hat angerufen«, sagte ich mit gesenkter Stimme. »Eine Buchhandlung hat mich für eine Lesung angefragt.«

Amira stieß einen spitzen Schrei aus und klatschte in die Hände, während sich einige Leute nach ihr umdrehten, als wollten sie sichergehen, dass ihr niemand einen Eispickel in den Hals gerammt hatte.

»Das ist ja fantastisch«, rief sie, und ich musste grinsen, obwohl ich gern meine innere Bibliothekarin hervorgerufen hätte. Wahrscheinlich war das auch die Reaktion, die sich meine Lektorin gewünscht hatte. Die sie eigentlich verdient hatte, aber ich war nun mal feige. »Und was genau ist daran jetzt ein Problem?«

»Ich weiß nicht, ob ich es machen soll«, gab ich schließlich zu, und Amira legte die Stirn in Falten.

»Weil du Angst hast, dass dich jemand erkennt?«

Ich nickte und trank erneut einen Schluck des Biers. »Es ist eine tolle Chance, und ich will es auch machen«, sagte ich mit einem leisen Seufzen. »Aber ich werde das Gefühl nicht los, dass es ein Fehler wäre.«

»Ich kann mir nicht vorstellen, dass dich jemand erkennt.« Mick zuckte mit den Schultern. »Ich habe dich auch nicht erkannt.«

»Mick hat recht«, klinkte sich Amira ein. »Mach es. Ich bin mir sicher, dass du es lieben wirst und dich ärgerst, wenn du die Möglichkeit nicht nutzt. Solltest du ablehnen, könnte es sein, dass sich ein paar meiner Egel in deinem Pyjama wiederfinden.«

Das selige Lächeln auf ihren Lippen sorgte nicht dafür, dass ich ihre Drohung weniger ernst nahm. Denn das tat ich nicht. Amira sagte selten bis nie Dinge, die sie nicht tat.

»Gut, überredet«, gab ich mich geschlagen, denn zumindest die Egel waren ein extrem überzeugendes Argument. Und wenn ich ehrlich war, dann hatten mir die beiden auch nur das gesagt, was ich ohnehin hören wollte. Also zog ich mein Handy hervor und tippte eine kurze E-Mail an Margo.

Ich mache es.

(000101)
Jesper

»Sag mal, Kins«, begann ich langsam, nachdem wir die Kontrolle hinter uns gelassen und die Buchhandlung betreten hatten. Die ältere Dame am Eingang hatte offenbar ihre Brille zu Hause vergessen, denn anders konnte ich mir nicht erklären, wieso sie sich jede Karte fast ins Auge stechen musste, um zu sehen, ob sie gültig war. Doch von ihr mal abgesehen, gab es noch etwas, das mich stutzig machte – die Tatsache, dass ich ausnahmslos Frauen verschiedener Altersklassen sah, die sich lachend unterhielten. »Was für eine Lesung ist das hier?«

Meine Schwester ignorierte mich, zumindest drehte sie sich nicht um, sondern steuerte unbeirrt auf die Stuhlreihen zu, die in der Mitte des Ladens aufgebaut worden waren. An der Stirnseite standen zwei Mikrofonständer und dunkelrote Sessel, doch was mich wirklich beunruhigte, war der Hintergrund, auf dem unzählige Herzen zu sehen waren. Kinsey blieb stehen, offenbar hatte sie zwei nebeneinanderliegende Sitzplätze entdeckt und drängte sich an einigen Frauen vorbei, die bereits saßen. Ich murmelte ihnen eine leise Entschuldigung zu, als ich ihr folgte.

»Ich freu mich so«, sagte sie und zog ihr Handy aus der Tasche, um diese Kulisse zu fotografieren. »Meine dreißig Mails an sämtliche Buchhandlungen haben sich ausgezahlt.«

»Was ist das hier für eine Veranstaltung?«, wiederholte ich meine Frage, obwohl mir klar war, dass sie mich auch beim ersten Mal bereits gehört hatte. Denn die Art, wie sich ihre Mundwinkel erneut zu einem Grinsen verzogen, sagte mir, dass ich keine Antwort bekommen würde. Zumindest keine, die mir gefallen würde.

»Lass dich überraschen«, erwiderte sie stattdessen, was mich genauso wenig beruhigte. Für den Bruchteil einer Sekunde zuckte meine Hand, ich war versucht, mein Smartphone aus der Hosentasche zu ziehen und es einfach zu googeln. Aber was für einen Unterschied würde das machen? Ich war auch selbst schuld, immerhin kannte ich meine Schwester und wusste, wozu sie fähig war. Kaum dass ich unsere gemeinsame Wohnung betreten hatte, drückte sie mir eine Karte in die Hand und beschloss, dass ich sie zu einer Lesung begleiten würde, weil ihre Freundin Anna krank geworden war. Spätestens jedoch als ich den vegetarischen Shepherd's Pie im Ofen entdeckt hatte, hätten sämtliche Alarmglocken läuten müssen. Denn mit genau dieser Taktik aus Überrumpelung und indirekter Erpressung hatte sie es geschafft, mich zu sämtlichen neuen Disney-Filmen ins Kino zu schleppen. »Lächeln, Bruderherz.«

Noch ehe ich reagieren konnte, hatte sie einen Arm um meine Schulter gelegt und hielt uns ihr Handy vors Gesicht. Vereinzelt erklang leises Lachen, und aus den Augenwinkeln nahm ich die Blicke von drei Frauen wahr, die einige Plätze von uns entfernt saßen und uns zulächelten, ehe sie hinter vorgehaltener Hand etwas sagten. Kinsey winkte ihnen zu und schnappte nach meinem Arm, damit ich es ihr gleichtat. Ich befreite mich aus ihrem Griff, doch da hielt sie uns erneut das Handy vors Gesicht.

»Kinsey«, murmelte ich, während ich versuchte, für das zweite Selfie nicht so auszusehen, als wäre ich gerade vollkommen desorientiert aus einem Mittagsschlaf erwacht. »Wieso bin ich hier?«

»Weil Anna krank ist«, antwortete sie betont unschuldig und

öffnete das letzte Bild in der Foto-Galerie. »Das ist besser geworden. Ich schicke es ihr, vielleicht muntert sie das auf.«

»Das ist nicht dein Ernst«, murmelte ich, mehr zu mir als zu ihr, denn sie wusste schließlich, wieso sie mich hierhergelockt hatte. »Du hast nicht wirklich vor, mich hier zu verkuppeln, oder?«

»Keine Ahnung, was du meinst.«

Das breite Grinsen passte nicht zu ihrer Antwort, und ich schob meine Brille ein wenig nach oben, um mir über die Augenlider reiben zu können. Was hatte ich getan, dass meine fünf Jahre jüngere Schwester der Meinung war, sie müsste mir ein Date suchen?

»Pass auf, ich gehe in das Antiquariat nebenan und hole dich nachher wieder ab, okay?« Unruhig drehte ich an dem Silberring an meinem Zeigefinger. Ich musste dringend hier raus, doch Kinsey schien von meinem Vorschlag nicht allzu begeistert zu sein. Sie packte den Ärmel meines Hemds, und obwohl ich mich einfach hätte losreißen können, blieb ich sitzen.

»Nein, bitte bleib.« Sie sah mich aus großen dunklen Augen an, als wartete sie darauf, dass ich etwas sagte, doch nachdem ich sie nur anstarrte, seufzte sie schließlich. »Okay, ja, ich wollte dich verkuppeln. Seit wir zusammenwohnen, bist du nur am Arbeiten.«

Ich wies sie nicht darauf hin, dass ich nur dann Frauen in unsere gemeinsame Wohnung mitbrachte, wenn ich wusste, dass sie die Nacht über bei Anna war. Oder wenn ich sie vorher bestochen hatte, erst am nächsten Abend wiederzukommen. Die ganze Situation war schon schlimm genug, ohne dass ich mein Sex-Leben mit meiner Schwester diskutieren musste.

»Und deswegen schleppst du mich zu einer Liebesroman-Lesung?«

Sie zuckte mit den Schultern, ließ mich los, als vermutete sie, dass ich blieb. Was zeigte, dass sie mich eindeutig zu gut kannte, denn ich war noch nie sonderlich erfolgreich darin gewesen, ihr einen Wunsch abzuschlagen.

»Na ja, wieso nicht? Und wenn ich mich hier so umschaue …« Sie wedelte vielsagend mit der Hand durch den Raum, der sich in den letzten Minuten merklich gefüllt hatte. Nahezu alle Plätze waren belegt. »Und ich hab nicht gelogen. Anna ist wirklich krank geworden, und ich wollte nicht, dass die zweite Karte verfällt.«

»Ah«, machte ich nur, nicht ganz sicher, ob ich ihr das glaubte. Andererseits sagte sie immer, dass ihr die besten Ideen spontan kamen, was sie so ziemlich zu dem absoluten Gegenteil von mir machte. »Ich bleibe. Aber keine Kuppelversuche.«

»Na gut.« Sie verzog unzufrieden das Gesicht, doch wenige Sekunden später hellte es sich schlagartig wieder auf, als eine Frau an eines der Mikros trat.

»Hallo, zusammen, und herzlich willkommen zu der Lesung von *Loveless Touch* von Rosalie Golden.«

Applaus erklang, und Kinsey neben mir rutschte an den Rand ihres Stuhls, als eine zweite Frau die Bühne betrat. Ihre langen blonden Haare fielen offen über ihre nackten Schultern, und je weiter mein Blick an dem eng anliegenden dunkelblauen Kleid hinunterwanderte, desto wärmer wurde es in dem viel zu kleinen Laden. Doch nachdem meine Augen bei ihrem Gesicht landeten, konnte ich nicht mehr wegsehen. Ihr breites Lächeln hatte etwas Hypnotisches, während sie sich eine Strähne hinters Ohr strich und dann ihr Buch hochhielt.

»Vielen Dank«, sagte sie, und ihre Stimme klang angenehm warm. »Ich freue mich, dass ihr alle hier seid. Wirklich. Ich habe meiner Lektorin die letzten drei Tage die Ohren vollgeheult, weil ich Angst hatte, dass niemand kommt.«

Lachen erklang, in das sie mit einstimmte.

»Wir sind so froh, dass du heute hier bist, Rosalie«, erwiderte die Moderatorin. »Du hast uns deinen aktuellen Roman mitgebracht, und auf deinen nächsten müssen wir auch nicht mehr lange warten, richtig?«

Sie strich die Strähne zurück, die wieder nach vorn gefallen war, und blinzelte einige Male, als hätte sie eine Wimper im Auge. »Das klingt so, als wäre ich damit schon so gut wie fertig. Die Wahrheit ist, dass ich mich gerade nur von Koffein und Zucker ernähre, um meine Lektorin nicht in den Wahnsinn zu treiben. Aber das ist jedes Mal so.«

Kaum hatte Rosalie die Antwort ausgesprochen, trommelte sie mit den Fingern sachte auf dem Cover herum, während ihr die Moderatorin die nächste Frage stellte. Nur wenn sie selbst sprach, schien ihre Nervosität in den Hintergrund zu rücken, denn in diesen Momenten verharrte ihre Hand ruhig auf dem Buch.

»Ich schreibe tatsächlich noch gar nicht so lang«, sagte sie, beantwortete damit offenbar die Frage, die ich nicht mitbekommen hatte. »Also zumindest keine eigenen Geschichten. Über die Fan-Fictions zu *The Vampire Diaries* werde ich hier kein Wort verlieren.«

Wieder füllte sich der Raum mit Lachen. Aus den Augenwinkeln sah ich, dass Kinsey breit grinsend auf ihrem Handy tippte. Vermutlich der Live-Stream für Anna.

»Mit eigenen Geschichten habe ich erst vor ungefähr sieben Jahren angefangen, nach der Trennung von meinem ersten Freund.«

»Um den Liebeskummer zu verarbeiten?«

Auch wenn ich noch nie eine Romanlesung besucht hatte, bekam ich das Gefühl, dass diese Frage zu persönlich war, um sie vor einem Publikum zu beantworten.

Rosalie schien zumindest mit sich zu hadern, da sie nicht sofort antwortete, sondern einige Sekunden innehielt. »Ja, genau. Es war eine schwierige Zeit für mich, und das Schreiben hat mir geholfen, das zu verarbeiten.«

Etwas an ihrer Tonlage gab mir das Gefühl, dass das nicht alles war, doch ich war erleichtert, dass die Moderatorin nicht weiter nachhakte, sondern stattdessen über Rosalies Roman sprach, aus dem sie gleich vorlesen würde. Ihre Haltung änderte sich sofort wieder, während sie von ihrem Schreibprozess und der Entstehung der Figuren erzählte. Hin und wieder stolperte sie vor Aufregung über ihre eigenen Worte, doch das Strahlen in ihrem Gesicht ließ ihre Begeisterung für das, was sie tat, für jeden hier im Raum sichtbar werden.

Ich betrachtete ihre ebenmäßigen Züge, ihre Mimik und die Art, wie sie mit ihrer freien Hand gestikulierte, ohne gerade auch nur ein Wort von dem mitzubekommen, was die Moderatorin sie fragte. Seltsam. Ich war mir ziemlich sicher, dass ich noch nie etwas von dieser Autorin gehört oder gesehen hatte, und dennoch hatte sie etwas an sich, dass ich nicht greifen konnte. Etwas eigenartig Vertrautes.

Hatte Kinsey schon einmal von ihr erzählt? Vielleicht, auch wenn Romane kein Thema waren, über das wir uns normalerweise unterhielten.

Doch zumindest hatte ich allein durch den Interviewteil das Gefühl bekommen, dass das hier keine reine Zeitverschwendung gewesen war. Ihr dabei zuzuhören, wie begeistert sie von ihrer Arbeit sprach, wie sich ihre tiefroten Lippen zu einem Lächeln kräuselten, löste in mir etwas aus. Es erinnerte mich daran, was ich aufgegeben hatte, weil ich zu feige gewesen war.

Nach einigen weiteren Fragen verkündete die Moderatorin, dass der Lesungsteil beginnen würde. Rosalie räusperte sich und tippte mit dem Zeigefinger gegen den Nasenrücken, ließ die Hand dann rasch wieder sinken und schlug stattdessen ihr Buch auf. Eine eigenartige Geste für jemanden, der keine Brille trug. Doch ehe ich weitere Gedanken daran verschwenden konnte, lenkte mich ihre Stimme ab. Dieser seltsam vertraute Klang, während sie ihre Textpassage vorlas. So, als wäre sie eine Melodie, die ich schon hundertmal gehört hatte, ohne mich daran zu erinnern, wo.

Aber auch diese Überlegung wurde jäh unterbrochen. Allein schon die Vorstellung, in einer Lesung für einen Liebesroman zu sitzen, fühlte sich extrem befremdlich an, aber je länger sie las, umso mehr gingen die anfänglichen Küsse in etwas deutlich weniger Jugendfreies über. Ich versuchte mit aller Macht, die Bilder aus meinem Kopf zu vertreiben, die ihre Worte in mir auslösten, ihre Stimme auszublenden und stattdessen an Samuel und seine Tastatur zu denken. So oft, wie er darüber aß, herrschte dort mittlerweile ein eigenes Ökosystem. Und von meinem Schreibtisch aus konnte ich jeden Tag dabei zusehen, wie es weiter wuchs.

»Ist alles okay bei dir?«, fragte Kinsey, nachdem Rosalie das Buch wieder zugeklappt hatte, und zog eine Augenbraue hoch, denn offenbar sah ich nicht danach aus.

»Sicher«, murmelte ich, etwas fassungslos darüber, dass es Kinsey nicht im Geringsten unangenehm zu sein schien, mich mit zu dieser Lesung geschleppt zu haben. Ich ließ meine Ringe aneinanderschlagen und lauschte für einen Moment den hellen Metalltönen. Mir war viel zu warm. Und ich musste unbedingt hier raus.

»Ich will noch mein Buch signieren lassen. Und könntest du ein Foto machen?«

Sie wartete nicht mal auf eine Antwort, sondern reihte sich in die Schlange ein, die zunehmend länger wurde. Das allein zeigte doch schon, dass sie wusste, dass sie machen konnte, was sie wollte. Doch wenn ich ehrlich war, wollte ich Rosalie wenigstens für einen Moment aus der Nähe sehen. Gern hätte ich mir eingeredet, dass das nur daran lag, weil ich herausfinden wollte, wieso sie mir so bekannt vorkam, doch mein Körper hatte mir sehr deutlich gemacht, dass das nicht die ganze Wahrheit war. Also stellte ich mich neben Kinsey, die zwei Exemplare des gleichen Buches aus ihrer Tasche zog. Das, aus dem Rosalie vorgelesen hatte.

»Das eine ist Annas«, erklärte sie bei meinem fragenden Blick. »Sie war wirklich traurig, dass sie nicht kommen konnte.«

Mittlerweile war ich fast sicher, dass sie die Wahrheit sagte und versucht hatte, das Beste aus der Situation zu machen. Das Beste für sich, nicht für mich. Ich sah entlang der Schlange vor zu dem Tisch, der aufgebaut worden war, und lauschte vereinzelt den kurzen Gesprächen, die Rosalie mit den Leuten führte, während sie signierte. Ihr Talent für Multitasking war definitiv beeindruckend.

Wir rückten immer weiter vor, bis wir schließlich vor dem Tisch standen. Kinsey plapperte bereits los, noch ehe Rosalie einen Ton gesagt hatte, und ich fand es irgendwie niedlich, wie sehr sich meine Schwester darüber freute, hier zu sein. Doch dann fiel Rosalies Blick auf mich, und ihr Lächeln gefror augenblicklich. Und genau in diesem Moment machte es klick.

»Fallon?«

(000110)
Fallon

In dem Augenblick, als sich unsere Blicke trafen, rutschte mir das Herz einige Etagen tiefer. Es war ein Wunder, dass ich es nicht wild pochend unter dem Tisch liegen sah und eine Massenpanik in dem kleinen Buchladen auslöste.

Ich konnte dem Universum unmöglich etwas so Unverzeihliches angetan haben, dass von allen Menschen, die zufällig bei dieser Lesung auftauchen konnten, ausgerechnet Jesper Perrington derjenige war, der es tat.

Und doch war er hier, und mein Herz schlug so laut, dass es einen Höllenlärm in meinem Brustkorb verursachte und die Panik allmählich in meinem Gehirn angekommen war. Mir war nicht klar, wie ich ihn im Publikum hatte übersehen können, aber gerade jetzt musste ich etwas tun. Vorzugsweise etwas, das beinhaltete, ihn nicht weiter anzustarren, als wäre ihm ein zweiter Kopf gewachsen.

Und obwohl mir das Blut in den Ohren rauschte, setzte ich mein strahlendstes Lächeln auf, das ich unzählige Stunden vor dem Spiegel geübt hatte, und sagte das Erste, was mir in den Sinn kam: »Du kennst Fallon? Ich bin ihre Zwillingsschwester.«

Jesper starrte mich sprachlos an, und ich war mir sofort sicher, dass er es nicht glaubte, als sich seine Augen misstrauisch verengten. Aber wenn es nur eine winzige Chance gab, dass ich ihn überzeugen konnte, dann musste ich sie nutzen.

Denn ansonsten wäre all die Arbeit umsonst gewesen. Samuel würde mich niemals befördern, geschweige denn überhaupt noch ernst nehmen. Ebenso wenig wie meine anderen Kollegen. Ich konnte ihre Kommentare schon hören.

Darauf stehst du also im Bett?

Du hast echt wilde Fantasien. Wir können das gern mal ausprobieren.

Kannst du auch richtige Bücher schreiben und nicht nur so ein Frauenzeug?

»Fallon hat eine Zwillingsschwester?«, sagte er nach einer halben Ewigkeit, doch sein Tonfall gab nichts darüber preis, ob er mir die Lüge glaubte oder nicht.

»Offensichtlich«, antwortete ich und lachte, strich erneut die verfluchte Strähne der Perücke hinters Ohr, die ständig nach vorne rutschte. Aber zumindest konnte ich so die Finger bewegen, um das Zittern zu verbergen. »Woher kennst du sie?«

»Wir sind Kollegen«, erwiderte er, und es kostete mich alle Willenskraft, ihn nicht zu korrigieren. Also auch wenn es technisch gesehen stimmte, waren wir mehr zwei Menschen, die leider in demselben Unternehmen arbeiteten und täglich versuchten, sich nicht gegenseitig umzubringen. Arbeitsfeinde sozusagen.

»Moment, Moment, Moment«, klinkte sich plötzlich die Frau neben ihm ein und starrte mit weit aufgerissenen Augen zwischen uns hin und her, als wären wir der spannendste Kinofilm, den sie je gesehen hatte. »Du arbeitest mit Rosalies Schwester zusammen?«

Er antwortete ihr nicht, stattdessen war sein Blick unverwandt auf mich gerichtet, so direkt und intensiv, dass ich am liebsten weggesehen hätte. Aber jetzt gab es kein Zurück mehr. Und wenn mir das Ganze doch um die Ohren flog, dann wenigstens mit einem großen Knall.

»Scheint so«, erwiderte ich mit einem breiten Lächeln. »Ich muss mal mit ihr darüber reden, dass sie mir nie gesagt hat, was für hübsche Kollegen sie hat.«

Es fiel mir schwer, die Worte über die Lippen zu bekommen, weil sich alles in mir zusammenzog und ich nur darauf wartete, endlich vom Erdboden verschluckt zu werden. Doch wie immer, wenn man es ausnahmsweise brauchte, war weit und breit alles ruhig.

Stattdessen wartete ich angespannt, ob mir nun die Frau neben Jesper meine Bücher um die Ohren schlagen würde. Denn im schlimmsten Fall hatte ich gerade mit ihrem Freund geflirtet, auch wenn ich nicht glauben konnte, dass es irgendein anderes menschliches Wesen freiwillig mit Jesper aushalten würde. Doch so spontan war mir nichts Fallon-Untypischeres eingefallen. Und zu meiner Erleichterung quietschte sie stattdessen begeistert auf.

»Mein Bruder kann total gut kochen. Und er weiß so ziemlich alles. Was manchmal echt nervig ist, weil er immer recht hat, aber das ist trotzdem was Gutes«, plapperte sie los und klang so, als wollte sie ihn mir verkaufen. Jetzt, da ich sie genauer betrachtete, war die Ähnlichkeit nicht mehr zu leugnen. Das gleiche dunkle Haar, welches ihr bis zum Kinn reichte, und die gleichen markanten Gesichtszüge, unterstrichen durch einen schwarzen geschwungenen Eyeliner und einen ebenso dunklen Lippenstift. Charakterlich hingegen konnten sie wohl kaum unterschiedlicher sein.

»Kinsey«, zischte Jesper, an seine Schwester gewandt, ziemlich offensichtlich peinlich berührt. Ich hätte einiges dafür gegeben, diesen Moment auf Video aufzeichnen zu können. Es war so untypisch, ihn in einer Situation zu erleben, die er nicht im Griff hatte. Dann wandte er sich wieder zu mir. »Tut mir leid.«

Ich war froh, dass Kinsey Jespers Aufmerksamkeit genug von mir abgelenkt hatte, sodass er mir nicht mehr bis in die Seele starrte, um herauszufinden, ob ich wirklich nicht log.

Ich legte einen Finger an meine rot geschminkten Lippen und strich vorsichtig darüber. »Ich finde, es gibt nichts Attraktiveres als Männer, die kochen können.«

Mir entging nicht, dass sein Blick auf meinem Mund lag, und auch wenn mir sehr wohl bewusst war, dass das hier Jesper war, fühlte ich mich gut. Mächtig. Denn trotz allem war auch er nur ein Mann.

»Ist das so?«, sagte er mit kratziger Stimme, nachdem selbst ihm aufgefallen war, dass er starrte.

»Oh ja«, erwiderte ich und strich mit den Fingern über die Kette am Hals, um ihn noch ein klein wenig mehr abzulenken. »Fallon und ich sind in der Hinsicht hoffnungslose Fälle.«

Das zumindest war die Wahrheit, denn ich konnte tatsächlich nicht kochen. Zumindest nichts, was über Alles-in-einen-Topf-Werfen hinausging, weswegen ich den Erfindern von Tiefkühl-gerichten zu ewigem Dank verpflichtet war. In der Hinsicht kam ich ganz nach Dad.

Er schien über eine Antwort nachzudenken, doch aus den Augenwinkeln konnte ich Emily, die Moderatorin, sehen, die kurz auf ihre Uhr tippte. Also wandte ich mich an seine Schwester, die uns noch immer gebannt beobachtete und ihre zwei Bücher umklammerte.

»Also, für wen darf ich die signieren?«

»Für Kinsey und für Anna«, sagte sie mit einem so strahlenden Lächeln, dass ich sie am liebsten gedrückt hätte. Wie konnte ausgerechnet jemand wie sie Jespers Schwester sein? Und wie hatte sie es überhaupt geschafft, ihn mit seiner besserwisserischen Art noch nicht umzubringen? »Ich bin schon seit deinem Debüt ein großer Fan von dir.«

Ich war gerade dabei, ihren Namen zu schreiben, brach jedoch mittendrin ab, sah wieder zu ihr auf, und noch ehe ich es verhindern konnte, rutschte mir ein »Wirklich?« heraus.

Kinsey nickte, und der dunkle Bob tanzte um ihr Gesicht, während die Augen strahlten. »Ich liebe die Art, wie deine Protagonisten miteinander reden und umgehen. Gerade bei den spicy Szenen.«

Mein Herz machte einen Satz, doch noch ehe ich ihr darauf antworten konnte, redete sie weiter.

»Es ist echt schwer, Bücher zu finden, wo die Frauen sagen, was sie wollen. Oder auch was sie nicht wollen. Irgendwie werden so aufdringliche Typen ja immer noch als sooo romantisch verkauft.«

Sie verdrehte die Augen, und ich wusste genau, was sie meinte. Immerhin war es auch genau das, was ich mit meinen Büchern ausdrücken wollte. Das war der Grund, wieso ich eigene Geschichten schrieb. Und dass sie das genauso empfand, war ein unbeschreiblich großartiges Gefühl.

»Danke, dass du das sagst«, erwiderte ich lächelnd und beendete ihren Namen, ehe ich mich daranmachte, einen kleinen Spruch darunterzuschreiben.

Lass dir nie einreden, du wärst es nicht wert.

Ich konnte förmlich spüren, wie mich Jesper beobachtete, was mein ohnehin schon aufgewühltes Innenleben nicht gerade beruhigte. Ein Prickeln zog sich über meine Haut im Nacken und breitete sich über meinen Rücken aus.

Konzentration, Fallon. Blende ihn einfach aus. Das funktionierte allerdings schon bei der Arbeit nicht.

Aber er konnte nicht wissen, dass ich log. Er konnte nicht ernsthaft glauben, dass Fallon so mit ihm flirten würde, selbst wenn ihr, mein, Leben davon abhängen würde. Das hatte ich ihm schon oft genug bewiesen.

Ich schob Kinsey das erste Buch wieder zurück und griff nach dem zweiten. Meine Finger taten mittlerweile so weh, als hätte ich das halbe Manuskript von Hand geschrieben. Aber was hatte ich auch erwartet, wenn ich seit der Uni keinen Kugelschreiber mehr benutzt hatte. Zumindest für nichts, was über hingekritzelte Notizen hinausging, die ich schnell aufschreiben musste, ehe ich sie vergessen hatte. Ich verschränkte meine Finger, und ein leises Knacksen ertönte, das Jesper leidend das Gesicht verziehen ließ. Verdammt, das machte ich im Büro auch ständig.

»Das kann nicht gesund sein«, murmelte er und stachelte damit etwas in mir an, dass ich heute Abend eigentlich verschlossen halten wollte: das Bedürfnis, ihn zu korrigieren.

»Bisher gibt es keine Studie, die belegt, dass es schädlich ist«, erwiderte ich mit einem breiten Lächeln. »Ein Wissenschaftler hat über fünfzig Jahre einen Selbstversuch unternommen, in dem er mit der einen Hand regelmäßig knackste und mit der anderen nicht. Bei einer Untersuchung gab es keine nennenswerten Unterschiede zwischen den Händen.«

Fast schon erwartete ich, Opfer seines typischen hochmütigen Blicks zu werden, doch zu meiner Überraschung wurde sein Grinsen breiter. Und für einen winzigen Augenblick machte mein Herz einen eigenartigen Satz, weil ich diesen Gesichtsausdruck noch nie bei ihm gesehen hatte. Zumindest nicht, wenn er mit mir sprach. Und ich war mir fast sicher, dass ich eine andere Reaktion von ihm bekommen hätte, wäre ich Fallon gewesen.

Kinsey gab plötzlich ein leises Glucksen von sich und erinnerte mich schlagartig daran, dass sie auch noch hier war.

»Tut mir leid, wie war noch mal der zweite Name?«, fragte ich peinlich berührt an sie gewandt, weil mein Kopf mit einem Mal vollkommen leer gefegt war. Ich räusperte mich und fügte in einem verschwörerischen Flüsterton hinzu: »Dein Bruder macht mich etwas nervös.«

Das war ausnahmsweise sogar die Wahrheit, wenn auch sehr abgeschwächt. Die konstante Anspannung zerrte an jedem Nervenende, und ich konnte es kaum erwarten, dass er endlich aus dem Laden draußen war und ich diese Scharade beenden konnte.

Kinsey funkelte ihren Bruder böse an und stieß ihm sacht den Ellenbogen in die Seite, doch dieser schien sie völlig zu ignorieren. Stattdessen lag sein Blick unverwandt auf mir.

»Das nehme ich als Kompliment«, erwiderte er amüsiert und so leise, dass ich ihn fast nicht gehört hätte. Ich war froh, dass mir Kinsey noch nicht geantwortet hatte, denn ich hätte den Namen sicher sofort wieder vergessen. »Und der Name ihrer Freundin ist Anna.«

»Anna«, wiederholte ich, um ja nicht noch einmal fragen zu müssen, und schlug das Buch auf. Meine Kontaktlinsen ziepten mittlerweile schrecklich, sodass ich mehrfach blinzeln musste, damit sie nicht mehr so trocken waren und ich halbwegs ordentlich sehen konnte. Wenigstens hatte ich in meiner Handtasche eine Flasche Augentropfen. Versehen mit dem Namen und einem Spruch schob ich das Buch wieder zu Kinsey zurück.

»Könnten wir bitte noch ein Foto machen?«, fragte Kinsey, nachdem sie die beiden Exemplare in ihrer Tasche verstaut hatte, und kam um den Tisch zu mir herum. Obwohl sie ein Stück kleiner war als Jesper, fiel mir nun, da sie neben mir stand, ziemlich deutlich auf, dass sie mich dennoch um ein ganzes Stück überragte. Sie kam bestimmt ohne Stuhl an das oberste Brett ihres Bücherregals dran.

»Dein Einsatz«, sagte sie an Jesper gewandt, der zu meinem Horror nur nickte. Ich hatte es fast geschafft. Nur noch das Bild, dann hatte ich es hinter mir.

Ich legte den Arm um ihre Schultern, so gut es eben ging, und lächelte Jesper entgegen, der die Geste, beabsichtigt oder nicht, erwiderte. Ich musste meinem dummen, dummen Gehirn wirklich noch mal in Erinnerung rufen, wer hier vor mir stand, denn die Info schien zwischenzeitlich auf der Festplatte verloren gegangen zu sein. Das hier war mein Arbeitsfeind, der Ursprung unzähliger Nervenzusammenbrüche, der mich mit seiner Arroganz regelmäßig in den Wahnsinn trieb. Doch das Kribbeln in meinem Inneren ließ nicht nach.

»Toll, vielen lieben Dank«, sagte Kinsey, nachdem Jesper fertig war und ich mich wieder hingesetzt hatte.

»Danke, dass ihr da wart.«

Zumindest über Kinseys Anwesenheit hatte ich mich ehrlich gefreut. Und trotzdem erwartete, nein, hoffte ich, dass sie sich nun endlich umdrehen und gehen würden, immerhin dauerte das hier schon länger als geplant. Doch Jesper sah mich noch einmal an.

»Wieso spielt deine Geschichte in einem IT-Unternehmen?«

Die Frage überraschte mich und ließ mich einen Moment innehalten. Doch noch ehe ich antworten konnte, trat Emily zu uns und rettete mich.

»Entschuldigen Sie bitte«, sagte sie freundlich, aber bestimmt, an Jesper gewandt und gestikulierte vage zu der Schlange hinter den beiden. »Ich freue mich, dass Sie sich gern mit Rosalie unterhalten, aber wir möchten auch den anderen Besuchenden die Möglichkeit auf ein signiertes Exemplar ermöglichen.«

»Sicher, entschuldigen Sie«, erwiderte Jesper mit einem kleinen Lächeln, das ihn fast sympathisch aussehen ließ, wenn ich nicht gewusst hätte, dass er ein besserwisserischer Egomane war. Jetzt, wo wir uns nicht mehr anstarrten, schien auch der rationale Teil meines Gehirns wieder zu funktionieren. »Es war schön, dich kennenzulernen, Rosalie.«

»Gleichfalls«, brachte ich hervor und spürte, wie mit der abfallenden Anspannung endgültig alles Leben aus mir wich. Ich wollte nur noch nach Hause und mich bei einer langen, sehr heißen Dusche entspannen, denn mein Kleid klebte mir mittlerweile am Körper wie eine zweite Haut.

Kinsey winkte mir beim Rausgehen zu, und ich erwiderte die Geste, ehe ich die letzten Bücher signierte. Doch das nervige Prickeln im Nacken war noch immer da, auch lange nachdem sie den Laden verlassen hatten.

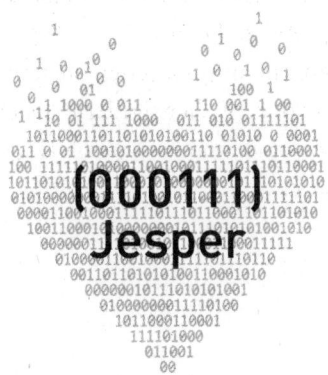

(000111)
Jesper

Rosalie Golden.

Nein, Rosalie Specter, falls sie und Fallon denselben Nachnamen hatten und sie ihn nicht nach einer Hochzeit geändert hatte. Ich konnte mich zumindest nicht daran erinnern, dass sie bei der Lesung einen Ring getragen hatte. Und auch die Vorstellung, dass sie so mit mir geflirtet hätte, wäre sie vergeben, erschien mir irgendwie abwegig.

Aber war Rosalie überhaupt ihr richtiger Vorname oder ein Pseudonym? Wieso hatte ich nicht gewusst, dass Fallon eine Zwillingsschwester hatte, die auch noch rein zufällig die Lieblingsautorin meiner Schwester war? Und mit einem Mal wurde mir bewusst, dass ich rein gar nichts über Fallon wusste, obwohl wir seit gut einem Jahr Kollegen waren. Und in diesem einen Jahr hatte ich von ungefähr allen auf unserer Etage irgendetwas aufgeschnappt. Von Will und Harvey das meiste, weil wir mittlerweile gut befreundet waren, doch auch von Jamie, Ethan und selbst Samuel wusste ich mehr, als ich jemals hatte wissen wollen. Nur Fallon war nach wie vor ein unbeschriebenes Blatt. Alles, was ich von ihr wusste, war, dass sie mich offensichtlich nicht mochte.

Ein dumpfer Knall erklang, und träge wanderte mein Blick an dem Lesesessel vorbei. *A History of Babylon*, welches ich seit mindestens zehn Minuten angestarrt hatte, ohne auch nur ein einziges Wort zu lesen, war von meinem Schoß gerutscht und auf den Boden gefallen. Rasch beugte ich mich vor und hob das Buch auf, in der Hoffnung, dass keine Seite geknickt war, und stieß dabei gegen den Beistelltisch, auf dem ein Glas Weißwein stand. Gestanden hatte, denn auch das landete nun mit einem Klirren auf dem Boden, und die klare Flüssigkeit breitete sich zwischen den Splittern über dem Holzfußboden aus.

Wenigstens hatte ich das Buch gerettet.

Und immerhin war es kein Rotwein, denn dann hätten die vereinzelten Spritzer auf dem weißen Wohnzimmerteppich Kinsey ziemlich sicher den Eindruck vermittelt, ich hätte hier jemanden umgebracht.

Ich legte das Hardcover beiseite und hievte mich aus dem Sessel, bemüht, weder in die Scherben noch in den Wein zu treten, und lief zur angrenzenden Küche, um einen Lappen zu holen.

Dabei landeten meine Augen unweigerlich auf dem in Geschenkpapier eingewickelten Roman von Rosalie, der auf der Arbeitsfläche lag, weil ich nicht gewusst hatte, wohin damit.

Mir war echt nicht mehr zu helfen.

Kinseys stichelnde Kommentare bei unserer Verabschiedung hatten mich schon genug beschäftigt. Insbesondere weil sie nun glaubte, dass sie mir mit der Lesung einen Gefallen getan hatte. Ich war erleichtert, dass sie Anna das Buch direkt vorbeibringen wollte, ansonsten wäre das den ganzen Abend so weitergegangen.

Auf dem Weg zurück zu unserer Wohnung hatte ich nicht vorgehabt, weiter über die Lesung oder Rosalie nachzudenken. Ich hatte genug damit zu tun, alles um mich herum in Ordnung zu halten und mich auf meine Karriere zu konzentrieren.

Und nicht jedes Mal durchzudrehen, wenn ich sah, dass mir Mr Trey wieder eine neue E-Mail geschrieben hatte. Mittlerweile bereute ich meine Entscheidung beinahe, die Beförderung angenommen zu haben, doch nachdem Samuel meinem Gehaltswunsch, ohne zu zögern, zugestimmt hatte, konnte ich auch schlecht ablehnen. Obwohl mir klar gewesen war, dass man als Architekt in diesem Unternehmen am meisten Kundenkontakt hatte, weil es keine andere Rolle für diese Aufgaben gab. Aber ich hatte das Geld um jeden Preis gewollt, und nun musste ich ihn zahlen.

Und trotz alldem hatte mich etwas dazu gebracht, einen Umweg über eine andere Buchhandlung einzuschlagen und mir den Roman zu kaufen, aus dem sie heute vorgelesen hatte.

Die Buchhändlerin hatte mich gefragt, ob es ein Geschenk war, und ohne groß darüber nachzudenken, hatte ich Ja gesagt, weil ich nicht noch mehr Aufmerksamkeit damit auf mich ziehen wollte. Deswegen war das Buch nun eingepackt, und ich konnte mir noch eine Weile länger einreden, dass es mich eigentlich nicht interessierte. Dass mich Rosalie eigentlich nicht interessierte. Und ihr euphorisches Lächeln, ihre strahlenden Augen und ihre unendlich langen Beine nicht die letzten Stunden meine Gedanken heimgesucht hatten.

Ich wandte den Blick von dem dunkelblauen Geschenkpapier ab und ging mit einem Lappen zurück ins Wohnzimmer. Kinsey als Mitbewohnerin reichte mir schon, da brauchte ich nicht noch den Wein, durch den das Holz aufquellen würde. Anschließend kehrte ich die Scherben weg, um nicht noch ein echtes Blutbad anzurichten.

Nachdem ich in die Küche zurückgekehrt war und mir ein neues Glas Wein geholt hatte, landete mein Blick wieder auf dem Buch, ganz so, als würde es ihn magnetisch anziehen. Kurzerhand löste ich die goldene Schleife und zog das Papier vorsichtig auseinander. Das Cover, eine verwelkte rote Rose, prangte mir entgegen.

Noch bevor meine Gedanken anderweitig beschäftigt gewesen

waren, hatte ich am Rande mitbekommen, dass der Handlungsort ein IT-Unternehmen war. Sicher hatte ich dieses Buch nur gekauft, um zu sehen, wie sie das Ganze eingebunden hatte. Ich kannte mich bei Liebesromanen nicht aus, aber mich beschlich das Gefühl, dass es doch eher ungewöhnlich war. Immerhin waren Softwareentwickler keine Ärzte, Feuerwehrmänner oder Anwälte und zierten eher selten halb nackt irgendwelche Buchcover. Was vermutlich daran lag, dass es doch noch eine ziemlich stereotype Vorstellung davon gab, wie Softwareentwickler aussahen.

Ich schlug die erste Seite auf, und mein Blick fiel auf die Widmung.

Für alle, die nach den Sternen greifen.

Da war er wieder, dieser kleine Stich, den ich rasch beiseiteschob, bevor ich zum ersten Kapitel weiterblätterte. Es begann direkt damit, dass sich eine Frau ziemlich wortreich über ihren Kollegen aufregte. Ich wurde das Gefühl nicht los, dass das genauso gut auch Fallons Gedanken sein konnten. Denn wenn sie überhaupt einmal mit jemandem sprach, dann waren ihre Sätze knapp und zynisch. Die meiste Zeit saß sie an ihrem Platz und bedachte jeden im Umkreis von drei Schritten mit einem Blick, der einem das Blut in den Adern gefrieren ließ.

Ich konnte die Male, die ich sie hatte lächeln sehen, auch nach etwa einem Jahr an einer Hand abzählen. Genau genommen sogar an einem Finger, ganz im Gegensatz zu ihrer Schwester.

Ich las, gegen die Arbeitsplatte gelehnt, einige Seiten weiter und landete schließlich bei Kapitel 4. In dem die beiden Hauptfiguren plötzlich Sex im Aufzug hatten, nachdem sie sich wenige Absätze vorher noch fast erwürgt hätten. Gut, der Aufzug war stecken geblieben, und für beide war es mehr Ablenkung als etwas anderes, aber dennoch.

Erneut tauchten Rosalies blaue Augen und ihre roten Lippen in meinen Gedanken auf. Hastig klappte ich das Buch zu.

»Mir ist nicht mehr zu helfen«, murmelte ich und trank einen Schluck Wein, ehe ich zusammen mit dem Glas und dem Buch zurück ins Wohnzimmer ging. Kinsey durfte den Roman auf keinen Fall finden. Sie schien irgendwie einen sechsten Sinn dafür zu haben, wenn ich versuchte, etwas vor ihr zu verbergen. Und sie gab auch keine Ruhe, bis sie es gefunden hatte. Ganz gleich, ob es eine versteckte Packung Kondome war, als wir noch zusammen bei unseren Eltern gelebt hatten, oder die Spitzenunterwäsche, die meine Ex-Freundin regelmäßig in meinem WG-Zimmer *vergessen* hatte.

Kinsey fand alles. Und da es in dieser Wohnung nur einen Ort gab, den sie tatsächlich keines zweiten Blickes würdigte, war mein Bücherregal der sicherste Ort. Meine Sammlung an Werken zu verschiedenen Geschichtsepochen, Kulturen und Gesellschaften, Erfindungen und Wissenschaften schien sie nicht so zu begeistern.

Die Frage war nur – wo versteckte ich ihn am besten? Immerhin waren die Bücher thematisch und dann nach den Jahren oder Jahrzehnten sortiert, die sie behandelten. Und absolut kein Regal war mit *Erotische Liebesromane des 21. Jahrhunderts* beschriftet.

»Dann eben *Zivilisation und Gesellschaft*.«

Ich zog *Entwicklung der modernen Gesellschaft* hervor und verstaute *Loveless Touch* dahinter, das dankbarerweise eine ganze Ecke kleiner war und vollständig verschwand.

Doch auch nachdem ich wieder in dem Sessel saß und es erneut mit *Babylon* versuchte, kreiste nur eine einzige Frage in meinen Gedanken.

Sollte ich ihr schreiben?

Minuten vergingen, in denen ich erneut auf die Seiten starrte, während die Buchstaben vor meinen Augen verschwammen. Mit einem Anflug von Frustration klappte ich das Buch schließlich zu und griff nach meinem Handy, um ihren Namen in die Suchmaschine einzugeben.

Der erste Treffer war Instagram, darunter erschienen mehrere Händler und Plattformen, um Bücher zu bewerten.

Wenn ich ihr also schreiben wollte, dann über Social Media.

Es dauerte eine halbe Ewigkeit, bis ich endlich die richtige Mail-Adresse für meinen extrem eingestaubten Instagram-Account gefunden hatte.

Das letzte Bild war ein Urlaubsfoto auf der griechischen Insel Kreta, wo ich gemeinsam mit meinem besten Freund Cody vor den Ruinen des Palasts von Knossos posiert hatte. Wir waren nach unserem Master-Abschluss für ein Jahr durch Europa getourt, um uns die bedeutendsten historischen Orte anzuschauen. Zumindest das, was davon übrig geblieben war. Doch die Ruinen, die Bücher, die Museen und die Gespräche mit Menschen, die sich schon ihr Leben lang damit beschäftigten, hatten gereicht, um uns in eine vollkommen andere Zeit zu versetzen.

Cody, dessen Haut Ähnlichkeit mit einem Krebs hatte, grinste breit in die Kamera, während ich mich gerade mal so zu einem Lächeln durchringen konnte, weil ich es hasste, für Fotos zu posieren. Insbesondere dann, wenn bedeutende historische Orte plötzlich nur noch als Fotokulissen dienten.

Doch das Bild erinnerte mich nur zu gut daran, was wir uns versprochen hatten. Was wir erreichen wollten. Unsere Ziele und Träume, die damals nur eine Armlänge von uns entfernt schienen.

Und von denen jetzt nichts mehr übrig war.

Um mir nicht länger mein Profil ansehen zu müssen, suchte ich nach Rosalies und klickte auf das erste Bild, das von der Lesung stammte. Sie hatte es vor einer Stunde gepostet. Gedanklich war ich wohl sehr abgelenkt gewesen, denn ich hatte nicht mitbekommen, dass sie eines mit dem Publikum zusammen aufgenommen hatte. Kinseys neongelber Pullover stach mir gleich ins Auge, und zu meiner Erleichterung stellte ich fest, dass von mir lediglich ein Teil meiner Hose zu sehen war. Rosalie strahlte breit lächelnd in die Kamera.

> Ich habe meine erste Lesung überlebt. Vielen Dank an alle, die da waren! ♥

Es folgten einige Schreib-Updates, Postings zu ihren Büchern und Videos, in denen sie ihre Lieblingsbücher vorstellte. Und dann waren da noch die Bilder von ihrem Bücherregal, bei dem es mir fast körperliche Schmerzen bereitete, dieses Chaos zu sehen. Statt die Bände, so wie es logisch und sinnvoll wäre, wenigstens nach Reihen beziehungsweise Autorin und Autor aufzustellen, hatte sie sie nach Farben sortiert, womit das ganze Regal einem Regenbogen glich. Jetzt war mir klar, wieso es in Kinseys Zimmer genauso aussah. Nach unzähligen Postings wusste ich nun, dass sie ihren ersten Roman vor zwei Jahren veröffentlicht hatte, aber schon deutlich länger schrieb, mittlerweile an ihrem fünften Buch arbeitete und eine Vorliebe für schwarzen Kaffee, gemütliche Buchhandlungen und heiße Typen hatte. Am liebsten in Kombination.

Gut zu wissen. Zumindest für zwei der drei Dinge konnte ich mich ebenfalls begeistern.

Mein Blick landete erneut auf meinem Display und auf dem Bild, das ich mir angesehen hatte. Ein rotes Herz war plötzlich darunter sichtbar geworden, und zeitgleich machte sich ein flaues Gefühl in meiner Magengegend breit. Verdammt. Ich hatte dem Bild ein Like gegeben.

Großartig. Jetzt wusste sie, dass ich nicht nur nach ihrem Account gesucht, sondern auch, dass ich ihn mir etwas zu genau angeschaut hatte.

Wäre es seltsam, wenn ich ihr jetzt schrieb? Machte es das Ganze noch unangenehmer?

Ich öffnete einen Chat mit ihr und starrte auf die leere Unterhaltung. Was wollte ich ihr überhaupt schreiben?

Du gehst mir nicht mehr aus dem Kopf, hättest du vielleicht Lust, dich mit mir zu treffen? PS: Ich bin der Typ, der dich mit deiner Schwester verwechselt hat.

Was mich zurück zum eigentlichen Problem führte – Fallon. Ich konnte mir nicht vorstellen, dass Rosalie ihr nichts von unserem Aufeinandertreffen erzählen würde. Und so, wie ich Fallon kannte, hielt sie auch nicht mit ihrer Meinung zurück, was für ein schrecklicher Mensch ich doch war.

Und das, obwohl ich nicht einmal sagen konnte, was ich ihr überhaupt getan hatte.

Aber seit meinem Start bei We Solve IT schien sie mich aus unerfindlichen Gründen nicht leiden zu können. Ihre Antworten waren kurz, während sie dabei aussah, als würde sie sich stattdessen ausmalen, wie sie mich langsam und qualvoll umbringen würde. Aber da sie zu jedem so war, konnte ich es nicht einmal persönlich nehmen.

Auch wenn ich stark vermutete, dass sie mich noch ein klein wenig mehr hasste als die anderen. Aber sie machte es einem mit ihrer pedantischen Art auch nicht einfach, mit ihr zu arbeiten. Stattdessen musste sie alles ausdiskutieren.

Und während ich ihre Abneigung vorher nicht hatte nachvollziehen können, so hatte sie jetzt zumindest einen Grund. Dass Samuel mich zum Architekten für dieses Projekt gemacht hatte, brachte mir sicher keine Sympathiepunkte, und auch wenn ich unter normalen Umständen gut damit leben konnte, stellte mich das jetzt leider vor ein Problem.

Ich griff nach meinem Weinglas und nahm noch einen Schluck der kühlen Flüssigkeit. Wenn Fallon ihr von mir erzählte, dann war die Sache ohnehin gelaufen, wieso es nicht einfach versuchen?

Also tippte ich:

> Hey Rosalie, hier ist Jesper. Wir haben uns vorhin bei deiner Lesung getroffen. Hättest du vielleicht Lust auf einen Kaffee? Ich würde gern unser Gespräch fortsetzen.

Je länger ich die Sätze anstarrte, umso mehr zog sich alles in meinem Inneren zusammen. Code schreiben war die eine Sache, Sätze zu schreiben, die für Menschen verständlich waren, eine andere. Und ob ich es zugeben wollte oder nicht, ich klang wirklich wie der alte Mann, als den Kinsey mich ständig bezeichnete.

Ehe ich durchdenken konnte, ob das Ganze eine gute Idee war, schickte ich die Nachricht ab und verbannte mein Handy in die hinterste Ecke der Küche, um nicht alle fünf Minuten nachzusehen, ob sie bereits geantwortet hatte.

Am nächsten Tag und auch am Montagmorgen hatte sie es nicht. Vielleicht hatte sie die Nachricht noch nicht gelesen, versuchte ich mir auf dem Weg ins Büro einzureden. Oder sie hatte sie gelesen und wollte nicht antworten.

Ich atmete tief ein und ging zu meinem Platz, dankbar, dass Fallon noch nicht im Büro war. Kurz nachdem mein viel zu langsamer Laptop endlich hochgefahren war, hätte ich ihn am liebsten gleich wieder ausgeschaltet. Mindestens zehn E-Mails von Brandon Trey, Cassie Ambers Manager, tummelten sich in meinem Postfach, ganz so, als wäre das verdammte Ding ein Chat. Samuel und ich hatten letzte Woche noch ein Meeting mit ihm gehabt, um zu klären, wann wir ihm das erste Zwischenergebnis zeigen würden, immerhin funktionierte agile Entwicklung genau so. Wir hatten in regelmäßigen Abständen Termine, damit wir den aktuellen Stand abstimmen und direkt das Feedback vom Kunden einholen konnten, um das Produkt dementsprechend weiterzuentwickeln. Damit konnten wir sicherstellen, dass wir am Ende nichts entwickelten, was völlig an der Vorstellung des Kunden vorbeigegangen war.

Und bei den vorangegangenen Gesprächen hatte er selbst gesagt, dass er unbedingt eine agile Vorgehensweise wollte. Mittlerweile beschlich mich aber mehr und mehr das Gefühl, dass er keine Ahnung hatte, was genau das überhaupt beinhaltete. Bestimmte Buzzwords kamen bei Leuten gut an, auch wenn sie sie nicht verstanden.

Mr Trey hatte auf jeden Fall sehr deutlich gemacht, »dass ich für so einen Unsinn keine Zeit habe und ihr einfach eure Arbeit machen sollt«.

Ich überflog die E-Mails, die vereinzelt wichtige Informationen enthielten, und versuchte, sie irgendwie zu ordnen. Nach der zehnten Mail hatte ich eine Liste mit verschiedenen widersprüchlichen Angaben zu Design, Verhalten und Inhalt des Webshops, vier Versionen des gleichen Texts und ein Logo, dessen Auflösung so schlecht war, dass es nicht einmal auf einem alten Game Boy scharf ausgesehen hätte.

Was bedeutete, dass ich mich noch mal mit ihm herumschlagen musste. Wieso verschickte der Kerl seine Mails an einem Montag um zwei Uhr am Morgen? War er gerade in einer anderen Zeitzone? Oder waren das alles Gedanken gewesen, die ihm in einem wirren Traum gekommen waren?

»Ist das Kolosseum eingestürzt?«

Neben mir stand Will, der für das *Frontend* des Webshops verantwortlich war, also für alles, was die Nutzer sehen konnten. Da es außer ihm keinen anderen Frontend-Dev in dem Projekt gab, würde ich ihn bei einem Teil der Aufgaben unterstützen. Immerhin hatte mich Samuel als Fullstack-Entwickler eingestellt, was auf dem Papier bedeutete, dass ich sowohl Backend- als auch Frontend-Technologien und -Sprachen beherrschte. In der Praxis tat ich das, nur nicht gleich gut. Und auch wenn ich das Konzept eines Fullstack-Devs unsinnig fand, hatte es mir zumindest ein gutes Gehalt verschafft.

»Ich hoffe nicht«, erwiderte ich und öffnete die letzte E-Mail, die mindestens so viele Rechtschreibfehler enthielt wie alle davor gemeinsam. Von der Uhrzeit abgesehen, war ich mir nicht einmal sicher, ob er nüchtern gewesen war oder nicht. Immerhin hatte er seine Mail mit *Mit freundlichen Füßen* unterschrieben. »Ich habe nur gerade einen Nervenzusammenbruch.«

»Es ist noch nicht mal neun.«

»Ich weiß.«

Will klopfte mir auf die Schulter und stellte dann eine Tasse, gefüllt mit schwarzem Kaffee, auf meinem Schreibtisch ab. »Ich glaube, du bist nicht der Einzige mit einem Prä-neun-Uhr-Nervenzusammenbruch.«

Ich schaute abrupt von meinem Monitor auf und starrte durch den Raum, den Fallon in den letzten zwanzig Minuten betreten haben musste. Sie hatte den Kopf nicht in meine Richtung gedreht, sodass ich gerade nur ihre dunklen Haare erkennen konnte. Augenblicklich gingen meine Gedanken zurück zu Rosalie und der Nachricht. Wir hatten heute Nachmittag ein Teammeeting, was bedeutete, dass ich ihr nicht aus dem Weg gehen konnte.

»Bist du noch da oder schon im Feierabend?« Wills Hand wedelte vor meinem Gesicht hin und her, und ich wandte den Blick von Fallon ab.

»Physisch noch anwesend«, antwortete ich und versuchte mich an einem Lächeln. Nur nichts anmerken lassen. So wie immer. »Danke für den Kaffee.«

»Jederzeit, Boss.« Will grinste nicht, doch in seinen Augen spiegelte sich eine diabolische Belustigung. Er nannte mich nun schon seit zwei Wochen so, und mittlerweile hatte ich es aufgegeben, ihn zu korrigieren. Mein einziger Trost war, dass die anderen noch nicht damit angefangen hatten.

Dann ging er zu dem Schreibtisch hinter mir zurück, und ich konnte zumindest so tun, als würde ich mich auf meine Mails konzentrieren, während mich immer noch die Frage beschäftigte, was ich nun Fallon sagen sollte. Oder eher die Angst, was sie zu mir sagen würde, immerhin hatte sie an mehr als einer Stelle deutlich gemacht, dass ich auf ihrer Lieblingskollegen-Skala nicht gerade sehr weit oben stand. Vermutlich kam selbst Hank vor mir, und der hatte eine eigenartige Obsession mit benutzten Kaffeetassen.

Bevor ich mir noch länger den Kopf darüber zerbrechen konnte, nippte ich an dem heißen Kaffee, dann ging ich zu ihrem Tisch hinüber. Ich wusste nicht, ob sie mich wirklich nicht gesehen oder gehört hatte, doch sie reagierte erst, als ich sacht auf ihre Tischplatte klopfte.

Anstatt ihres üblichen extrem genervten Gesichtsausdrucks und dem dazu passend genervten »Was ist?« starrte sie mich jetzt einfach nur an, mit einer Miene, die ich überhaupt nicht deuten konnte. Was nur bedeuten konnte, dass sie etwas wusste.

»Können wir kurz reden?«

(001000)
Fallon

Nachdem ich gestern Morgen Jespers Nachricht auf meinem Autorinnen-Instagram-Kanal gesehen hatte, war mir fast das Herz stehen geblieben. Und wäre die ganze Situation nicht so verdammt unangenehm gewesen, dann hätte ich mich nur zu gern zu meiner schauspielerischen Meisterleistung beglückwünscht.

Nun aber war ich mit einer Nachricht konfrontiert, die ich unmöglich beantworten konnte, denn das würde bedeuten, dass ich mich erneut als Rosalie ausgeben musste. Also war meine einzige Chance, ihn zu ignorieren und zu hoffen, dass er den Wink verstand.

Tat er aber allem Anschein nach nicht. Natürlich nicht.

Was mich gleich zur nächsten Frage brachte: Was zum Teufel wollte er?

»Sicher«, entgegnete ich, nachdem mir dämmerte, dass ich ihn bereits mehrere Sekunden angestarrt hatte, ohne auf seine Frage zu antworten. Vielleicht war es nur Wunschdenken, doch ich glaubte, einen Anflug von Nervosität auf seinem Gesicht erkennen zu können. Etwas an seinem ganzen Auftreten hatte an Arroganz eindeutig eingebüßt. »Geht es um das Meeting heute? Ich habe einige Vorschläge für den Tech-Stack im Backend zusammengetragen.«

Hatte ich nicht, aber ich wollte um jeden Preis vermeiden, dass irgendwer, insbesondere Ethan, glaubte, es würde um etwas Persönliches gehen. Dieser spitzte bereits die Ohren, damit er etwas hatte, das er nachher jedem erzählen konnte, der es nicht hören wollte. Er war schlimmer als jeder Reporter von *The Scottish Sun*.

Jespers Augenbrauen zogen sich für den Bruchteil einer Sekunde zusammen, ehe es auch bei ihm klick machte und er nickte. »Ja. Wir sollten den vor dem Meeting besprechen, damit es nachher nicht wieder zu Diskussionen kommt.«

Einen kleinen Teil von mir freute es, dass er meine Andeutung begriffen hatte, doch ein anderer, sehr viel größerer Teil wollte ihm für den Kommentar nur zu gern einen kräftigen Tritt gegen das Schienbein verpassen.

»Klar«, erwiderte ich knapp und war nun mit einem Mal wieder genervt genug, um das nicht mehr spielen zu müssen, auch wenn mein Herz gerade wieder abwechselnd sprintete und aussetzte. »Gehen wir.«

Ich schnappte mir meinen Laptop und folgte Jesper in die Etage über uns, die im Gegensatz zu unserer mit drei kleineren und einem großen Meetingraum ausgestattet war. Schon als wir die Etage betraten, waren sämtliche Blicke auf uns gerichtet. Nur zu gern hätte ich ihnen gesagt, dass wir uns heute nicht gegenseitig umbringen würden und sie somit keine Show zu sehen bekämen.

Hoffentlich war meine Selbstkontrolle gut genug.

»Der Raum ist frei«, sagte Jesper, und ich schluckte ein sarkastisches »Ach« herunter, da ich das durch die verglaste Tür auch selbst erkennen konnte. Wir betraten die winzige Kabine, und ich ließ mich auf einen der Stühle fallen, Jesper mir gegenüber. Geschäftsmäßig klappte ich meinen Laptop auf und zählte innerlich von null aufwärts, wann er mit der Sprache herausrücken würde, was er eigentlich wollte. Was er schleunigst tun sollte, denn ich hoffte wirklich, dass er nicht über den Tech-Stack reden wollte.

Das war eigentlich meine Aufgabe für die letzte Woche gewesen, doch die Aufregung über die Lesung hatte mich einfach so unbrauchbar gemacht, dass ich kaum einen klaren Gedanken hatte fassen können. Und meine drei Kollegen waren auch nicht gerade hilfreich gewesen, weil sie sich darauf verließen, dass ich mich darum kümmerte.

»Es geht nicht um das Projekt«, sagte er endlich, nachdem ich mittlerweile bei zwanzig angekommen war, und fast hätte ich erleichtert aufgeatmet.

»Ach so?«, erwiderte ich gespielt irritiert und sah von meinem Laptop auf, der nichts weiter als eine leere Word-Seite anzeigte.

Meine aktuelle Taktik bestand darin, erst mal so unwissend wie möglich zu tun und zu sehen, was er wollte. Je weniger ich sagte, desto weniger konnte ich mich auch verraten. »Worum dann?«

Ein metallischer Ton füllte die Stille, als Jesper die Finger mit den Ringen sacht aneinanderschlug, gleichmäßig wie der Sekundenzeiger einer Uhr. War das sein nervöser Tick?

»Ich habe am Wochenende deine Schwester kennengelernt.«

Er sah mich erwartungsvoll an, also nickte ich nur, um ihm zu signalisieren, dass ich das wusste. Tja, vielleicht wäre es schlau gewesen, mir einmal Gedanken zu machen, welche Art von Geschwisterbeziehung Rosalie und ich eigentlich hatten. Waren wir eher wie Ryan und Sharpay aus *High School Musical*, wo eine stets im Mittelpunkt stand? Oder eher wie Lydia und Elizabeth aus *Stolz und Vorurteil*? Eine leichtsinnig und naiv, während die andere stets das Gefühl hat, auf sie aufpassen zu müssen? Oder waren wir so unzertrennlich wie Matthias und Delilah und stifteten gemeinsam Chaos?

Verdammt. Ich hatte einfach nicht erwartet, dass er mich darauf ansprechen würde. Jetzt musste ich mir auch noch merken, was ich sagte, weil ich es gerade unmöglich aufschreiben konnte.

»Hat sie dir darüber hinaus noch etwas gesagt? Oder du zu ihr?«

Die zweite Frage erklang leiser und vermittelte mir den Eindruck, dass es diese war, die ihn eigentlich interessierte.

Ein eigenartiges Gefühl von Überlegenheit machte sich in mir breit, befeuert durch den Spaß, den es mir bereitete, ihn zappeln zu lassen. Doch statt eines Grinsens bemühte ich mich um meine kühle und desinteressierte Miene, die ich sonst mit Leichtigkeit aufsetzen konnte, und hob eine Augenbraue.

»Ich habe ihr nur die Wahrheit gesagt«, entgegnete ich und verschränkte die Arme vor der Brust.

»Die da wäre?«

»Dass du rechthaberisch und eingebildet bist. Und dass es schrecklich ist, mit dir zu diskutieren, weil du nie zugeben kannst, wenn du unrecht hast.«

Sein Kiefer spannte sich an.

»Verstehe«, sagte er nur, und fast schon erwartete ich, dass er noch etwas hinzufügte. Doch er blieb stumm, dachte sich seinen Teil, wieso Rosalie vermutlich nicht antwortete. Weil die böse Fallon es ihr ausgeredet hatte. Was sonst würde es für Gründe geben, dem großartigen Jesper Perrington nicht zu antworten?

»Hat sie dir von der Nachricht erzählt?«

Himmel, konnte der Kerl auch noch Gedanken lesen?

»Welche Nachricht?«, entgegnete ich, bevor ich richtig darüber nachgedacht hatte. Aber ich konnte schlecht hier sitzen und eine Pro-kontra-Liste für jede Antwort anlegen, und leugnen schien mir gerade jetzt die bessere Wahl zu sein.

»Ich hatte ihr eine Nachricht geschrieben und sie um ein Treffen gebeten. Aber jetzt ist mir klar, wieso sie nicht antwortet.«

»Tu nicht so, als wäre das meine Schuld«, entgegnete ich reflexartig. »Rosie hat mich gefragt, wie ich dich finde, und ich habe es ihr gesagt. Was sie mit diesen Infos macht, ist ihre Sache.«

Prima, jetzt hatte meine fiktive Schwester auch noch einen Spitznamen.

Jesper nickte langsam, und ich konnte kaum glauben, dass er mir tatsächlich recht gab. So halb irgendwie. Denn statt etwas zu sagen, starrte er mich nur an, als wollte er sich jede Haarsträhne einprägen. Der Blick aus seinen dunklen Augen war so intensiv, und sofort kamen die Erinnerungen an unser Treffen am Samstag hoch. Wie er Rosalie angeschaut, mit ihr geflirtet hatte. Oder sie mit ihm.

Unruhig wischte ich meine Handflächen an meiner dunklen Jeans ab. Auch wenn hier oben eine ähnliche Eiszeit herrschte wie bei uns unten, war es mit einem Mal in diesem kleinen Raum viel zu warm.

»Es ist kaum zu glauben, dass ihr Schwestern seid«, sagte er schließlich, nachdem er mit seiner Analyse fertig war.

»Das könnte ich über deine Schwester auch sagen«, schoss ich pikiert zurück.

»Woher kennst du meine Schwester?«

Ein eisiger Schauer lief meinen Körper herunter, doch ich zuckte nur mit den Schultern und hoffte, dass ich nicht so ertappt aussah, wie ich mich fühlte. »Rosie hat von ihr erzählt. Was für ein herzlicher Mensch sie ist. Und da du es nicht bist …«

Ich ließ den Satz in der Luft hängen, doch etwas an der Art, wie er mich nun einige Sekunden schweigend musterte, sagte mir, dass ihm gerade noch etwas anderes aufgefallen war. Und das konnte nichts Gutes bedeuten.

»Wieso warst du eigentlich nicht bei ihrer Lesung?«

Verflucht.

»Weil«, setzte ich an, während sich jedes winzige Zahnrädchen in meinem Kopf um eine halbwegs plausible Antwort bemühte, »ich krank war.«

Nichts an seiner Mimik veränderte sich auch nur ein winziges bisschen. Vielleicht bemühte er sich auch nur, angesichts meiner lahmen Ausrede nicht in Gelächter auszubrechen. Nicht, dass das jemals vorgekommen wäre. Vielleicht konnte er auch gar nicht lachen.

»Was?«, erwiderte ich schnippisch. »Falls es dir noch nicht aufgefallen ist – in unserem Büro herrscht die Eiszeit. Ich warte nur noch drauf, dass endlich Schnee fällt.«

Wieder herrschte Stille, die schlimmer war als jeder Streit. Denn da konnte ich zumindest erahnen, was Jesper dachte.

»Verstehe«, wiederholte er schließlich, und ich hätte gern gewusst, was er glaubte, zu verstehen. Aber ich wollte einfach nur, dass dieses Gespräch endlich endete. Möglichst bevor ich etwas Dummes sagte und mir sämtliche Ausreden um die Ohren flogen. »Danke für deine Zeit.«

Damit erhob er sich und verließ den kleinen Raum, ungeachtet dessen, dass unser Meeting eigentlich noch lange nicht vorbei sein sollte. Aber ich wollte ihn gerade auch nicht weiter hier drinhaben, nur um unsere Tarnung zu wahren. Also konnte ich nur darauf hoffen, dass Jesper schlau genug war, sich eine Ausrede einfallen zu lassen, wieso er wieder da war und ich nicht.

Vielleicht würden ihm die anderen glauben, wenn er ihnen sagte, dass er mich hier oben eingesperrt hatte.

Ich blieb noch eine Weile allein in dem Raum, schrieb an meinen Vorschlägen und arbeitete noch einige andere Dinge ab. Es war angenehm, nicht andauernd durch die Gespräche der anderen abgelenkt zu werden, auch wenn ich mittlerweile zum dritten Mal Hank dabei beobachtet hatte, wie er mit verschiedenen Tassen an der verglasten Tür vorbeilief. Allmählich beklagte mein Gehirn den Mangel an Koffein in Form von Kopfschmerzen, doch wenigstens konnte ich nach dem Meeting nach Hause gehen. Durch die Aufregung um die Lesung und nun auch noch die Nachricht von Jesper war ich kaum merklich mit dem Schreiben weitergekommen. Ganz im Gegensatz zu meiner Manuskript-Deadline, die jetzt schon viel zu aufdringlich war, obwohl ich erst in vier Monaten abgeben musste. Doch erfahrungsgemäß war der Termin schneller da, als mir lieb war.

Ich klappte den Laptop zu, der nur noch zehn Prozent Akku hatte, womit auch endlich der Lüfter Ruhe gab. Nach der letzten Stunde hatte ich nur darauf gewartet, dass der Rechner entweder abhob oder in die Luft flog. Ich sollte Samuel mal langsam um einen neuen bitten, konnte mir aber schon ausmalen, wie seine Antwort lauten würde: *Dafür haben wir gerade kein Geld. Und er funktioniert doch noch.*

Ohne mich nach meinen Kollegen umzudrehen, stapfte ich zur Tür und dann die Treppe nach unten, bis ich zu meiner Etage kam. Unschlüssig verharrte ich davor. Ich wäre Jesper gern noch länger aus dem Weg gegangen, aber das war allein schon wegen des Meetings nicht möglich. Also eilte ich zu meinem Schreibtisch zurück, ohne in seine Richtung zu sehen.

Eine Stunde später saßen wir im Meetingraum, und Samuel schüttelte den Kopf, als ich meine Vorschläge vorstellte.

»Fallon, das können wir so nicht machen«, sagte er. »Hast du nicht gesehen, dass es andere Anforderungen gibt?«

»Bitte was?«, wiederholte ich irritiert.

»Jesper sollte sie dir letzte Woche schon geschickt haben!«

Mein Blick huschte zu Jesper, dann zu meinem Mailpostfach, in dem, in der Tat, eine Mail von ihm war, die ich offensichtlich geöffnet und direkt vergessen hatte, weil meine Gedanken um die Lesung gekreist waren. Verdammt.

»Ich …«, begann ich, um irgendetwas zu sagen, doch da wurde ich bereits unterbrochen.

»Das ist meine Schuld«, sagte Jesper plötzlich. Und während ich normalerweise ziemlich sauer darüber geworden wäre, dass er mir einfach das Wort abschnitt, konnte ich ihn jetzt nur stumm ansehen. »Ich habe es versäumt, ihr die Mail weiterzuleiten.«

Meine Kehle fühlte sich mit einem Mal staubtrocken an. Was sollte das hier? Wieso nahm er die Schuld auf sich? Unsere Blicke trafen sich, und auch wenn ich in seinem vollkommen neutralen Gesicht rein gar nichts lesen konnte, dämmerte es mir.

Er wollte etwas. Er wollte etwas von mir. Er wollte, dass ich Rosalie umstimmte.

In den darauffolgenden Tagen hatte ich mehr und mehr das Gefühl, dass irgendjemand Jesper einfach ausgetauscht hätte. Gegen eine Version, die immer noch rechthaberisch und eine Spur zu arrogant war, doch die plötzlich zugeben konnte, dass die Vorschläge der anderen möglicherweise besser waren als die eigenen. Auch wenn man ihm ansehen konnte, dass es ihn einiges an Überwindung kostete.

Quasi eine Beta-Version.

Das Problem war, dass das nicht nur mir auffiel, sondern auch allen anderen.

»Schlaft ihr neuerdings miteinander?«, hatte Ethan gefragt, nachdem wir es geschafft hatten, unsere Diskussion über das passende Framework ohne beißende Zwischenkommentare zu beenden.

»Dann schlaft ihr also schon miteinander, seit Jesper hier angefangen hat?«, schoss ich zurück. Er konnte froh sein, dass meine Selbstbeherrschung gerade noch gut genug war, dass ich noch nicht versucht hatte, ihn mit der Maus zu strangulieren.

Wenn der Grund dafür nicht gerade meine erfundene Zwillingsschwester gewesen wäre, dann hätte ich es fast witzig gefunden, dass Jesper glaubte, die Eindrücke eines ganzen Jahres innerhalb weniger Tage ausmerzen zu können. Dieses fast schon zwanghafte Bedürfnis, dass alles so laufen musste, wie er das wollte, hatte sonst immer den Weg für neue Ideen versperrt. Und nun war es offensichtlich, dass er sich tatsächlich Mühe gab, sich ein Stück weit davon zu lösen.

Mir ging nur die Frage nicht aus dem Kopf, was genau ich als Rosalie gesagt hatte, dass es ihm offenbar so wichtig zu sein schien, sie kennenzulernen. Es war doch schon ziemlich ironisch, dass wir uns permanent stritten, aber in einem anderen Setting plötzlich anders miteinander umgehen konnten.

Zumindest irgendwie.

Gerade ließ jede neue Nachricht auf Instagram mein Herz für den Bruchteil einer Sekunde stillstehen, ehe die Erleichterung einsetzte, dass er Rosalie nicht noch einmal geschrieben hatte.

Ich wusste, dass das gerade nur eine Phase war, die so lange anhielt, bis er das Interesse an Rosalie verlieren würde. Ich war mir ziemlich sicher, dass auch er dann in seine alten Muster zurückfallen und wir uns wieder permanent streiten würden. Was schade war, denn auch Samuel musste aufgefallen sein, dass wir beide uns zusammenrissen. Solange Jesper keine unnötigen Diskussionen vom Zaun brach, tat ich es auch nicht.

Aber es war unmöglich, dass das noch bis zum Ende des Projekts so blieb. Und das konnte ich Jesper nicht einmal verübeln. Vielmehr würde es umgekehrt mein Bild von ihm nicht gerade verbessern, sollte er einer Frau nachlaufen, die so gar keine Signale sendete. Und irgendwie schien er mir dafür auch nicht der Typ zu sein.

Ich starrte auf den blinkenden Cursor meines Manuskripts, mit dem ich allmählich vorankam. Zumindest deutlich besser als noch die letzten Wochen. Es machte sich bemerkbar, dass mich Jesper nicht mehr so aufregte und mich nach der Arbeit nicht in meinen Gedanken verfolgte. Selbst Diana war aufgefallen, dass ich nicht mehr wie ein apathischer Zombie durch die Gegend wankte, weil ich mich schlaflos von einer Bettseite auf die andere wälzte. Oder nachts um drei Uhr schlagartig mit Herzrasen wach wurde, weil ich davon geträumt hatte, weder das Projekt hinzubekommen noch die Deadline.

Wie schön es doch gewesen wäre, wenn das immer so hätte bleiben können.

Entgegen jeder Vernunft öffnete ich Instagram im Browser und klickte auf die Nachricht von Jesper. Wie lange würde ich ihn hinhalten können, indem ich ihm ein paar Zeilen schrieb?

Hastig schloss ich das Fenster wieder und wechselte zurück in mein Manuskript.

Nein. Das konnte ich nicht machen.

Auch wenn Jesper manchmal – sehr oft – ein arroganter Besserwisser war, verdiente nicht mal er es, dass jemand so mit seinen Gefühlen spielte. Denn nichts anderes würde ich tun. Ihm Hoffnungen machen, nur um ihn dann wieder zu enttäuschen. Einzig und allein dafür, dass ich in dem Projekt glänzen konnte, um endlich befördert zu werden. Denn wenn wir beide Architekten waren, dann standen die Chancen gut, dass wir nicht mehr gemeinsam in einem Projekt eingesetzt wurden.

Doch auch wenn mein Gewissen sehr laut und deutlich klarmachte, was es von dieser Idee hielt, konnte der kleine selbstsüchtige Teil in mir sie nicht ganz loslassen. Ich öffnete Jespers Instagram-Seite und scrollte vorsichtig durch die Bilder. Ich war schon fast überrascht, dass Jesper überhaupt ein Profil hatte, auch wenn er kaum etwas darauf gepostet hatte. Viele Posts zeigten Ruinen,

Museen oder antike Stätten, nur auf wenigen war er selbst zu sehen. Und auch dann nie allein. Fast so, als würden ihn sämtliche Menschen in seinem Leben dazu zwingen, Fotos zu machen.

Aber auf den wenigen, die ihn zeigten, lächelte er. Manchmal eher widerwillig, aber ehrlich. Etwas an diesem Lächeln wirkte anders als an dem, das er im Büro zur Schau stellte. Vielmehr zeigte sich ein Strahlen in seinen Augen.

Was sollte ich tun?

Ich legte den Kopf in den Nacken und starrte hoch zur Decke. Benutzte mich Jesper nicht genau genommen auch gerade? In der Hoffnung, ich würde bei meiner nicht vorhandenen Schwester ein gutes Wort für ihn einlegen?

Brauchte ich dann überhaupt ein schlechtes Gewissen zu haben?

Ja, definitiv, immerhin hatte ich eine ziemlich wichtige Information, die ihm fehlte. Also war alles, was ich tun konnte, die Zeit möglichst gut zu nutzen.

Gerade als ich die Hände wieder auf die Tasten legte, wurde ich vom Klingeln meines Handys unterbrochen.

Es war Margo. Mein Herz sank pro forma schon einmal einige Etagen tiefer, denn das letzte Mal, als sie angerufen hatte, war mein Leben im Chaos versunken. Und für ein weiteres hatte ich gerade wirklich keine Zeit.

»Hallo, Fallon«, begrüßte sie mich freundlich, doch das beruhigte mich kaum.

»Hi, Margo«, erwiderte ich bemüht gelassen, auch wenn das Blut in meinen Ohren rauschte. »Was kann ich für dich tun?«

»Ich wollte nur mal hören, wie du mit deinem Manuskript vorankommst.«

Mein Herz rutschte wild pochend in den Keller. In den Keller unter dem Keller. Ins Grundwasser.

»Gut. Großartig«, brachte ich übertrieben euphorisch hervor

und starrte auf meine zwanzigtausend Wörter, für die ich schon wirklich hatte kämpfen müssen.

Am anderen Ende erklang ein erleichterndes Seufzen, das mich nun richtig in Panik versetzte. »Das freut mich zu hören.«

»Wieso das?«, fragte ich und wandte den Blick von dem Wordcount ab, trommelte stattdessen mit den Fingern meiner freien Hand auf der Tischplatte.

»Ich habe ein Problem mit einer meiner Autorinnen.« Dieses Mal konnte ich aber einen leicht genervten Ton heraushören. »Sie hat privat Probleme und schafft es nicht, ihr Manuskript rechtzeitig abzugeben.«

In meinem Hirn ratterte es, doch ich konnte beim besten Willen nicht verstehen, was das Ganze mit mir zu tun hatte.

»Tut mir leid, das zu hören«, entgegnete ich, in der Hoffnung, sie würde mit der Sprache herausrücken, damit ich nicht wie eine Vollidiotin dastand.

»Das wirft unseren Zeitplan natürlich etwas durcheinander«, sprach sie schließlich weiter, als hätte sie meine Bemerkung überhaupt nicht gehört. »Deshalb wollte ich dich fragen, ob du ihren Platz einnehmen würdest.«

»Ihren Platz?«, wiederholte ich, obwohl ich Margo sehr wohl verstanden hatte. »Wann ist ihre Abgabe?«

»In zwei Monaten. Das Buch würde dann im Dezember erscheinen.«

Zwei Monate, wiederholte ich in Gedanken. Meine eigentliche Abgabe wäre in vier Monaten gewesen. Und selbst dafür lag ich mit meinem Zeitplan schon zurück, weil ich während des Mittelteils so viel löschte und neu schrieb, dass ich allein dafür zwei Monate brauchte.

Allerdings … Mein ursprüngliches Releasedatum wäre mit dem von Claire Vanbellen zusammengefallen – dem Star von LoveLit –, die letzten Monat eine Trilogie angekündigt hatte, die nächstes Jahr bei einem riesigen Publikumsverlag erscheinen würde. Was für mich bedeutet hätte, dass mein Roman neben ihrem auf Social Media ziemlich sicher untergegangen wäre.

Doch noch ehe ich den Gedanken weitergesponnen hatte, redete Margo weiter. »Denkst du, dass du das schaffst? Du würdest mir und der Programmleitung einen unglaublich großen Gefallen tun.«

Es fühlte sich ein wenig nach Erpressung an, dass Margo die Programmleitung erwähnte. Auf der anderen Seite wusste ich aber auch, wie viel Margo für mich getan hatte. Sie stand mir seit meinem Debüt zur Seite und hatte sich mein Gejammer schon oft genug anhören müssen.

Und das war eine Chance. Eine ziemlich gute sogar, denn so konnte mein Roman auf einige Weihnachtswunschlisten wandern.

»Klar schaffe ich das«, sagte ich schließlich, auch wenn ich genau wusste, dass das ein Fehler war.

»Tausend Dank, Fallon! Ich schick dir gleich noch mal eine Mail, damit du alles schriftlich hast.«

»Gut, danke«, murmelte ich nur, während ich mich bereits mental von meinen acht Stunden Schlaf verabschiedete. Die wurden sowieso überbewertet, und es war schließlich nicht so, dass ich sie sonst regelmäßig bekommen hatte.

Nachdem sie aufgelegt hatte, starrte ich noch eine Weile auf das dunkle Display, ehe sich meine Finger wie von selbst zu Jespers Nachricht navigierten.

Ich sollte es nicht tun. Es war absolut nicht in Ordnung, so mit den Gefühlen eines anderen Menschen zu spielen. Nicht einmal mit denen von Jesper, auch wenn ich mir lange nicht sicher gewesen war, ob er überhaupt welche hatte. Auf der anderen Seite – es hatte niemand etwas davon gesagt, dass es überhaupt um Gefühle ging. Vielleicht war er einfach auf der Suche nach etwas Unverfänglichem. Ein bisschen Spaß, um sich vom stressigen Alltag abzulenken.

Auch wenn er sich dafür definitiv jemand anderen hätte aussuchen sollen als meine fiktive Schwester.

Und wenn ich so darüber nachdachte, dann machten es viele Männer doch auch nicht anders. Klar gaben die meisten sicher nicht vor, eine andere Identität zu haben. Aber wenn ich an Ethans Geschichten dachte, die er jedem an der Küchenzeile erzählte, der nicht schnell genug weggelaufen war, dann sagte er den Frauen genau das, was sie hören wollten. Und ließ sie fallen, sobald er sie ins Bett bekommen hatte. Spielte er den Frauen damit nicht auch eine Rolle vor? Eine Person, die so nicht existierte? Kümmerte er sich um deren Gefühle?

Nur weil er damit nicht im Büro prahlte, musste es nicht heißen, dass Jesper anders war. Und ich war dankbar, dass er es nicht tat. Denn der Kaffee lief deutlich langsamer durch die Maschine, wenn man sich währenddessen solche Geschichten anhören musste.

Vielleicht hatte Jesper Rosalies lockere Art so gedeutet, als wäre sie leicht zu haben. Und da hatte es seinen Stolz gekränkt, als sie ihm nicht geantwortet hatte. Was erklären würde, wieso er mich darauf angesprochen hatte.

Ich erhob mich mit dem Handy in der Hand und drehte einige Kreise in meinem Zimmer, weil alles in meinem Körper kribbelte.

Es gab genau zwei Möglichkeiten: Entweder ignorierte ich seine Nachricht einfach, auch auf die Gefahr hin, dass unsere aktuell halbwegs friedliche Koexistenz in absehbarer Zeit ihr Ende finden würde. Was weder für mein Manuskript noch das Projekt gut wäre. Oder ich könnte ihm antworten. Ihn entweder die nächsten zwei Monate per Textnachrichten hinhalten oder auf seine Frage nach einem Treffen eingehen.

Andauernd mit ihm zu schreiben klang wenig verlockend, außer ich wollte beim Anblick einer neuen Nachricht jedes Mal ein Herzversagen riskieren. Zumal ich ihn auch nur eine gewisse Zeit lang überzeugen konnte, dass ich zu beschäftigt für ein Treffen war. Womit das Ergebnis am Ende möglicherweise dasselbe war, wie wenn ich ihm gar nicht geantwortet hätte.

Womit nur noch eine Option übrig blieb. Und so ungern ich es auch zugab – ich war neugierig. Darauf, herauszufinden, wie Jesper noch sein konnte. Ein winziges kleines bisschen nur. Doch dieses bisschen reichte aus, um ihm zu antworten:

Hi Jesper, tut mir leid wegen der verspäteten Antwort. Gern können wir uns treffen. Hast du eine Idee, wo?
Liebe Grüße
Rosalie

(001001)
Fallon

Ich hatte in meinem Leben schon viele dumme Ideen gehabt.

Dad während des Geocachings einfach wegzulaufen, weil ich nicht wollte, dass wir wieder nach Hause fuhren, wo nur Streit auf uns wartete. Ich war ohne Handy ewig durch den Wald geirrt, bis er mich endlich gefunden hatte. Was nur zu noch mehr Streit mit Mum geführt hatte.

Ihn, nachdem Mum endgültig verschwunden war, zu überreden, mir die Haare grun zu färben, weil ich einen Narren an dem Joker aus *The Dark Knight* gefressen hatte. Oder zu versuchen, den Motorroller, den ich gemeinsam mit Dad repariert hatte, zu fahren. Ich kann von Glück reden, dass ich mit ein paar Schrammen und einem gebrochenen Arm davongekommen bin.

Oder eben zu behaupten, ich wäre meine Zwillingsschwester.

Aber trotz allem war ich sicher, dass ein Treffen mit Jesper mit Abstand die dümmste Idee war. Mein Herz pochte so laut in der Brust, dass ich innerlich schon die Sekunden zählte, bis es explodierte. So wäre ich zumindest aus der Nummer herausgekommen. Immer wieder wischte ich meine Handflächen an dem hellgrünen Sommerkleid ab, doch es brachte einfach nichts. Zum zwanzigsten Mal innerhalb der letzten Viertelstunde zog ich den kleinen Spiegel aus der Handtasche, um mich zu vergewissern, dass meine blonde Perücke wirklich jedes letzte bisschen meiner braunen Haare verdeckte, ebenso wie die blauen Kontaktlinsen meine grünen Augen. Auch der rote Lippenstift saß so perfekt wie das letzte Mal vor zehn Sekunden, als ich nachgesehen hatte.

Ich war Rosalie. Rosalie Specter. Und ich hatte ein Date mit Jesper Perrington.

Was um alles in der Welt hatte ich mir dabei gedacht? Während mir mein Gedankengang am Tag, als ich ihm geantwortet hatte, noch nachvollziehbar erschien, war ich mir mittlerweile sicher, dass ich einen Hitzschlag abbekommen haben musste. Der leider nicht dafür gesorgt hatte, dass mein schlechtes Gewissen endlich still war, ganz gleich, wie oft ich ihm meine Logik innerlich vorgebetet hatte.

Es war einfach eine verflucht dumme Idee gewesen. Fast schon hoffte ich, dass er sich einfach als Ethan 2.0 entpuppen würde, sodass jeder Funken Mitgefühl umsonst gewesen war. Dieser hatte mich, kurz nach meinem ersten Arbeitstag bei We Solve IT, zum Essen eingeladen. Was in meinen Augen eine nette Geste unter Kollegen war, hatte er als Einladung verstanden, mich anschließend mehrfach nach einem Date zu fragen. Ich hatte ihm das Geld wiedergegeben, nachdem er mein wiederholtes *Nein* nicht begreifen wollte, und nach einigen Wochen war das Memo auch endlich bei ihm angekommen. Möglicherweise hatten die drei Tassen Kaffee, die im Laufe dieser Zeit Bekanntschaft mit seinen Shirts gemacht hatten, ihr Übriges getan.

Aber bei Jesper hatte ich einfach keine Vorstellung. Er hatte vorgeschlagen, dass wir uns am Melville Monument, der großen Säule am St Andrew Square, treffen könnten. Und um nicht zu misstrauisch zu wirken, hatte ich auch nicht weiter nachgefragt.

Alles, worauf ich mich heute konzentrieren musste, war, Fallon hinter verschlossenen Türen zu halten. Keine sarkastischen

Antworten, kein genervtes Augenrollen, ganz gleich, wie sehr er es verdient hätte.

Mein Blick wanderte von meinem Taschenspiegel durch den Park. Es war kurz nach zwei, womit ich immer noch ganze zehn Minuten zu früh war, und die Wiese war voll mit Menschen, die sich auf Picknickdecken sitzend unterhielten und die Sonne genossen. Die Bänke vor dem Costa, dem kleinen Kaffeehäuschen an der Ecke des Parks, waren belegt, und vor dem Laden tummelte sich eine lange Schlange.

Kurz hatte ich vorhin überlegt, mich selbst noch anzustellen, aber so zittrig, wie meine Hände gerade waren, hätte ich den heißen Kaffee garantiert über meinem Kleid verteilt. Auf der anderen Seite wäre ich mit den Verbrennungen sicher um das Date herumgekommen.

Aber das war ja nicht mein Ziel. Wenigstens sah ich niemanden, der mir auch nur im Entferntesten bekannt vorkam. Allein schon Jesper glaubhaft zu versichern, dass ich nicht Fallon war, würde schwer genug werden, ohne dass ich mir um andere noch Gedanken machen musste. Schon unser kurzes Gespräch bei der Lesung hatte mich alle Konzentration gekostet, und wenn ich das hier ruinierte, dann hatte ich wirklich ein Problem. Er würde mich hassen. Er würde mir mein Arbeitsleben noch mehr zur Hölle machen, als er es jetzt schon tat. Zumindest vorher getan hatte, denn aktuell war es verhältnismäßig friedlich. Und er würde es allen verraten.

Ich konnte das. Ich musste es können. Er hatte mir »Rosalie« schon einmal abgenommen, er würde es wieder tun.

»Hey.«

Ich zuckte zusammen, als Jesper in mein Blickfeld trat. Jetzt, da ich ihn in einem schlichten schwarzen T-Shirt und einer Jeans vor mir stehen sah, fiel mir auf, dass ich ihn bis heute tatsächlich nur in Hemden gesehen hatte. Meine Augen fanden seine, und mein ohnehin schon hämmerndes Herz beschleunigte das Tempo aufs Dreifache. Ein feines Lächeln lag auf seinen Lippen, und ich konnte mich beim besten Willen nicht daran erinnern, dass er mich vor dieser verdammten Lesung jemals so angesehen hatte.

»Hallo«, sagte ich und versuchte, nicht so auszusehen, als würde ich gerade meine ganz persönliche Nemesis anstarren. Ich war Rosalie, Fallons um zehn Minuten ältere Zwillingsschwester, die im Gegensatz zu ihr offen, freundlich und flirty war. Und Jesper nicht hasste.

Insbesondere den letzten Punkt unterstrich ich in Gedanken zweimal.

»Schön, dich zu sehen«, sagte er, und gegen meinen Willen jagte ein Schauer über meinen Körper. Ein deutlich anderer als der, den die Begegnung mit Owen bei mir ausgelöst hatte, was nur bedeuten konnte, dass mein Gehirn offensichtlich kaputt war. War es zu spät, das Ding zu reklamieren?

»Ja, gleichfalls«, brachte ich mit staubtrockener Kehle hervor und wischte erneut mit meinen Handflächen über den Stoff meines Kleides. Mir war schwindelig. Ob es an meinem dauersprintenden Herzen, der Nervosität oder der Hitze lag, konnte ich nicht sagen, aber wenn ich noch länger hier herumstehen würde, dann würde ich sicher umkippen. Ich räusperte mich und versuchte zu lächeln. »Also, wo gehen wir hin?«

»Ich habe einen Tisch in einem kleinen Café reserviert«, sagte er und fuhr sich mit der Hand über den Nacken. »Meine Schwester meint, dass es ziemlich beliebt ist.«

Er hielt schlagartig inne, als hätte er den letzten Satz nicht sagen wollen. Ich konnte mir ein kleines Lachen nicht verkneifen bei der Vorstellung daran, dass sich der großartige Jesper Perrington Dating-Tipps von seiner Schwester einholte.

»Sie hat bestimmt einen guten Geschmack«, erwiderte ich und folgte ihm, als er in Richtung einer Straße deutete.

»Wohnst du eigentlich in Edinburgh?«, fragte er, während wir uns durch die Menschenmassen schlängelten.

»Nicht mehr«, antwortete ich und schüttelte leicht den Kopf. Dieses Mal war ich vorbereitet und rief mir den Charakterbogen, den ich während der letzten Tage für Rosalie angelegt hatte, in Erinnerung. »Ich bin nach London gezogen, komme aber öfter her, um Fallon zu besuchen.«

Ich war einige Male übers Wochenende mit Mick und Amira dort gewesen und wusste durch Recherchen zu meinen Büchern genug über die Stadt, um ein paar oberflächliche Fragen beantworten zu können, sollte er sie stellen.

»Und jetzt wohnst du bei Fallon?«

Irgendwie war es ein ganz eigenartiges Gefühl, den eigenen Namen so vollkommen neutral aus seinem Mund zu hören. Normalerweise schwang entweder ein genervter, ein resignierter oder ein leicht angefressener Ton mit. Sowohl wenn er mit mir als auch wenn er über mich sprach.

»Ja, genau. Ich bin eigentlich nur für die Lesung hergekommen, habe aber spontan beschlossen, noch ein bisschen zu bleiben.« Ich zwinkerte ihm zu und wäre zeitgleich am liebsten im Boden versunken, weil ich mir so unglaublich lächerlich vorkam.

»Na, was für ein Glück«, erwiderte er mit einem amüsierten Unterton, den ich so auch noch nicht gehört hatte. Wüsste ich es nicht besser, dann hätte ich fast geglaubt, dass das hier ein anderer Typ wäre, der zufällig Jesper Perrington hieß. »Ich glaube, wir sind da.«

Mir war nicht so ganz aufgefallen, wo wir eigentlich langgelaufen waren, doch kaum dass ich den Blick hob, rutschte mir das Herz in die Hose. Es gab sicher Hunderte angesagte Cafés in Edinburgh, und er hatte mich ausgerechnet ins *Plants & Friends* gebracht.

»Ist alles in Ordnung?«, fragte er, nachdem ich wie angewurzelt vor dem Laden stehen geblieben war und auf die riesigen Fenster gestarrt hatte, durch die man die unzähligen Pflanzen im Inneren sehen konnte.

»Ja, ja, klar«, versicherte ich ihm etwas zu euphorisch, denn seine Brauen zogen sich leicht zusammen. »Ich hab mich nur gefragt, wieso ich noch nie hier war. Ich liebe Pflanzen.«

Wenn sie aus Plastik sind, fügte ich in Gedanken hinzu, denn ich wäre nicht mal dann in der Lage, mich um eine Pflanze zu kümmern, wenn mein Leben davon abhängen würde.

Seine angespannten Züge lösten sich ein wenig, und er machte einen Schritt auf die kleine hellgrüne Tür zu, die er mir aufhielt, sodass ich mich endlich in Bewegung setzen musste.

Verdammt. Hoffentlich arbeitete Amira nicht ausgerechnet heute. Sie hatte diesen Job hier schon seit Beginn des Studiums und übernahm mal mehr, mal weniger Schichten. Wenn Mick und ich hier für die Uni gelernt hatten, füllte sie uns heimlich kostenlos Kaffee nach.

Vorsichtig machte ich einen Schritt hinein und musterte den kleinen Tresen, an dem eine blonde Frau stand. Sie diskutierte abwechselnd mit der Kaffeemaschine hinter ihr und dann wieder mit dem Kunden ihr gegenüber. Keine Amira in Sicht.

Erleichtert stieß ich einen leisen Seufzer aus. Das hätte mir auch gerade noch gefehlt. Aus Scham hatte ich es nicht über mich gebracht, ihr und Mick von meinem kleinen Missgeschick bei der Lesung zu erzählen. Am liebsten wollte ich das hier ganz schnell hinter mich bringen, ohne dass irgendwer davon erfuhr.

»Da vorn ist unser Tisch«, sagte Jesper, der kurz mit einem Kellner gesprochen hatte, den ich hier schon häufiger gesehen hatte. Ich nickte, hielt den Blick aber gesenkt. Auch wenn ich meine Verkleidung für fast perfekt hielt, musste ich nichts heraufbeschwören. Immerhin stand der lebende Beweis, dass das *fast* nicht zu vernachlässigen war, vor mir.

Ich folgte Jesper zu unserem Tisch, zumindest seinen Schuhen, bis ich plötzlich gepackt und herumgewirbelt wurde. Erschrocken starrte ich zu Jesper hoch, der seinen Arm um meine Schulter gelegt und mich an sich gezogen hatte. Seine Finger lagen auf meiner nackten Haut, und obwohl ich wusste, dass sie nur warm sein konnten, fühlte es sich mehr danach an, als würden sie sich einbrennen. Hitze schoss mir in die Wangen, und mein Herz schien sich gerade nicht zu entscheiden, ob es einfach stehen bleiben oder einen Sprint hinlegen wollte.

»Entschuldige«, sagte er, als er meinen offensichtlich überraschten Gesichtsausdruck bemerkte, und ließ mich sofort wieder los, doch der zitronige Geruch wollte einfach nicht aus meiner Nase verschwinden. »Du wärst fast in eine Kellnerin hineingerannt.«

»Oh«, machte ich nur, leicht dümmlich, und verfluchte mich, dass mir gerade jetzt meine Schlagfertigkeit völlig abhandengekommen war. Ich war mir sicher, dass er mich als Fallon eiskalt in mein Unglück hätte rennen lassen. Aber gerade war ich nun mal nicht Fallon. »Danke.«

Unfallfrei schafften wir es zu unserem Tisch, der dankenswerterweise nicht direkt an der Glasfront war, sondern im hinteren Teil des Ladens. Hier standen die Pflanzen, die Sonne auch nur in Maßen ertragen konnten, genauso wie ich. Immerhin bekam ich schon einen Sonnenbrand, wenn ich der Sonne nur mal kurz zuzwinkerte. Alibimäßig schnappte ich mir die Karte, die ich in- und auswendig kannte, und ließ meinen Blick darüberwandern.

»Hi, ihr beiden«, begrüßte uns eine Stimme neben mir, und reflexartig sah ich auf. »Was kann ich euch …?«

Ich liebte Amira über alles, aber gerade wünschte ich sie mir auf den Mond. Dass sie mitten in der Frage verstummt war und mich nun mit tellergroßen Augen anstarrte, als wäre ich einer ihrer Egel, der gerade einen Salto schlug, machte das Ganze nicht besser. Insbesondere als ihr klar wurde, mit wem ich am Tisch saß. Ihr und Mick ein Bild von Jesper zu zeigen, damit ich über seinen blöden, arroganten Gesichtsausdruck lästern konnte, zählte auch zu meinem Repertoire an dummen Ideen.

»Amira!«, sagte ich euphorisch und sprang auf. Noch ehe sie auch nur ein weiteres Wort hervorbekam, hatte ich sie in eine Umarmung gezogen.

»Spiel mit«, wisperte ich ihr ins Ohr und löste mich dann wieder von ihr, um die nächsten Sätze laut genug zu sagen, damit Jesper sie hörte. »Es ist ja schon ewig her, dass wir uns gesehen haben. Fallon hat mir gar nicht erzählt, dass du hier arbeitest. Ich muss wirklich mal ein ernstes Wort mit meiner *Schwester* reden.«

Ich betonte das Wort so überdeutlich, gepaart mit einem übertrieben empörten Lachen, dass auch Jesper jeden Moment bemerken musste, was ich hier tat, doch er sagte nichts, sondern beobachtete uns nur mit einem neugierigen Ausdruck in den Augen.

»Wir sollten unbedingt einen Filmabend bei Fallon und mir machen, wenn du und Mick Zeit habt«, plapperte ich munter weiter, weil ihr Gehirn heute offenbar ziemlich lang für die Verarbeitung von Informationen brauchte.

»Gern«, sagte sie schließlich in ihrem gewohnt freundlich sanften Tonfall und lächelte. Ihr *Du-schuldest-mir-dringend-eine-Erklärung*-Lächeln. »Es ist wirklich schön, dich zu sehen.«

Einen Oscar hätte sie für diese Performance wahrscheinlich nicht gewonnen, doch es hätte auch weit schlimmer laufen können.

»Also, was darf ich euch bringen?«, wechselte sie wieder in ihren Arbeitsmodus und sah zu mir, das kleine Tablet in der Hand, mit dem sie die Bestellungen aufnahm.

»Für mich bitte einen …« *Schwarzen Kaffee* hatte ich sagen wollen, aber Jesper war so verflucht aufmerksam, dass es mich

nicht gewundert hätte, wenn er auch meine, Fallons, Kaffeege-
wohnheiten kannte. »Caramell Latte macchiato.«

Schon beim Gedanken an dieses süße Zeug drehte sich mir
der Magen um, und Amiras hochgezogener Augenbraue nach zu
urteilen wusste sie das auch.

»Ich nehme einen schwarzen Kaffee«, sagte Jesper, den ich
am liebsten böse angefunkelt hätte. Immerhin war das alles seine
Schuld.

Amira nahm die Bestellung auf, warf mir einen letzten Blick
zu, als zweifelte sie an meiner geistigen Gesundheit, und verschwand schließlich in Richtung der Theke.

»Amira ist eine von Fallons besten Freundinnen«, sagte ich an
Jesper gewandt, der mich noch immer unverwandt ansah, dann
aber leise seufzte. Dieser resignierte Tonfall war mir bestens bekannt.

»Also sollte ich hier besser nichts trinken. Ich habe manchmal
das Gefühl, dass mich deine Schwester wirklich gern vergiften
würde.«

Ehe ich es verhindern konnte, schlich sich ein belustigtes
Lächeln auf meine Lippen, während sich unsere Blicke trafen.
»Wenn du dich mit mir gut stellst, hast du von Fallon nichts zu
befürchten.«

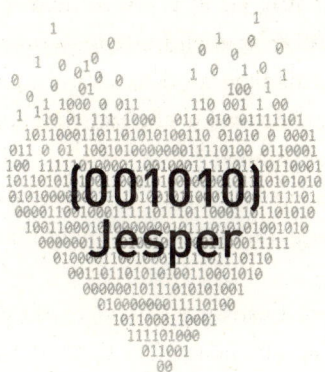

(001010)
Jesper

Trotz Rosalies Zuspruch war ich mir nicht sicher, ob ich meinen Kaffee wirklich gefahrlos trinken konnte. Fallons Freundin hatte ihre Abneigung zwar nicht gezeigt, doch mir war ihr Blick nicht entgangen. Dieser offenkundig irritierte Ausdruck, als würde sie sich fragen, in welchem Paralleluniversum sie gelandet war. Vielleicht vermutete sie, dass ich Rosalie mittels Erpressung dazu gebracht hatte, sich mit mir zu treffen. So ganz sicher sagen konnte ich es nicht.

Das hielt mich dennoch nicht davon ab, misstrauisch meinen Kaffee anzustarren, der unschuldig dampfend vor mir stand. Denn ich wurde das Gefühl nicht los, dass Amira uns beobachtete.

»Willst du tauschen?«, fragte Rosalie belustigt und nickte mit dem Kinn in Richtung meiner Tasse, die ich noch immer so ansah, als würde die Flüssigkeit im Inneren grün leuchten und blubbern.

Ihre Finger schlangen sich um das hohe Glas, in dem so viel flüssiges Karamell zu sehen war, dass ich das Gesicht verzog. Es war nicht so, dass ich Süßes nicht mochte, aber das sah einfach nach einem Zuckerschock aus, den ich heute nicht vertragen konnte. Ich war schon seit dem Vormittag Kinseys Worten nach »ein menschliches Wrack«, was ungefähr drei Stufen schlimmer als das »nervliche Wrack« war. Dagegen war die Verteidigung meiner Master-Arbeit geradezu lächerlich gewesen. Oder das Schreiben davon.

»Nein, danke«, entgegnete ich und zog lachend meine Tasse ein Stück näher an mich heran. »Trinkst du nicht sonst auch schwarzen Kaffee?«

Mit einem Klirren stieß der Strohhalm, durch den sie gerade einen Schluck genommen hatte, an den Rand des Glases. Sie starrte mich an, und in ihrem Blick lag etwas … fast schon Alarmiertes.

»Du hast das in ein paar deiner Postings erwähnt«, schob ich rasch hinterher. »Dass du ohne schwarzen Kaffee nicht Schreiben kannst.«

Vermutlich hatte es der Nachsatz nicht besser gemacht.

»Ah.« Ihre Augen huschten für einige Sekunden unruhig umher, ehe sie wieder lächelte und auf ihren Latte macchiato deutete. »Das stimmt. Aber heute war mir einfach hiernach.«

»Verstehe«, sagte ich und räusperte mich, als sich einige Sekunden Stille zwischen uns breitmachten. Wie aus einem Reflex griff ich nach den Ringen an meinen Fingern und drehte sie.

Kinsey hatte recht, mein letztes Date, das ein richtiges Kennenlernen samt Small Talk beinhaltet hatte, war wirklich schon zu lange her. Zumindest lang genug, damit ich vergessen hatte, wie man das überhaupt machte. Auch wenn ich das ehrlicherweise nie sonderlich gut gekonnt hatte. Irgendwie war es einfacher, abends eine Bar zu besuchen, zu schauen, ob es eine Frau gab, mit der die Chemie passte, und dann entweder zu mir oder zu ihr zu gehen. Und das war bisher auch gut so gewesen. Keine unnötige Zeitverschwendung, weil beide wussten, woran sie waren und was sie wollten.

Doch nun, da ich Rosalie gegenübersaß, bemerkte ich erst, wie lange es her war, dass ich den ernsthaften Wunsch gehabt hatte, einen Menschen wirklich kennenzulernen. »Wieso ein IT-Unternehmen?«

Rosalie sah leicht gequält von ihrem Glas auf, während sich fragend kleine Furchen zwischen ihren Augenbrauen bildeten und sie die Lippen schürzte.

»In deinem Buch«, ergänzte ich rasch, ehe mein Blick wieder an dem Rot hängen blieb, das einen Abdruck auf dem Strohhalm hinterlassen hatte.

Sie wandte ihren Blick für einen Moment ab und sah an mir vorbei in das Innere des Cafés. Um uns herum waren alle Tische besetzt, die ich bis zu diesem Zeitpunkt vollkommen ausgeblendet hatte.

»Wieso nicht?«, erwiderte sie und richtete ihre blauen Augen wieder auf mich. Das Lächeln war verschwunden, stattdessen presste sie die Lippen leicht aufeinander. »Weil es eine männerdominierte Welt ist und Frauen da nichts zu suchen haben?«

»Nein«, erwiderte ich, etwas irritiert, wie sie plötzlich zu dieser Schlussfolgerung gekommen war. »Ich finde es nur ... ungewöhnlich.«

Sie hob eine Augenbraue, eine Geste, mit der sie Fallon zum Verwechseln ähnlich sah, und gab ein prustendes Geräusch von sich, das gleichzeitig belustigt und vorwurfsvoll klang.

»Und das weißt du, weil du schon so viele Liebesromane gelesen hast?«, entgegnete sie mit einem Hauch von Spott in der Stimme.

»Ertappt. Ich mache häufig Buddy Reads mit meiner Schwester«, sagte ich und sah, dass sich ihre Mundwinkel leicht kräuselten.

»Das hätte ich mir denken können.« Sie stieß ein leises Lachen aus. »Fallon hat mich dazu inspiriert.«

Gut, das war irgendwie naheliegend. Und erklärte ehrlicherweise auch einiges.

»Ich habe mich nur gefragt, wieso alles, was Leila über ihren Beruf denkt, so … negativ ist.«

»Negativ?«, wiederholte sie und hob erneut eine Augenbraue. Als würde es nicht schon reichen, dass mich eine Specter-Schwester ständig mit diesem verurteilenden Blick betrachtete. »Ich hätte es eher realistisch genannt.«

»Aber so klingt es danach, als wäre es der schlimmste Arbeitsplatz der Welt. Es ist egal, was ihre Kollegen tun, sie hat an so vielem etwas auszusetzen.« Mir war schon klar, dass ein Großteil ihrer Beschreibungen vermutlich auf Fallons Erfahrungen beruhte, die einige Dinge sicher anders wahrnahm als ich. Aber wenn Fallon die Arbeit bei We Solve IT wirklich für so schrecklich hielt, dann konnte ich mir nicht erklären, wieso sie überhaupt noch dort war.

Rosalie ließ von ihrem Glas ab und verschränkte stattdessen die Hände auf dem Tisch. Das kleine Lächeln auf ihren Lippen war nun endgültig verschwunden.

»Du findest es also nicht unfair, dass Leila weniger verdient als ihre männlichen Kollegen, obwohl sie dieselbe Arbeit macht? Oder dass sie für eine Beförderung nicht einmal in Betracht gezogen wird, weil ihr das niemand zutraut? Oder dass sie sich ständig Kommentare zu ihrem oder dem Aussehen anderer Frauen anhören muss? Dass keiner der Typen, mit denen sie zu tun hat, seine Kollegen zurechtweist, wenn er unangebrachte Sprüche loslässt? Dass sie nach ihrer Familienplanung gefragt wird, während diese Frage keinem ihrer Kollegen gestellt wird? Oder …« Sie hielt inne, presste die Lippen aufeinander, so als müsste sie sich davon abhalten, weiterzureden. Und etwas sagte mir, dass sie diese Liste noch sehr lange fortsetzen könnte.

»Aber wieso sucht sie sich keinen anderen Arbeitgeber?« Kaum hatte ich die Frage ausgesprochen, beschlich mich das Gefühl, dass ich das Offensichtliche einfach nicht erkannte.

Rosalie schürzte die Lippen, was meinen Eindruck nur noch mehr verstärkte. »Denkst du, dass es woanders besser ist? Dass sie irgendwo anders behandelt wird, wenn ihre Kollegen und Chefs auch wieder nur Männer sind? Weil es kaum mediale Vorbilder gibt, die jungen Mädchen zeigen, dass sie genauso gut in Naturwissenschaften sein können wie Jungs?«

Ein langer, fast schon resignierter Seufzer verließ ihre Lippen, und sie richtete ihren Blick auf die Hände, die mittlerweile wieder das Glas umklammerten.

Jetzt, wo sie es aussprach, setzte allmählich die Erkenntnis ein, dass mir all diese Dinge nicht völlig neu waren. Dass ich wusste, wie Jamie über Frauen sprach, mit denen er ausgegangen war, mal mehr, mal weniger respektvoll. Während ich kaum davon Notiz genommen hatte, weil mich seine Geschichten nicht interessierten, fragte ich mich nun, wie sich Fallon dabei gefühlt hatte. Kommentare zu ihrem Äußeren hatte ich am Rande auch immer wieder mitbekommen, doch aufgrund ihrer unerklärlichen Abneigung gegen mich hatte ich nicht geglaubt, dass sie ausgerechnet von mir verteidigt werden wollte.

»Fallon hat dir von unserem Projekt erzählt, oder? Von der Architektenrolle«, fragte ich und nippte erneut an meinem Kaffee. Rosalie blinzelte einen Moment überrascht.

»Ja«, bestätigte sie gedehnt, ganz so, als würde sie jedes weitere Wort genau abwägen. »Sie war ziemlich … verletzt.«

»Dann hat sie dir sicher auch erzählt, dass es meine Schuld war.«

Meine Gedanken wanderten zu unserem Gespräch im Meetingraum zurück, bei dem mir Fallon unmissverständlich klargemacht hatte, was sie von mir hielt. Und vor allem, was sie ihrer Schwester über mich erzählt hatte.

Doch zu meiner Überraschung schüttelte Rosalie den Kopf. »Das hat sie nicht gesagt. Nur dass euer Chef das entschieden hat.«

»Mag sein.« Ich zuckte mit den Schultern. »Aber ich habe auch nicht abgelehnt.«

Denn unabhängig davon, was meine Gründe waren, die Beförderung anzunehmen, hatte ich gewusst, dass Fallon sie bekommen sollte. Dass Samuel sie ihr versprochen hatte. Wenn sie nicht gerade jeden anstarrte, als hoffte sie, er würde tot umfallen, dann leistete sie gute Arbeit. Und das lag nicht nur daran, dass sie mit diversen Programmiersprachen vertraut war, sondern auch daran, dass sie die dazugehörigen Paradigmen kannte und wusste, wie man ordentlich codet. Auch wenn sie ihren Variablen wirklich unnötig lange Namen gab. Im Gegensatz zu den anderen testete sie ihre Entwicklungen bis ins kleinste Detail und hielt sich an die definierten Prozesse im Projekt. Auch im Gegensatz zu anderen, die teilweise ungetesteten Code in den Main-Branch eincheckten und sich dann wunderten, wieso nichts mehr funktionierte. Und sie schrieb freiwillig Dokumentationen. Jene, die man auch nach mehreren Monaten noch verstand.

Gerade bei unserem letzten gemeinsamen Projekt, *Lovely Luxuries*, bei dem wir einen Konfigurator für Schmuck in einem Webshop entwickeln sollten, hatte sie all das bewiesen. Das Backend-Team hatte dermaßen weit hinter dem Zeitplan zurückgelegen, weil Ethan und Jamie mit der Einbindung der verschiedenen Optionen nicht vorangekommen waren, das aber auch nicht rechtzeitig kommuniziert hatten. Am Ende hatten wir die Deadline nur einhalten können, weil Fallon sich die Nächte um die Ohren gehauen hatte.

Rosalie prustete leise und riss mich damit aus meinen Gedanken. Ihre Miene war nicht mehr ganz so ernst wie noch vor wenigen Augenblicken. »Wer würde schon eine Beförderung ablehnen?«

Sie machte eine wegwerfende Geste mit der Hand und setzte stattdessen plötzlich wieder ihr strahlendes Lächeln auf, als hätte jemand einen Schalter umgelegt. »Aber genug von meiner Schwester und eurem schrecklichen Chef. Was ist mit dir? Was machst du sonst so, wenn du nicht arbeitest? Oder dich von deiner Schwester zu Liebesromanlesungen schleppen lässt?«

Es war offensichtlich, dass sie das Gespräch auf ein anderes Thema lenken wollte, und um ehrlich zu sein, war mir das ganz recht. Ich hatte einiges, über das ich erst nachdenken musste.

»Warst du mal in einem Escape Room?«, erwiderte ich, woraufhin sie die Stirn krauszog.

»Sind das diese Räume, wo man eingesperrt wird und Rätsel lösen muss, um wieder nach draußen zu kommen?«

Ich nickte. »Genau. Durch die meisten komme ich mittlerweile relativ schnell durch, aber im letzten waren Will und ich fast zwei Stunden eingeschlossen, bis uns ein Mitarbeiter schließlich rausgeholt hat, weil die Zeit abgelaufen war.«

»Das nagt noch an deinem Ego, oder?«, fragte sie offenkundig belustigt.

»Ein wenig«, sagte ich, auch wenn das eine ziemliche Untertreibung war. Hauptsächlich weil es meine eigene Schuld gewesen war und mich Will noch immer damit aufzog, dass ich mich geweigert hatte, einen Hinweis vom Veranstalter anzunehmen. »Wie kommst du mit deinem Buch voran?«

»Nicht gut genug, um mich irgendwo zwei Stunden einsperren zu lassen.«

Unweigerlich schoss mir die Sex-Szene aus Rosalies Buch in den Kopf, in der die beiden Protagonisten in einem feststeckenden Aufzug gefangen waren.

»Ich hatte … eine kleine Blockade«, gab sie zu und rührte mit dem Strohhalm in den Überresten ihres Latte macchiato herum, der mittlerweile nur noch eine hellbraune Flüssigkeit war. »Und ich hänge meinem Plan hinterher, und meine Lektorin hat mich vor … einigen Wochen gefragt, ob ich mein Manuskript nicht auch schon früher abgeben könnte. Es kriecht also aktuell nur. Erzähl's nicht meiner Lektorin. Die glaubt, dass es großartig läuft.«

Ich beugte mich ein winziges Stück über den kleinen Tisch zu ihr hinüber, und Rosalie kam mir entgegen.

»Dein Geheimnis ist bei mir sicher«, sagte ich leise, als wir uns nah genug waren, und beobachtete mit einer gewissen Genugtuung, dass sie sich ruckartig gerade aufsetzte und auf ihr leeres Glas starrte.

»Wir …«, setzte ich an, hielt jedoch inne, als mich das Vibrieren des Handys in meiner Hosentasche ablenkte. Ich zog es so weit hervor, um den Anruf stummzuschalten, bis ich einen Blick auf Dads Namen – Michael Perrington – erhaschte. Für die Ordnung in meinem digitalen Telefonbuch hatte ich selbst Familienmitglieder mit Vor- und Nachnamen eingespeichert – etwas, weswegen mich insbesondere meine Schwester liebend gern aufzog.

Mein Kiefer verkrampfte sich.

»Ist alles in Ordnung?«, fragte Rosalie irritiert, nachdem ich keine Anstalten gemacht hatte, den Anruf anzunehmen. Dad rief selten bis nie an, und wenn, dann immer nur, wenn es irgendwo sprichwörtlich brannte. Was besser als die Alternative war – erst dann Bescheid zu geben, wenn nur noch Asche übrig war. Doch manchmal wollte ich einfach nichts damit zu tun haben. Erst recht nicht jetzt.

»Entschuldige«, sagte ich zerknirscht. Gern hätte ich mich in eine ruhigere Ecke verzogen, aber dieses Café war so voll, dass mir lediglich die Toiletten als Fluchtmöglichkeit geblieben wären. Doch ich wollte vor Rosalie nicht gleich den Eindruck erwecken, ich hätte einige bizarre Dinge am Laufen.

»Hallo, Dad«, begrüßte ich ihn mit gesenkter Stimme. Rosalie hatte ihr eigenes Handy hervorgezogen und tippte darauf herum. »Was ist los?«

»Deine Mutter ist im Krankenhaus«, sagte er ohne Umschweife, und mit einem Mal fühlte ich mich, als hätte jemand einen Eimer Eiswasser über mir ausgekippt.

»Bitte was?«, brachte ich bemüht ruhig hervor. Rosalies Blick traf auf meinen, und sie zog fragend die Augenbrauen zusammen. Rasch suchte ich mir einen anderen Fixpunkt und fand ihn in einer riesigen Pflanze, die direkt am Fenster stand.

»Sie ist bei der Probe von der Bühne gefallen und hat sich den Kopf angeschlagen. Da war so viel Blut«, redete Dad aufgewühlt weiter, und mit jedem Wort steckte er mich damit an. Weil er sonst nie aufgewühlt war. Weil er sonst für alles Wichtige diese eigenartige Gleichgültigkeit, gemischt mit Ignoranz, vor sich herschob, an der alles andere abprallte. Jede Sorge und jede Angst, die Kinsey oder ich hatten. Nichts davon hatte er jemals wirklich registriert, um uns mit unseren Gefühlen helfen zu können. Wenn er also nun so panisch war, dann war es ernst.

»Ich fahre gleich los«, sagte ich automatisch, weil in meinem Kopf ein einziges Chaos ausgebrochen war und ich nicht wusste, wie ich dagegen ankommen sollte. »Wo seid ihr?«

Er nannte mir den Namen des Krankenhauses, in das sie Mum gebracht hatten, und legte auf. Mum war nie die vorsichtigste Person gewesen, eher die, die sich auch dann eine Klippe hinunterstürzen würde, wenn ihr jemand sagte, dass dort unten *vielleicht* Wasser war. Und bisher war das Wasser auch immer dort gewesen.

»Jesper?«, fragte Rosalie plötzlich und riss mich aus meiner Starre. Es war das erste Mal, dass sie meinen Namen ausgesprochen hatte. »Ist alles in Ordnung?«

»Ja«, sagte ich betont locker, auch wenn die Wahrheit weit davon entfernt war. Aber das war nichts, über das ich jetzt mit ihr reden wollte. »Es ist etwas dazwischengekommen. Ich muss gehen.«

Ich kramte eine Zwanzig-Pfund-Note aus meinem Portemonnaie und legte sie auf den Tisch, ehe ich aufstand. Bevor Rosalie noch etwas sagen konnte, hatte ich ein knappes »Sorry« gemurmelt und das Café verlassen.

(001011)
Jesper

Schwer atmend ließ ich mich auf einen freien Sitz fallen, erleichtert, den nächsten Zug an der Waverley Station noch bekommen zu haben, der nach Glasgow fuhr.

Die letzten Jahre hatte ich eindeutig zu viel Zeit am Schreibtisch verbracht, was traurig war, wenn man bedachte, welche Wanderungen Cody und ich früher zurückgelegt hatten.

Ich schickte zunächst eine Nachricht an Dad, in der ich ihm Bescheid gab, dass ich unterwegs war. Doch weder in den nachfolgenden Sekunden noch Minuten erhielt ich eine Antwort, was die möglichen Szenarien in meinem Kopf nur verschlimmerte. Endlich vibrierte mein Handy kurz, aber es war nicht Dad, sondern Kinsey.

Kinsey: Naaaaa? Wie ist dein Date gelaufen? Hat ihr das Café gefallen?
Ich: Ich denke schon.
Kinsey: Danke für diese umfangreiche Berichterstattung, Bruderherz. Du hättest wirklich Journalist werden sollen.

Auch ohne Emojis erklang die sarkastische Stimme meiner Schwester in meinem Kopf. Ich hatte tatsächlich ein wenig

Angst, ihr zu sagen, was los war, aber ich wusste, dass ich nicht drum herumkam. Mein einziger Trost und das, was mich davor bewahren würde, dass sie mir den Kopf abriss, war, dass sie nicht gewusst hatte, mit wem ich auf besagtem Date war. Und quasi versetzt hatte. Ich hatte lang darüber nachgedacht, war aber zu dem Schluss gekommen, dass es besser so war. Kinsey liebte Rosalies Bücher und hätte vermutlich nicht eher Ruhe gegeben, ehe ich ihr unser Treffen bis ins kleinste Detail beschrieben hätte. Angefangen bei der Farbe ihres Sommerkleides bis zur Wahl ihres Kaffees.

Ich: Mum ist im Krankenhaus.
Ich bin gerade auf dem Weg nach Glasgow.

Daraufhin schrieb sie nichts mehr. Nicht, dass ich etwas anderes erwartet hatte. Wann immer es um unsere Eltern ging, blockte sie im besten Fall ab oder fing einen Streit an. Das war die Ruhe vor dem Sturm, bis sie mich wieder in die Finger bekam. Heute Nacht sollte ich besser mit offenen Augen schlafen, falls ich bis dahin überhaupt zurück in Edinburgh war.

Je nachdem, wie es Mum ging.

Es beunruhigte mich, dass Dad mir nicht mehr antwortete. War er gerade bei Mum? War sie wach und ansprechbar? Weil ich mir nicht anders zu helfen wusste, rief ich ihn an, doch auch die drei Versuche liefen ins Leere.

Er hätte es mir gesagt, wenn es wirklich kritisch wäre. Oder wusste er nicht, wie es in Wahrheit um Mum stand? Hatte er mich nicht beunruhigen wollen?

Was war überhaupt passiert, dass sie so gestürzt war? Hatten die Techniker die Kabel nicht ordentlich verstaut? Hatte sie jemand geschubst?

Meine Gedanken drehten sich auch die restliche Zugfahrt

über nur im Kreis, während ich die üppige grüne Landschaft an mir vorbeiziehen ließ. Weder Kinsey noch Dad meldeten sich, was meine innere Anspannung weiter steigerte. Es wurde erst besser, als der Zug im Bahnhof einfuhr und ich nach draußen stürmte.

Die Zeit, bis das Taxi das Krankenhaus erreichte, zog sich unendlich lang. Ich nannte am Empfang Mums Namen und bekam eine Zimmernummer gesagt, jedoch keine Auskunft über ihren Zustand. Doch die Frau am Empfangstresen hatte so gestresst gewirkt, dass ich es nicht fertiggebracht hatte, sie länger als nötig zu stören.

Ich bewegte mich zwischen den umhereilenden Angestellten hindurch, bemüht, mit niemandem zusammenzustoßen, bis ich das Zimmer erreicht hatte. Wie von selbst wanderte meine Hand in Richtung Klinke, hielt jedoch kurz davor inne. Was würde ich gleich sehen? Wie würde ich sie gleich sehen?

Schließlich gab ich mir einen Ruck und klopfte, bis ich Dads Stimme von drin hörte. Bevor ich wieder zögern konnte, riss ich die Tür auf.

»Jesper«, sagte Dad hörbar erfreut und erhob sich von dem Stuhl, der neben dem Bett stand, in dem Mum lag. Sie hatte die Augen geschlossen, aus dem Verband um ihren Kopf lugten lange schwarze Locken hervor. »Schön, dass du hier bist.«

Dad schloss mich in eine Umarmung, dann klopfte er mir auf den Rücken.

»Wie geht es ihr?«, fragte ich und deutete mit dem Kinn in Mums Richtung, auch wenn es offensichtlich war, dass ich sie meinte. Wir gingen zum Bett zurück, und von Nahem konnte ich die eingefallenen Wangen und die ungesund blasse Haut erkennen. Dad zog einen zweiten Stuhl heran, ehe er sich wieder setzte.

»Sie war vorhin wach und hat nach dir gefragt«, sagte er mit einem kleinen Lächeln und griff nach ihrer Hand, um über ihre dünnen Finger zu streichen. »Sie wird schon wieder.«

»Ist sie krank?« Denn ihr genereller Zustand hatte nichts mit dem Unfall zu tun.

Dad zögerte einen Moment. »Sie ist gerade ein wenig gestresst. Die langen Nächte machen ihr zu schaffen.«

Das war mehr als offensichtlich. Mum und Dad waren beide erst Mitte vierzig, doch in diesem Moment sah insbesondere Mum so viele Jahre älter aus. Doch auch an Dad gingen die ständigen Reisen, Proben und Auftritte nicht spurlos vorbei. Auch er hatte Augenringe und einen müden Blick.

»Was ist passiert?«

»Sie hat auf der Bühne getanzt und nicht richtig aufgepasst. Sie ist über einen der kleinen Scheinwerfer gestolpert und dann von der Bühne gefallen, direkt gegen ein Geländer. Ihr rechter Arm ist gebrochen, und sie hat eine Gehirnerschütterung. Aber mach dir keine Sorgen. Deine Mum ist eine Kämpferin.«

Ich wusste, dass er recht hatte. Sie war zäh. Doch wie konnte sie kämpfen, wenn ihr Körper so krank aussah?

»Wie geht es dir und deiner Schwester? Wir haben lange nichts mehr von ihr gehört«, sprach Dad weiter, während er Mums Hand fest umklammert hielt.

»Kinsey geht es gut. Sie ist gerade ziemlich mit ihrem Studium beschäftigt«, erwiderte ich ausweichend, und augenblicklich meldete sich mein schlechtes Gewissen. Doch ich schob es beiseite. »Sie wäre gern mitgekommen, aber sie muss nächste Woche eine Hausarbeit abgeben, die für ihre Note wichtig ist.«

Dad nickte verständnisvoll. »Verstehe. Ich hoffe, ihr besucht uns trotzdem bald zusammen.«

Eher würde die Sonne einfrieren, als das Kinsey freiwillig einen Fuß zurück in diese Stadt setzte. Doch ich brachte es nicht fertig, diese Worte laut auszusprechen, sondern nickte nur.

»Ich bin befördert worden«, versuchte ich das Thema weg von meiner Schwester zu lenken, und Dads Augen hellten sich auf.

»Wirklich? Das ist gut. Du hast es verdient.« Er räusperte sich. »Ich weiß, dass das der falsche Zeitpunkt ist, aber … wir haben Zubehör für die Auftritte gekauft … aber deine Mum kann nicht singen … Und die Miete …«

Er ließ den Satz verklingen, doch ich wusste genau, was er sagen wollte. Bevor ich jedoch antworten konnte, ertönte vor uns ein leises Geräusch, und ein Paar dunkler Augen starrte mich an.

»Jesy«, sagte Mum erschöpft. »Du bist hier.«

»Natürlich«, erwiderte ich und griff nach ihrer Hand, die Dad soeben freigegeben hatte. Ihre Haut war eiskalt. »Wie fühlst du dich?«

»Hervorragend.« Sie zog lächelnd ihre Schultern leicht nach oben, als wollte sie mir versichern, dass sie all das für übertrieben hielt. »Wirklich«, fügte sie hinzu, weil ich in ihr Lächeln nicht mit einstimmte. »Mach dir keine Sorgen, ich werde es überleben und bald wieder auf der Bühne herumtanzen.«

»Mir wäre lieber, du würdest mit dem Tanzen noch etwas warten«, murmelte ich und strich über ihre Hand. Sie verzog das Gesicht, und der Ausdruck ähnelte so sehr dem von Kinsey, wenn sie ihren Willen nicht durchsetzen konnte. Was zugegeben nicht so häufig vorkam, weil sie wusste, welche Knöpfe sie bei mir drücken musste.

»Na gut.« Sie stieß ein Gähnen aus.

»Schlaf noch ein bisschen. Ich kümmere mich um alles.«

Mums Blick wurde sanft, ehe sie tatsächlich die Augen schloss. »Danke. Ich bin froh, dass wir uns immer auf dich verlassen können.«

Gemeinsam mit Dad fuhr ich zurück in ihre Wohnung, während Mum noch einige Tage im Krankenhaus verbringen musste. Die behandelnde Ärztin hatte uns mitgeteilt, dass so weit alles gut aussah, sie Mum jedoch zur Beobachtung dortbehalten wollten. Ich wusste, dass ich erleichtert sein sollte, und das war ich auch, doch je näher wir der Wohnung kamen, umso mehr Knoten bildeten sich mir im Magen. Eine Woge von Angst überkam mich, die dafür gesorgt hatte, dass ich während der gesamten Fahrt keinen einzigen Ton gesagt, sondern den Fahrer nur stumm bezahlt hatte, nachdem wir bei dem Mehrfamilienhaus angekommen waren, in dem Mum und Dad wohnten. Ich folgte Dad durch den schmalen Flur, in dem es immer nach Flüssigkleber roch, die noch viel schmalere Treppe empor, bis wir das zweite Stockwerk erreicht hatten. Laute Musik dröhnte uns entgegen, noch ehe Dad die Tür geöffnet hatte.

»Habt ihr Besuch?«, fragte ich leicht irritiert, als wir eintraten und mir der stickige Geruch von Zigarettenrauch und Bier entgegenschlug.

»Ja«, sagte Dad gedehnt und kratzte sich an seinem stoppeligen Kinn, lotste mich weg vom Wohnzimmer in ihr Arbeitszimmer. »Unsere Bandkollegen bleiben für eine Weile hier.«

»Wie lange sind sie schon da?«, erwiderte ich so neutral wie möglich, obwohl ich die Antwort bereits kannte.

»Seit ein paar Wochen«, gab er zu, dennoch beschlich mich das Gefühl, dass er log. Spätestens wenn die Nebenkosten astronomische Höhen erreichten, würde ich es ja wissen.

Dad ließ mich in das Arbeitszimmer eintreten, das aussah, als hätte darin ein Orkan gewütet. Der Boden war, ebenso wie der Schreibtisch, mit Zetteln übersät – Notizen zu neuen Songs, Post-its mit Erinnerungen, Rechnungen, Kritzeleien. In meinen Fingern zuckte es, jedes einzelne Blatt aufzuheben und so abzuheften, dass alles seine Ordnung hatte. Obwohl, nein, das stimmte nicht. Am liebsten hätte ich dieses Chaos angezündet.

»Wo sind die Rechnungen?«, fragte ich und schloss die Augen, in der Hoffnung, ich würde einfach ausblenden können, dass die ganze Arbeit, die ich mir vor vier Monaten mit dem Sortieren gemacht hatte, vollkommen umsonst gewesen war. So wie all die anderen Male zuvor auch. Irgendwo raschelte es. Statt Dad bei der Suche zu helfen, ging ich drei Schritte durch das Zimmer und riss das Fenster auf. Die Luft draußen war nicht kühl, doch sie roch wenigstens nicht nach kaltem Rauch und Alkohol.

Meine Augen huschten die Straße entlang, und dieser Blick nach draußen erinnerte mich daran, wie sehr ich mir wünschte, wieder in Edinburgh zu sein.

»Hier sind sie«, sagte Dad nach gefühlt Stunden und reichte mir mindestens zehn Seiten. Scheinwerfer, teure Verstärker, Nebelmaschinen, unzählige Kabel, mehrere Mikrofone und zwei neue Gitarren, die jeweils dreitausend Pfund gekostet hatten. »Und hier ist der Brief unseres Vermieters.«

Ich überflog das Schreiben. Als Dad »die Miete« erwähnt hatte, war ich davon ausgegangen, dass sie mit *einer* Monatsmiete im Verzug waren, nicht mit dreien. Wortlos sah ich zu Dad, der mit den Schultern zuckte.

»Wir brauchten unbedingt eine neue Ausstattung für unsere Tour«, sagte er schließlich, doch er klang nicht einmal reumütig. Mehr als würde er mir nur Tatsachen erzählen. »Aber wir haben uns etwas verkalkuliert.«

So wie immer, lag es mir auf der Zunge, doch ich hielt mich zurück. Hätten sie ihre Tour spielen können, dann hätten sie vielleicht genug Geld wieder eingebracht, um ihre Schulden selbst zu bezahlen. Dass Mum einen Unfall hatte, dafür konnte niemand etwas. Und die Hauptsache war, dass sie sich erholen konnte, ohne sich Sorgen machen zu müssen.

»Ich nehme die Unterlagen mit nach Hause.« Ich musste hier raus. Weg von diesem Chaos, das nicht meines war und mir dennoch über den Kopf wuchs.

»Ja, natürlich«, sagte Dad mit einem Lächeln. »Willst du noch zum Essen bleiben? Rolan kocht heute seinen berühmten Lammbraten.«

»Ich esse kein Fleisch«, erwiderte ich tonlos. Schon seit fast fünfzehn Jahren nicht mehr. Aber das konnten Eltern schnell vergessen, wenn sie kaum zu Hause waren.

Dads Lächeln brach ein wenig ein, und augenblicklich fühlte ich mich schlecht, meine Laune an ihm auszulassen.

»Und ich bin heute schon verplant«, fügte ich freundlicher hinzu, und seine Miene hellte sich wieder auf.

»Natürlich, natürlich. Dann das nächste Mal, ja?«

Ich nickte nur, weil sich meine Kehle anfühlte, als hätte jemand einen dünnen Faden herumgelegt, der sich immer weiter zuzog.

Dad begleitete mich durch den Flur zurück zum Eingang, als plötzlich die Tür zum Wohnzimmer aufgerissen wurde. Die Musik dröhnte nun noch lauter, bis ein großer, breitschultriger Mann mit kurzen braunen Haaren und einem krausen Vollbart hindurchtrat und sie hinter sich wieder schloss. Seine Augen waren gerötet und sein Blick leicht glasig, sodass ich nicht sagen konnte, ob er zu viel geraucht, getrunken oder geweint hatte.

Kaum dass er Dad sah, wirkte er mit einem Mal wach.

»Du bist ja wieder da«, sagte er mit kratziger Stimme und kam näher. »Wie geht's Beth?«

»Besser«, antwortete Dad, ehe sie sich umarmten. »Sie bleibt noch ein paar Tage im Krankenhaus, aber es ist nichts Ernstes.«

»Das ist gut. Sehr gut«, murmelte der andere leise. »Haben uns alle richtig Sorgen gemacht.«

Erst als sie sich wieder voneinander lösten, schien er meine Anwesenheit überhaupt zu bemerken.

»Mensch, Jesy«, sagte er plötzlich und breitete die Arme aus. Jeder Freund meiner Eltern hatte diesen verhassten Spitznamen übernommen. »Du bist ja groß geworden.«

Ich wich ein Stück zurück, was er zu registrieren schien, denn er ließ seine Arme wieder sinken.

»War schön, dich zu sehen, Rolan«, entgegnete ich und sah dann zu Dad. »Ich kümmere mich um die Rechnungen.«

Dann riss ich die Tür auf und ließ die Musik, den Rauch und meinen Dad hinter mir. Kinseys Stimme dröhnte in meinen Ohren: *Sie werden sich immer auf dich verlassen.*

(001100)
Fallon

Nachdem mich Jesper eiskalt sitzen gelassen hatte, war auch ich schleunigst aus dem Café verschwunden. Nun, da ich nicht mehr darauf fixiert war, zu verhindern, dass er mich erkannte, war mir sehr bewusst geworden, wie viele andere Leute hier saßen und mich erkennen könnten. Also hatte ich rasch bezahlt, Amira eine kurze Nachricht geschrieben und war ebenfalls gegangen. Vermutlich handelte ich mir so einen Blutegel in meinem Schuh ein, aber gerade war ich einfach nur froh, dass ich das peinliche Gespräch noch ein wenig nach hinten schieben konnte.

Erst als ich in meinen bequemen Oversize-Hoodie und meine Jogginghose mit niedlichen Comic-Katzen geschlüpft war und an meinem Schreibtisch saß, kam mein rasender Verstand allmählich zur Ruhe. Und mit der Ruhe kam dann ein eigenartiges Gefühl von Wut. Wut darüber, dass mich dieser arrogante Mistkerl wirklich sitzen gelassen hatte. Bei einem Date, nach dem er gefragt hatte.

Sicher, ich hatte mich ein klein wenig in Rage geredet. Aber ich hatte diese Aussagen schon so oft in meinem Leben gehört, dass es einen Schalter in meinem Kopf umgelegt hatte. Der mich dazu gebracht hatte, zu vergessen, welche Rolle ich in diesem Moment spielte.

Doch das war noch lange kein Grund, einfach abzuhauen, als hätte ich ihm einen von Amiras Egeln mitten ins Gesicht geworfen. Zumindest nicht ohne den Hauch einer Erklärung.

Wenn ihn ein Gespräch über Sexismus schon die Flucht ergreifen ließ, dann war er wirklich keinen Deut besser als Jamie oder Ethan. Einen Notfall vorzutäuschen, nur weil er kein so offensichtlicher Arsch sein wollte, war fast noch schlimmer, als wäre er einfach mitten in meinem Vortrag abgehauen.

Ich knallte die Kaffeetasse ein wenig fester als beabsichtigt auf den Tisch, sodass Adas Brille verrutschte. Rasch nahm ich sie hoch und setzte sie ihr wieder auf.

»Wenigstens muss ich mich jetzt nicht mehr mit ihm treffen«, murmelte ich mit Blick in ihre schwarzen Augen. »Das war von Anfang an zum Scheitern verurteilt.«

Auch wenn er es geschafft hatte, mich zwischenzeitlich fast glauben zu lassen, dass er mich verstand. Tja, so konnte man sich irren. Wahrscheinlich sollte ich froh sein, halbwegs glimpflich aus der Sache herausgekommen zu sein. Auch wenn es mir davor graute, wieder mit seiner unerträglich besserwisserischen Art klarkommen zu müssen. Doch zumindest konnte er mir, also Fallon, nicht mehr vorwerfen, ich hätte meine Schwester gegen ihn aufgestachelt. Und mein Geheimnis war sicher.

Mit einem leisen Seufzen stellte ich die Gummiente ab. Ich hatte wirklich keine Zeit, weiter über ihn nachzudenken, wenn die Deadline in den Winkeln meines Zimmers hockte und mich beobachtete. Noch während ich den letzten Absatz meines Manuskripts las, vibrierte mein Handy.

Amira hatte in unseren Gruppenchat geschrieben.

Amira: Liebste Fallon (oder soll ich lieber »Rosalie« sagen?), du solltest heute Abend besser zu Hause sein. Sonst teilst du dir zukünftig dein Bett. ❤

Ein kurzer Schauer lief den Rücken hinunter, und auch das Herzchen am Ende konnte das nicht verhindern. Offensichtlich hatte Amira Schichtende und meine Nachricht gesehen. Und da sowohl sie als auch Mick einen Zweitschlüssel zu meiner Wohnung hatten, konnte sie ihre Drohung ohne Probleme wahr machen.

Ich: Ich bewege mich nur zwischen Kaffeemaschine und Schreibtisch.
Mick: Was habe ich verpasst?
Amira: Das erzählen dir die Specter-Zwillinge nachher selbst.
Mick: Du solltest weniger von deinen komischen Substanzen einatmen, Amira.

Amira antwortete mir mit dem GIF eines gruselig aussehenden alten Mannes, der sich die Hände rieb. Vielleicht sollte ich besser die Schlösser austauschen.

Nachdem ich mein Handy in die unterste Schublade des Schreibtischs verbannt hatte, um nicht wieder zu prokrastinieren und mir ein TikTok nach dem anderen anzusehen, widmete ich mich endlich meinem Manuskript. Bis es einige Zeit später an der Tür klingelte, kam ich tatsächlich okay voran. Wenn man die kleinen Wutanfälle zwischendurch nicht mitzählte, in denen ich Jesper erneut verflucht hatte.

»Wir müssen reden«, erklang Micks Stimme durch die rauschende Gegensprechanlage. Hätte ich es nicht besser gewusst, hätte ich ernsthaft angenommen, dass sie mit mir Schluss machen wollte. Ich ließ die Tür aufspringen und hörte im Treppenhaus das Geklacker ihrer Schuhe. Hinter ihr zog sich Amira am Geländer empor, keuchend, als würde sie jeden Tag zwei Schachteln Zigaretten rauchen.

»Du … schuldest … uns … eine … Erklärung«, japste sie und

ließ sich von Mick die letzten Stufen hochziehen. Schuldbewusst verzog ich das Gesicht, konnte bei ihrem Anblick aber einfach nicht ernst bleiben.

»Ja, Ma'am«, entgegnete ich grinsend und ließ die beiden eintreten. Nachdem sie ihre Schuhe abgestreift und es sich auf meiner Couch bequem gemacht hatten, ging ich zum Kühlschrank und holte eine Flasche Weißwein heraus, die ich zusammen mit drei Gläsern hinübertrug. Irgendwie musste ich die beiden ja besänftigen, wenn ich mir das Bett nicht mit klebrigen Schlafgenossen teilen wollte.

»Wir haben Fragen«, begann Mick das Verhör, als würde ich in einem gestreiften Shirt ein Schild mit meinem Namen hochhalten, während sie hinter der Glasscheibe stand.

»Einige«, ergänzte Amira, die noch immer leise keuchte. »Und da du eine kluge Frau bist, kannst du dir denken, welche.«

»Ich habe da so eine Vermutung«, erwiderte ich ausweichend, weil mir ihr liebliches Lächeln ein klein wenig Angst einjagte. »Ihr wollt sicher wissen, wie ich mit meinem Manuskript vorankomme?«

Der Blick der beiden verwandelte sich nahezu synchron in ein *Wirklich, Fallon?*.

»Mittlerweile komme ich halbwegs gut voran, was daran liegt, dass mich Jesper auf der Arbeit gerade nicht mehr dazu bringt, das ganze Gebäude anzünden zu wollen. Also zumindest in letzter Zeit«, fuhr ich weiter fort. Ich wollte mein Glück bei Micks nicht vorhandener Geduld auch nicht überstrapazieren. »Das wiederum könnte möglicherweise daran liegen, dass Jesper einen Grund hat, sich mit mir gut zu stellen.«

»Und das hat etwas damit zu tun, dass du dich in deiner Verkleidung mit ihm triffst?«, sagte Amira in einem Tonfall, der stark danach klang, als zweifelte sie an meiner geistigen Gesundheit. Möglicherweise zu Recht.

Ich stieß einen leisen Seufzer aus, denn ein Hauch von Angst machte sich in mir breit. Vor allem vor ihren Reaktionen. »Ihr erinnert euch doch sicher daran, dass ihr beiden mir geraten habt, die Lesung bei Bookberry zu halten, oder?«

Beide nickten.

»Zu der du uns explizit ausgeladen hast«, erinnerte mich Amira mit ihrem gruselig freundlichen Ton. »Weil du Angst hattest, jemand würde uns erkennen und dann Rückschlüsse auf dich ziehen.«

»Genau.« Ich räusperte mich. »Nun, jemand hat mich trotzdem erkannt. Jesper.«

Die beiden starrten mich für mehrere Sekunden vollkommen still an.

»Auf dem Weg zur Buchhandlung? Oder … war er bei deiner Lesung?« Mick tippte sich mit ihrem Zeigefinger gegen ihr Kinn.

»Er war bei der Lesung. Zusammen mit seiner Schwester, die ihn da wohl hingeschleppt hatte.«

»Das macht Sinn. Hätte nicht gedacht, dass das sein Genre ist«, sagte Amira und nippte an ihrem Wein, während ich sie nur fassungslos anstarren konnte.

»Können wir das bitte als die Katastrophe behandeln, die es ist?«

»Was ist dann passiert?«, fragte Mick und nahm ebenfalls einen Schluck Wein. Also erzählte ich ihnen von seiner Nachricht, Margos Bitte, das Manuskript früher abzugeben, und meiner Idee, das Beste daraus zu machen.

»Und dann wird er angerufen, springt auf und haut einfach ab«, beendete ich meine Erzählung, während derer ich mein zweites Glas Wein getrunken hatte. Was nicht nur dafür sorgte, dass mir angenehm schummrig war, sondern auch, dass ich mich nur noch zu fünfzig Prozent für all das hier schämte. »Ich glaube, er hat einen Notfall vorgetäuscht, um besser dazustehen.«

»Okay, nur damit ich das richtig verstehe«, begann Mick, obwohl wir beide sehr genau wussten, dass sie es richtig verstanden hatte. »Du hast nicht nur so getan, als wärst du deine eigene Zwillingsschwester, sondern dich auch noch mit ihm getroffen, damit er bei der Arbeit weniger anstrengend ist?«

»Ja«, murmelte ich leise in mein Weinglas hinein. Wenn sie es so zusammenfasste, klang es irgendwie deutlich schlimmer, als es in meiner Wahrnehmung gewesen war.

»Nicht, dass ich es nicht grundsätzlich gut finde, Männer mit einem Feminismus-Vortrag in die Flucht zu schlagen, aber …« Mick brach ab und gestikulierte mit ihren Händen wild in der Luft umher, als würde sie ein Insekt verscheuchen wollen. »Was genau hast du gedacht, wird passieren?«

»Ich hatte Panik, okay?«, erwiderte ich defensiv und stellte das Weinglas ein wenig zu fest auf den Tisch. Ein Klirren ertönte, und ich war nicht sicher, ob eine Ecke abgesplittert war, doch gerade war es mir egal. »Ethan nutzt jetzt schon jede Gelegenheit, irgendwelche Kommentare über mich zu machen. Letztens wollte er mir unbedingt beweisen, dass ich keine Ahnung von den Bands habe, deren Shirts ich trage. Was glaubt ihr wohl, passiert, wenn er das mit den Romanen herausfindet?«

»Aber es geht nicht um Ethan«, warf Amira deutlich sanfter als Mick ein. »Es geht um Jesper. Und um seine Gefühle.«

»Wenn er überhaupt welche hat. Da bin ich mir immer noch nicht sicher.« Der Alkohol ließ meinen Mund deutlich schneller reagieren als mein Gehirn. Entnervt presste ich eine Hand gegen die Stirn und atmete tief ein.

»Es ist sehr wahrscheinlich, dass er welche hat«, sagte Mick, und ich verdrehte die Augen. »Vielleicht nicht so viele wie andere, zugegeben.«

»Hör zu, Fallon«, ertönte Amiras Stimme neben mir, und ich spürte eine Hand auf dem Rücken, die in behutsamen Bewegungen darüberstrich. »Ich verstehe, wieso du ihn bei der Lesung belogen hast. Aber sich dann noch mit ihm zu treffen war vielleicht ein klein wenig …«

»Wahnsinnig?«, warf Mick überaus hilfreich ein und weckte in mir das starke Bedürfnis, ihr die Zunge herauszustrecken. »Vor allem, was hättest du gemacht, wenn er nicht einfach abgehauen wäre? Wenn ihr euch gut verstanden hättet? Hättest du ihm Rosalie noch weiter vorgespielt?«

»Wir haben uns nicht schlecht verstanden. Bis er abgehauen ist.« Was mich mehr als alles andere überrascht hatte. Wer hätte gedacht, dass er so was wie witzig sein konnte? »Es war eine bescheuerte Idee, das ist mittlerweile angekommen. Und es tut mir soo unendlich leid, nicht mehr Rücksicht auf die Gefühle des Mannes genommen zu haben, der mir meine Beförderung weggenommen hat.«

Frustriert griff ich nach meinem Weinglas, doch Mick war schneller und hielt es außerhalb meiner Reichweite. »Ich glaube, du hattest genug Wein für heute.«

»Und ich glaube, dass ich nicht Delilah heiße und selbst entscheiden kann«, erwiderte ich patzig und verschränkte die Arme vor der Brust, was leider nicht dafür sorgte, dass mir Mick das Glas wiedergab.

»Gerade siehst du ihr ziemlich ähnlich, wenn sie ihren Willen nicht bekommt«, sagte sie mit dem Anflug eines Lächelns auf den Lippen, was es mir schwer machte, meine beleidigte Miene zu ziehen.

Amira schlang einen Arm um meine Schulter. »Es ist völlig in Ordnung, wenn du frustriert bist. Egal, ob es wegen der Beförderung, wegen Jesper oder wegen Ethan ist. Oder weil du das Gefühl hast, dass du dich verstecken musst, um ernst genommen zu werden. Aber wäre es nicht in dem Fall besser, den Job zu wechseln? Wo du keinen Jesper und keinen Ethan mehr hast?«

»Nein«, murmelte ich und schüttelte den Kopf, weil das nicht das erste Mal war, dass sie mir diesen Vorschlag machten. »Das ist keine Option.«

Denn wenn ich einfach so hinwarf, was sagte es dann über mich aus? Dass ich am Ende genauso empfindlich war, wie Samuel es mir ständig vorwarf. Wie konnte ich dann mir und ihm beweisen, was ich konnte?

»Genau deswegen arbeite ich nur noch für mich«, sagte Mick mit einem leisen Seufzen und robbte auf meine andere Seite. »Männliche Kollegen sind einfach viel zu anstrengend. Und männliche Chefs erst recht.«

»Oh ja, und wie«, stimmte Amira mit ein. »Viele meiner Kommilitonen sind auch der Meinung, sie wären Gottes Geschenk an die Frauen.«

Meine Mundwinkel verzogen sich leicht nach oben. »Eher Gottes Bestrafung.«

»Oh ja. Und das Schlimme ist, dass ein Großteil derer, mit denen ich nach der Uni zusammenarbeite, genauso sein wird.«

Da hatte sie ziemlich sicher recht.

»Wieso hast du uns nichts von der Sache mit der Lesung erzählt?«, lenkte Mick das Thema zurück auf mich, in einem Tonfall, mit dem sie ziemlich sicher auch Silas regelmäßig ein schlechtes Gewissen einredete. Denn zumindest bei mir funktionierte es ganz hervorragend.

»Ich habe gehofft, dass es einfach keine große Sache wird. Und ich habe mich dämlich gefühlt.«

»Du warst auch dämlich.«

Nicht gerade die Art von Zustimmung, die ich gern hörte. Aber die, die ich verdient hatte. Jetzt konnte ich mir selbst nicht einmal mehr erklären, wieso ich die beiden nicht eingeweiht hatte.

»Ich hab dich auch lieb, Mick«, murmelte ich leise.

»Also, wie geht es jetzt weiter?«, fragte Amira.

»Ich weiß es nicht.« Unsicher zuckte ich mit den Schultern, ein klein wenig missgelaunt, dass mir Mick immer noch nicht mein Glas wiedergegeben hatte, sondern es nun so weit weg stand, dass ich, zwischen den beiden eingekeilt, allein nicht drankam. »Vielleicht sollte ich ihm noch mal einen Vortrag über sein Benehmen halten. Immerhin glaubt er jetzt eh, dass ich eine Schwester habe.«

Auch wenn ich damit das Unvermeidliche – unseren Status als Arbeitsfeinde – wieder schneller herstellen würde, als mir lieb war, war die Chance auch fast zu gut, um sie mir entgehen zu lassen.

Wer wusste schon, wann ich noch mal eine bekam?

»Und was ist, wenn er sich entschuldigt?«, fragte Amira mit geschlossenen Augen, während sie allmählich immer tiefer in meine Kissen sank. Der Wein schien bei ihr langsam Wirkung zu zeigen. »Vielleicht hat er ja wirklich einen guten Grund gehabt.«

Ich schnaubte. »Jesper Perrington entschuldigt sich nicht. Und selbst wenn, drei Worte mehr zu sagen wäre ja wohl drin gewesen. Ist ja nicht so, dass ich seine halbe Lebensgeschichte hören wollte.«

Sie zuckte mit den Schultern, sah von ihrem Tempo her dabei aber eher aus wie das Faultier aus *Zoomania*. »Wie du meinst. Ich glaube trotzdem, dass du zu schnell urteilst. Ich habe euch beobachtet, und er hat keinen sehr gequälten Eindruck gemacht. Ich glaube, er hatte wirklich einen Grund, auch wenn es nicht richtig war, einfach so zu verschwinden.«

Sein Lächeln und sein durchdringender Blick machten sich augenblicklich in meinen Gedanken breit, während diese leise Art zu lachen in meinen Ohren erklang.

»Ach, was weiß ich«, murmelte ich und ließ mich ebenfalls tief in die Kissen sinken. »Ich habe keine Zeit, ihn zu analysieren und zu interpretieren.«

»Das musst du auch nicht. Warte einfach ab, was passiert. Nur erfinde bitte in der Zwischenzeit nicht noch mehr Schwestern.«

Gegen meinen Willen musste ich bei Micks Kommentar prusten.

»Versprochen.«

Ich mochte Montage nicht. Insbesondere dann nicht, wenn ich vollkommen übermüdet und leicht verkatert war und mein Handy einmal quer durch das Zimmer geworfen hatte, weil der Wecker keine Ruhe hatte geben wollen. Mick hatte es gestern Abend noch nach Hause geschafft, da sie arbeiten wollte, während Amira einfach auf meiner Couch eingeschlafen war. Nach einem kurzen, etwas hektischen Frühstück war sie auf dem Weg zur Uni und ich zum Büro, während diese verdammten Kopfschmerzen das strahlend helle Sonnenlicht aktuell zu meinem Endgegner machten.

Die Aussicht darauf, Jesper wiederzusehen, löste in mir eine Reihe äußerst widersprüchlicher Gefühle aus, gerade nach dem gestrigen Gespräch mit Mick und Amira. Mir war absolut klar, dass ich mich ihm gegenüber unfair verhalten hatte, unabhängig davon, was seine Motivation war, Rosalie kennenlernen zu wollen. Auch wenn das sein Verhalten keineswegs entschuldigte.

Am Ende war es unausweichlich, dass wir zu unserem vorherigen Verhalten zurückkehrten und uns gegenseitig an den Kragen gingen – und zwar nicht auf die erotisch heiße Art und Weise.

»Du siehst noch beschissener aus als sonst«, begrüßte mich Ethan, als ich meinen Rucksack neben meinem Schreibtisch abstellte.

»Und trotzdem wolltest du mich zu einem zweiten Date überreden«, erwiderte ich, weil meine Beherrschung noch im Bett vor sich hin döste. Da, wo ich jetzt auch wirklich gern wäre. Wieso hatte ich die Aspirin von Amira heute früh abgelehnt?

»Ich hatte Mitleid, okay?« Sein Kopf ruckte zur Seite, als wollte er sichergehen, dass mich niemand gehört hatte, während sein Tonfall mit einem Mal defensiv wurde. Ich würde nie verstehen, wieso es am Ego mancher Männer so sehr kratzte, einen Korb zu bekommen, dass sie so reagierten. »So, wie du rumläufst, wirst du nie einen Typen abbekommen.«

Ich zuckte mit den Schultern und fuhr meinen Rechner hoch. Nach der Sache mit Ethan hatte ich von meinen Kollegen noch mehr Abstand genommen. Und würde ich mich für die Arbeit stylen und schminken, würde er etwas anderes finden, was er mir vorwerfen könnte. Wozu also die Mühe? »Dann sterbe ich wohl allein mit fünf Katzen.« *Und flüchtete mich in die starken Arme meiner fiktiven Bookboyfriends.*

Wie von selbst wanderte mein Blick quer durch den Raum, doch Jespers Platz war noch immer leer. Was ungewöhnlich war, denn dieser Pedant war für gewöhnlich morgens einer der Ersten im Büro. Davon abgesehen hatten wir in zwanzig Minuten ein Meeting.

»Aah«, sagte Ethan plötzlich gedehnt, und die seltsame Befriedigung, mit der er das Wort langzog, ließ es so klingen, als hätte er gerade die Erkenntnis des Jahrtausends gehabt. »Du willst an Jesper ran.«

»Eher stecke ich mein ganzes Geld in NFTs«, brummte ich, weil er mir langsam wirklich auf die Nerven ging, und verdrehte dramatisch die Augen.

»Sicher.« Ethan grinste auf die Art und Weise, die in mir das unbändige Gefühl auslöste, ihm seine Maus in den Hals zu stopfen. »Vielleicht wird's ja dann beim nächsten Projekt was.«

»Bitte was?«

Er zuckte nonchalant mit den Schultern. »Du willst, dass

Jesper ein gutes Wort für dich einlegt, ist doch klar. Durch Können wirst du es kaum schaffen, also halt so.«

Ein flaues Gefühl machte sich in meinem Magen breit. War es das, was meine anderen Kollegen auch dachten? Dass ich nicht gut genug für eine Beförderung war und mich nun an Jesper ranschmiss, um die Karriereleiter weiter nach oben zu steigen? Weil ich es nötig hatte?

»Wärst ja auch nicht die erste Frau, die versucht, sich hochzuschlafen. Ich würde mir aber an deiner Stelle keine großen Hoffnungen machen. Zumindest nicht, solange du so rumläufst.«

Ich wollte etwas erwidern, ihn am Kragen seines pseudointellektuellen Hemds packen, ihn anschreien. Doch mein Kopf war vollkommen leer gefegt, so als hätte sich mein Gehirn aufgehängt und wäre nicht mehr in der Lage, Befehle auszuführen. Wie konnte er es wagen, so etwas zu sagen?

Ehe ich die passenden Worte fand, wandte Ethan den Blick von mir ab in Richtung Tür. »Schau mal, da ist dein Herzblatt.«

Ich riss meinen Kopf herum und sah zur Tür, wo … absolut niemand stand.

»Scheiße, das ist zu komisch.« Ethans Lachen erklang, und einige meiner Kollegen reckten die Köpfe nach uns um. Selbst William, der im Ignorieren anderer Leute fast noch besser war als ich, starrte mit hochgezogenen Brauen in unsere Richtung.

»Du bist wirklich ein geborener Clown«, murmelte ich und ballte die Hände zu Fäusten, während mir das Blut vor Scham in die Wangen schoss. Dieser misogyne, sexistische Mistkerl. Wenn ich genügend Kraft aufwandte, schaffte ich es vielleicht, ihm die Tastatur quer in den Hals zu schieben. Mit Dianas Hilfe könnte ich es vielleicht auch wie einen Unfall aussehen lassen.

»Nimm's nicht so schwer«, sagte er mit einem Grinsen, dass meine Selbstkontrolle stark an ihre Grenzen brachte. Vollkommen lässig, als würde ihm der Laden hier gehören, lehnte er sich in seinem Bürostuhl zurück und verschränkte die Arme hinter dem Kopf. »Der IT-Bereich ist halt nicht für jeden was. Insbesondere für eine Frau.«

»Ich wusste gar nicht, dass du mit deinem Penis entwickelst«, schoss ich reflexartig zurück, ehe ich richtig darüber nachgedacht hatte.

»Und falls doch, dann hoffentlich nicht auf deinem Arbeitsrechner.«

Verflucht sei dieser gottverdammte Teppich, der mir einmal mehr fast einen Herzinfarkt beschert hätte. Ich funkelte Jesper böse an, der plötzlich neben unserer Tischgruppe stand und dringend aufhören musste, wie ein Ninja durch das Büro zu schleichen.

»Natürlich nicht«, brachte Ethan hervor, dessen Miene mit einem Mal nicht mehr ganz so selbstzufrieden aussah. »Ich meine nur …«

Gespannt starrte ich ihn an, brennend interessiert daran, wie er sich um Kopf und Kragen reden würde. Zu meinem Bedauern tat er es nicht, sondern murmelte nur ein knappes »Ach, egal«, gefolgt von einem wahnsinnig schlecht gespielten Lachen, als hoffte er, Jesper würde miteinsteigen. Doch zu meiner Überraschung tat dieser das nicht. Stattdessen sah er ihn noch einen Moment an, dann wanderte sein Blick zu mir. Und mir fiel ein, dass ich ja sauer auf ihn war.

»Kann ich dir helfen?«, fragte ich frostig, und für den Bruchteil einer Sekunde erwartete ich fast schon eine patzige Antwort. Doch er schüttelte nur langsam den Kopf, wenig interessiert daran, unsere privaten Probleme vor Ethan auszudiskutieren.

»Unser Meeting beginnt gleich«, sagte er nur und wandte sich ab, um den Laptop von seinem Schreibtisch zu holen. Offensichtlich war es seine neue Lieblingsbeschäftigung, mich an Meetings zu erinnern.

Kaum dass sich Jesper umgedreht hatte und zu seinem Platz zurückgegangen war, fiel auch das gekünstelte Lächeln von Ethans Lippen wieder ab.

»Bild dir bloß nichts darauf ein«, murmelte er so leise, dass nur ich ihn hörte. »Du wirst schon noch merken, dass du hier nicht hingehörst.«

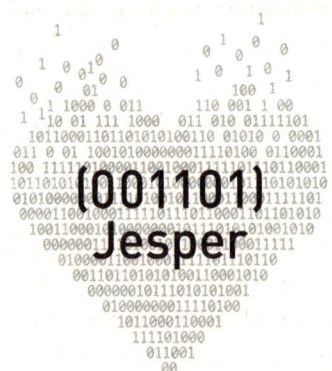

(001101)
Jesper

Während ich die Stufen zum Meetingraum nach oben stieg, kreiste eine Frage immer wieder durch meinen Kopf.

War der Streit zwischen Fallon und Ethan eine einmalige Sache, oder bekam sie solche Kommentare öfter von ihm zu hören?

Und wieso fiel mir das erst jetzt auf? Bisher hatte ich dem kaum Beachtung geschenkt, wenn sie jeden ansah, als wünschte sie sein Ableben herbei, einfach weil sie das immer tat. Doch vorhin hatte sie anders ausgesehen. Wütend und verletzt. Und während sie häufig wirkte, als müsste sie sich zügeln, niemanden zu erwürgen, hatte ich sie noch nie verletzt gesehen. Vermutlich weil sie nicht wollte, dass jemand sie so sah.

Was hatte Ethan vorher zu ihr gesagt, das in ihr diese Reaktion ausgelöst hatte?

»Willst du die Tür nicht aufmachen?«, fragte Will und stieß mir seinen Ellenbogen sacht in die Seite.

»Sorry«, murmelte ich und hielt den Transponder an das Schloss, das sich mit einem leisen Klick entriegelte. Wir nahmen im Meetingraum Platz. Während alle T-Shirts trugen, war Fallon in eine übergroße Strickjacke eingewickelt. Seit es warm genug war, die Klimaanlage laufen zu lassen, hatte sie diese fast jeden Tag über ihrem Oberteil an. Und erst jetzt bemerkte ich, dass ich nie weiter darüber nachgedacht hatte, dass sie offensichtlich fror.

Irgendwo aus den Tiefen meines Gedächtnisses ploppte eine Erinnerung auf, eine Diskussion zwischen ihr und Samuel, die sie vor ein paar Monaten gehabt hatten. In der Fallon gebeten hatte, die Fenster zu schließen, die den ganzen Tag über geöffnet waren, weil einigen meiner Kollegen selbst bei einstelligen Temperaturen nicht kalt war, ebenso wie mir, also hatte ich die Unterhaltung auch nicht weiterverfolgt. Doch nun wirkte es wie nur eines von vielen Dingen, mit denen sie sich herumschlagen musste.

»Beginnen wir mit dem Meeting«, sagte ich und warf einen Blick auf meine digitalen Notizen. »Mr Trey hat uns noch mal neue Anforderungen für das Design geschickt.«

Ein leises Stöhnen ging durch die Reihe, auch wenn hauptsächlich Will und ich davon betroffen waren. Obwohl, nicht ganz, denn für die Umsetzung einiger Sachen brauchten wir ziemlich sicher die Unterstützung vom Backend. Ich ging die Liste der Änderungen durch und sah, dass allmählich jedem die Gesichtszüge entgleisten. Verständlich, denn das hier war wirklich ein Albtraum. Einer, den ich einfach nicht in den Griff zu bekommen schien, ganz gleich, wie sehr ich es versuchte.

»Haben wir jetzt mehr Zeit?«, fragte Will, obwohl er die Antwort kannte.

»Nein. Der Zeitplan bleibt weiterhin bestehen. Die Änderungen sind von Samuel abgenickt und als machbar eingestuft worden.«

»Er muss es ja auch nicht entwickeln«, murmelte Harvey direkt neben mir, so leise, dass vermutlich nur ich es hören konnte, während er für die anderen sein gut gelauntes Grinsen zur Schau stellte.

»Wie geht es beim Backend voran?«, fragte ich, nachdem Will den Status seiner Entwicklung durchgegangen war, und sah dabei zu Fallon. Sie hatte schon in unserem letzten Projekt die Aufgaben vom Backend koordiniert, wofür ich dankbar war. Denn die anderen waren nicht gerade für ihre strukturierte Arbeitsweise bekannt und noch weniger für ihre Fähigkeiten, ihre Arbeit zu dokumentieren.

Doch gerade als Fallon den Mund öffnete, begann Ethan zu reden.

»Wir hatten ein Problem mit den Daten, die der Kunde geliefert hat. Die Artikelnamen und Nummern sind teilweise doppelt belegt, aber mit anderen Produkten und Bildern hinterlegt. Wir haben sie händisch bereinigt.«

»Was?«, sagte Fallon und warf Ethan einen ungläubigen Blick zu. »Das hatten wir so nicht abgesprochen. Wir wollten die uneindeutigen Artikel in einer Liste zusammenstellen und dem Kunden zurückspielen. Wir können doch nicht beurteilen, welche Produkteigenschaften jeweils zusammengehören.«

Ethan verdrehte die Augen und zuckte träge die Schultern. »Wenn du zwei Monate auf eine Antwort warten willst, bitte. Wir haben so schon keine Zeit.«

»Das ist trotzdem kein Grund. Wenn der Webshop live geht und die Zuordnungen falsch sind, endet das im Chaos.« Fallon verschränkte ihre Arme vor der Brust, und während ich die Geste sonst als eher abwehrend anderen gegenüber angesehen hatte, fragte ich mich nun, ob das ihre Art war, sich davon abzuhalten, Ethan zu erwürgen.

»Hast du die Artikel dokumentiert?«, fragte ich Ethan, der nur den Kopf schüttelte. Womit ich fast gerechnet hatte und was auch der Grund war, wieso ich aktuell froh war, dass Fallon versuchte, im Backend den Überblick zu behalten. »Dann fertige eine Liste an, und ich leite sie an den Kunden weiter. Sonst noch etwas?«

Ethan kniff die Augen zusammen, ehe sein Blick erst zu Fallon wanderte und dann zu mir, als glaubte er, wir hätten uns gegen ihn verbündet. Doch er nickte nur knapp.

Einige weitere Punkte wurden diskutiert, doch nach einer knappen Stunde waren wir endlich fertig. Alle erhoben sich, und ich atmete tief durch.

»Fallon, kannst du bitte noch kurz hierbleiben?«, sagte ich so neutral wie möglich.

Auf ihrem Gesicht zeigte sich zunächst keine Regung, bis sie Ethan ansah, dessen verkniffener Gesichtsausdruck sich nun zu einem seltsam unangenehmen Grinsen gewandelt hatte.

»Sicher«, antwortete sie schließlich, doch es war unüberhörbar, wie widerwillig sie das Wort über die Lippen brachte.

»Was ist mit euch?«, fragte ich, nachdem Harvey als Letzter den Raum verlassen hatte und nur noch wir beide übrig waren.

»Ich weiß nicht, was du meinst«, erwiderte sie stur und ließ sich wieder auf ihren Stuhl fallen, den Blick starr auf den leeren Meetingtisch gerichtet.

»Ich weiß, dass ihr nicht die besten Freunde seid«, begann ich und setzte mich ihr gegenüber. »Aber etwas ist doch vorgefallen.«

»Hör zu«, sagte sie, und endlich sah sie mich an. In ihren Augen funkelte Wut, während sie sich dazu zwang, ruhig zu sprechen. »Ich habe dir nichts zu sagen. Wenn du über etwas reden willst, dann sag es, ansonsten würde ich gern wieder zurück an die Arbeit gehen. Denn wie wir gerade festgestellt haben, haben wir keine Zeit.«

Für ihre Verhältnisse klangen diese Sätze fast freundlich. Was ich unter normalen Umständen als Fortschritt gewertet hätte. Nur nicht dann, wenn es so offensichtlich war, dass sie mich anlog, um dieses Gespräch beenden zu können. Mir war klar, dass ich nicht die erste Person war, mit der sie über ihre Probleme reden wollte. Aber wer war es dann? Etwas sagte mir, dass sie auch nicht zu Samuel ging. Und wer blieb noch übrig? Ihre Schwester, sicher, doch selbst Rosalie konnte ihr in diesem Fall kaum helfen.

»Was hat Ethan zu dir gesagt?«, versuchte ich es erneut und hätte genauso gut Öl in ein brennendes Feuer gießen können.

»Das geht dich nichts an«, sagte sie leise, doch die unterschwellige Wut ließ ihre Stimme beben. »Falls du jetzt so tust, als würde es dich interessieren, damit ich bei meiner Schwester ein gutes Wort für dich einlege, dann such dir eine neue Strategie.«

»Gut zu wissen, dass du so wenig von mir hältst«, erwiderte ich tonlos und ballte meine Hände zu Fäusten. Dass ich mich gegenüber Rosalie wie ein absoluter Vollidiot verhalten hatte, war mir selbst mehr als bewusst, und nicht nur weil Kinsey seit gestern Abend so tat, als würde ich nicht existieren. Doch das war eine private Sache zwischen Rosalie und mir und hatte nichts damit zu tun, dass Fallon von Ethan unpassende Kommentare zu hören bekam.

Fallon schnaubte und verschränkte ihre Arme vor der Brust. »Du hast erst aufgehört, ein Arsch zu mir zu sein, als du meine Hilfe wolltest. Was also soll ich sonst von dir halten?«

»Wenn du mich nicht grundsätzlich so behandeln würdest, als würdest du mir die Pest an den Hals wünschen, dann hätte ich es vielleicht auch besser hinbekommen, mit dir klarzukommen.« Immerhin hatte sie mir seit Tag eins hier deutlich gezeigt, dass sie mich nicht mochte. »Und seit ich deine Schwester getroffen habe, warst du auch nicht mehr so unerträglich wie sonst.«

Ihre Augen weiteten sich für den Bruchteil einer Sekunde.

»Das …«, begann sie, brach aber ab und presste dann die Lippen zusammen.

»Es würde dich nicht umbringen, wenigstens einmal zuzugeben, dass ich recht habe.«

»Doch, ich denke schon«, sagte sie leicht patzig und starrte wieder die weiße Kunststoffoberfläche des Tisches an, die mit ei-

142

nigen Kaffeetassenrändern übersät war. Ein wenig erinnerte sie mich an Kinsey, wenn sie genau wusste, dass ich recht hatte und es nicht zugeben wollte. Mit Mühe kämpfte ich ein kleines Grinsen nieder. »Und da das mit Rosalie und dir vorbei ist, kannst du auch aufhören, zu versuchen, freundlich zu sein.«

Nun war auch mir nicht mehr nach Grinsen. »Hat Rosalie das gesagt?«

Fallon sah zu mir, zog ungläubig eine Augenbraue in die Höhe. »Du hast sie ohne eine Erklärung sitzen gelassen und dich nicht bei ihr gemeldet.«

»Ich …« Ich wollte etwas erwidern, aber ich wusste nicht, was. Ich hatte mich Rosalie gegenüber wie ein Arsch benommen, doch in dem Moment hatte ich nicht klar denken können. Eine knappe Erklärung wäre definitiv eine bessere Reaktion gewesen, als aufzuspringen, das Geld auf den Tisch zu knallen und abzuhauen. »Es gab einen Notfall.«

Fallon machte ein ungläubiges »Hm« und schob mit dem Zeigefinger ihre goldene Brille zurecht. »Das hat aber anders ausgesehen.«

»Ausgesehen? Hattest du dich zwischen den Pflanzen versteckt?«, fragte ich, und sofort löste sich Fallons starre Haltung. Sie machte mit ihrer Hand eine wegwerfende Geste, doch etwas daran wirkte fast ein wenig nervös. Ganz so, als hätte ich mit meiner Vermutung nicht so weit danebengelegen. Obwohl ich es wirklich hoffte.

»Rosie hat mir gesagt, dass du sehr … unnotfallhaft aus dem Café gegangen bist.«

»Unnotfallhaft«, wiederholte ich tonlos, noch nicht völlig überzeugt. »Gut, dass nicht du Autorin geworden bist.«

Sie verdrehte die Augen, und auch wenn sie genervt wirkte, schien sie zumindest nicht mehr so wütend zu sein. »Reicht doch, dass du weißt, was ich meine.«

»Stimmt«, bestätigte ich. Das war mit Abstand die normalste Unterhaltung, die wir jemals geführt hatten, und wenn sie nicht gerade jeden niederstarrte, dann hatte sie tatsächlich so etwas wie Humor. »Es war trotzdem ein Notfall. Aber ich weiß, dass ich mich wie ein Arsch verhalten habe.«

»Rosie dachte schon, sie hätte dich mit ihrem Feminismus-Vortrag in die Flucht geschlagen.«

Nun lachte ich leise auf. »Nein, das hat sie nicht geschafft. Ich würde gern noch mal einen bekommen. Ich habe das Gefühl, dass ich in der Hinsicht einige Defizite habe.«

Wahrscheinlich war »einige« eine Untertreibung, aber irgendwo musste ich anfangen. Wieder schnaubte Fallon, auch wenn ich dieses Mal sicher war, dass sie ein Lachen überspielen wollte. »Dass der perfekte Jesper Perrington zugibt, etwas nicht zu wissen. Erstaunlich.«

»Dafür weiß ich nun, dass du mich ansonsten für perfekt hältst«, stellte ich amüsiert fest, auch wenn mir schleierhaft war, wie sie zu der Schlussfolgerung gekommen war. Ich wusste, dass ich gut in meinem Job war und dass ich Menschen von meinen Vorschlägen überzeugen konnte, weil ich auf fachlicher Ebene argumentierte. Aber das allein machte mich nicht perfekt. Die Arbeit war aktuell der einzige Bereich in meinem Leben, in dem ich überhaupt irgendetwas vorzuweisen hatte, und ich war froh darüber, Fallon und damit auch Rosalie noch ein wenig länger in dem Glauben lassen zu können, bei mir liefe tatsächlich alles rundum perfekt.

Fast schon erwartete ich eine vehemente Verneinung, ein passiv-aggressives Abstreiten oder ein höhnisch-ungläubiges Lachen. Doch Fallon starrte mich stattdessen einige Sekunden mit geweiteten Augen stumm an, ehe sie den Blick abwandte und ihre Aufmerksamkeit auf die Kaffeeflecken richtete.

Ich räusperte mich, da ich absolut nicht wusste, was ich mit dieser Reaktion anfangen sollte. »Würdest du mir Rosalies Handynummer geben?«

Fallon riss den Kopf so ruckartig herum, als hätte ich ihr gesagt, dass ich kündigen würde, blinzelte einmal, zweimal rasch hintereinander.

»Du willst ihre Nummer? Und sie anrufen?«, wiederholte sie, auch wenn ich mir sicher war, dass sie mich verstanden hatte.

»Wofür bräuchte ich sonst ihre Nummer?« Wenn ich mich per Nachricht entschuldigen würde, hätte ich es verdient, dass sie nie wieder auch nur ein Wort mit mir wechselte.

Sie starrte mich noch einen Moment stumm an, als würde sie in Gedanken eine Pro-kontra-Liste anlegen, ehe sie langsam nickte. »Aber du darfst sie erst ab … 18 Uhr anrufen.«

»Wegen ihrer Deadline?« Rosalie hatte schließlich erzählt, dass sie ein wenig unter Zeitdruck stand.

Fallon nickte hastig. »Genau. Sie kann tagsüber gerade keine Ablenkung gebrauchen.«

»Verstanden.« Da ich meist auch dann erst freihatte, war das kein Problem.

Fallon seufzte leise, knabberte noch für einen Moment auf ihrer Unterlippe herum, ehe sie mir die Nummer diktierte. Rasch zog ich das Handy aus meiner Hosentasche, um sie abzuspeichern. Hoffentlich würde Rosalie mir zuhören.

»Danke«, sagte ich schließlich und öffnete die Tür, nachdem auch Fallon aufgestanden war. »Falls du doch noch …«

»Sprich dafür einfach nicht mehr mit mir, wenn es nicht unbedingt nötig ist«, unterbrach sie mich leise und ging an mir vorbei aus dem Raum.

(001110)
Fallon & Jesper

Fallon

Vollkommen erschöpft sank ich auf die Couch, zu müde, um auch nur den BH auszuziehen. Der Tag heute hatte mir Lebensenergie für die nächsten drei Jahre geraubt, so viel war sicher.

Wann war mein Leben plötzlich so kompliziert geworden? Selbst die immer offen werdendere Feindseligkeit von Ethan fühlte sich im Vergleich zu der halbwegs normalen Unterhaltung mit Jesper wie eine Kleinigkeit an.

Wieso interessierte er sich plötzlich für die Situation zwischen mir und Ethan? Wieso hatte er ehrlich interessiert geklungen? Wieso hatte er mir tatsächlich das Gefühl gegeben, mir helfen zu wollen? Wieso zum Teufel war mir herausgerutscht, dass ich ihn für perfekt hielt? Und wieso zum Teufel hatte er darauf *so* reagiert? Mit diesem Lachen und dem subtil amüsierten Unterton in der Stimme.

Fragen über Fragen. Und nur eine logische Antwort: Mir war echt nicht mehr zu helfen, wenn mich das so beschäftigte. Es war fast so, als wäre das negative Bild von Jesper, dass ich so sorgfältig über ein Jahr kultiviert hatte, einfach durch ein neues ersetzt worden. Eines, bei dem ich mich fragte, welche Seiten es noch an ihm zu entdecken gab.

Doch ich konnte ihn weder als Rosalie kennenlernen noch auf der Arbeit anders mit ihm umgehen, wenn ich vermeiden wollte, dass noch mehr meiner Kollegen Ethans Lügen glaubten. Dass ich mich an ihn heranschmiss, damit er ein gutes Wort bei Samuel für mich einlegte, war viel zu naheliegend. Insbesondere da wir uns ein Jahr lang wenig subtil angegiftet hatten und plötzlich aus heiterem Himmel fast zivilisiert miteinander umgehen konnten.

Also war eine friedliche Koexistenz als Fallon alles, was mir blieb. Wenn er anrief – und das würde er –, dann musste ich es als Rosalie mit ihm beenden.

Mittlerweile musste es fast sechs sein. Ich hatte zugesehen, pünktlich aus dem Büro zu kommen, um auch ja keinen Verdacht zu erwecken.

Und wie aufs Stichwort vibrierte mein Handy, und ich richtete mich so hastig auf, als hätten mir die weichen Kissen einen elektrischen Schlag verpasst.

Doch es war nicht Jesper, stellte ich fest, nachdem ich das Telefon vom Couchtisch genommen hatte, sondern mein Dad.

»Hey, Dad«, begrüßte ich ihn betont euphorisch, auch wenn ich mich am liebsten einfach ins Bett gelegt hätte.

»Hallo, Fallon«, antwortete er, und ich konnte das breite Lächeln in seiner Stimme hören. »Na, was hältst du von der Spitzenleistung am Samstag? Hast du das Spiel gesehen?«

»Samstag?«, wiederholte ich leicht verwirrt, bis es schließlich klick machte. Verflucht. Ich hatte völlig vergessen, die Eishockeyergebnisse vom Wochenende zu checken. Denn wenn er mit dieser Tonlage anrief, konnte es nur bedeuten, dass Edinburgh Capitals gewonnen hatte.

»Aber klar doch«, log ich, während ich hastig den Anruf lauter stellte, um nebenbei in die Suchmaschine des Handys den Namen von Dads Lieblingseishockeymannschaft zu tippen. Und meiner. Zumindest glaubte er das. Die Wahrheit war, dass ich Eishockey zwar spannend fand, es mir aber völlig egal war, welche Mannschaft gewann oder verlor. Doch ich hatte es geliebt, mit Dad ins Stadion zu gehen. Umgeben von Fans und Jubel war es leicht gewesen, sich von der Euphorie mitreißen zu lassen. Ein Gefühl, dass mich zu meinem zweiten Roman inspiriert hatte, wo ich all mein über die Jahre gesammeltes Eishockeywissen endlich hatte nutzen können.

»Natürlich hast du das. Warst du wieder im Pub?«, fragte Dad glücklich. »Die Comets hatten einfach keine Chance.«

Nach zähen Sekunden hatte ich endlich meine Info, die ich hastig überflog. Tatsächlich hatten die Capitals gewonnen, mit einem beachtlichen Ergebnis von zwölf zu vier.

»Ja, die Stimmung war toll«, sagte ich und rief das Black Rose vor meinem inneren Auge hervor. Hier verbrachte ich angeblich fast jeden Samstagabend, den die Capitals spielten. »Besonders Blake war richtig gut.«

»Blake war doch krank«, sagte Dad hörbar irritiert, und ich blickte noch einmal auf den Artikel. Doppelt verflucht. Offensichtlich war selbst meine Lesefähigkeit heute im Urlaub.

»Clark natürlich. Irgendwie sind mir die Namen zu ähnlich«, entgegnete ich mit einem gekünstelten Lachen, in der Hoffnung, es damit nicht noch schlimmer zu machen.

»Ist alles in Ordnung bei dir, Fallon? Du klingst etwas gestresst.« Ein Hauch von Sorge schwang in seiner Stimme mit. Vielleicht verständlich, wenn ich nun schon die Spielernamen meiner Lieblingsmannschaft durcheinanderwarf. Ich konnte mir problemlos die Namen sämtlicher Buchcharaktere merken, doch bei real existierenden Personen gab sich mein Gehirn einfach keine Mühe mehr.

»Bin ich auch«, sagte ich mit einem leisen Seufzen. »Es war heute schon wieder so viel los im Büro.« Zumindest das war die Wahrheit.

»Vielleicht solltest du dir einen anderen Arbeitgeber suchen.« Ich lachte und ließ mich wieder zurücksinken. »Ach, Dad.«

»Ich meine es ernst. Du machst so viele Überstunden, und dann übergehen sie dich? Das ist doch nicht richtig.«

»Wem sagst du das?«, erwiderte ich mit einem Hauch von Resignation. »Mein einziger Trost ist, dass der Typ, der die Beförderung bekommen hat, auch nicht superglücklich damit zu sein scheint.«

Je länger ich Jesper dabei zusah, wie er versuchte, sämtliche losen Fäden irgendwie in den Griff zu bekommen, umso sicherer war ich mir, dass mich das Projekt genauso verrückt gemacht hätte. Das merkte man in jedem einzelnen Daily, in jeder Sprint-Planung und besonders in der Retro. Und trotzdem hätte ich jederzeit mit ihm getauscht.

»Ihr solltet einfach alle kündigen.«

»Ich schreib morgen früh gleich mal eine Rundmail«, entgegnete ich trocken, und Dad lachte.

»Lass dich nicht unterkriegen. Und wenn ich dich irgendwie unterstützen kann, dann sag es mir.«

Ich räusperte mich, um den Kloß in meinem Hals loszuwerden. Allein schon zu wissen, dass er auf meiner Seite stand, reichte mir für den Moment. »Danke, Dad. Wirklich.«

»Gut, gut«, grummelte er vor sich hin, und ich sah rasch zur Uhr. Noch zwei Minuten bis sechs Uhr.

»Ich bin gleich mit Mick verabredet und muss los«, sagte ich, weil ich nicht wusste, wie ich ihn sonst möglichst unverfänglich abwürgen konnte. Doch das schlechte Gewissen nahm auch mit jeder weiteren kleinen Lüge nicht ab.

»Alles klar, dann habt einen schönen Abend.«

»Danke, du auch.«

Kaum dass ich aufgelegt hatte, klingelte mein Handy erneut. Eine unbekannte Nummer.

Ich atmete tief durch und versuchte, meinen nun plötzlich rasenden Puls zu beruhigen. Was lächerlich war, wenn man bedachte, dass ich bereits wusste, wer am anderen Ende der Leitung war. Und auch was er sagen wollte.

»Hallo?«, fragte ich so neutral wie möglich und hoffte, dass er das leichte Zittern in meiner Stimme nicht hörte.

»Hallo, hier ist Jesper«, erwiderte er und klang fast eine Spur nervös.

»Ah«, machte ich nur. »Fallon hat mir schon gesagt, dass sie dir meine Nummer gegeben hat.«

Mein schlechtes Gewissen, das eben schon bei Dad aufgeheult hatte, wurde allmählich lauter. Es war fies, ihn so zappeln zu lassen, das war mir auch klar.

»Ich wollte nur …« Er brach ab und räusperte sich. »Es tut mir leid. Ich wollte nicht so verschwinden. Der Anruf … Ich habe nicht richtig nachgedacht.«

»Was war los?« Die Frage war über meine Lippen geglitten, ehe ich sie zurückhalten konnte.

Am anderen Ende herrschte so lange Schweigen, dass ich kurz auf das Display tippte, um nachzusehen, ob er aufgelegt hatte. Doch er war noch dran.

»Meine Mum ist ins Krankenhaus eingeliefert worden«, sagte er schließlich, und wenn mir nicht schon vorher unwohl gewesen wäre, dann wäre es das spätestens jetzt.

»Oh«, machte ich nur, weil mir bewusst wurde, was ich ihm alles unterstellt hatte. Das war tatsächlich ein Notfall. »Das tut mir leid. Wie geht es ihr?«

»Den Umständen entsprechend. Aber es hätte auch schlimmer ausgehen können.« Er stieß einen langen Seufzer aus. »Sie und mein Dad sind Musiker, und Mum ist während einer Probe von der Bühne gefallen. Dad hatte mich angerufen, und ich ...«

Wieder brach er ab, doch ich wusste, was er sagen wollte.

»Es ist okay. Ich kann verstehen, dass du dir Sorgen um sie gemacht hast«, entgegnete ich sanft und umklammerte das Handy eine Spur fester, als hätte ich Angst, das Gespräch würde einfach abbrechen, wenn ich es nicht tat. »Würde meinem Dad etwas passieren, dann würde ich auch alles stehen und liegen lassen.«

»Danke.« Seine Stimme war kaum mehr als ein Flüstern. »Es ist manchmal etwas schwierig. Unser Verhältnis. Deswegen ...«

Etwas an der Verletzlichkeit seiner Stimme sorgte dafür, dass sich mein Herz zusammenzog. Und auch dass das nicht alles war. Doch ich wollte ihn auch nicht dazu drängen, noch mehr preiszugeben.

Stattdessen kreiste ein anderer Gedanke unentwegt in meinem Kopf: beenden. Ich wollte es beenden. Ich musste es beenden. Aber gerade gelang es meinem Kopf schlichtweg nicht, einen halbwegs vernünftigen Gedanken zu formen. Einige Sekunden Stille verstrichen.

»Ich will es wiedergutmachen. Hast du nächsten Freitagabend Zeit?«

Ich stieß meinen angehaltenen Atem aus. Er hatte mir gerade vom Unfall seiner Mum erzählt, mich ein klein wenig hinter seine stoische Fassade blicken lassen. Und auch wenn ich wusste, dass es nicht richtig war, brachte ich es gerade nicht über mich, ihm das anzutun. Wollte ihn nicht ablehnen.

»Ja, habe ich.«

Jesper

»Sagt mal«, begann ich unschlüssig und sah auf das Bier vor mir, von dem ich bisher noch keinen Schluck getrunken hatte. Stattdessen starrte ich es nieder, als könnte es mir die Antworten auf alle meine Fragen liefern. »Habt ihr euch euer Leben so vorgestellt?«

»Du meinst, für einen Typen zu arbeiten, der jeden Morgen blind in seinen Kleiderschrank greift und es trotzdem immer schafft, das Scheußlichste herauszuziehen?«, erwiderte Harvey fröhlich. »Auf jeden Fall.«

Wills Lippen zuckten einen kurzen Moment, doch für ein richtiges Lachen reichte es nicht. »Wieso fragst du?«

Ich ließ meinen Blick für einen Augenblick durch den Pub streifen. Unzählige Menschen saßen dicht um die Tische gedrängt, redeten, lachten, während die Musik durch einige Boxen dröhnte, aber niemand ihr zuhörte.

Ich tippte mit dem Finger gegen die Plastikoberfläche des Tisches.

»Hast du dir im Studium vorgestellt, dass du mal in einem Unternehmen arbeitest, bei dem die Manager keine Ahnung haben, was agile Entwicklung bedeutet?«, versuchte ich es erneut, weil ich nicht erklären konnte, wieso ich ihnen diese Frage stellte.

»Nope. Eigentlich wollte ich ins Silicon Valley. Zu Google oder AMD«, sagte Harvey gut gelaunt und fuhr sich über die kurz rasierten Haare. Sein Ohrring glänzte, wenn er den Kopf in einem bestimmten Winkel zum Licht drehte. Normalerweise machten mir die Gespräche der Menschen an den anderen Tischen und die Musik im Raum nichts aus, doch heute viel es mir schwer, mich zu konzentrieren, weil mich alles ablenkte. Was auch der Grund war, wieso ich mein Bier noch nicht angerührt hatte.

Will hingegen schwieg und starrte an mir vorbei in den überfüllten Pub. Ein Kellner drängte sich gerade zwischen zwei Tischen hindurch, während er in beiden Händen jeweils vier Pints hielt.

»Wieso bist du dann noch hier?«

Harvey zuckte mit den Schultern. »Meine Familie und meine

Freunde sind hier. Und ich würde meine große Schwester echt vermissen. Auch wenn sie dir wahrscheinlich sagen würde, dass sie ganz gut auf mich verzichten kann.«

»Hast du eine Midlife-Crisis?«, fragte Will plötzlich und stützte seine Ellenbogen auf der leicht klebrigen Tischplatte ab. »Du bist noch nicht mal dreißig.«

»Ich habe keine Midlife-Crisis«, widersprach ich ihm, auch wenn ich mir nicht sicher war. Hatte ich eine? Hatte mir Rosalie deutlich gemacht, dass mein Leben eine einzige Midlife-Crisis war?

»Komm schon, Jes. Was ist los?«

Das hätte ich auch gern gewusst. Doch weil ich mir nicht sicher war, was ich ihm wirklich sagen sollte, nahm ich einen Schluck von dem Bier. Es war angenehm kühl unter meinen Fingern.

»Ich wollte warten, bis du selbst mit der Sprache rausrückst, aber«, sagte Harvey und stieß einen leisen Seufzer aus, »irgendwas ist mit dir. Mit dir und unserer frostigen Lieblingskollegin. Uns ist nicht entgangen, dass in unserem Büro plötzlich Waffenstillstand herrscht.«

Vermutlich hätte mir klar sein müssen, dass den anderen unsere neue Verhaltensdynamik auffallen würde.

»Wenn du nicht antworten willst, von mir aus. Aber ich halte es für keine gute Idee, das Bier zu exen.«

Wills belustigter Tonfall brachte mich dazu, das Glas endlich abzustellen, das nun fast leer war.

»Es geht nicht um Fallon«, sagte ich schließlich, auch wenn mich die Worte große Überwindung kosteten. »Zumindest nicht direkt. Ich habe ihre Zwillingsschwester kennengelernt.«

»Fallon hat eine Zwillingsschwester?«

»Ja, das war auch meine Reaktion.« Fast. Wenn man davon absah, dass ich sie tatsächlich für Fallon gehalten hatte. »Sie ist

Autorin, und ich habe sie bei einer Lesung kennengelernt, auf die mich Kinsey geschleppt hat.«

Will prustete leise. Er kannte Kinsey mittlerweile gut genug, um zu wissen, wie das Ganze abgelaufen war. »Also werden wir bald einen Liebesroman mit dir in der Hauptrolle bekommen?«

»Signierst du uns den dann auch?«, klinkte sich Harvey mit ein und zwinkerte mir zu. Und auch wenn mir klar war, dass die beiden nur Witze machten, fragte ich mich doch, ob das eine Möglichkeit war. Ob Rosalie sich von den Menschen, die sie traf, so inspirieren ließ, dass sie sie in ihren Büchern verewigte. An wen sie dachte, wenn sie Szenen wie die im Aufzug schrieb.

»Ich beneide sie«, sagte ich einige Sekunden zu spät, denn Harvey grinste viel zu breit, so, als wäre ihm genau klar, woran ich gedacht hatte.

»Sie hat es geschafft, das zu tun, was sie glücklich macht.«

»Ah«, machte er. »Du bist dir nicht sicher, ob du glücklich bist?«

»Nein«, entgegnete ich bestimmt. »Ich weiß schon eine Weile, dass ich es nicht bin. Ich merke es jetzt einfach nur umso mehr.«

Will nickte nachdenklich und nippte erneut an seinem Bier.

»Ich habe keine Ambitionen«, sagte er ruhig, als hätte er bereits damit abgeschlossen, jemals etwas zu finden, für das er brannte. »Ich will nur ein entspanntes Leben führen, mehr nicht. Deswegen weiß ich nicht, wie du dich fühlst. Aber die Frage ist doch, ob du glaubst, dass du es irgendwann bereuen wirst, oder?«

Ich nickte. Ja, das war die Frage. Würde ich es bereuen, ewig so weiterzumachen, obwohl ich das eigentlich nicht wollte? Und ich wusste, dass ich die Antwort darauf bereits kannte, auch wenn ich sie mir nicht eingestehen wollte.

»Wo warst du?«, waren die ersten Worte, mit denen mich meine liebreizende Schwester einige Zeit später begrüßte, noch ehe sie überhaupt im Flur erschienen war.

»Im Pub«, entgegnete ich, laut genug, damit sie hörte, dass ich etwas gesagt hatte, aber nicht was. Ich mochte es nicht, Unterhaltungen quer durch die Wohnung zu führen, nur um unsere Nachbarn zu belustigen. Während ich meine Schuhe abstreifte, ertönte ein geräuschvolles Klappern aus der Küche, dann tauchte Kinsey im Flur auf, die Wangen voller Mehl. Zumindest hoffte ich, dass es Mehl war und sie nicht mit anderen Substanzen backte. Es war kurz nach elf, und so wie sie aussah, veranstaltete sie gerade ein einziges Chaos in der Küche.

Aber ich deutete es als gutes Zeichen, dass sie überhaupt mit mir sprach und nicht mehr so aussah, als würde sie mich gern erdolchen.

»Im Pub«, wiederholte ich, weil ich wusste, dass sie mich nicht verstanden hatte. »Mit Will und Harvey.«

Ein überraschter Ausdruck huschte über ihr Gesicht, fast so, als hätte sie eher erwartet, zu hören, dass ich wieder zu Mum und Dad gefahren wäre.

»Wirklich? Ich frage Sadie.«

Wills hyperneugierige Schwester, die sich fast so gern in sein Leben einmischte wie Kinsey in meines.

»Mach das.«

Als ich an ihr vorbei ins Wohnzimmer ging, fühlten sich meine Knochen mit jedem Schritt immer schwerer an. Eigentlich wollte ich nur noch ins Bett. Doch wenn Kinsey um diese Uhrzeit … Dinge in der Küche tat, hatte sie noch eine Menge zu sagen, deshalb nahm ich stattdessen mit dem Sessel vorlieb. So wie es schien, sollte ich gerade einen großen Bogen um die Küche machen, wenn ich meine Laune nicht gleich bis in den Keller befördern wollte.

»Hast du dich bei deinem Date entschuldigt?« Kinsey baute

sich vor mir auf, die Arme vor der Brust verschränkt. Ich war dankbar, dass sie sich nicht hinsetzte, denn bei näherer Betrachtung hing das Mehl auch am T-Shirt und der Jogginghose.

»Hat dir schon mal jemand gesagt, dass du zu neugierig bist?«

»Du, mindestens einmal täglich.« Sie grinste. »Was mich aber nicht davon abhält, dich weiterhin zu nerven. Das hättest du dir überlegen sollen, bevor du mich angefleht hast, bei dir einzuziehen.«

Ich tippte mit dem Zeigefinger auf der Armlehne des Sessels herum. »Das habe ich irgendwie anders in Erinnerung.«

Mehr mit einer weinenden Kinsey, die an einem regnerischen Abend plötzlich vor meiner Haustür stand, kaum drei Tage nachdem ich von meiner Weltreise wieder zurück in Edinburgh war. Nach einem weiteren Streit mit unseren Eltern, die ständig andere Leute in unserer alten Wohnung hatten übernachten lassen.

»Ja, aber du bist auch ein alter Mann, deswegen würde ich auf dein Gedächtnis nicht so viel geben.«

»So? Vielleicht hast du recht«, sagte ich langsam und rieb mir über die Schläfe. »Hm, vielleicht habe ich mich bei deinem Geburtstagsgeschenk auch geirrt. Ich hoffe, du freust dich trotzdem darüber.«

»Hey, ich …«, begann sie, brach jedoch ab, als ich lachen musste. »Du bist so ein Blödmann.«

»Sei froh, dass ich das bis morgen bestimmt auch wieder vergessen habe.«

Sie streckte mir die Zunge raus. Ihre sehr blaue Zunge, was meine Vorstellung, wie die Küche aktuell aussah, nur noch schlimmer machte. Einfach nicht weiter darüber nachdenken.

»Was ist mit Mum?«, fragte sie schließlich, und mit einem Mal änderte sich die Atmosphäre im Raum.

»Sie ist von der Bühne gefallen und hat sich am Kopf verletzt. Aber zumindest war sie wach, als ich da war.«

Kinsey nickte, doch dann spannte sich ihr Kiefer an. »Und was solltest du dieses Mal bezahlen?«

Die Fähigkeit, von einem Thema zum nächsten zu springen, war etwas, dass mir auch nach den drei Jahren unseres Zusammenlebens Kopfschmerzen bereitete.

»Sie haben Sachen für ihre Tour gekauft, die sie wegen Mums Verletzung nicht machen können.«

»Sachen, die sie wahrscheinlich nicht gebraucht hätten«, hielt Kinsey dagegen.

Ein Teil von mir wollte ihr zustimmen. Der Teil, der die Sachen bezahlen musste, die sie angeschafft hatten. Für die sie ihre Miete vernachlässigt hatten. Ich konnte froh sein, dass der Vermieter offenbar ein Heiliger war und sie noch nicht rausgeworfen hatte.

»Und vielleicht war Mum betrunken. Ist ja nicht so, dass sie jemals wirklich verantwortungsvoll war.« Nun klang sie gehässig. Und gleichzeitig so verletzt.

»Kinsey«, sagte ich und stand auf, machte einen Schritt auf sie zu. »Mum und Dad hatten einen Plan. Ich bin mir sicher, dass sie es dieses Mal richtiggemacht hätten. Mum hätte das nicht riskiert.«

»Du bist viel zu nett«, erwiderte sie, doch es klang mehr wie eine Beleidigung. »Wie lange willst du das noch machen, Jes? Du hast doch auch ein Ziel. Von dem dich aber alle abhalten. Sogar ich. Obwohl ich gesagt habe, dass ich nebenher arbeiten kann. Und du das nicht wolltest.«

Trotz des Mehls zog ich sie in meine Arme. »Es macht mir nichts aus. Und es ist auch kein Ziel. Eher ein blöder Traum.«

»Er ist nicht blöd«, schniefte sie in mein Hemd. »Ich finde ihn nicht blöd. Ich finde nur dich einfach manchmal sehr blöd.«

»Damit kann ich leben«, sagte ich und strich ihr über das dunkle Haar. Doch plötzlich hielt ich inne. »Hast du gerade was im Ofen?«

Sie riss sich ruckartig von mir los und stürmte in die Küche, aus der ich leichte Rauchschwaden zu sehen glaubte.

»Ist noch essbar«, rief sie so laut, dass Mr Rivers im Stockwerk unter uns nun auch Bescheid wusste. »Hast du Hunger?«

»Klar«, erwiderte ich, unsicher, ob ich damit mein Leben riskierte oder nicht. Aber es war ihre Art eines Friedensangebots.

»Gut. Dann kann ich dir währenddessen noch sagen, was für ein unglaublicher Vollpfosten du bist, dass du das erste Date abbrichst, das du seit Jahren hattest.«

Kein Friedensangebot von Kinsey kam ohne einen Preis.

(001111)
Fallon

Jesper hielt sich tatsächlich an meine Bitte und sprach nur dann mit mir, wenn es sich nicht vermeiden ließ. Doch gerade im Vergleich zu früher war die Art, *wie* er es tat, anders. Irgendwie zugewandter. Was möglicherweise auch daran lag, wie ich reagierte. Ebenso hatte er nicht weiter nachgebohrt, was mit Ethan war, auch wenn ich das Gefühl hatte, seinen Blick häufiger auf mir zu spüren.

Und Ethan selbst hielt sich mit seinen Sprüchen zurück, zumindest im Büro und in Anwesenheit der anderen, und starrte mich oftmals nur giftig an. Was sich deutlich leichter ignorieren ließ.

So entspannt war es schon lange nicht mehr gewesen, was auch Diana aufgefallen war, die mich bei unserem letzten Treffen gefragt hatte, ob ich krank war. Nicht wegen meiner Augenringe – die kannte sie schon zur Genüge –, sondern einfach weil ich mich deutlich weniger aufregte.

Nun, da Jesper meine Handynummer hatte, achtete ich penibel darauf, das Handy immer vollkommen stumm im Rucksack zu lassen, aus Angst, er würde während der Arbeitszeit anrufen. Doch das tat er nicht.

Alles, was er tat, war, mir um halb sieben zu schreiben, ob es bei unserem Treffen bleiben würde. Bei dem er mir erneut nicht gesagt hatte, was wir machen würden.

Ein Teil von mir fragte sich, ob das meine Strafe war. Denn je weniger ich über unsere Abendgestaltung wusste, desto weniger konnte ich mich darauf vorbereiten. Und nachdem wir das letzte Mal in Amira gerannt waren, war eine gute Vorbereitung dringend nötig.

Wirklich dringend. Ich konnte mir nicht leisten, dass mich noch jemand erkannte. Erst recht nicht jemand, mit dem ich eine gruselig liebevolle Freundschaft unterhielt, die gelegentliche Drohungen mit Blutegeln beinhaltete.

Um die war ich zumindest vorgestern herumgekommen, als ich den beiden von Jespers Entschuldigung und dem Gespräch erzählt hatte. Und von seiner Bitte um ein Treffen, ebenso wie meine Zustimmung, weil ich irgendwie nicht hatte Nein sagen können. Oder wollen.

Wenig überraschend waren beide nicht gerade begeistert gewesen. Doch nachdem ich ihnen gesagt hatte, dass mir das Gespräch zwischen Jesper und mir zu denken gegeben hatte, dass ich ihn vielleicht, möglicherweise, eventuell ein klein wenig zu rasch verurteilt hatte, hatten sie schließlich von mir abgelassen. Zumindest fürs Erste. Insbesondere weil sie verstanden, dass ich gerade als Fallon unseren Kontakt beschränken musste, wenn ich nicht wollte, dass noch mehr Ethans blöde Gerüchte glaubten.

Dennoch wäre mir wohler dabei gewesen, zu wissen, worauf ich mich dieses Mal eingelassen hatte.

Nun stand ich in einem Kleid, Ballerinas und meinem roten Lippenstift an der Haltestelle vom Picardy Place, an der wir uns treffen wollten. Ich zog das Handy hervor und ließ die blonden Haare über die Schultern fallen, um das Gesicht zu verbergen. Es waren viele Leute unterwegs, und ich wusste nicht ganz, ob jemand auf mich achtete oder nicht, doch mir war, als spürte ich Blicke auf mir. Was mich nicht verwundern sollte. Selbst in meinem typischen Fallon-Aufzug – Jeans, Hoodie, Brille und ohne Make-up – wurde ich angesprochen. Auch wenn ich mein schönstes Resting-Bitch-Face aufsetzte. Doch nun, da ich mich am liebsten vor der Welt verstecken wollte, statt hier durchgestylt an einer Haltestelle neben einer Gruppe betrunkener Jugendlicher zu stehen, die lautstark das Opening von *Teenage Mutant Ninja Turtles* sangen, funktionierte meine Mimik nicht mehr.

Und alles nur, weil ich wieder einmal viel zu früh war.

Nervosität hatte mich in meiner Wohnung auf- und abgehen lassen, während mir ungefähr hundert verschiedene Szenarien in den Sinn gekommen waren, wie dieser Abend ausgehen könnte. Irgendwann war ich deshalb einfach aus der Wohnung gestürmt, sodass meine Nachbarin, die reizende Ms Jenkins, vermutlich wieder einmal dachte, ich wäre von einem Dämon besessen. Zumindest hatte sie mich nach einer besonders intensiven Diskussion mit meiner Hilfsente Ada das nächste Mal im Flur mit hochgehobenem Kreuzanhänger begrüßt. Keine Ahnung, ob sie in ihrem früheren Leben eine Exorzistin gewesen war.

»Hey, du!«

Innerlich verdrehte ich die Augen und hätte mich am liebsten dafür gegeißelt, dass ich schon wieder vergessen hatte, meine Kopfhörer aufzuladen. Nicht, dass Kopfhörer die besonders nervigen Typen davon abhielten, einen ungefragt anzuquatschen, aber es schreckte zumindest ein paar ab.

Ich richtete den Blick stur auf mein Handy und war kurz davor, Jesper anzurufen, in der Hoffnung, dann in Ruhe gelassen zu werden.

»Hey, hallo?«

Jemand berührte mich am Oberarm, und ich schreckte zusammen, schlug reflexartig nach der Hand.

»Wow, beruhig dich mal«, sagte der Typ, der mit einem leicht irritierten Blick neben mir stand und mich eingehend musterte. »Also wenn du lächeln würdest, wärst du noch schöner.« Er legte beide Zeigefinger an seine Mundwinkel, um sie nach oben zu ziehen.

»Du solltest es dafür besser lassen«, entgegnete ich, weil er mich so mehr an den gruseligen Clown aus *Es* erinnerte. Er ließ die Finger wieder sinken, und auf seinen Lippen blieb kein Lächeln zurück. Stattdessen warf er einen kurzen Blick zu einer Gruppe mit vier anderen Typen, die uns beobachteten und johlten. Großartig. Um uns herum waren viele Leute, doch mein gesunder Menschenverstand sagte mir, dass es eine dumme Idee war, den Typen zu reizen. Immerhin wusste ich nicht, wie viel Zurückweisung sein fragiles Ego abhaben konnte.

»Willst du was trinken gehen?«

»Nein, danke«, sagte ich, deutlich freundlicher, als er es verdiente. Unruhig krallte ich mich an meiner Handtasche fest. »Ich warte auf jemanden.«

»Auf deine Freundin? Ihr könnt beide gern mit uns kommen.« Sein Gesicht hellte sich wieder auf, weil er entweder das Gedächtnis eines Goldfischs hatte oder absolut nicht in der Lage war, zu erkennen, dass mein weniger abweisender Tonfall reiner Selbstschutz war.

»Nein, danke«, wiederholte ich erneut, obwohl allmählich die Panik in mir einsetzte und mir das Herz bis zum Hals schlug.

»Wieso nicht?«

Offensichtlich war es für manche Männer schlicht unmöglich, ein *Nein* zu akzeptieren. Und es machte mich so unglaublich wütend, dass ich mich erklären musste, in der Hoffnung, dass er diese Erklärung vielleicht akzeptieren würde. Dass es eine war, die seinem Ego keinen Knacks verpasste, sodass er sich einreden konnte, meine Ablehnung hätte nichts mit ihm zu tun.

»Da bist du«, ertönte plötzlich eine Stimme schräg hinter mir, und ein Arm schlang sich um meine Hüfte, zog mich ein Stück näher an den Mann, den ich schnell genug erkannte, um nicht nach ihm zu schlagen. »Wartest du schon lang?«

Ich sah zu Jesper hoch, der mich entschuldigend anlächelte, und war noch nie so froh über seine Anwesenheit gewesen, auch wenn mir das Herz bis zum Hals schlug. Ich atmete tief ein, eigentlich um mich zu beruhigen, doch alles, was ich wahrnahm, war Jespers Duft. Nach Zitrone und einem Hauch von Holz, gemischt mit etwas unbeschreiblich Warmem.

»Viel zu lang«, wisperte ich atemlos, weil mit einem Mal sämtliche Anspannung von mir abfiel, während sich zeitgleich eine neue aufbaute. Die Art von Anspannung, die mir sehr bewusst machte, dass ich seine Finger auf dem Stoff meines Sommerkleids nur allzu deutlich spürte.

»Sag doch gleich, dass du einen Freund hast«, stieß der Typ missgelaunt hervor und zog endlich ab. Fast hätte ich ihm ein Sternchen in sein Heft geklebt, weil er mich nicht noch als *Schlampe* beleidigt hatte.

»Wie willst du das nur wiedergutmachen?«, fragte ich mit einem halben Grinsen, weil mein Herz akrobatische Übungen vollführte.

»Ich habe da eine Idee.« Ein feines, zurückhaltendes Lächeln umspielte Jespers Lippen. Ohne sich nach der Gruppe umzudrehen, führte er mich mit sanftem Druck an der Taille von der Haltestelle weg zur Statue von Sherlock Holmes.

»Wo gehen wir hin?«, fragte ich und gab mir alle Mühe, locker und unbeschwert zu klingen und weniger so, als wären meine Nervenenden vollkommen überspannt.

»Komm mit, dann wirst du es sehen.«

Mistkerl. Nicht, dass ich etwas anderes erwartet hatte.

Seine Finger lösten sich von mir, aber das kribbelnde Gefühl seiner Berührung verschwand nicht mit ihnen. Vielleicht sollte ich doch darüber nachdenken, Ms Jenkins wegen eines Exorzismus aufsuchen.

Wir gingen auf das OMNi Centre zu, das Unterhaltungszentrum mit unzähligen Restaurants, einem Kino und einem Fitnesscenter, betraten es jedoch nicht, sondern bogen nach rechts ab. Stattdessen passierten wir einige Häuser, bis wir an einer unscheinbaren Eingangstür stehen blieben, über der ein Schild mit goldfarbenen Lettern prangte.

Escaping Reality.

»Uhm«, machte ich, während es in meinem Hirn ratterte, wo bei Ada Lovelace wir hier gelandet waren.

»Wir hatten im Café doch über Escape Rooms gesprochen«, sagte Jesper, nachdem ich keinen weiteren Ton von mir gegeben hatte. Er drehte an einem seiner Ringe und lenkte meinen Blick auf das eng anliegende schwarze Shirt und die dunkelgraue Hose. Konnte dieser Mann nicht wenigstens in irgendetwas schrecklich aussehen? »Und dieser hier«, er gestikulierte zu dem Schild über unseren Köpfen, »ist spezialisiert auf Buchvorlagen.«

»… Was?«

»Einige Escape Rooms haben ein bestimmtes Thema, nach dem sich die Rätsel und der ganze Set-Aufbau richten. Und *Escaping Reality* nimmt sich Buchvorlagen und verwandelt sie in Escape Rooms.«

Jesper hatte ihn ausgesucht, weil ich Autorin war, schoss es mir augenblicklich durch den Kopf, und eine Reihe sehr verwirrender und verwirrter Emotionen machten sich in mir breit. Er hatte sich Gedanken darüber gemacht. Und das sollte mich nicht einmal überraschen, immerhin wusste ich, dass er sehr vieles bis ins kleinste Detail durchdachte. Eine Eigenschaft, die mich ebenfalls schon häufiger in den Wahnsinn getrieben hatte. Aber es war etwas anderes, festzustellen, wenn sich jemand abseits vom Beruflichen tatsächlich Gedanken machte.

Owen war, trotz seiner ungesunden Vorliebe für viel Alkohol, in seinem Studium und auch in seinem Nebenjob ziemlich gut gewesen. Weil er sich dort Gedanken gemacht hatte, weil es ihm wichtig war, das seinem Chef zu zeigen. Doch kaum dass wir uns trafen, hatte er sein Gehirn offensichtlich beim Verlassen des Büros abgegeben, sodass ich am Ende diejenige gewesen war, die sich um alles hatte kümmern müssen. Klarer Fall von »Er konnte, wenn er wollte. Nur wollte er nicht«.

»Das ist ja toll«, brachte ich hervor, auch wenn allein die Vorstellung, mit Jesper in einem Raum eingesperrt zu werden, mein Herz zu einem Sprint anspornte. Doch sein Lächeln war so ehrlich, dass ich mir eher die Perücke runterreißen und »Überraschung« rufen würde, als das zu sagen.

Jesper ging voran die kleine Treppe hinauf und hielt mir die Tür auf, damit ich eintreten konnte.

»Welches Buch haben wir? Oder suchen wir uns das hier aus?«, fragte ich, als wir den Eingangsbereich betraten. Es war ein nicht allzu großer Raum, von dem drei Gänge in unterschiedliche Richtungen abgingen. Vermutlich alle zu verschiedenen Räumen.

»Man muss vorher reservieren. Deswegen habe ich eines ausgesucht.«

Wieder schlich sich dieses subtile Lächeln auf seine Lippen, und ich bekam fast den Eindruck, dass er es genoss, mich zappeln zu lassen. Offenbar stand mir das Wort *Ungeduld* in Großbuchstaben und in Fett auf die Stirn geschrieben.

Er bedeutete mir, kurz zu warten, während er zur Kasse ging und mit der Angestellten, einer älteren Dame, sprach, die ihn so freudig anstrahlte, als hätte er sie um ein Date gebeten. Nicht, dass ich das jemals laut ausgesprochen hätte, aber ein klein wenig konnte ich es verstehen. Objektiv betrachtet würde er sich wirklich gut als Vorlage eines Love Interest … Stopp, stopp, stopp.

Ich schüttelte energisch den Kopf und versuchte stattdessen, die Ohren zu spitzen, um wenigstens ein paar Schlagworte auf-schnappen zu können. Doch schon nach wenigen Sekunden kam Jesper zu mir zurück, in Begleitung eines jungen Mannes, der mir in Sachen Augenringen fast Konkurrenz machte.

»Einmal dort entlang.« Mit einem müden Lächeln deutete der Mitarbeiter auf den Gang rechts von uns. Ich war ehrlich erstaunt, dass sich in diesem schmalen Haus noch so viel verbarg, und folgte ihm, während ich jeden kleinen Winkel nach einer Information absuchte, die mir zumindest einen Vorteil für wenige Sekunden verschaffen würde. Doch die erhielt ich erst, als wir vor der Tür standen. Einer braunen Holztür mit einem riesigen goldenen Knauf. Der uns anstarrte. Und mir verdächtig bekannt vorkam.

»Also«, begann der Mann und sah aus, als versuchte er, mit aller Macht ein herzhaftes Gähnen zu unterdrücken. »Ein paar kurze Anmerkungen. Drin gibt es einen kleinen Monitor, auf dem ihr Hinweise anfordern könnt, wenn ihr nicht weiterkommt. Wir behalten euch die ganze Zeit über im Auge, aber wir werden nicht eingreifen, solange ihr uns das nicht irgendwie mitteilt. Die Türen sind immer auf, ihr könnt also jederzeit raus, falls einer von euch Panik bekommt.«

Sein letzter Satz sollte mich vermutlich beruhigen. Und das tat er auch. Zumindest ein bisschen, auch wenn ich hoffte, mir vor Jesper nicht diese Blöße geben zu müssen.

Er hielt kurz inne, sah von mir zu Jesper und wieder zurück zu mir. »Hab ich irgendwas vergessen …? Glaube nicht. Ihr habt neunzig Minuten Zeit, aus dem Wunderland zu entkommen.«

Er sperrte die Tür auf und ließ uns eintreten, ehe er sie laut-stark wieder ins Schloss zog.

Natürlich. *Alice im Wunderland.*

(010000)
Fallon

Auch wenn die Beleuchtung etwas spärlich war und nur Licht von einigen kerzenhalterähnlichen Lampen den Raum erhellte, war dieser zumindest nicht beengend. Was meinen Herzschlag allmählich dazu brachte, sich zu beruhigen, sodass ich die Kulisse in Augenschein nehmen konnte.

Die Wände des Raums waren mit einer Tapete verkleidet, die den Wald im Wunderland darstellte, und in jeder Ecke hingen Uhren, die alle verschiedene Zeiten anzeigten. Das weiße Kaninchen wäre vermutlich durchgedreht. In einer Ecke stand eine lange Tafel mit unzähligen Teetassen und -kannen, in der der verrückte Hutmacher und der Märzhase sicher vor wenigen Momenten noch ihren Nicht-Geburtstag gefeiert hatten.

Unsicher machte ich einen Schritt in den Raum hinein, trat auf eine schwarze Fliese des rot-weiß-schwarz gekachelten Bodens.

»Es sieht toll aus«, sagte ich ehrlich.

»Freut mich, dass es dir gefällt.« Jesper lächelte die Art von Lächeln, wie ich sie immer in meinen Büchern beschrieb und doch noch nie in echt gesehen hatte. Einnehmend. So, dass mein Herz für den Bruchteil einer Sekunde aussetzte und ich alles um uns herum vergaß. »Wir sollten anfangen, die Zeit läuft bereits.«

»Was soll ich tun?« *Gib mir irgendwas, um mich zu beschäftigen. Bevor ich weiter darüber nachdenke, dass ich mit dir neunzig Minuten in einem Raum mehr oder weniger eingesperrt bin.*

»Schau dir alles an, was irgendwie verdächtig aussieht. Unser Ziel wird es sein, einen Code zu finden, mit dem wir die Tür öffnen können.« Er deutete mit dem Kopf in Richtung der anderen Seite des Raumes, wo sich die gleiche Tür wie die hinter uns befand. Bereits von hier konnte ich erkennen, dass sie sich von dem Knauf an der Zeichentrick-Version aus den 50ern hatten inspirieren lassen.

Ich ging weiter zu den Teetassen, die allesamt nicht gefüllt waren, und öffnete die Deckel der Kannen. Dann wandte ich mich zu Jesper, der die Uhren in Augenschein nahm.

»Die sind alle …« *Leer*, hatte ich sagen wollen, bis ich merkte, dass mich Jesper beobachtete. Hitze stieg in mir auf, ohne dass ich wusste, warum. Irgendwie drehte mein Körper gerade völlig durch, konnte sich genauso wenig wie mein Verstand entscheiden, ob wir Jesper nun unerträglich fanden oder nicht. Vermutlich wären sich die beiden deutlich schneller einig, wenn Jesper einfach nicht reden würde.

»Sie sind was?«, fragte er und war mit drei Schritten bei mir. Mit einem Mal kam mir der Raum noch viel kleiner vor.

»Leer«, brachte ich hervor und hielt eine der Kannen hoch. Sie war leicht, weiß und mit einem bunten Blumenmuster bemalt. Er griff danach, streifte mit seinen langen Fingern sanft meine. Ein Kribbeln fuhr durch mich hindurch, und fast hätte ich das Ding fallen gelassen.

»Schau mal.« Jesper, der meine interne Krise offenbar nicht bemerkt hatte, drehte die Kanne um. Eine verschnörkelte rote Sieben war darauf zu erkennen.

»Okay?«, sagte ich irritiert und nahm eine der Tassen in die Hand. Auf der Unterseite stand eine schwarze Acht. Wir drehten schließlich alle einunddreißig Tassen und elf Kannen herum und sortierten sie nach den Nummern, die teilweise doppelt vorkamen.

»Was machen wir jetzt damit?« So ganz erschloss sich mir nicht, was wir hier eigentlich taten.

»Noch nichts. Wir müssen erst mal das passende Rätsel finden«, erwiderte Jesper, der vor der Tafel in die Hocke ging und die rosarote Tischdecke anhob. »Ah, sieh mal.«

Ich verfluchte die Wahl meines Outfits, als ich mich vorsichtig neben ihn setzte und die Holzplatte von unten betrachtete. Ein kleiner Kasten war in der Mitte befestigt. Mein Arm streifte seinen und machte mir bewusst, dass es gerade sehr, sehr wenig Abstand zwischen uns gab.

»Ich hole ihn«, sagte Jesper, der vermutlich ebenfalls zu dem Schluss gekommen war, dass meine Kleiderwahl Kriechen etwas schwierig machte.

Die kleine Holzkiste, die nun vor uns auf dem Tisch stand, war mit einem kleinen Schloss versehen. Einem vierstelligen Zahlenschloss.

»Was denkst du?«

»Dass du die Lösung schon kennst«, sagte ich, ohne ihn anzusehen.

Er lachte leise. »Möglich. Sagen wir, ich habe zumindest eine Idee.«

Sonst hielt er sich mit seinen Ideen auch nicht zurück, doch das konnte ich ihm gerade schlecht vorwerfen. Er wollte, dass ich einen Vorschlag machte, na schön. Eine vollkommen neue Erfahrung für mich.

Die kleine sarkastische Stimme in meinem Kopf beiseiteschiebend betrachtete ich das Bild vor mir, denn mein Ehrgeiz war geweckt. Es waren alle Zahlen von null bis neun vorhanden, verschieden oft. Aber wir brauchten nur vier. Nach welchen Kriterien konnte ich sie aussortieren? Wenn ich die Zahlen aussortierte, die sich in der Anzahl mit anderen glichen, und dann die anderen der Reihe nach aufsteigend anordnete, dann …

»Fünf, zwei, sieben, null«, sagte ich schließlich und sah zu Jesper, in dessen Gesicht sich ein ungewohnter Ausdruck von … Stolz widerspiegelte. Doch er bestätigte meine Vermutung nicht, sondern ließ mich die Zahlen in das Schloss eingeben, das mit einem leisen Klicken aufsprang. Im Inneren lag eine Spielkarte, eine *Herz Fünf*. Ich nahm sie heraus, drehte sie, doch auf den ersten Blick sah sie absolut gewöhnlich aus.

Ich ging zu der Tür, die wir am Ende – hoffentlich – öffnen würden, und sah neben dem Knauf ein weiteres Kästchen mit Zahlencode. Nur dass hier zusätzlich zu den Zahlen auch noch die Symbole eingegeben werden mussten.

»Das gehört also hierzu«, stellte ich fest und legte die Karte auf ein kleines Tischchen daneben, auf dem ein Teller mit Keksen stand. Mit Zuckerpaste waren dort die Worte »Iss mich« draufgeschrieben.

»Sieht so aus, als müssten wir noch drei weitere finden«, sagte Jesper, der direkt neben mir aufgetaucht war. »Dann suchen wir mal.«

Wir betrachteten die anderen Dinge im Raum, und mein Blick blieb an den unzähligen Uhren hängen, die viel zu verdächtig aussahen, um kein Teil des Rätsels zu sein. Passend dazu gab es ein weiteres Kästchen, das ich beim Durchwühlen eines Schranks fand. Doch dieses hatte ein Schloss mit sechs Stellen. Als ich es herumdrehte, bemerkte ich den Zettel an der Unterseite.

Die Stunde, in der die unsichtbare Katze grinst.
Die Minute, in der der Hutmacher zum Tee einlädt.
Die Sekunde, in der Alice das Haus des immer späten Kaninchens betritt.

Sechs Stellen. Eine Uhrzeit also. Ich betrachtete die Wände, an denen mindestens dreißig Uhren in den verschiedensten Formen und Farben hingen, jedoch sah keine offensichtlich nach der Grinsekatze, dem Hutmacher oder Alice aus.

»Kannst du mir kurz helfen?«, fragte ich Jesper und applaudierte mir, dass mein Gehirn den Satz tatsächlich so korrekt an meinen Mund weitergegeben hatte. Ich war mir bis dahin nicht sicher gewesen, ob ich in der Lage war, ausgerechnet Jesper diese Frage zu stellen.

»Sicher. Wobei?«

»Ich will den Schrank verschieben.«

Während ich den Schrank schob, zerrte Jesper daran, und tatsächlich schafften wir es, ihn zu bewegen. Dahinter war eine kleine Tür, groß genug, damit ein durchschnittlich gebauter Erwachsener hindurchpassen würde. Ich zog an dem Knauf, doch sie war verschlossen.

»Warte mal«, sagte Jesper und ging zurück zu dem Tisch mit den Keksen, an dem er vorhin stehen geblieben war, während ich mir die Uhren angesehen hatte. Wenige Augenblicke später kehrte er mit einem winzigen Schlüssel zurück, gerade passend für die Tür. Tatsächlich ließ sie sich damit öffnen und gab den Blick auf einen kleinen Tunnel frei. Er war nicht viel breiter als die Tür, doch wenigstens nicht so tief, dass man das Ende nicht sehen konnte. Er schien in ein winziges Zimmer zu führen, von hier aus konnte ich zumindest einen Miniatursessel erkennen.

»Soll ich …?«, bot Jesper mit Blick auf mein Kleid an, doch mein dummer, dummer Stolz schrie auf, dass Alice es ebenfalls in ihrem Kleid geschafft hatte, durch schmale Gänge zu kriechen.

»Ich sehe nach.« Ich ging auf die Knie und versuchte, nicht weiter darüber nachzudenken, dass Jesper nun einen hervorragenden Blick auf meinen Hintern hatte, während ich mich durch den Gang zwängte. Nervös strich ich mit einer Hand über das Kleid, um sicherzugehen, dass er nicht auch noch einen Blick auf meine schwarze Unterwäsche erhaschen konnte.

»Was siehst du?«, hörte ich Jespers Stimme dumpf von der anderen Seite, während ich nach gefühlt mehreren Minuten endlich das kleine Zimmer erreichte. Es war kaum größer als eine Abstellkammer und löste in mir das Gefühl aus, dass ich keine zehn Sekunden hier drinbleiben wollte. Je schneller ich die Lösung fand, desto schneller konnte ich auch wieder hier raus.

Auch hier waren die Wände vollbehangen mit Uhren, die alle verschiedene Zeiten anzeigten, jeweils jedoch nur die Größe eines kleinen Tellers hatten. War ja klar gewesen, dass das nicht so einfach werden würde. An einer Wand ganz in der Nähe des Bodens war ein Bild eines weißen Kaninchens. Also war das hier tatsächlich sein Haus.

Streng dich an, Fallon. Du willst Jespers Ego einen Knacks verpassen, indem du den kompletten Raum alleine löst.

»Rosalie?«

»Ich denke nach«, erwiderte ich konzentriert, bis mir auffiel, dass das doch sehr abwesend Fallon-mäßig klang. Also setzte ich freundlicher ein »Wie läuft es bei dir?« hinterher.

»Ich habe eine weitere Karte gefunden.«

Gut, gut, also nur noch zwei.

Während ich die Zeiger näher in Augenschein nahm, stellte ich fest, dass es eine Uhr gab, deren Sekundenzeiger vor- und zurücksprang, zwischen der 22 und der 23. Dadurch, dass der Stundenzeiger über den Markierungen lag, war sie mir zunächst nicht weiter aufgefallen.

Ich streckte meine Hand nach der Uhr aus und nahm sie von der Wand. »Jesper? Ich glaube, ich habe …«

Mit einem Mal wurde alles schwarz.

»Ist alles in Ordnung?«, hörte ich Jespers Stimme merkwürdig weit entfernt.

Orientierungslos ließ ich mich an der Wand entlang zu Boden sinken, in der Hoffnung, das verdammte Licht würde einfach wieder angehen. Die Dunkelheit war so dicht, dass ich meine eigene Hand nicht einmal dann sehen konnte, als ich sie mir direkt vors Gesicht hielt.

»Ja, alles in Ordnung«, sagte ich und tastete an der Wand nach der Lücke, durch die ich hineingekommen war, fand aber absolut nichts. »Könntest du mir vielleicht … helfen?«

Verschiedene Geräusche ertönten, und plötzlich lag eine warme Hand auf meinem Arm. Überrascht zuckte ich zusammen.

»Ich bin's nur«, sagte Jesper leise und tastete nach meinen Händen, um sie in seine zu nehmen. »Ist alles in Ordnung?«

Die Erleichterung über seine Anwesenheit durchflutete meinen Körper, und ohne richtig darüber nachzudenken, schlang ich meine Arme um seinen Hals. Der Duft nach Zitrone umhüllte mich, nur am Rande nahm ich das überraschte Keuchen wahr, das er ausgestoßen hatte.

»Tut mir leid«, murmelte er an mein Ohr, während er mit seinen Händen in gleichmäßigen Bewegungen über meinen Rücken strich. »Ich habe einen Schalter betätigt, und davon ist das Licht ausgegangen.«

Das Rumoren ebbte allmählich ab, ganz im Gegensatz zu dem Pochen in meinem Brustkorb.

»Sollen wir aufhören?«, fragte Jesper nach einigen Minuten, die wir so verharrten. Augenblicklich löste ich die Arme von seinem Hals, peinlich berührt, dass er mir das erst sagen musste.

»Sorry«, wisperte ich und wollte mich wieder an die Wand pressen, um in diesem dunklen Zimmer nicht erneut vollkommen die Orientierung zu verlieren. Doch Jesper war schneller und hielt mich fest.

»Ich meinte den Escape Room«, stellte er leise klar, und mein Herz machte einen Satz.

»Oh, ich …«, brachte ich verlegen hervor, weil nun, da die Panik nachgelassen hatte, die Scham einsetzte. Bei Grace Hopper, was war ich froh, dass er in der Dunkelheit mein Gesicht nicht erkennen konnte. »Nein. Lass uns weitermachen. Würdest du mir … vielleicht nur hier raushelfen?«

»Natürlich.«

Irgendwie schafften wir es, uns nacheinander durch den Tunnel zu quetschen und wieder in dem größeren Raum zu landen. Ich hielt die Uhr, die ich fallen gelassen und wiedergefunden hatte, fest mit der einen Hand umklammert, während Jespers Finger mit denen meiner anderen Hand verschränkt waren. Irgendwie fühlte es sich viel zu intim an, die Metallringe an meiner Haut zu spüren, doch eher hätte ich Jesper meine wahre Identität gestanden, als ihn jetzt loszulassen. Er fühlte sich an wie ein Anker in diesem dunklen Raum.

»Ich war genau hier«, sagte er und führte uns zu der Stelle zurück, an der er eben gestanden hatte. So gezielt und sicher, wie er sich durch die Dunkelheit bewegte, musste er in einem früheren Leben eine Katze gewesen sein. »Und habe hier gedruckt.«

Er schien den Schalter erneut zu drücken, denn das Klacken von Plastik erklang, und das Licht ging wieder an. Augenblicklich zog ich die Hand zurück, als hätte ich mich an ihm verbrannt. Und vielleicht hatte ich das auch. Jesper sah mich an, doch seine Miene war unergründlich.

»Also«, sagte ich in einem verzweifelten Versuch, abzulenken, »ich habe diese Uhr gefunden.«

Jesper schien genau das auch klar zu sein, doch er nickte nur. »Dann sollten wir mit dem Rätsel weitermachen.«

Gemeinsam schafften wir es, das Uhren-Rätsel sowie das letzte zu lösen, sodass wir alle vier Karten zusammenhatten. Und nachdem wir auch das Rätsel an der Tür gelöst hatten, waren wir endlich frei, mit einer Zeit von achtzig Minuten.

Das waren mit Abstand die längsten achtzig Minuten in meinem ganzen Leben gewesen.

»Das hat tatsächlich Spaß gemacht«, sagte ich, als wir das Haus verließen und uns die kühler werdende Nachtluft entgegenschlug.

Jesper schenkte mir ein kleines Lächeln. »Du hast dich gut geschlagen.«

Wieder einmal bemerkte ich, wie wenig ich es gewohnt war, Komplimente von ihm zu bekommen. Doch statt es cool und lässig abzutun, kam ich mir vor, als hätte Jane Austen persönlich mein Schreiben gelobt.

»Du warst auch ganz in Ordnung«, erwiderte ich großmütig und lachte. »Wer hätte gedacht, dass wir so ein gutes Team sind?«

Das Lächeln auf Jespers Lippen wurde ein klein wenig breiter, und mein Herz geriet für einen Moment aus dem Rhythmus. »Ich hatte schon so eine Vermutung.«

(010001)
Fallon

Das Handy brummte auf dem gläsernen Wohnzimmertisch und brachte die Platte unter sich zum Vibrieren. Im ersten Moment dachte ich, dass es Mick wäre, die mir sagen wollte, dass sie auf dem Weg zu mir entführt worden war und es nicht zu unserem *Brooklyn-Nine-Nine*-Rewatch schaffte. An diesem heiligen Samstag nahm sie sich tatsächlich den ganzen Tag nur für sich Zeit, während sich ihr Bruder um seine Kinder kümmerte.

Als ich heute Morgen vollkommen gerädert aufgewacht war, hatte ich mich schnell von der Vorstellung verabschiedet, vor ihrem Besuch noch zu schreiben, auch wenn ich mich dringend an mein Manuskript setzen sollte. Doch in meinem Kopf zog gerade ein Karussell unentwegt seine Kreise, begleitet von einer sehr nervigen Melodie. Deshalb hatte ich auch beschlossen, mir den Tag freizunehmen, mich mit einer Gesichtsmaske auf die Couch gelegt und Taylors Album *Lover* rauf und runter gehört.

Leicht desorientiert tastete ich nach meinem Handy und stellte mit Erleichterung fest, dass es nicht Mick war, sondern eine Benachrichtigung auf LinkedIn. Vermutlich war es wieder irgendjemand, der mich nicht kannte, aber auf gut Glück trotzdem in seinen elitären Kreis aufnehmen wollte.

Ich wechselte zur App und betrachtete für einen Moment

mein pseudo-seriöses Profilbild samt des leicht verkniffenen Gesichtsausdrucks. Weil ich unbedingt professionell hatte wirken wollen, war ich sogar zu einem Fotostudio gegangen, doch man sah mir an jeder Faser meines Körpers an, dass ich mich unwohl gefühlt hatte. Was nicht die Schuld der supernetten Fotografin gewesen war, die wirklich alles versucht hatte, meine Stimmung aufzulockern. Doch so zurechtgemacht hatte ich mich selbst viel zu sehr an Rosalie erinnert, auch wenn das albern war. Insbesondere bei den Bildern, auf denen ich tatsächlich gelächelt und meinen Mund nicht zu einem dünnen Strich zusammengepresst hatte. Deswegen hatte ich am Ende den kläglichsten Versuch, vollkommen anders als Rosalie auszusehen, als Profilbild genommen. Und war um die Erfahrung reicher, dass ich nie wieder in ein Fotostudio gehen würde. Das alles für nur hundert Pfund.

Ich riss meinen Blick von dem Bild los und sah, dass es keine Kontaktanfrage, sondern eine Nachricht war. Ich wettete fünf Pfund, dass es ein Jobangebot war.

Hallo Fallon,
ich bin Mary Raymond, Geschäftsführerin von EmpowerIT.
Wir sind ein Dienstleistungsunternehmen, das spannende Projekte für Großkunden entwickelt. Dafür sind wir auf der Suche nach neuen Devs in verschiedenen Bereichen. Wir sind sicher, dass du mit deinen Erfahrungen und Skills super zu uns passen würdest. Uns als Unternehmen ist es wichtig, unseren Angestellten eine angenehme und wertschätzende Arbeitsatmosphäre zu bieten, und dafür ist Diversität unerlässlich. Falls du Interesse hast, mehr über uns zu erfahren, dann melde dich gern.

Mit den besten Wünschen
Mary Raymond

Ich starrte für mehrere Augenblicke auf den Text, überflog die Zeilen noch ein zweites und drittes Mal. Ein IT-Unternehmen, in dem kein Testosteron-Überfluss herrschte, klang fast so unwirklich wie eine originalgetreue Buchverfilmung. Vereinzelte Ausnahmen gab es natürlich.

Es war schwer zu sagen, wie viel von dem, was sie versprach, wirklich stimmte. Wenn man Samuel fragte, würde auch er behaupten, dass bei uns eine angenehme und wertschätzende Atmosphäre herrschte. Nur eben nicht für alle.

Gab es bei EmpowerIT mehr weibliche Devs? Bekam ich dort nicht an der Kaffeemaschine noch kostenlose Geschichten über Frauen, die angeblich nur hinter Geld her waren?

Mit einem leisen Seufzen schloss ich die Nachricht wieder. Ich würde wohl ohne dieses Wissen sterben, denn ich war niemand, der einfach so alles hinwarf und den Job wechselte, nur weil es etwas steinig wurde. Insbesondere dann nicht, wenn ich so hart dafür gearbeitet hatte, endlich für meine Leistung anerkannt zu werden und meinen Kollegen zu beweisen, dass ich nicht schlechter war als sie. Das war nicht die erste Anfrage, die ich je bekommen hatte, und es würde auch nicht die letzte sein.

Ein unangenehm schrilles Klingeln tobte durch meine Wohnung, und ich zuckte zusammen, konnte gerade noch so verhindern, dass mein Handy Bekanntschaft mit dem Fußboden machte.

Definitiv kein Koffein mehr für heute, machte ich eine mentale Notiz, während ich zur Tür hastete und mir die Panda-Tuchmaske vom Gesicht riss.

»Hast du eine Schaufel? Ich brauche eine«, ertönte Micks Stimme durch die rauschende Gegensprechanlage, und ohne etwas zu erwidern, öffnete ich die Tür. Ich warf die Tuchmaske hastig in den Müll und eilte dann zurück. Der Klang von schweren, schleppenden Schritten drang durch den Flur. Misstrauisch spähte ich über das Geländer nach unten, ob Mick die Leiche bereits mitgebracht hatte.

Doch zu meiner Erleichterung kam sie allein und zog keinen riesigen, extrem auffälligen Sack hinter sich her. Der im schlimmsten Fall noch ein Wimmern von sich gegeben hätte.

»Ich hasse meinen neuen Nachbarn«, eröffnete Mick, nachdem sie direkt vor mir zum Stehen gekommen war und ich sie in eine Umarmung zog.

»Für den ist die Schaufel?«, mutmaßte ich und ließ sie eintreten. Sie nickte knapp, und keine halbe Minute später hatte sie sich auf der Couch niedergelassen und, trotz sommerlicher Temperaturen, in eine Decke eingewickelt. Eher für den Gemütlichkeitsfaktor.

»Nachdem ich dachte, dass es nach dem Typen, der bis morgens um fünf lautstark Pornos schaut, nicht noch schlimmer kommen könnte, habe ich nun einen Nachbarn, der den Porno direkt neben meinem Bett spielt.«

Sie gestikulierte mit ihren Händen, so als würde sie ihn nur allzu gern erwürgen.

»Beim ersten Mal dachte ich, es wäre ein Erdbeben. Mittlerweile warte ich jede Nacht nur noch drauf, dass sie durch die Wand brechen und auf meinem Bett weitermachen.«

Ich öffnete den Mund, um etwas zu erwidern, doch noch ehe ich ein Wort herausbrachte, hob Mick ihren Zeigefinger in die Luft. »Nein, bevor du damit anfängst, ich werde nicht ausziehen.«

Ich verdrehte die Augen. »Das Memo ist mittlerweile angekommen.« Was nicht bedeutete, dass ich es nie wieder versuchen würde. Nur eben nicht heute. »Hast du mal mit ihm gesprochen? Vielleicht ist ihm nicht klar, dass eure Wände die Dicke von einem Dutzend Blätter haben.«

»Habe ich«, entgegnete sie mit einer Grabesstimme. »Daraufhin hat er gesagt, dass ich nachts gern rüberkommen kann, wenn ich nicht schlafen kann. Als hätte ich Zeit dafür, immerhin arbeite i– Hey, hör auf zu grinsen!«

Mit aller Mühe hatte ich das Zucken meiner Mundwinkel zu bekämpfen versucht, doch schließlich prustete ich los, weil es einfach zu sehr nach dem Plot eines Romance-Romans klang.

»Tut mir leid«, entgegnete ich hastig und hob abwehrend die Hände. »Er ist ein Arsch.«

»Gott, mir kommt es ja selber vollkommen lächerlich vor.« Sie stieß einen langen Seufzer aus. »Genauso wie das Verhalten meines Bruders, der mich neuerdings aus allem heraushalten will.«

»Wieso das?«, fragte ich vorsichtig, und Micks Schultern sackten noch ein klein wenig mehr ab. Sie hatte es sich in ihren unglaublichen Dickkopf gesetzt, die Wohnung, die ihr Bruder und ihre Schwägerin damals gekauft hatten, um jeden Preis abzubezahlen, damit die drei nicht umziehen mussten. Dafür hauste sie im billigsten Einzimmerapartment der ganzen Stadt, das zufällig in der Nähe besagter Wohnung lag.

Ich hatte ihr schon mehr als einmal angeboten, dass wir uns gemeinsam etwas Neues suchen könnten, denn meine gemutliche Zweizimmerwohnung war für uns beide definitiv zu klein. Doch sie hatte abgelehnt, denn keine der Wohnungen wäre günstiger gewesen als ihre. Was mich kaum wunderte, doch zumindest musste ich meinen Nachbarn nicht unfreiwillig beim Sex zuhören. Gut, meine direkte Nachbarin war knappe achtzig Jahre alt, aber dennoch.

»Ich weiß es nicht«, erwiderte sie schulterzuckend. »Er redet nicht mit mir darüber.«

Ich erhob mich, ließ mich neben sie auf die Couch fallen und legte einen Arm um ihre Schulter.

»Wahrscheinlich hat er Angst, dass du dir noch mehr zumutest.«

»Kann sein. Aber vielleicht könnte ich ihm helfen.«

Ich strich ihr über den Oberarm. »Ich bin mir sicher, dass er weiß, wie viel du ihm bereits hilfst. Immerhin erträgst du einen dreisten, sexsüchtigen Typen direkt nebenan.«

Sie schenkte meinen Worten ein halbherziges Lächeln. »Vielleicht sollte ich Silas das mal sagen.«

»Auf jeden Fall. Gerade dann, wenn er wieder den letzten Brownie gegessen hat.«

Mick grinste. »Was gibt es ansonsten bei dir? Und wie war dein Date?«

»Kennst du Mary Raymond von EmpowerIT?«, fragte ich und überging ganz galant ihre zweite Frage. »Sie hat mir einen Job als Dev angeboten.«

»Ich habe letztes Jahr mal einen Artikel über sie gelesen. Weil in dem Unternehmen angeblich ein Frauenanteil von sechzig Prozent herrscht«, sagte Mick nachdenklich. »Hätte ich Lust auf geregelte Arbeitszeiten, würde ich mir das zumindest mal ansehen.«

»Ich weiß ja nicht, ob man sich an deinem Rhythmus wirklich ein Beispiel nehmen sollte«, murmelte ich und erntete einen bösen Blick. Insgeheim vermutete ich, dass auch das einer der Gründe war, wieso sie nicht mit mir zusammenwohnen wollte. Weil ich sie ziemlich sicher in ihrem Zimmer einsperren und an ihr Bett fesseln würde, nur damit sie wenigstens eine Nacht in der Woche schlief, statt zu arbeiten.

»Schreib ihr doch, dass du Interesse hast.«

»Ich stehe so kurz vor einer Beförderung, ich werfe doch jetzt nicht alles hin, nur um noch mal von vorne anzufangen«, hielt ich dagegen, doch Mick zog nur eine Augenbraue nach oben. »Was?«

»Ich liebe dich, wirklich, aber manchmal würde ich dir Ada gern gegen den Kopf werfen. Mit aller Wucht. Zusammen mit Grace.«

Grace, benannt nach Grace Hopper, war Adas Zwillingsentenschwester, ein Geschenk von Amira an Mick. Amira selbst hatten wir dann Marie gekauft, womit aus den Entenzwillingen irgendwann Drillinge geworden waren.

»Wieso?«, fragte ich irritiert.

»Weil du nicht merkst, dass dein Chef ein Arsch ist.«

»Natürlich merke ich das. Immerhin sehe ich ihn jeden Tag«, erwiderte ich pikiert. »Aber er hat mir gesagt, dass …«

Mick hob eine Hand in die Luft, und automatisch verstummte ich, weil mir in diesem Moment klar wurde, wie dumm ich klang.

»Ich weiß, dass dein irrationaler Stolz dir verbietet, deinem Chef zu sagen, dass er sich seine Versprechen sonst wohin schieben kann, aber es bringt dich nicht um, wenn du es dir zumindest mal anhörst, oder?«

Ich verdrehte die Augen. »Wozu? Wenn ich weiß, dass ich nicht wechseln werde.«

»Wie lange bist du schon in dem Laden? Fünf Jahre?«

»Vier«, murmelte ich kleinlaut.

»Und hast du mittlerweile mal ein ›Senior‹ vor deinem Jobtitel stehen? So wie fast alle deine Kollegen?«

»Nein.« Mir gefiel nicht, dass ihre Argumente so schlüssig klangen.

»Wie wahrscheinlich ist es dann, dass er dich wirklich als Architektin einsetzt?«

Rein rational wusste ich, dass sie recht hatte. Aber wenn ich diesen Gedanken laut ausgesprochen hätte, dann wären mir all meine Bemühungen die letzten Jahre völlig umsonst vorgekommen.

»Ich sag ja nicht, dass du direkt kündigen sollst. Ich sage nur, dass du dir zumindest mal anschauen solltest, was das für ein Laden ist. Viel schlimmer als dein jetziger Arbeitgeber kann es ja kaum sein.«

Den letzten Satz nuschelte sie nur noch, doch deutlich genug, dass ich ihn verstand.

»Aber damit verschwende ich ihre und meine Zeit, wenn ich schon von vornherein weiß, wie es ausgehen wird.«

Mick verdrehte dramatisch die Augen. »Es macht dich nicht schwächer, wenn du dir ein Arbeitsumfeld suchst, dass dich zu schätzen weiß.«

»Aber wie stark macht mich dann erst ein Umfeld, in dem ich mich durchkämpfen muss?«, hielt ich voller Überzeugung dagegen, sodass Mick nur den Kopf schüttelte. Ein sehr eindeutiges Zeichen, dass sie keine Nerven mehr hatte, diese Diskussion fortzusetzen.

»Fein. Dann zu Thema Nummer zwei. Wie war dein Date?«

»Gut. Aber wir sollten langsam mal anfangen«, sagte ich in Richtung des Fernsehers. »Sonst sind wir nie fertig, bis die neue Staffel anfängt.«

»Fang an zu reden, Specter.«

Wenn wir mittlerweile bei Nachnamen angelangt waren, ließ sie das Thema nicht einfach fallen. Nicht, dass ich damit wirklich gerechnet hatte, doch einen Versuch war es wert gewesen.

»Es war überraschend … angenehm«, gab ich schließlich zu.

»Also brauchen wir die Schaufel für ihn nicht?«

Ich schüttelte den Kopf, vielleicht ein wenig zu vehement.

»Wir waren in einem Escape Room. Er hatte extra einen rausgesucht, der sogar einen Bücherbezug hat. Am Anfang war auch noch alles gut. Bis dann plötzlich das Licht ausging. Während ich in einer winzigen Kammer stand. Und dann hat mich Jesper irgendwie beruhigt, wir haben die Rätsel gelöst, und nun bin ich ziemlich verwirrt.«

»Ich kann irgendwie nicht glauben, dass wir hier wirklich von demselben Jesper reden«, sagte Mick und zog eine Augenbraue in die Höhe. »Immerhin hättest du ihn letztes Jahr fast erwürgt, weil er so kurze Variablennamen benutzt, die keiner versteht. Und dich darüber aufgeregt, dass er immer alles besser weiß und von euren

Kollegen angebetet wird, als wäre er Tim Berners-Lee persönlich. Dann erinnere ich mich noch daran, dass du ihn so beschrieben hast, dass er immer ein bisschen so aussehen würde, als würde ihm ein Eiswürfel im Schuh stecken. Und nicht zu vergessen, die schlimmste aller Todsünden, dass er ›Sequel‹ statt ›SQL‹ sagt.«

»Doch, genau er ist es«, antwortete ich rasch, ehe sie noch weitermachte. Was sie sicher gekonnt hätte. Denn auch wenn Mick Jesper nur von Bildern kannte, war ich doch bei meinen Beschreibungen seiner Person sehr bildlich geworden. Und ein klein wenig zu ausführlich.

Sie schüttelte den Kopf und strich sich ihre blonden Haare hinters Ohr, die ihr ins Gesicht gefallen waren.

»Ich weiß nicht, was ich dazu sagen soll. Und das will was heißen. Denn normalerweise kann ich zu allem irgendetwas sagen. Immerhin habe ich jeden Tag eine Dreijährige um mich herum, der ich alles erklären muss, was nicht schnell genug weglaufen kann.«

»Ich weiß doch auch nicht«, jammerte ich. Dass ich mich ihm auch noch wortwörtlich an den Hals geworfen hatte, musste ich ihr ja nicht noch auf die Nase binden. »Es ist so, als würde ich eine andere Person treffen.«

»Du musst dich dringend entscheiden, was du machen willst. Immerhin hast du hoffentlich nicht vor, dich bis ans Ende deines Lebens als deine Zwillingsschwester auszugeben, oder?« Ihrem Tonfall nach klang es fast so, als wäre sie sich nicht ganz sicher.

»Nein«, erwiderte ich leise. »Definitiv nicht.«

(010010)
Fallon

Jespers Fakename – immerhin konnte ich nicht riskieren, seinen richtigen hinzuschreiben – versetzte mir einen kleinen Herzstillstand, wann immer er auf meinem Display erschien. Aber den hätte jede gehabt, wenn sie an einem Freitagnachmittag von der »personifizierten Hölle« angerufen worden wäre. Auch wenn der Spitzname mittlerweile vielleicht nicht mehr ganz so zutreffend war. Die Woche über hatten wir immer mal miteinander geschrieben, aber es war schnell klar geworden, dass Jesper nicht gern chattete. Am Mittwochabend hatte er mich sogar angerufen, und zugegeben, seine Stimme zu hören war durchaus eine nette Inspiration für die nächste spicy Szene gewesen.

Weswegen ich nun umso überraschter war, seinen Namen zu lesen, denn er war heute seltsamerweise nicht im Büro gewesen.

Hastig schnappte ich mir das Handy und rannte unter dem neugierigen Blick von Ethan hinaus. Mittlerweile war ich mir sicher, dass er nur nach einer Gelegenheit suchte, mich wegen irgendetwas bei Samuel anzuschwärzen. Aus Rache, weil er nicht mehr in Jespers Gunst stand. Oder so ähnlich.

Doch daran konnte ich gerade nichts ändern. Mich bei Samuel darüber zu beschweren konnte ich vergessen. Im Bestfall würde er es einfach als kleine Streiterei zwischen Kollegen abtun, im schlimmsten Fall würde er es als mangelnde Qualifikation für eine Führungsrolle auslegen. Und ich hatte einfach gerade keine Kapazitäten, mich damit zu beschäftigen, während meine personifizierte Hölle immer noch in meiner Hand vibrierte.

Hastig lief ich einige Stufen im Treppenhaus nach unten, um Abstand zwischen mich und unsere Bürotür zu bringen.

»Hallo?«, begrüßte ich ihn und merkte erst, nachdem ich das Wort ausgesprochen hatte, dass es mehr nach einer Frage klang. So, als würde ich das Schlimmste erwarten. Was ich vielleicht auch tat.

»Hey«, erwiderte er, und seine Stimme klang so rau, als wäre er gerade erst aufgewacht. »Tut mir leid, ich weiß, dass es vor sechs ist.«

»Kein Problem«, antwortete ich leise und versuchte, das Kribbeln zu ignorieren, das bei jedem seiner Worte durch meinen Körper jagte. Die gleiche Reaktion, die ich am Mittwoch auch gehabt hatte. Das hier war immer noch Jesper. Bei Ada Lovelace, ich war froh, dass er diese Tonlage nicht in den Meetings verwendete. Wahrscheinlich wäre ihm sonst auch unser selbst ernannter *Alpha-Male* Jamie vollkommen verfallen. Das war im Kontext der Softwareentwicklung umso lustiger, immerhin war die Alpha-Version diejenige mit sämtlichen Bugs, die nicht für die Öffentlichkeit gedacht war. So wie sämtliche Alpha-Males eben auch. »Ist alles in Ordnung?«

Wieso rufst du an?, war das, was ich ihn eigentlich fragen wollte.

»Jetzt ja.« Ein leises amüsiertes Lachen erklang, und ich spürte, dass erneut Blut in meine Wangen schoss, während mein Herz einen unruhigen Takt anschlug. Das war sicher nicht die Implikation gewesen, oder? Mittlerweile war ich davon überzeugt, dass ich dringend wieder guten Sex brauchte und das letzte Mal schon viel zu lange her war. Damit war es auch absolut nachvollziehbar, dass mein armer Körper so auf jedes bisschen von Jesper reagierte. Er konnte gar nicht anders.

»Was machst du gerade?«

Stimmen hallten durch das Treppenhaus, noch ehe ich antworten konnte, gedämpft, aber laut genug, dass er sie sicher gehört hatte.

»Ich schreibe. In einem Café.« Damit hatte er wenigstens für die Geräusche einen Grund.

»Ich würde dich gern sehen.«

Mein Herz setzte einen Moment aus, und jede Antwort, die in meiner Kehle steckte, blieb genau da, wo sie war. Falls er vorgehabt hatte, Rosalie mit dieser Tonlage zu verführen, hätte er ziemlich gute Chancen.

»Hast du heute Zeit?«

»Ja«, erwiderte ich hastig, ehe ich richtig darüber nachdenken konnte. »Ich habe überlegt, heute Abend zum Calton Hill zu gehen. Ich bin den ganzen Tag noch nicht rausgekommen.« Das entsprach fast der Wahrheit. Wenn man meinen morgendlichen Spaziergang zum Büro nicht mitzählte. »Möchtest du mitkommen?«

Keine Ahnung, was sein Plan gewesen war, aber ich war mir sicher, dass er einen gehabt hatte. Immerhin redeten wir hier von Jesper-»Ich gebe niemals die Kontrolle ab«-Perrington. Und genau deswegen musste ich ihm mit einem Vorschlag zuvorkommen, ehe ich mich erneut in einer Situation wiederfand wie der im *Plants & Friends* oder im Escape Room.

»Ein Spaziergang klingt gut. Ich bin heute auch noch nicht draußen gewesen.«

»Bist du heute nicht im Büro?« Auch wenn ich die Antwort darauf kannte, waren mir die Gründe nicht bekannt. Und wenn er mir schon so eine Vorlage lieferte, dann konnte ich sie auch nutzen.

»Nein«, sagte er erneut und hielt dann kurz inne. Im Hintergrund rauschte etwas lautstark, wahrscheinlich eine Kaffeemaschine. »Mir war heute nicht danach.«

Für den Bruchteil einer Sekunde war ich versucht, zu fragen, welches Alien ihn gerade imitierte. Denn auch wenn seine Stimme so klang wie die von Jesper, konnte er das unmöglich sein. Mal ganz davon abgesehen, dass We Solve IT nicht gerade dafür bekannt war, großartige Homeoffice-Möglichkeiten zu bieten. Die waren quasi nicht existent, sonst wäre ich eine der Ersten gewesen, die gern einige Tage von zu Hause aus gearbeitet hätte. Denn dort hätte ich in meiner Mittagspause ganz entspannt noch schreiben können, ohne Gefahr zu laufen, dass mir Samuel oder sonst wer plötzlich über die Schulter schaute.

Aber wieso wunderte es mich nicht, dass Jesper in dieser Hinsicht erneut Sonderrechte genoss?

»Du bist aber nicht krank, oder?«, fragte ich, ehe ich mich zurückhalten konnte, weil ich wissen wollte, wieso er sich das einfach so erlauben konnte.

»Würdest du mich gesund pflegen, wenn ich Ja sage?« Seine Erwiderung erklang erneut mit einem leisen Lachen, und für den Bruchteil einer Sekunde fuhr mein Gehirn vollkommen herunter. Ich schrieb Unmengen an flirty und spicy Szenen, doch wieso brachten mich seine Worte, die weder besonders flirty oder spicy klangen, so aus dem Konzept?

Ich atmete ein, leise, in der Hoffnung, dass er es nicht hörte. Rosalie. Ich war Rosalie, und sie war eine Meisterin im Flirten.

»Sogar im passenden Kostüm«, entgegnete ich und spähte durch das Treppenhaus, ob jemand auftauchte. Die Aussage klang auch ohne weiteren Kontext etwas zu doppeldeutig.

»Gut zu wissen.« Er räusperte sich hörbar und entlockte mir damit ein Grinsen. »Leider bin ich gesund. Ich arbeite heute nur von zu Hause aus.«

»Das geht? Fallon ist jeden Tag im Büro, seit ich hier bin.«

Kaum war der Satz über meine Lippen gekommen, bemerkte ich Ethan, der die Bürotür geöffnet hatte und nun am oberen Treppenabsatz stand. Neugierig sah er zu mir hinab, während er auf den Aufzug wartete. Mir wurde siedend heiß. Was hatte er gehört?

»Aber ist ja auch egal«, sagte ich hastig, um das Gespräch in eine andere Richtung zu lenken, und funkelte Ethan böse an. Seit einigen Wochen hatte er Jesper als den Mann im Büro abgelöst, den ich am meisten hasste. Und ehe ich meinem Impuls, zu ihm zu gehen, nur um ihn dann die Treppe herunterzuschubsen, nachgab, wandte ich mich demonstrativ ab. »Wann wollen wir uns treffen?«

Den letzten Satz sagte ich nur mit gesenkter Stimme und spitzte die Ohren, um das vertraute *Pling* des Aufzugs nicht zu verpassen. Wie auffällig wäre es, wenn ich mich umdrehte, um nachzusehen, ob Ethan endlich verschwunden war?

»In welchem Café bist du?«

Wieder ertönten Stimmen. Ich musste das Gespräch so schnell wie möglich beenden, ehe er noch etwas Verdächtiges aufschnappte.

»Im *Plants & Friends*«, brachte ich knapp hervor.

Wieder erklang ein Lachen. »Freut mich, dass dir das so gut gefallen hat.«

Einen Moment war ich irritiert, was er meinte, bis mir einfiel, dass Rosalie ja vorher noch nie in dem Café gewesen war. »Ja, es ist wirklich toll. Sehr inspirierend.«

»Dann würde ich dich dort um 18 Uhr abholen. Passt dir das?«

Die Tür unserer Etage öffnete sich erneut, und William trat heraus. Im Gegensatz zu Ethan machte er nicht vor dem Aufzug halt, sondern stieg die Treppe hinunter und kam auf mich zu.

Verflucht.

»Ja«, sagte ich hastig, bevor ich wirklich darüber nachgedacht hatte, weil die Panik immer größer wurde.

»Ich freue mich.«

Das Herz zog sich mir bei seinen Worten zusammen, weil ich aus seiner Stimme heraushören konnte, dass er das tatsächlich tat.

»Ich mich auch«, wisperte ich leise. »Bis später.«

Mit rasendem Puls legte ich auf und starrte auf das schwarze Display, bis ich aus den Augenwinkeln sah, dass William an mir vorbeiging und die Treppe weiter hinunterstieg. Und Panik machte sich in mir breit. Feierabend. Neben mir und Jesper war William derjenige, der am längsten blieb, weil er meist auch erst relativ spät kam. Wenn er also nach Hause ging …

Mit zitternden Fingern tippte ich auf das Display, und die Uhr leuchtete auf. Kurz vor fünf. Wenn wir uns um sechs treffen wollten, dann schaffte ich es unmöglich vorher noch mal nach Hause. Erst recht, wenn ich mich noch schminken musste.

Ich wählte Amiras Nummer, um zu fragen, ob sie heute Schicht im *Plants & Friends* hatte, doch wie zu erwarten, ging nur die Mailbox dran. Ihr Handy verbrachte den Großteil seines Lebens in irgendwelchen dunklen Spinden.

Noch mal verflucht.

Stattdessen versuchte ich, Mick zu erreichen. Sie war die Einzige, die mir jetzt noch helfen konnte, immerhin hatte sie einen Zweitschlüssel zu meiner Wohnung.

»Brauchen wir die Schaufel?«, begrüßte sie mich nach dem dritten Klingeln. Im Hintergrund hörte ich Delilah und Matthias schreien. Es war schwer zu sagen, ob Mick sie gerade grillte oder ob die beiden den Spaß ihres Lebens hatten.

»Bald ja, wenn du mir nicht hilfst«, erwiderte ich tonlos, und sie lachte.

»Wie kann ich dich vor deinem nahenden Ableben bewahren?«

»Du musst in meine Wohnung, mir meine Schminktasche, ein Kleid und meine Perücke zum *Plants & Friends* bringen«, ratterte ich leise herunter, weil ich noch immer befürchtete, dass mich irgendjemand belauschte. »So schnell wie möglich. Bitte?«

Im Hintergrund hörte ich es bereits rascheln.

»Du kannst froh sein, dass ich dich liebe und Silas vorhin nach Hause gekommen ist. Ich bin in einer halben Stunde da.«

Noch ehe ich etwas erwidern konnte, hatte sie aufgelegt. Ich hastete zurück zur Bürotür, nur um festzustellen, dass ich schon wieder den Transponder vergessen hatte und erneut klingeln musste.

Sekunden vergingen, und absolut niemand öffnete mir die Tür. Ich drückte erneut auf die Klingel, doch innen regte sich nichts.

Ich stieß einen langen Seufzer aus und ging zur Tür im Stockwerk oben drüber, doch auch dort öffnete mir niemand. Mittlerweile war es auch schon fast halb sechs.

Gott, das alles wäre nur halb so schlimm gewesen, wenn ich nicht meinen privaten Laptop mitgenommen hätte, um erneut in der Mittagspause ein paar Absätze zu schreiben. Denn auch wenn Jesper und ich uns nicht mehr sekündlich an die Kehle sprangen, war einfach so viel zu tun, dass ich abends erschöpft ins Bett fiel.

Mein Handy vibrierte. Es war Mick.

Hab deine Sachen, bin auf dem Weg.

Ohne einen weiteren Gedanken an meinen Laptop oder meine Deadline zu verschwenden, hastete ich die Stufen nach unten und rannte aus dem eiskalten Bürogebäude in die angenehme Sonne. So schnell ich konnte, lief ich durch die Straße zum *Plants & Friends*, streifte mir zwischendurch noch die viel zu warme Strickjacke ab und wäre fast mit einer älteren Dame zusammengestoßen, die direkt vor mir plötzlich stehen blieb. Meine Lungenflügel brannten, als ich das Café erreichte.

Von Mick keine Spur. Bisher auch noch nicht von Jesper, doch das beruhigte mich überhaupt nicht. Was, wenn er mich hier sah? Ich hatte keine Ahnung, was ich ihm sagen sollte, wenn er mich hier als Fallon sah, obwohl er auf meine Schwester wartete. Gott, was, wenn er schon da war und mich drinnen suchte?

Immer wieder huschte mein Blick kurz zum Display. Wo zum Teufel steckte Mick? Vorsichtig spähte ich durch die Glasscheibe, konnte jedoch kaum erkennen, was dadrin vor sich ging. Aber hier draußen zu warten war genauso gefährl–

»Was machst du da?«

Ich wirbelte herum und konnte einen panischen Aufschrei gerade noch so unterdrücken, als ich das ziemlich irritierte Gesicht meiner besten Freundin sah.

»Geh bitte rein und sag mir, ob die Luft rein ist«, sagte ich panisch und deutete hinter mich.

»Die Luft rein …?«, wiederholte sie, nicht minder verwirrt, und drückte mir eine Tasche in die Hand.

»Siehst du Jesper dadrin?«, erklärte ich eindringlicher und schob sie zur Tür. Mick murmelte etwas, das stark nach einer Verwünschung klang, aber sie konnte mir kaum etwas Schlimmeres als den Jesper-Fluch antun.

Die Tasche fest an meine Brust gedrückt, hielt ich vor dem Café weiter Ausschau. Ich hatte noch knapp zehn Minuten. Höchstens.

»Die Luft ist rein. Und du würdest wirklich eine miserable Spionin abgeben«, sagte Mick schließlich durch die noch geöffnete Tür. Ich hastete an ihr vorbei in Richtung der Toiletten. Und wie immer standen vor der Damentoilette noch mindestens fünf andere Frauen.

Ich war wirklich verflucht.

»Da rein«, wies mich Mick an, die mir gefolgt war, und bugsierte mich in eine Kabine der leeren Herrentoilette, vor der sie stehen blieb.

»So, was ist hier los?«, fragte sie, und ein leises Knacken ertönte, als sie sich mit dem Rücken gegen die Tür lehnte.

»Ich bin verflucht«, entgegnete ich, während ich die Tasche durchwühlte und erleichtert feststellte, dass Mick auf den ersten Blick an alles gedacht hatte. Selbst an einen kleinen Taschenspiegel. »Jesper hat mich vorhin angerufen. Also Rosalie. Und ich war so überrascht, dass ich ihm gesagt habe, dass ich hier bin und schreibe. Und dann wollte er sich plötzlich treffen.«

Mick machte ein Geräusch, das einen leicht urteilenden Unterton hatte. Es war nicht das erste Mal, dass ich mich in einer Toilettenkabine hatte umziehen müssen, aber ich hatte wirklich gehofft, dass das eine Erinnerung aus meiner Studienzeit bleiben würde.

Die Tür öffnete sich, und mein Herz blieb für einen Moment stehen. Fuck. War das Jesper?

»Ähm«, machte der Typ, vermutlich bei Micks Anblick. »Ich glaub, du bist hier falsch.«

»Notfall«, entgegnete sie unbeeindruckt. »Hast du die Schlange drüben gesehen?«

Nachdem ich endlich das Kleid angezogen hatte, stellte ich fest, dass ich Mick nicht um andere Schuhe gebeten hatte. Dann blieb es eben bei den Sneakern, die ich trug. Schließlich war es nichts Ungewöhnliches, wenn sich Schwestern Klamotten oder Schuhe teilten.

Hastig kramte ich nach dem Make-up. Wenn ich es schaffte, mir beim Wimperntuschen nicht die Augen auszustechen, während ich zeitgleich in der einen Hand den Taschenspiegel hielt, dann konnte ich alles schaffen. Für mehr als ein bisschen Concealer und Lippenstift blieb jedoch keine Zeit.

»Wenn du meinst«, murmelte der Typ nach einigen Sekunden, und ich hörte, dass die Tür der Kabine neben mir geöffnet wurde. Hoffentlich sah er nicht herüber.

Gerade als ich dabei war, meine Haare unter die blonde Perücke zu stopfen, klingelte mein Handy aus den Untiefen der Tasche. Hastig fischte ich es heraus. Jesper.

»Er ist da«, wisperte ich leise. »Lenk ihn ab. Sag ihm, ich komme gleich raus.«

Vor meinem geistigen Auge konnte ich Micks Gesichtsausdruck sehen, die mich erneut verfluchte, dann aber wortlos die Toilette verließ. Ich lauschte einen Moment, doch niemand sonst kam mehr herein, also schob ich den Riegel zur Seite, um mich in dem großen Spiegel zu betrachten. Einige braune Haarsträhnen lugten noch hervor, die ich hastig versteckte.

Dann flog die Tür auf, und ein weiterer Mann trat ein. Ich konnte gar nicht so genau sagen, wann der andere Typ wieder rausgegangen war.

»Notfall«, sagte ich, leicht peinlich berührt, und wischte die Wimperntusche von meinen Lidern, die ich versehentlich mitgetuscht hatte. Heute war kein Tag für Panda-Look. Auch meinen roten Lippenstift hatte ich schon ordentlicher aufgetragen, aber zumindest hatte ich keine Überreste auf den Zähnen.

Der Typ verschwand mit einem Schulterzucken in einer Kabine, und ich wusch mir rasch die Hände, ehe ich alles zurück in die Tasche packte. Mit schnellen Schritten, aber ohne so zu wirken, als hätte ich einen Seifenspender geklaut, durchquerte ich das Café. Bereits durch die Glasfront entdeckte ich Jesper und Mick, die direkt vor dem Eingang warteten und sich … unterhielten? Ich war mir nicht sicher, ob ich Mick von einem Mordversuch abhalten müsste, doch ihre Körpersprache war entspannt. Keine verschränkten Arme, stattdessen stand sie ihm zugewandt, während sie mit ihm sprach. Was mich beruhigte, immerhin sollte

Jesper nicht glauben, dass meine Freundinnen ihm wirklich nach dem Leben trachteten. Das tat nur ich. Ein bisschen.

»Hey, tut mir leid, dass ihr warten musstet«, sagte ich und trat näher an die beiden heran, deren Gespräch augenblicklich verstummte.

Jesper sah mich an, und seine vorher entspannte Miene hellte sich auf.

»Schön, dich zu sehen«, sagte er, und ein Kribbeln jagte über meine Haut. Ich brauchte ganz, ganz dringend wieder Sex, damit diese Reaktion endlich aufhörte. »Wie bist du vorangekommen?«

»Gut, gut«, erwiderte ich, als mir klar wurde, dass er vom Schreiben sprach. Instinktiv drückte ich die Tasche, die mir Mick mitgebracht hatte, näher an meinen Körper. Wie gut, dass er nicht wusste, dass da kein Laptop drin war.

»Wirklich?«

Etwas an der Art, wie er fragte, erweckte den Eindruck, als wüsste er, dass ich log. Unsicher sah ich zu Mick.

»Tut mir leid, Rosalie. Ich habe ihm von deinem Nervenzusammenbruch erzählt«, sagte Mick und zuckte ungerührt mit den Schultern, doch ich sah an ihrem subtilen Grinsen genau, dass sie es genoss, mich zappeln zu lassen. Das hatte ich vermutlich verdient. »Und dass ich zu deiner Rettung eilen musste.«

»Erwischt.« Ich lachte verlegen. Zumindest hoffte ich, dass es das war, was bei Jesper ankam. »Fallon war noch bei der Arbeit, deswegen bin ich Mick auf die Nerven gegangen.«

»Danach war *ich* die mit dem Nervenzusammenbruch«, stimmte Mick ein, und ich konnte nur hoffen, dass meine Aussagen gerade irgendwie zu dem passten, was sie Jesper gesagt hatte.

»Tut mir leid, ich mache es wieder gut.« Ich zog sie in eine Umarmung.

»Und wie du das wirst«, murmelte sie leise, aber bedrohlich zurück, und ich lächelte, ehe wir uns voneinander lösten.

»Es war überraschend nett, dich kennenzulernen«, sagte sie zum Abschied zu Jesper und verschwand in der Menge. Ich hatte wirklich viel gutzumachen.

»Überraschend, hm?«, fragte er mit diesem feinen Lächeln, das mein Herz irgendwie aus dem Rhythmus brachte.

(010011)
Jesper

»Hast du deine Krise überwunden?«, fragte ich sie, während wir uns durch die Menschenmengen schlängelten, die aus den Büros geströmt kamen.

»Es geht so«, sagte sie und zuckte mit den Schultern. »Immer wenn ich eine überwinde, taucht plötzlich eine neue auf.«

»Kommt mir bekannt vor«, entgegnete ich leise und dachte daran, wie ich den heutigen Tag damit verbracht hatte, erneut zu meinen Eltern zu fahren und dort sämtlichen Papierkram neu zu ordnen. Eigentlich hatte ich es nicht machen wollen. Doch nachdem mich Dad gestern Abend anrief, weil sie noch mehr Rechnungen gefunden hatten, wusste ich, dass es nur schlimmer werden würde. Also hatte ich Samuel um einen Tag Homeoffice gebeten und war, mit meinem Arbeitsrechner bepackt, zu ihnen gefahren. Und unglaublich froh, jetzt wieder zurück in Edinburgh zu sein.

»Was machst du dann? Wenn du eine Krise hast?«

Sie warf mir einen kurzen Seitenblick zu, ehe sie ihre Augen nach vorn auf die Straße richtete. Es waren so viele Menschen unterwegs, dass ich aufpassen musste, in niemanden hineinzulaufen.

»Hm«, machte ich, um ihr zu zeigen, dass ich sie gehört hatte, weil ich einen Moment brauchte, um darüber nachzudenken. »Analysieren und dann nach der besten Lösung suchen.«

Rosalie stieß ein lautes Schnauben aus. »Das ist so eine typische ITler-Antwort.«

In meinem Kopf hörte ich Kinseys spöttisches Lachen, begleitet von dem Hinweis, dass ich mich an meine eigenen Ratschläge halten sollte, statt nur Symptombekämpfung zu betreiben. Denn nichts anderes tat ich. Wenigstens war Mum wieder zu Hause, auch wenn sie sich noch ausruhen musste und durch ihren gebrochenen Arm eingeschränkt war. Aber immerhin war sie nicht mehr ganz so fahl wie im Krankenhaus. Was vielleicht daran lag, dass ihr Bandkollege Rolan dafür sorgte, dass sie genug aß.

Aber all das war nichts, worüber ich mit Rosalie reden wollte. Stattdessen setzte ich ein Lächeln auf. »Ich bekenne mich schuldig. Hat Fallon dir dieselbe Antwort gegeben?«

»Nein«, sagte sie nach einem Moment mit einem hörbar genervten Unterton. »Fallon veranstaltet ein Chaos um sich herum und versucht dann, sich irgendwie durchzumanövrieren.«

»So habe ich sie gar nicht eingeschätzt.«

»Sie kann es wirklich gut überspielen.« Sie zuckte mit den Schultern.

»Ich hätte nicht gedacht, dass Fallon von euch beiden die Chaotischere ist«, sagte ich, weil es der erste Gedanke war, der mir in den Sinn kam. »Gerade wenn ich mir dein Bücherregal so anschaue …«

Rosalie lachte über meine Bemerkung. »Du hast dir mein Instagram-Profil also gründlich angeschaut, hm?«

»Möglich«, erwiderte ich und spürte ein Zucken an den Mundwinkeln.

»Lass mich raten. Deine Bücher sind entweder alphabetisch nach Autoren oder chronologisch nach Erscheinungsjahr geordnet, richtig?«

»Chronologisch nach der Epoche, die sie behandeln. Und natürlich thematisch.«

»Das hätte ich mir denken können«, antwortete sie in einem Tonfall, aus dem ich nicht schließen konnte, ob es ein Witz gewesen war oder nicht. »Bei den ganzen Ruinenbildern hast du natürlich die passenden Bücher dazu.«

»Du hast dir mein Profil also auch angesehen.« Eine Feststellung, keine Frage.

»Ja. Obwohl es nicht allzu viel gab. Ich meine, wie alt war dein«, sie hob die Finger in die Höhe und machte Anführungszeichen in die Luft, ›neustes Bild‹? Drei Jahre?«

»So ungefähr«, sagte ich gleichgültig. Es waren drei Jahre und drei Monate gewesen. »Und auch diese Bilder sind nur unter Zwang entstanden.«

»Das habe ich mir fast gedacht.« Rosalie lachte. »Wieso reist du nicht mehr? Oder hast du schon alle spannenden Ruinen gesehen?«

Ich stieß reflexartig ein Schnauben aus, das ich mit einem Lachen zu überspielen versuchte. »Nicht einmal ansatzweise.«

Mittlerweile hatten wir die Treppe erreicht, die in einen Pfad mündete, der direkt zur Anhöhe führte. Ich war schon eine Weile nicht mehr hier gewesen und deswegen umso überraschter, wie viele Leute unterwegs waren. Gut, es war auch ein beliebter Touristenspot, aber gerade wünschte ich mir doch ein klein wenig mehr Ruhe. So wie in dem Escape Room.

Auch nach zwei Treffen war Rosalie mir immer noch ein kleines Rätsel. Weil sie gleichzeitig zugewandt, aber dennoch merkwürdig distanziert wirkte, während sie mich mehr faszinierte, als ich mir eingestehen wollte.

»Wusstest du«, sagte ich und deutete in Richtung des National Monuments, »das Edinburgh *das Athen des Nordens* genannt wird?«

»Nein«, sagte Rosalie und wich einem Mann mit Hund aus, der den Weg entlangjoggte. »Aber ich weiß, dass du meine Frage nicht beantwortet hast.«

»Und ich hatte gehofft, ich könnte dich mit Geschichtsfakten ablenken.«

»Das kannst du. Nach deiner Antwort.« Ihr Lächeln zeigte mir sehr deutlich, dass ich es kein zweites Mal versuchen musste.

»Ich hatte keine Zeit mehr«, sagte ich schließlich, auch wenn das nur die halbe Wahrheit war.

»Was ist mit deinem Kumpel?«, erwiderte sie nachdenklich, weil sie zu merken schien, dass das nicht alles war. »Der auf den Bildern. Reist er noch?«

»Das … weiß ich nicht.« Die Worte auszusprechen war schwerer, als ich gedacht hatte. Weil sie sich wie ein Eingeständnis anfühlten, dass ich versagt hatte. »Wir haben keinen Kontakt mehr.«

»Oh.« Einen Moment herrschte betretenes Schweigen zwischen uns, während die Geräuschkulisse um uns herum langsam abnahm, je weiter weg wir von der Straße kamen. »Tut mir leid.«

»Muss es nicht. Manchmal hat man einfach …« Was eigentlich? Meinungsverschiedenheiten? »Manchmal lebt man sich einfach auseinander.«

»Du klingst aber nicht so, als hättest du dich damit abgefunden.« Sie breitete ihre Arme aus, während der Wind ihr Kleid umspielte.

»Nein«, gab ich schließlich zu, »habe ich auch nicht.«

Rosalie öffnete den Mund, doch ehe sie darauf etwas erwidern konnte, sprach ich weiter: »Wie hast du es geschafft? Nicht aufzugeben, sondern deine Bücher zu veröffentlichen?«

Leicht irritiert schloss sie den Mund wieder, schien für einen Moment zu überlegen, ob sie mir das durchgehen ließ oder nicht.

»Ich habe einfach weitergemacht«, sagte sie. »Das klingt vielleicht klischeehaft, aber es stimmt. Ich wollte Bücher veröffentlichen, die Menschen etwas bedeuten. Also habe ich geschrieben und geschrieben, bis ich etwas hatte, für das ich mich nicht in Grund und Boden geschämt habe. Das hat ziemlich lange gedauert.«

Sie lachte, während sie versuchte, ihre Haare zu bändigen, die der Wind ständig durcheinanderwirbelte.

»Doch auch dafür habe ich Absagen bekommen. Wirklich viele. Und es gab mehr als einen Moment, in dem ich gedacht habe, dass ich aufgeben sollte. Dass ich einfach kein Talent zum Schreiben habe.«

Ihr Blick lag abwesend auf den Dächern der Stadt, die wir von hier aus überblicken konnten.

»Aber schlussendlich konnte ich mir nicht vorstellen, nicht zu schreiben. Also habe ich neue Geschichten erfunden und irgendwann meine erste Zusage bekommen.«

Das habe ich eine Zeit lang auch geglaubt. Dass es diesen einen Traum gibt, der mich nachts wachhält und ohne den ich nicht mehr atmen könnte. Und ich hatte ihn, das wusste ich. Weil kaum ein Tag verging, an dem ich nicht daran dachte.

»Und was ist mit den Risiken?«

»Risiken muss man in Kauf nehmen«, sagte sie schlicht und wandte sich wieder zu mir. »Oder damit leben, dass man es irgendwann bereut, sich nicht getraut zu haben. Und ich glaube, dass man es früher oder später immer bereut, etwas aufgegeben zu haben, für das man wirklich brennt.«

Wenn man wirklich für etwas brennt? Tat ich das? Brannte ich so dafür, dass mich die Idee selbst nach fünf Jahren noch immer nicht losgelassen hatte?

Sie musterte mich. »Was ist dein Traum? Falls du mir davon erzählen willst.«

Wollte ich das? Wenn ich ihn aussprach, machte ihn das nicht nur noch greifbarer, während er zeitgleich in weite Ferne rückte?

»Cody und ich sind gereist, um Material für unser Virtual History Projekt zu sammeln. Wir wollten, dass Menschen die Vergangenheit mittels VR erleben können, so als wäre sie real«, sagte ich leise.

Auf Rosalies Lippen schlich sich wieder dieses ermutigende Lächeln, das mich unweigerlich dazu brachte, ebenfalls zu lächeln. »Also wäre es möglich, im antiken Rom herumzuspazieren?«

»Genau«, erwiderte ich, und ein angenehmes Kribbeln glitt über meine Haut. »In einem historisch akkuraten antiken Rom natürlich.«

»Natürlich.« Ihr amüsierter Blick sagte mir, dass sie davon bereits ausgegangen war, doch dann wurde ihre Mimik ein wenig ernster, und sie runzelte die Stirn. »Das ist ein ziemlich großes Projekt. Von den vielen möglichen Orten einmal abgesehen, wäre es ja auch möglich, den Ort in verschiedenen Epochen darzustellen.«

Ich nickte, weil das einer der Hauptpunkte gewesen war, über den Cody und ich uns damals den Kopf zerbrochen hatten. »Mein Traum wäre es, so viel wie möglich zu so vielen unterschiedlichen Zeitpunkten wie möglich darzustellen. Aber für den Anfang wollten wir uns erst mal auf einen Ort und eine Zeit beschränken.«

Rosalie sah mich für einen Moment mit einem Ausdruck an, den ich nicht ganz deuten konnte, ehe sie wieder lächelte. »Was wäre es geworden?«

»Der Palast von Knossos um die Neupalastzeit«, erwiderte ich und versuchte das Bedauern aus meiner Stimme zu verbannen. Dieser Ort hatte uns beide so fasziniert, dass wir Tage damit verbracht hatten, alles an Informationen zusammenzutragen, was wir finden konnten. Umso schlimmer, dass wir nie darüber hinausgekommen waren.

Für einen Moment legte sich Stille zwischen uns, dann räusperte sich Rosalie und deutete mit den Händen auf die Bauten um uns herum.

»Das Athen des Nordens also«, wiederholte sie meine Worte von vorhin. »Wieso?«

Ich war dankbar für den Themenwechsel.

»Der Name sollte der wachsenden Bedeutung der Stadt Ausdruck verleihen. Bei der Gestaltung der Stadt war die Antike ein großes Vorbild, insbesondere das antike Athen. Der Architekt William Henry Playfair hat das Dugald Stewart Monument nach dem Vorbild des Lysikratesmonument in Athen entworfen. Das National Monument wurde durch der Parthenon, ebenfalls in Athen, inspiriert. Leider ist der Bau viel zu teuer geworden, sodass es nie beendet worden ist, weswegen es so halb fertig aussieht. Nicht umsonst wurde es deswegen als *Edinburghs Schande* oder *Der Stolz und die Armut Schottlands* bezeichnet, auch wenn es eigentlich ein Monument ist, um die Gefallenen von Napoleons Krieg in Waterloo zu ehren«, erklärte ich und deutete auf die Bauwerke um uns herum. Als ich wieder zu Rosalie sah und ihr Lächeln bemerkte, ließ ich die Arme sinken. »So viel Informationen wolltest du gar nicht, oder?«

»Doch«, erwiderte sie mit einem breiten Grinsen. »Kinsey hatte recht, du weißt wirklich viel.«

»Soll ich ein Bild von dir machen?«, fragte ich, als ihr Blick an der Aussicht über die Stadt hängen blieb.

»Ja, gern«, erwiderte sie mit einem Lächeln, das mein Innerstes kribbeln ließ. Wir gingen in Richtung des National Monuments, auf dem bereits unzählige Leute fotografierten. Ich war nach wie vor der Meinung, dass historische Stätten nicht die perfekte Fotokulisse waren, doch das National Monument war gerade einmal knappe zweihundert Jahre alt und zählte somit auch nicht wirklich zu historischen Stätten. Zumindest nicht im Vergleich zu der, der es nachempfunden war.

»Schrecklich, diese ganzen Touristen«, murmelte Rosalie, an mich gewandt, als hinter ihr ein Pärchen ein Selfie schoss.

»Bist du nicht auch Touristin?«, erwiderte ich amüsiert und fing mir dafür einen leichten Stoß mit den Ellenbogen in die Seite ein.

»Das ist was völlig anderes.«

»Hm«, machte ich mit einem leicht spöttischen Unterton, der keinen Zweifel daran ließ, dass sie meiner Definition nach immer noch eine Touristin war. Sie kletterte auf eine der Stufen, und ich machte einige Schritte zurück, um den Hintergrund besser mit einfangen zu können.

Rosalie sah mich an und lachte, und ich schoss das Bild. Eines, zwei, drei, weil ich diesen Moment unbedingt festhalten wollte.

»Und, wie findest du sie?«, fragte ich, nachdem ich wieder bei ihr war, und hielt ihr mein Display hin. Beim Anblick der Bilder gefror das Lächeln auf ihren Lippen ein wenig. Sie starrte jedes der drei Bilder an, als würde sie einen Fehler darauf suchen, der nicht existierte.

»Sie sind super geworden, danke«, sagte sie dennoch nach einigen Momenten, in denen sie die Bilder inspiziert hatte. »Kannst du sie mir schicken?«

Auch wenn ich nicht benennen konnte, was es war, so hatte sich in den letzten fünf Minuten irgendetwas verändert. Die vorher ausgelassene Atmosphäre war mit einem Mal angespannt, und ich fragte mich, was genau ich verpasst hatte.

»Sicher.« Ich öffnete meine Messenger-App und scrollte zu Rosalies Kontakt. Bei dem sie nach wie vor kein Profilbild hinterlegt hatte.

Gut, ich hatte nur eins, weil Kinsey damit gedroht hatte, erneut ihre Pizzakreation Spargel-Grünkohl-Rote-Bete zu machen, wenn sie weiterhin mit einem »Gesichtslosen« schreiben musste.

»Wollen wir weiter? Ehe wir noch mehr zornige Blicke auf uns ziehen?«, versuchte ich die Stimmung zu lockern, doch Rosalie sah sich mit einem Anflug von Panik um, als würde sie erst jetzt merken, dass auch um uns herum alle Fotos machten. Sie griff nach meiner Hand und zog mich von dem Monument weg, zurück auf den Weg, und ich ließ es geschehen, selbst wenn ich es nicht verstand.

Wir machten an einem Zaun halt, über den man einen schönen Blick auf die Prince Street hatte.

»Sorry«, sagte sie mit einem halben Lächeln. »Ich bin bei Fotos von mir etwas eitel. Deswegen mache ich sie am liebsten selbst.«

»Dafür habe ich mich als Fotograf aber doch ganz gut geschlagen, oder?«

»Du warst nicht schlecht«, gab sie großmütig zu. Wir gingen einen anderen Weg über den Calton Hill zurück, redeten, bis wir wieder am Fuß der Treppe angelangt waren. Neben einem Pub, in dem wir etwas essen wollten, hatte ich nun auch eine Liste von Serien, die ich unbedingt schauen musste. Laut Rosalie.

»Ich habe wirklich das Gefühl, du lebst hinter dem Mond«, sagte sie kopfschüttelnd, als ich ihr gestand, dass ich noch keine einzige Folge *Brooklyn Nine-Nine* gesehen hatte.

»Das wäre deiner Schwester bestimmt auch lieber«, gab ich zurück, und sie lachte.

»An einigen Tagen bestimmt.«

»Was ist mir dir?«, fragte ich leise, und Rosalie blinzelte mich für den Bruchteil einer Sekunde irritiert an.

»Mit mir?«, brachte sie hervor, und mit einer gewissen Zufriedenheit stellte ich fest, dass sie ein klein wenig atemlos klang.

»Wäre es dir auch lieber, ich würde irgendwo hinter dem Mond leben?«

Mein Blick wanderte zu ihren leicht geöffneten Lippen, dann wieder zurück zu ihren weit aufgerissenen Augen.

»Ich …«, wisperte sie und sah zu mir hoch. Verwirrung spiegelte sich auf ihrem Gesicht wider, während in meiner Brust das reinste Chaos herrschte. »Ich …«

»Hey, Jesper!«

Im letzten Moment unterdrückte ich ein genervtes Stöhnen und wandte den Blick von Rosalie ab und zu den Personen, die *ich* gerade auf den Mond wünschte. Will, Harvey und Luis, ein Frontend-Dev in der Etage über uns, standen an der Kreuzung, und Harvey winkte mir so freudig zu, als hätten wir uns drei Jahre nicht gesehen. Rosalie sah ebenfalls in ihre Richtung, während die drei auf uns zugelaufen kamen.

»Hallo«, sagte Harvey mit einem breiten Grinsen, dem ein Blick auf Rosalie gereicht hatte, um eins und eins zusammenzuzählen. »Wir wollten gerade was essen gehen. Wollt ihr mitkommen?«

Ich hatte nicht erwartet, dass er sich einfach so herumdrehen und verschwinden würde, doch die Einladung kam selbst für mich überraschend. Ich sah zu Rosalie, deren Miene merkwürdig starr geworden war, während sie ihre Hände in dem Stoff ihres Kleides vergrub.

»Wir können auch allein etwas essen gehen«, sagte ich zu ihr, weil ich das Gefühl nicht loswurde, dass sie sich unwohl fühlte. Was vielleicht nicht sonderlich überraschend war, wenn sie plötzlich noch mehr Menschen begegnete, die Fallon nicht mochte.

»Hey, tu nicht so, als wären wir nicht da«, mischte sich nun auch Luis ein, während Will nur die Augen verdrehte.

»Bitte«, sagte Harvey direkt an Rosalie gewandt und lächelte sie strahlend an. »Bisher dachte ich immer, dass Jesper ein Roboter wäre – du bist also die perfekte Gelegenheit, uns zu beweisen, dass er auch nur ein Mensch ist.«

»Wie wichtig ist es dir, deine Tarnung aufrechtzuerhalten?«, erwiderte Rosalie und sah mich an. Die Starrheit auf ihrem Gesicht war verschwunden, sodass ich mir nicht einmal sicher war, ob ich sie mir nur eingebildet hatte.

»Ich müsste auf jeden Fall weniger Fragen beantworten«, entgegnete ich belustigt.

»Dann ist die Sache beschlossen. Freut mich, dich kennenzulernen, ich bin Harvey«, sagte dieser, auch wenn genau genommen noch gar nichts beschlossen war. Rosalie löste ihre Finger aus dem Stoff und ergriff Harveys hingehaltene Hand.

»Rosalie, freut mich.«

(010100)
Fallon

Das alles war ein einziger Albtraum. Ich war verflucht. Anders konnte ich mir nicht erklären, wie ich so viel Pech an einem einzigen Tag haben konnte. Nicht nur, dass ich in der aufgelockerten Stimmung Jesper erlaubt hatte, Fotos von mir zu machen, nein, jetzt hatten wir auch noch einen *Ich-hatte-keine-Ahnung-was-das-geworden-wäre*-Augenblick. Vermutlich sollte ich dankbar sein, dass unsere Kollegen in diesem klischeehaften Moment beschlossen hatten, aufzutauchen und uns zu unterbrechen.

Harveys Einladung anzunehmen war mir in diesem Moment wie die sinnvollste Option vorgekommen, einfach um zu verhindern, dass ich mit Jesper allein war, doch mittlerweile war ich mir nicht sicher, ob diese Alternative wirklich besser war.

Luis und Harvey liefen voran, doch wann immer sich eine Gelegenheit bot, wandte er sich zu uns um, als könnte er nicht glauben, was er sah. Will, der direkt vor uns ging, hatte auch die merkwürdige Angewohnheit, kurze Blicke über die Schulter zu werfen, wann immer er mit Jesper sprach, mich dabei aber anzusehen. Es war offensichtlich, dass Will und Harvey etwas wussten, die Frage war nur, was.

Wenigstens war das Universum nicht so grausam gewesen, uns auf Ethan oder (im schlimmeren Fall *und*) Jamie treffen zu lassen.

Mit Luis hatte ich bisher nie zusammengearbeitet, aber Will und Harvey waren von allen möglichen Kandidaten definitiv noch die beste Wahl.

»Du hättest wirklich ablehnen können«, sagte Jesper leicht zu mir heruntergebeugt, während ich stur geradeaus sah. Ich versuchte, etwas Abstand zwischen uns zu bringen, damit er nicht merkte, dass mein Körper auf seine Nähe sehr, sehr merkwürdig reagierte.

»Aber vielleicht haben deine Kollegen lustige Geschichten über dich zu erzählen«, gab ich betont locker zurück, dann biss ich mir kurz auf die Lippe, weil er nie erwähnt hatte, wer die drei waren. »Fallon hat ihre Namen mal erwähnt.«

Mich beschlich das ungute Gefühl, dass meine Rechtfertigungen, woher ich welche Information hatte, es irgendwie nicht glaubwürdiger machten.

»Dann weiß ich wenigstens, dass sie sich nicht nur über mich aufgeregt hat«, erwiderte er mit einem hörbaren Lachen in der Stimme.

Meine Lippen kräuselten sich. »Das stimmt. Ich habe das Gefühl, eure halbe Firma zu kennen.«

Wir erreichten einen Pub, in dem uns eine Mischung aus Akkordeon, Gitarre und Dudelsack entgegenschallte, und suchten uns einen Tisch, der groß genug für fünf Personen war. In einer Ecke, in der die Musik nicht allzu gut zu hören war, wurden wir tatsächlich noch fündig. Ich saß neben Jesper auf der Bank, Harvey und Luis uns gegenüber, während sich Will mit einem Stuhl am Tischende begnügt hatte.

Ich griff nach der Menükarte, um meinem Kopf etwas anderes zu tun zu geben, als sich Gedanken darüber zu machen, was Jespers Freunde wussten und was ihnen selbst noch auffiel. Ein winziges bisschen dankbar war ich Luis, der Will in ein mehr oder weniger freiwilliges Gespräch über Comics verwickelte.

Wills leicht genervt wirkender Gesichtsausdruck ließ mich auf *weniger freiwillig* tippen, allerdings hatte ich bei Will bis jetzt auch noch keinen anderen gesehen.

»Du bist also für Jespers Midlife-Crisis verantwortlich.«

Ich sah von meiner Karte auf und starrte Harvey verdattert an. »Ich … bitte was?«

»Ist sie nicht«, warf Jesper ein, doch Harveys Blick lag unverwandt auf mir.

»Du hast eine Midlife-Crisis?«, wiederholte ich überrascht und sah zu ihm hinüber.

»Habe ich nicht«, versuchte er es erneut und fuhr sich durch seine dunklen Haare. Ein Kellner lenkte seine Aufmerksamkeit auf sich, und wir bestellten unsere Getränke. Gingerale für mich, denn ich wollte die Chance nicht erhöhen, mich wegen des Alkohols zu verplappern.

»Und wie«, sagte Harvey fröhlich und strahlte mich an, während Jesper erneut ein »Ich habe keine Midlife-Crisis« murmelte. Irgendwie brachte mich ihre Dynamik zum Lachen, denn da Jesper im Büro die meiste Zeit eher ernst wirkte, fand ich es lustig, zu sehen, dass Harvey wusste, wie er ihn aufziehen konnte.

»Du bist Autorin, oder?«, wechselte er plötzlich das Thema.

»Jepp«, erwiderte ich. »Ich schreibe Liebesromane.«

Die Frage würde sowieso kommen.

Gespannt wartete ich darauf, wie sich seine Mimik verändern würde. Welchen Kommentar auf meiner Liste ich nun abhaken könnte.

»Würdest du der Aussage, dass mehr Männer Liebesromane lesen sollten, zustimmen?«

Okay, der Punkt stand nicht auf meiner Liste. Leicht verdattert starrte ich ihn an, unfähig, die Worte zu verstehen, die er gerade von sich gegeben hatte.

»Auf jeden Fall«, antwortete ich, auch wenn ich nicht ganz

sicher war, worauf er hinauswollte. »Ich meine, am Ende sollte man am besten offen darüber reden, was man will. Aber ich denke schon, dass Männer einiges über Frauen lernen könnten, wenn sie sich anschauen würden, was Frauen lesen, anstatt sich darüber lustig zu machen. Und besonders wie Autorinnen Männer beschreiben.«

»Aber vermitteln solche Bücher nicht einen ziemlich unrealistischen Standard? Sind die Männer da nicht alle muskelbepackte Millionäre oder so?«

»Du meinst, so wie Pornos unrealistische Standards vermitteln?«, erwiderte ich und erntete statt einer verärgerten Fratze ein Grinsen. »Ich meine, am Ende kann man das Geld und die Muskeln weglassen und hat in vielen Fällen einen Mann, der seiner Frau zuhört und ihre Gedanken nicht einfach so als Unsinn abtut. Bestimmte Bücher mal ausgenommen. Aber ich glaube, dass die meisten Frauen gar nicht unbedingt einen Millionär heiraten wollen – sie wollen nur jemanden, der sie gut behandelt und ernst nimmt.«

»Dagegen kann ich nichts sagen.« Harvey seufzte, litt jedoch nicht sonderlich lang unter seiner argumentativen Niederlage und wandte sich wieder an Jesper. »Was sagt Kinsey eigentlich dazu, dass du mit ihrer Lieblingsautorin ausgehst?«

Auch wenn mir technisch gesehen klar war, dass das hier unter die Kategorie Date fiel, war es dennoch seltsam, zu hören, wie jemand anderes das bemerkte.

»Noch gar nichts.« Jesper legte das Kinn auf der Handfläche ab. »Und wenn dir was an meinem Wohlbefinden liegt, dann belass es bitte dabei.«

»Wie war das noch mal mit der Definition von Wahnsinn?«, warf Will ungerührt von der Seite ein, der irgendwie nach einem Weg zu suchen schien, das Gespräch mit Luis zu unterbrechen.

»Immer wieder das Gleiche zu tun und ein anderes Ergebnis zu erwarten«, antwortete ich, und auch wenn es mehr wie eine rhetorische Frage geklungen hatte, wollte ich wissen, was er meinte.

Harvey nickte zufrieden. »Genau. Dieser Kerl hier glaubt, dass er etwas vor seiner hyperneugierigen Schwester verbergen kann, die in seiner Wohnung haust. Keine Ahnung, wieso die Leute alle glauben, er wäre so schlau.«

»Du und Kinsey wohnt zusammen?«, fragte ich und konnte nicht überspielen, wie überrascht ich war.

Jesper wurde von einer Antwort verschont, weil in diesem Moment der Kellner mit unseren Getränken zurückkkam.

»Er würde es nie zugeben, aber er vergöttert seine kleine Schwester.« Harvey nahm einen großen Schluck von seinem Bier, während ich nicht sagen konnte, ob das sein Ernst war oder nicht. Allerdings war er auch mit Kinsey zu meiner Lesung gekommen, obwohl er kein Interesse an Liebesromanen hatte, was eindeutig für Harveys Aussage sprach.

»Falls du mich gern blamieren möchtest – würde es dir etwas ausmachen, das an einem anderen Tag zu tun?«, entgegnete Jesper gespielt finster. »Möglichst dann, wenn wir allein sind?«

»Wo bleibt denn da der Spaß? Außerdem kann ich mich nur außerhalb der Arbeitszeit für den ganzen Stress rächen, den du mir aufhalst.«

»Ich kann nichts dafür, dass dieser Kerl sich jeden Tag etwas Neues einfallen lässt«, versuchte sich Jesper zu verteidigen. Und da ich nun schon mehrere Mails von Cassies Manager erhalten hatte, wusste ich genau, was er meinte.

»Das, mein Lieber, ist eindeutig dein Problem.« Harvey beugte sich über den Tisch und tätschelte ihm liebevoll die Schulter.

»Sag mal«, meldete sich plötzlich Luis zu Wort, der gemerkt haben musste, dass ihm Will seit mindestens fünf Minuten nicht mehr zugehört hatte. »Ich hab gehört, dass Jesper aktuell unserer

Eisprinzessin schöne Augen macht. Nicht, dass sie ihn dir weg-schnappt.«

Schlagartig spürte ich, wie sich ein unangenehmes Hitze-gefühl auf meinen Wangen ausbreitete. Es war nicht schwer, zu erraten, von wem er das gehört hatte. Ein Grund mehr, Ethan irgendwann die Tastatur quer in den Hals zu schieben.

»Also ich würde *zivilisiert miteinander reden* nicht gerade als *wegschnappen* bezeichnen«, sagte Harvey mit einem breiten Lä-cheln, das keinen Zweifel ließ, wie viel Spaß er daran hatte, Luis vorzuführen.

»Ich weiß nicht«, erwiderte Luis nachdenklich und vollkom-men ernst und zuckte mit den Schultern. »Ich meine, Jesper hat Augen im Kopf, und er müsste schon ziemlich blöd …«

»Fallon und ich hatten unsere Differenzen«, sagte Jesper leicht genervt, »und ich bin froh, dass wir in diesem Projekt besser zu-sammenarbeiten. Das ist alles.«

Es sollte mich nicht überraschen, dass Luis so dachte. Kei-ne Ahnung, ob er zu den Männern gehörte, die *natürliche Frau-en* wollten, bis sie merkten, dass *natürlich* auch Augenringe und Beinbehaarung beinhaltete, doch auf jeden Fall war ich ihm als Fallon nicht hübsch genug. Und wenig überraschend stellte ich fest, dass es mir völlig egal war.

»Mach ihr nur keine Hoffnung. Nachher glaubt sie wirklich noch, du würdest was von ihr wollen.«

Bei Luis' Worten warf mir Jesper einen kurzen Seitenblick zu, während ich fieberhaft überlegte, wie wir das Gespräch von Fal-lon weglotsen konnten.

»Das bezweifle ich stark«, murmelte Jesper und wollte offen-sichtlich noch etwas sagen, doch Luis hatte sich bereits verschwö-rerisch über den Tisch gebeugt.

»Ich weiß nicht. Immerhin hat sie auch versucht, bei Ethan zu landen.«

Prompt verschluckte ich mich an meinem Ale. »Bitte was?«

»Ach, sorry, ist bestimmt langweilig für dich«, sagte er plötzlich, vermutlich weil ihn meine Reaktion irritiert hatte.

»Was hat er gesagt?«, wiederholte ich so freundlich wie möglich, auch wenn ich kurz davor war, ihn am Hals zu packen und zu schütteln, damit er mit der Sprache herausrückte.

»Wieso interessiert dich das so?«, entgegnete Luis, dem mein Ton anscheinend nicht freundlich genug war. Oder der die nicht ganz so subtile Aggression dahinter herausgehört hatte.

Ich verschränkte die Arme vor der Brust und lehnte mich nach hinten. Und Action. »Weil ich wissen will, was dieser Arsch über meine Schwester sagt.«

Ich hatte gehofft, dass es irgendwann weniger unangenehm werden würde, so über mich zu reden, doch das wurde es nicht.

»Fallon ist deine Schwester?«, fragte Luis verdattert, offensichtlich der Meinung, ich würde ihn verarschen.

»Sieht man das nicht?« Ich zog eine Augenbraue in die Höhe.

»Also?«

»Ähm«, druckste Luis herum, sah etwas unangenehm berührt zwischen den anderen dreien hin und her.

»Ethan hat gesagt, dass sie mal was miteinander gehabt hatten, als Fallon angefangen hat. Fallon wollte dann mehr, er nicht, und deswegen war sie dann so kalt zu ihm«, erklärte Harvey, nachdem Luis keine Anstalten machte, weiterzusprechen.

Hätte ich meine Augenbrauen noch weiter nach oben ziehen können, würden sie nun in meinem Haaransatz hängen. Ich war nur wenige Sekunden davon entfernt, Mick zu schreiben, dass wir die Schaufel doch brauchen würden.

»Und das habt ihr geglaubt?«, fragte ich in die Runde, wo mir nur ein Hauch von Unverständnis entgegenschlug.

»Na ja«, sagte Luis vorsichtig. »Wir hatten keinen Grund, ihm nicht zu glauben. Es war schon eine nachvollziehbare Erklärung.«

Gut zu wissen, dass Ethan das nun also nicht nur jedem alten Kollegen gesagt hatte, sondern auch jedem, der nach mir zu We Solve IT gekommen war. Und mit meinem Verhalten, insbesondere das der letzten Wochen, hatte ich das Gerücht auch noch befeuert.

»Ethan hat sie zum Abendessen eingeladen, was Fallon als nette Geste zwischen neuen Kollegen verstanden hat«, begann ich bemüht ruhig und schlang eine Hand um das kühle Ale-Glas. »Nach dem Abendessen wollte er mehr und sie nicht. Danach ist er ihr noch ewig auf die Nerven gegangen.«

»Jetzt sehe ich die Verwandtschaft zu Fallon«, bemerkte Harvey, unpassend begeistert. »Ihr seid beide Furcht einflößend.«

»Rosalie regt sich ja nicht zu Unrecht auf«, sagte Jesper ruhig und nahm einen Schluck Bier. Seine Finger strichen abwesend über das kondensierte Wasser, das die Oberfläche des Glases benetzte, und lenkten meine Gedanken für einen Moment in eine vollkommen andere Richtung.

»Mag ja sein.« Luis zuckte mit den Schultern und erinnerte mich schlagartig daran, wütend zu sein. »Aber Fallon ist irgendwie auch selbst schuld. Wenn sie ein bisschen freundlicher ...«

»Wenn du diesen Satz beendest, dann kannst du aufstehen und gehen.«

Ich hatte schon häufiger gedacht, zu wissen, wann Jesper wütend war, immerhin war ich nicht gerade selten daran beteiligt gewesen. Doch die Eiseskälte, mit der er nun sprach, sorgte dafür, dass sich die Härchen auf meinen Armen aufstellten.

»Dein Ernst?« Luis' Stimme war ebenfalls bedrohlich leise.

»Fallon ist auch nicht gerade meine allerbeste Lieblingsfreundin«, warf Harvey mit einem Blick auf mich ein, »aber es ist nicht ihre Schuld, wenn Ethan so einen Scheiß über sie erzählt.«

»Und es ergibt deutlich mehr Sinn, dass Ethan ein angekratztes Ego hat.« Es überraschte mich, dass ausgerechnet Will sich nun einmischte, der sich sonst immer aus allen Diskussionen heraushielt, die ihn nicht selbst betrafen. Zumindest bei der Arbeit.

»Oh ja«, pflichtete ihm Harvey bei und nickte. Es war offensichtlich, dass die beiden auf ihre Art versuchten, die Situation zu entspannen, doch Luis sah alles andere als entspannt aus. Seine Lippen waren krampfhaft aufeinandergepresst, und er funkelte Jesper mit offenkundiger Abneigung an.

»Machst du dir Hoffnung auf einen Dreier, oder wieso verteidigst du sie plötzlich?«

Während Jesper neben mir aufsprang, hatte ich bereits das Glas nach oben gerissen und Luis den Rest meines Gingerales ins Gesicht gekippt. Dieser war so fokussiert auf Jesper gewesen, dass er mich für einen Moment völlig sprachlos anstarrte.

»Da ist mir wohl mein Glas ausgerutscht«, sagte ich so liebenswürdig, wie ich konnte. »Wie ungeschickt von mir.«

»Hast du sie noch alle?«, fuhr er mich wütend an, während die Flüssigkeit von den Spitzen seiner hellbraunen Haare tropfte. Auf einer erwachsenen, professionellen Ebene war das ziemlich sicher keine Glanzleistung gewesen, aber verdammt, fühlte sich das gut an. Mir nicht jeden blöden Spruch gefallen zu lassen, weil ich Angst davor hatte, als Zicke abgestempelt zu werden, die keinen Spaß verstand.

»Du solltest nach Hause gehen«, sagte Will vollkommen ungerührt. »Du tropfst hier den ganzen Tisch voll.«

»Fick dich, Will. Du bist doch eh nur Jespers Schoßhündchen.«

»Genau, und ich schlafe mit ihm, damit er mich im Projekt nicht so hart rannimmt«, erwiderte dieser gelangweilt. Es war nicht Wills Schuld, aber es war nicht zu übersehen, dass er so etwas im Spaß sagen konnte, weil ihm das niemand glauben würde. Wäre ich hingegen die, die so etwas, selbst im Spaß, sagen würde, wäre die Gerüchteküche richtig angefacht.

»Ihr seid solche Wichser.«

Luis schob geräuschvoll den Stuhl zurück, knallte eine Zehn-Pfund-Note auf den Tisch, ehe er sich fluchend umwandte und verschwand. Einige der anderen Gäste, die das Spektakel mitangesehen hatten, steckten ihre Köpfe zusammen und tuschelten leise. Im Zweifelsfall wurde bestimmt ein Eifersuchtsdrama daraus gemacht, mit mir in der Hauptrolle.

»Es tut mir so leid«, sagte Jesper leise und setzte sich wieder. »Ich habe keine Ahnung, was mit ihm los ist.«

»Du musst dich nicht für sein Verhalten entschuldigen«, sagte ich und wühlte in meiner Tasche nach einer Serviette, um den Tisch zumindest etwas trocken zu tupfen. Für das klebrige Chaos auf dem Boden musste ich den Angestellten ein verdammt gutes Trinkgeld dalassen. »Dafür ist er schon selbst verantwortlich.«

»Ich habe dir gesagt, dass er ein Arschloch ist. Und keine Ahnung von Comics hat.« Will boxte Harvey gegen seinen Oberarm, vermutlich ein kleiner Racheakt, weil er sich Luis' Gerede hatte anhören müssen.

»Du hast gut gezielt«, sagte Jesper neben mir anerkennend und schnappte sich ebenfalls ein Taschentuch, um mir zu helfen. Vielleicht war es meinem jahrelangen Darts-Training zu verdanken, dass ein Großteil des Getränks auf Luis gelandet war.

»Schade um das Ale ist es trotzdem. Das hatte es nicht verdient«, erwiderte ich mit einem gespielten Seufzen, und Jespers Miene hellte sich ein klein wenig auf, was ein eigenartig warmes Gefühl in meiner Brust auslöste.

»Kann ich euch mal was fragen?«, sagte ich, nachdem der Tisch wieder trocken war und wir endlich unser Essen bestellt hatten. Und ich mit einem neuen Gingerale versorgt war. »Wegen Fallon.«

»Schieß los«, antwortete Harvey. »Aber hey, könntest du mir vorher das Ale geben? Mein Shirt ist neu.«

»Ich verspreche, nicht mehr mit Ale um mich zu spritzen. Falls keine blöden Sprüche kommen.«

Die letzte halbe Stunde hatte sich einfach so vollkommen surreal angefühlt, dass es mich nicht überrascht hätte, wenn ich jeden Moment von meinem Wecker aus dem Schlaf gerissen worden wäre. Doch nach dem Streit mit Luis beschlich mich das Gefühl, dass Will und Harvey tatsächlich keine vollkommen schlechten Menschen waren – trotz der zweifelhaften Wahl ihrer Freunde alias meiner personifizierten Hölle. Über den ich mich nicht einmal beschweren konnte.

»Ich weiß, dass sie manchmal … schwierig sein kann«, begann ich, und in mir zog sich wirklich alles zusammen. Aber das war die Gelegenheit für mich, herauszufinden, was meine Kollegen von mir dachten. Und zu enthüllen, was noch so für Gerüchte über mich im Umlauf waren.

»Schwierig ist gar kein Ausdruck«, sagte Harvey, und Jesper neben mir seufzte leise. »Was? Ist doch so. Wenn du fragst, willst du doch eine ehrliche Antwort, oder nicht?«

Ich nickte und versuchte, die Atmosphäre mit einem kleinen Lachen zu lockern. »Nach allem, was ich von euch gehört habe, würde ich auch merken, wenn ihr lügt.«

»Siehst du.« Harvey gestikulierte wild vor Jespers Gesicht, der nur leicht die Augen verdrehte.

»Sie redet mit niemandem außerhalb eines Meetings«, begann Harvey und hob seinen Zeigefinger hoch, um zu bedeuten, dass dies der erste Punkt einer, vermutlich sehr langen, Liste war. »Niemand von uns wusste irgendetwas über sie. Auch nicht, dass sie eine Zwillingsschwester hat.«

Wieder ein Finger.

»Dann starrt sie immer alle so böse an, sodass man überhaupt Angst hat, sie was zu fragen. Und sie hat ständig schlechte Laune.«

Noch mal zwei Finger, mit der anderen Hand griff er nach seinem Bier und nahm einen Schluck.

»Ich muss mich nicht mit allen meinen Kollegen anfreunden. Und von manchen weiß ich auch echt mehr, als ich es jemals wollte, aber sie kapselt sich von allen komplett ab und macht stattdessen alles allein. Sie ist gut, besser als ein Großteil der anderen Backend-Devs, aber es ist echt unmöglich, mit ihr zusammenzuarbeiten.«

Es war neben Jesper das erste Mal, dass ich von einem meiner Kollegen hörte, dass ich gut war. Was den Rest seiner Aussage anging – nun, da könnte er vielleicht, unter bestimmten Umständen ein winzig kleines bisschen recht haben. Wirklich nur ein bisschen.

»Ich weiß nicht, was Fallon dir genau über mich erzählt hat, aber ich bin mir ziemlich sicher, dass sie mich von Anfang an noch weniger leiden konnte als alle anderen. Wieso?«, fragte Jesper plötzlich mit offensichtlicher Neugier, und mir wurde klar, dass ich mit meiner Frage die Büchse der Pandora geöffnet hatte. Zugegeben, das hatte er mich bereits als Fallon ganz am Anfang schon einmal gefragt, worauf ich ihm aber keine richtige Antwort hatte geben können.

»Also«, begann ich und nippte an meinem Ale, um ein paar Sekunden Bedenkzeit herauszuholen. »Ich …«

Verdammt. Jesper beugte sich ein Stück näher zu mir, und sein zitroniger Duft stieg mir erneut in die Nase, was meine Denkfähigkeit nicht verbesserte. Ein feines Lächeln umspielte seinen Mund, und ich hatte absolut keine Ahnung, ob er das mit Absicht machte oder nicht. Und ich wusste auch nicht, was ich schlimmer gefunden hätte.

»Ich verrate es ihr auch nicht.« Jespers Stimme war so leise, dass ich nicht wusste, ob Harvey und Will ihn über den Lärm im Pub verstanden hatten, und ein Schauer glitt mir über den Rücken.

»Nehmt euch ein Zimmer«, sagte Harvey betont laut, und Jesper lehnte sich wieder zurück, während das Kribbeln auf meiner Haut blieb.

»Sie hat Angst, dass sie nicht ernst genommen wird«, brachte ich hervor, weil ich das Gefühl hatte, zu explodieren, wenn ich nicht irgendetwas sagte. Auch wenn das vielleicht mehr Wahrheit enthielt, als ich hatte zugeben wollen. »Und sie hatte ein Problem damit, dass du von Anfang an von allen respektiert wurdest.«

»Und deswegen legt sie es lieber auf Streit mit mir an?«, erwiderte Jesper.

»Nun«, murmelte ich leise, »du hast trotzdem manchmal unrecht. Sagt sie.«

Jesper das so zu sagen kam mir mit einem Mal unglaublich albern vor, aber vor knapp einem Jahr, als er bei uns angefangen hatte, war das mein Gefühl gewesen. Er war derjenige, auf dessen Meinung alle hörten, ohne dass er ihnen Argumente liefern musste. Er war derjenige, der alle auf seine Seite zog, weil er nun einmal einer von ihnen war.

»Sie war eifersüchtig auf dich«, gab ich zu, auch wenn das für jeden hier am Tisch mittlerweile offensichtlich war. »Sie hat im Studium schlechte Erfahrungen mit ihren Kommilitonen gemacht und ...«

Ich brach ab. *Schlechte Erfahrungen* war ein Euphemismus, aber ich war nicht bereit, noch mehr von mir preiszugeben. Eine schlechte Erfahrung war es, wenn ein Friseur einem die Haare völlig verschnitt. Oder wenn ein Restaurant das Essen völlig versalzte.

Doch zu erfahren, dass mich meine Kommilitonen hinter meinem Rücken belächelt hatten, während sie zeitgleich versuchten, mich ins Bett zu bekommen, war keine »schlechte Erfahrung«. Das ging so viel tiefer. Und dann ihr wahres Gesicht zu sehen, nachdem sie erfolglos geblieben waren, hatte verdammt wehgetan.

»Sie wurde nie für gut genug gehalten«, fuhr ich mit einer bemüht lockeren Stimme fort, weil ich das Thema nicht weiter vertiefen wollte, und hoffte, sie wären mit dieser Antwort zufrieden. »Das nagt noch ziemlich an ihr.«

So, ich wäre jetzt wirklich bereit gewesen für die Erdspalte, die sich endlich unter mir auftun könnte, um dieses unangenehme Fremdschamgefühl loszuwerden. Was genau genommen kein Fremdschämen war, weil ich mich für mich selbst schämte.

»Das erklärt zumindest, wieso sie sich die Nachtschichten um die Ohren haut, damit wir unsere Deadline schaffen«, bemerkte Will nachdenklich. »Ich hatte wegen der Arbeit noch keine schlaflosen Nächte.«

»Lass das nicht Samuel hören«, warf Harvey ein und deutete dann auf Jesper. »Oder unseren Boss hier.«

»Ich verrate es ihm nicht«, entgegnete Jesper, und plötzlich lag seine Hand auf meinem Bein, dort, wo ich den Arm abgelegt hatte. Unsere Finger verflochten sich miteinander, eine tröstliche Wärme ging von seinen aus.

»Vielleicht kannst du Fallon ausrichten, dass wir ihr wirklich nichts Böses wollen«, sagte Will, und in seiner Stimme fand sich kein Hauch von Spott. »Wir wissen, dass sie gut ist. Sie ist nur keine sehr angenehme Gesellschaft.«

Es war nicht gerade schön, das zu hören, aber so richtig verübeln konnte ich es ihnen nicht.

»Damit kann sie wahrscheinlich sogar leben«, erwiderte ich mit einem Räuspern, weil ich gerade das Gefühl hatte, ein Frosch hätte es sich in meinem Hals gemütlich gemacht.

»Meine Schwester ist auch eine Entwicklerin und musste sich echt durchbeißen. Vielleicht sollte ich sie Fallon einfach mal vorstellen? Das wird der Beginn einer wunderbaren Freundschaft.«

Harvey formte mit den Händen einen Regenbogen, und selbst Will konnte sich ein kleines Schmunzeln nicht verkneifen, während ich mir nicht sicher war, ob er mich auf den Arm nahm. Doch dann sah Harvey plötzlich mit einem Grinsen zwischen Jesper und mir hin und her, in dem etwas sehr Unheilvolles mitschwang.

»Wie habt ihr euch eigentlich kennengelernt?«

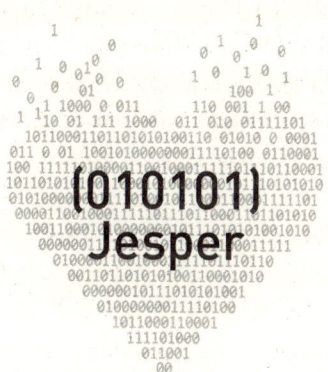

(010101)
Jesper

»Du liegst ja noch im Bett«, sagte Kinsey erstaunt, während meine Zimmertür mit einem lauten Krachen gegen die Wand schlug. Verschlafen blinzelte ich und versuchte, die Augen zu öffnen, kniff sie jedoch direkt wieder zusammen, als sich der Raum schlagartig erhellte.

»Bis vor drei Sekunden habe ich sogar noch geschlafen«, gab ich, missmutig grummelnd, zurück und startete einen neuen Versuch, nun, da Kinsey die Vorhänge vollständig aufgezogen hatte. Zu meinem Erstaunen stand meine Schwester bereits fertig angezogen am Ende meines Bettes, was nur bedeuten konnte, dass es fast Mittag war. Denn davor war sie sonst nur selten aus dem Bett zu bekommen. Normalerweise war unsere Wochenendrollenverteilung die, dass ich Frühstück machte und mich dann damit abmühte, sie zu wecken.

»Bist du krank?«, fragte sie gespielt besorgt, machte drei Schritte um das Bett herum und klatschte mir die kalte Hand auf die Stirn. »Ich glaube, du hast Fieber. Vielleicht stirbst du auch.«

»Gut, dass du nicht im Krankenhaus arbeitest.« Leicht desorientiert schob ich ihre Hand beiseite, doch dieser neugierige Ausdruck auf ihrem Gesicht verschwand nicht.

»Was willst du?«, fragte ich und richtete mich schließlich auf, griff nach dem Glas Wasser auf dem Nachttisch und leerte es in einem Zug. Ein leichtes Stechen meldete sich in der hintersten Ecke meines Kopfes.

»Ich habe Frühstück gemacht«, erwiderte sie betont unschuldig, grinste dafür jedoch viel zu breit. »Also los, sonst werden die Bohnen kalt.«

Sie huschte laut und verdammt schief singend aus dem Zimmer, und ich ließ mich noch einmal zurück in die Kissen sinken. Am liebsten hätte ich mich umgedreht und weitergeschlafen, was sich für mich so neu und unbekannt anfühlte, aber in spätestens fünf Minuten wäre Kinsey erneut aufgetaucht.

Meine Gedanken kehrten zum gestrigen Abend zurück, der, von dem Vorfall mit Luis einmal abgesehen, tatsächlich unterhaltsamer gewesen war, als ich zunächst erwartet hatte. Harvey zu erzählen, dass mich Kinsey in eine Liebesromanlesung geschleppt hatte, war einer der größeren Fehler in meinem Leben gewesen. Nicht der größte, aber mir war klar, dass es am Montag das halbe Office wissen würde, und es gab nichts, was ich dagegen tun konnte.

Und zu meiner Überraschung machte es mir absolut nichts aus. Es war mir inzwischen ein Rätsel, wieso es mir überhaupt so unangenehm gewesen war, mich dort sehen zu lassen.

Rosalies Worte über ihre Schwester hatten mich nachdenklich gestimmt. Dass Fallon Angst hatte, nicht ernst genommen zu werden, wäre mir in hundert Jahre nicht in den Sinn gekommen. Mittlerweile konnte ich jedoch sehen, wieso sie diese Angst hatte. Sie wurde anders behandelt – von uns, ihren Kollegen, aber auch von ihrem Vorgesetzten. Allein schon dass sie nach so langer Zeit, die sie im Unternehmen war, immer noch keinen Seniortitel bekommen hatte, sprach Bände. Und machte mir klar, was die Position als Architektin für sie bedeutet hätte.

Ein Kribbeln breitete sich in meinem Körper aus, als ich an

das Strahlen auf Rosalies Gesicht dachte, das sie immer dann nach außen trug, wenn sie leidenschaftlich über etwas sprach. Und dieses Lächeln auf den roten Lippen würde mich noch um den Verstand bringen. Brachte es bereits.

Auch wenn der Abend besser gelaufen war, als ich erwartet hatte, bereute ich, dass die drei uns unterbrochen hatten, in diesem Moment, in dem wir uns vielleicht geküsst hätten. Rosalies große blaue Augen, ihr Blick auf meine Lippen, ihre geröteten Wangen.

Ich wusste, dass ich sie unbedingt küssen wollte. So unbedingt, wie ich schon lange nichts mehr gewollt hatte.

Doch etwas hielt sie zurück. Ich wusste nur nicht, was. Denn ob sie es zugeben wollte oder nicht, da war etwas zwischen uns. Und ich wollte herausfinden, was es war.

»Es wird alles kalt«, hörte ich Kinsey aus der Küche brüllen, und ehe sie beschloss, unsere Pfanne wie Rapunzel als Waffe einzusetzen, schwang ich meine Beine aus dem Bett und zog mir eine Jogginghose und ein T-Shirt über.

»Setz dich, setz dich.« Fast schon aufgeregt klopfte sie mit der Hand auf den Tisch, auf den freien Platz ihr gegenüber, während ich kurz Angst hatte, dass sie die Karaffe mit Orangensaft über dem ganzen Tisch verteilte.

»Was willst du?«, fragte ich misstrauisch und setzte mich.

»Was wohl?« Dramatisch verdrehte sie die Augen. »Wissen, wie dein Date war, natürlich.«

»Woher …«, begann ich, brach dann aber ab, weil das bereits einem Geständnis gleichkam. »Wie?«

»Das ist hier nicht die Frage«, wehrte Kinsey mit einer wegwerfenden Geste ab und nahm sich Bohnen, Eier und gebratenen Tofu von den Tellern, die sie zwischen uns aufgestellt hatte. »Die Frage ist: Wieso hast du mir nicht erzählt, dass dein Date zufällig mit Rosalie Golden war?«

Ich griff nach der Kanne mit Schwarztee, auch wenn ich mehr als das brauchen würde, um mit Kinsey zu diskutieren. »Weil es dich genau genommen nichts angeht.«

»Und genau da liegst du falsch, Bruderherz. Es geht mich alles an. Immerhin habe ich euch quasi verkuppelt.«

»Hast du nicht. Du hast mich dazu gezwungen, ihre Lesung zu besuchen.«

»Deswegen ist das mein Verdienst. Ich habe dich ihr sogar angepriesen!«

»Woher weißt du es?«, fragte ich seufzend und goss einen Schluck Milch in den Tee.

»Fein.« Das breite Lächeln war nun durch einen schmollenden Ausdruck ersetzt worden. »Ich habe in deinem Handy nachgesehen und die Instagram-Nachricht gefunden. Uuuund dann ihren Kontakt.«

»Wieso kennst du meine PIN?«

»Bitte. 1687?« Erneut sah sie mich mit diesem Blick an, der mir das Gefühl gab, das Offensichtlichste der Welt nicht zu begreifen. »Du solltest weniger über die Zerstörung des Parthenons jammern.«

Offensichtlich. Ich war nur nie davon ausgegangen, dass sie mir tatsächlich zuhörte.

»Du kannst trotzdem nicht einfach so meine Nachrichten lesen«, gab ich zurück, und sie deutete auf den üppig gedeckten Tisch.

»Ich weiß, und um das wiedergutzumachen, habe ich Frühstück gemacht.«

»Das ist doch nicht vergleichbar.« Dass in Kinseys Wortschatz das Wort *Privatsphäre* nicht existierte, hatte ich schon zur Genüge erlebt. Dass sie aber nicht einmal davor zurückschreckte, meine privaten Nachrichten zu lesen, sollte mir zu denken geben.

»Du gehst seit einer halben Ewigkeit mal mit einer Frau aus, die dir dann auch noch verzeiht, dass du sie für unsere Eltern hast sitzen lassen. Da musste ich doch wissen, wer sie ist. Mal ganz davon abgesehen«, sie zog eine Braue hoch, »hätte ich sonst noch bis zum Ende des Jahrtausends warten können.«

»Möglich. Trotzdem war das nicht in Ordnung.«

»Ich weiß, und es tut mir leid.«

»So siehst du nicht aus«, sagte ich trocken und nippte an meinem Tee.

»Doch, doch, doch.« Kinsey ließ den Kopf nach vorn fallen, und ihre schulterlangen schwarzen Haare schwangen mit. Dann sah sie wieder auf. »Verzeihst du mir?«

»Du bist unmöglich«, erwiderte ich geschlagen. »Und ich werde meine PIN ändern.«

»Fein. Auch wenn ich sie bestimmt wieder knacken kann. Ist ja nicht so, als wärst du sonderlich kreativ.«

Den letzten Satz nuschelte sie zwischen einem Bissen Tofu mit Bohnen.

»Also«, sagte sie gedehnt und mit einem immer breiter werdenden Grinsen. »Wie ist Rosalie so privat? Erzähl mir alles!«

Nach dem Verhör am Frühstückstisch hatte mich eine seltsame innere Unruhe dazu gebracht, meine Sportklamotten anzuziehen und nach draußen zu gehen. Allein schon weil es keine zwanzig Minuten gedauert hätte, ehe Kinsey etwas Neues eingefallen wäre, was sie mich über Rosalie hätte fragen können. Also war es gerade das Beste, ihr aus dem Weg zu gehen.

Ich joggte die erste halbe Meile, schlängelte mich zwischen unzähligen Touristen hindurch auf dem Weg zu The Meadows, einem der größeren Parks in Edinburgh, merkte aber schon recht schnell, wie anstrengend das Laufen bei diesem Wetter war. An

Tagen wie diesem fragte ich mich tatsächlich, wieso das Wetter im Vereinigten Königreich so einen schlechten Ruf genoss.

Eine weitere knappe halbe Meile später hielt ich bereits vollkommen verschwitzt inne. Natürlich wusste ich, dass ich auf dem Weg zum Park das National Museum of Scotland passieren würde. Dafür kannte ich mich in der Stadt gut genug aus. Doch die meiste Zeit blendete ich das Gebäude einfach aus und versuchte, zu ignorieren, woran es mich erinnerte. Doch gerade jetzt hielt ich inne und blieb vor dem Eingang stehen. Es war schon so lange her, dass ich da drin gewesen war. Viel zu lang. Ich starrte für einen Moment durch die Glastür hinein, versucht, mich einfach zu überwinden. Doch etwas hielt mich zurück. Und es war nicht nur die Tatsache, dass mein Aufzug absolut unpassend war.

Ein Mann mit leuchtend roten Haaren ging um mich herum, hinein in den Eingangsbereich, und alles, was ich denken konnte, war *Cody*. Ich wusste, dass er es nicht war, außer Cody wäre in den letzten Jahren gute zwei Köpfe größer geworden und hätte eine Vorliebe für zerrissene Jeans entdeckt. Und obwohl ich es rational wusste, konnte ich nicht anders, als ihn in dem Mann zu sehen.

Ich starrte ihm noch nach, als er bereits lange in der Ausstellung verschwunden war. Immer wieder gingen Leute an mir vorbei, um mich herum und schimpften leise vor sich hin, bis ich mich endlich wieder in Bewegung setzte. Kinsey hätte mir wahrscheinlich gesagt, dass ich das als Zeichen der Sterne werten sollte, auch wenn sich mir immer noch nicht erschloss, was die Sterne davon hatten. Doch zum ersten Mal wollte ich zumindest ein kleines bisschen daran glauben.

Zwei Stunden, eine ausgiebige Dusche und eine Tasse Kaffee später verzog ich mich an den Schreibtisch, der einen Großteil meines Schlafzimmers ausmachte. Auf dem riesigen Monitor leuchtete mir ein trostloses graues Hintergrundbild entgegen, das ich sonst immer für seine Schlichtheit geschätzt hatte. Doch nun fühlte sich etwas daran nicht richtig an.

Ich klickte auf den Dateien-Ordner und folgte dem verzweigten Pfad, bis ich bei dem Ordner *Weltreise* angelangt war. Es war schon eine ganze Weile her, seit ich mich hierhergewagt hatte. Bilder von unseren Reisen, unzählige Dokumente mit Notizen, technische Gebäudezeichnungen und Fotos aus alten Büchern. Ich hatte es vermieden, mich daran zu erinnern, was ich aufgegeben hatte, doch das Gespräch mit Rosalie hatte etwas in mir ausgelöst. Etwas, das ich eigentlich begraben geglaubt hatte. Mein und Codys Traum.

Was er mittlerweile wohl machte? Ich hatte mich nicht getraut, ihm eine Anfrage über LinkedIn zu schicken, weil mir das falsch vorgekommen wäre. Scheinheilig. Er sollte nicht das Gefühl bekommen, ich hätte einfach vergessen, was damals passiert war. Hatte er sich stattdessen einem neuen Ziel zugewandt? Es vielleicht sogar schon erreicht?

Ich scrollte durch die Dateien, es waren so viele, dass ich sie erst einmal ordnen müsste, ehe ich damit überhaupt etwas anfangen könnte. Das war es eigentlich gewesen, was wir gemeinsam machen wollten, nachdem wir wieder in Schottland gewesen waren.

Und dann war alles anders gekommen.

Ich hatte noch Codys Mail-Adresse und seine Handynummer, deswegen wäre es zumindest technisch möglich gewesen, ihn zu erreichen. Die Frage war eher, ob er von mir erreicht werden wollte oder nicht.

Noch vor einigen Wochen hätte ich nicht einmal darüber nachgedacht, es überhaupt zu versuchen. Einfach weil es nichts gab, was ich ihm sagen konnte. Ich war derjenige, der die Notbremse gezogen und ihn vor vollendete Tatsachen gestellt hatte, ohne ihm die Chance zu geben, nach einem anderen Weg zu suchen.

Und damals hatte ich auch geglaubt, dass es keinen anderen gegeben hatte, doch nun … Nun war da diese kleine Flamme entfacht worden, die mich dazu brachte, erneut darüber nachzudenken. Die mich träumen ließ. Die mir ein Ziel gab, etwas, für das ich kämpfen wollte, ohne mich jeden Tag mit irgendwelchen Typen herumzuschlagen, für die ich austauschbar war. Für die ich funktionieren musste. Eine menschliche Ressource war.

Der Mauszeiger fuhr über das Mail-Icon, und das Programm öffnete sich. Ich hatte es schon einmal geschafft, jemandem eine Nachricht zu schreiben, auch wenn ich nicht hatte abschätzen können, was dadurch passieren könnte.

Hallo Cody, tippte ich die erste Zeile und starrte auf den blinkenden Cursor, in der Hoffnung, der Rest der Nachricht schrieb sich einfach von allein. *Können wir reden?*

Es war nicht viel, aber alles, was ich ihn fragen wollte. Wozu das Ganze noch mit unnötigem Small Talk verlängern, der ohnehin nichts ändern würde? Wenn ich die Mail abschickte und er darauf antwortete, dann gab es kein Zurück mehr. Wenn er mir wirklich zuhören würde, dann musste ich sicher sein, was ich wollte.

Seufzend lehnte ich mich in dem knarzenden Holzstuhl zurück und erinnerte mich daran, dass ich dringend einen neuen brauchte. Möglichst einen, der keinen ohrenbetäubenden Lärm machte, nur weil man sich regte. Oder gar etwas zu tief einatmete.

Vielleicht sollte ich es sein lassen. Am Ende würde ich ihn einfach nur wieder enttäuschen. Wenn er mir überhaupt antwortete. Denn die Chance, dass er es nicht tat, war überwältigend groß, und ich könnte verstehen, warum.

Aber auf der anderen Seite … war es nicht trotzdem einen Versuch wert? War ich es mir nicht ein klein wenig schuldig, dass ich es zumindest versuchte?

Risiken muss man in Kauf nehmen. Oder damit leben, dass man es irgendwann bereut, sich nicht getraut zu haben. Und ich glaube, dass man es früher oder später immer bereut, etwas aufgegeben zu haben, für das man wirklich brennt.

Rosalies Worte hallten in meinem Kopf wider. Wenn ich nicht einmal diesen ersten kleinen Schritt gehen konnte, dann würde ich niemals ehrlich sagen können, es versucht zu haben.

Ohne irgendetwas an der Nachricht zu ändern, drückte ich auf *Senden*. Meine Nachrichten waren schon immer knapp gewesen, weil ich es hasste, zu chatten. Durch Schreiben entstanden nur Missverständnisse, deswegen wollte ich es stets so kurz wie möglich halten. Und das wusste Cody, immerhin kannten wir uns bereits seit dem Studium. Das würde ihn also kaum wundern.

Ein merkwürdiges Gefühl machte sich in meiner Brust breit, eine Mischung aus Nervosität und Aufregung, während ich mich wieder dem Ordner zuwandte, um den wir einst unsere halbe Zukunft geplant hatten. Ein Kribbeln durchzog meine Finger und breitete sich im ganzen Körper aus. Was wäre, wenn wir tatsächlich wieder daran arbeiten würden?

Der Klingelton meines Handys riss mich aus meinen Gedanken. Den Bruchteil einer Sekunde ertappte ich mich dabei, zu hoffen, Rosalies Namen auf dem Display zu sehen, doch da war nur der meiner Mum. Begleitet von dem flauen Gefühl einer unguten Vorahnung.

»Hallo, Mum«, begrüßte ich sie und bemühte mich um einen lockeren Tonfall.

»Hallo, Jesy«, erwiderte sie, und in mir zog sich bei der Verwendung dieses Spitznamens alles zusammen. »Wie geht es dir?«

»Gut.« Ich machte einen kurzen Moment Pause, weil selbst mir klar war, dass das für eine Antwort zu wenig war. »Ich war gestern mit Freunden aus. Und dir?«

Einen Preis für Small Talk würde ich damit nicht gewinnen.

»Schön, schön, es freut mich, dass du nicht nur arbeitest. Mir geht es besser, auch wenn ich den Arm immer noch nicht richtig bewegen kann.« Sie räusperte sich. »Ist deine Schwester zu Hause? Ich habe versucht, sie auf ihrem Handy anzurufen, aber ich komme nicht durch.«

»Sie ist bei einer Freundin«, glitt mir die Lüge wie von selbst über die Lippen. »Und wahrscheinlich ist ihr Akku mal wieder leer.«

»Oh, schade«, sagte Mum mit ehrlichem Bedauern in der Stimme. »Ich weiß, dass sie beschäftigt ist, aber sie könnte sich wenigstens ab und zu mal bei uns melden. Kannst du ihr das bitte ausrichten?«

»Mache ich.« Das war sogar die Wahrheit. Ich richtete Kinsey jede Nachricht unserer Eltern aus. Nur sie zog es vor, sie einfach zu ignorieren. Und das war auch ihr gutes Recht, denn in der ganzen Zeit, die Kinsey und ich zusammenwohnten, hatte Mum noch nicht einmal nachgehakt, wieso Kinsey sich nie meldete. Stattdessen hatte sie jede meiner Ausreden dankend angenommen, ganz gleich, wie offensichtlich sie waren.

»Danke. Hatte sich dein Dad noch mal bei dir gemeldet?«

Ihr plötzlicher Themenwechsel brachte mich etwas aus dem Konzept.

»Nicht diese Woche. Wieso?« Das letzte Wort war nur ein halbes Flüstern.

»Es ist noch eine Rechnung aufgetaucht für eine Location, die wir angemietet hatten.« Sie stieß einen langen Seufzer aus. »Wunderschöne alte Fabrikhalle. Kannst du dir das vorstellen?«

»Mhm«, machte ich nur, weil ich wusste, was nun folgen würde. »Habt ihr die Locations nicht stornieren können?«

»Zum Teil, ja. Aber die scheint uns durchgerutscht zu sein.«

Was mich bei dem Chaos nicht wunderte. Und das, obwohl ich erst aufgeräumt hatte.

»Können wir dir die Rechnung senden?«

»Mum«, sagte ich und stützte das Kinn auf den angewinkelten Arm, der auf dem kühlen Holz des Tisches ruhte. »Ich habe bereits euer Equipment bezahlt. Und noch mehr Sachen, als ich letztens bei euch war. Und Dad hat mir danach gesagt, dass er sich um alles andere kümmert.«

»Das hat er auch«, entgegnete sie völlig unbekümmert, »aber das hat er in dem ganzen Stress übersehen.«

In welchem Stress?, lag mir auf der Zunge, doch ich schluckte die Worte herunter. Dad hatte sich um Mum gekümmert und kümmerte sich immer noch um sie. Er hatte Angst um sie gehabt.

»Wie wäre es, wenn ihr versucht, etwas von der Ausrüstung zu verkaufen?«, schlug ich vor. »Es gibt Plattformen für …«

»Was ist los mit dir?«, wechselte sie plötzlich das Thema, ebenso wie der unbekümmerte Tonfall nun einem leicht weinerlichen wich. »Du bist doch sonst nicht so kaltherzig.«

Der Vorwurf tat weh, insbesondere weil sie eigentlich wissen sollte, wie ungerecht er war. Ich tat alles für sie, und nun, wo ich ihr zumindest einen Gegenvorschlag unterbreitete, war ich kaltherzig?

»Weißt du, was? Wir kommen schon klar.«

Ihren Worten folgte Stille, und erst da merkte ich, dass sie aufgelegt hatte.

(010110)
Fallon

Ich wollte nicht zur Arbeit. Das wollte ich in letzter Zeit nie, und erst recht nicht heute. Denn an Montagen passierte grundsätzlich immer etwas Schlimmes. Nicht nur, dass ich ausgerechnet heute meinen Handywecker im Halbschlaf ausgestellt und somit verschlafen hatte, nun war auch noch ein Kaffeefleck auf meiner Jeans, weil ich eine junge Frau, die genauso in Eile war wie ich, umgerannt hatte.

Hoffentlich war übers Wochenende nicht auch noch mein Laptop geklaut worden.

Da mein Transponder noch im Büro war, wartete ich, bis jemand die Tür öffnete, und schlüpfte dann hindurch. Sofort hatte ich das Gefühl, sämtliche Augenpaare auf mir zu spüren. Vielleicht bildete ich mir das nur ein. Aber etwas fühlte sich sehr anders an als noch vor wenigen Tagen.

Falls Will und Harvey meine Leidensgeschichte im Büro erzählt hatten, dann hatten sie dabei hoffentlich nicht vergessen, zu erwähnen, dass Ethan ein lügender Arsch war, der nie auch nur den Hauch einer Chance bei mir gehabt hatte.

Als hätte ich mittlerweile einen Radar, hörte ich Jespers Stimme durch einen Raum voller Geräusche, doch der vertraute, warme Klang, mit dem er mit Rosalie sprach, war verschwunden.

Stattdessen war es dieser kühle, abweisende Tonfall, während er erneut mit Samuel diskutierte.

»Morgen«, begrüßte mich Will, als ich mit gesenktem Blick hinter ihm vorbei zu meinem Schreibtisch laufen wollte.

»Guten Morgen«, erwiderte ich leicht verdattert und riss den Kopf hoch. Wills Blick lag starr auf dem Monitor, die rechte Hand auf seiner Maus und die linke in der Schüssel mit Popcorn, so, als hätte er nur unbewusst Notiz von mir genommen. Völlig irritiert wandte ich den Blick ab und flüchtete zu meinem Platz, in der Hoffnung, Harvey hätte nicht auch plötzlich sein Mitgefühl entdeckt.

»Versuchst du es jetzt bei den anderen?«

Allmählich fand ich es extrem unheimlich, wie genau Ethan mich und meine Interaktionen mit den anderen zu beobachten schien. »Traurig, dass du bei Jesper keine Chance hast, dich hochzuschlafen?«

Konnte dieser Typ nicht wenigstens am Anfang der Woche seine Klappe halten?

»Traurig, dass ich es bei dir erst gar nicht in Erwägung ziehen würde?«

Erleichtert stellte ich fest, dass der Rucksack vollkommen unverändert an das Tischbein gelehnt stand, so wie ich ihn am Freitag zurückgelassen hatte, der Laptop sicher verstaut in seinem Inneren.

»Ist deine Schwester wirklich so heiß?«, fragte er dann, nachdem ihm auf meine vorherige Erwiderung nichts mehr eingefallen war.

»Heiß genug, dass Luis eine Abkühlung gebraucht hat.«

Ich fuhr meinen Arbeitsrechner hoch und stellte fest, dass wir heute schon wieder ein Projektmeeting hatten. Das Projekt lief mittlerweile seit fast eineinhalb Monaten und artete immer weiter in Chaos aus. Was nicht unsere Schuld war, aber bei Ada

Lovelace, ich könnte diesem Manager-Typen mit jeder weiteren E-Mail mehr und mehr den Hals umdrehen. Ständig kam er mit neuen brillanten Vorschlägen um die Ecke, die wir unbedingt noch einbauen müssten. Und natürlich nickte Samuel alles ab, weil dieser Auftrag ja ach so wichtig war. Völlig egal, wie unrealistisch es mittlerweile wurde, den Zeitplan einzuhalten. Was einmal mehr zeigte, dass Samuel von guter Projektleitung so viel Ahnung hatte wie unser Management von IT, schließlich war ihnen immer noch nicht klar, was genau der Unterschied zwischen Java und JavaScript war. Mir tat Jesper leid, der wiederholt versucht hatte, Samuel davon zu überzeugen, dass wir die drei Monate so nicht schaffen konnten, doch mit jeder Woche, die verstrich, sank auch unsere Hoffnung darauf. Was leider nicht sank, war mein Anspruch, es trotzdem schaffen zu wollen. Ebenso wie meine Deadline.

Ich war stark dafür, eine Petition zu starten, die der Zeit verbot, so dermaßen schnell zu verfliegen. Ich hatte noch etwa acht Wochen und mindestens vierzigtausend Wörter zu schreiben, was ein Wortziel von »viel zu viel pro Tag« machte. Und darin war die komplette Überarbeitung noch nicht mit eingerechnet. Doch zumindest hatte ich am Wochenende einiges geschafft. Nach dem Date mit Jesper und dem Treffen mit Will und Harvey war ich so produktiv gewesen wie schon lange nicht mehr. Lediglich die Technik hatte mir einen Strich durch die Rechnung gemacht. Denn bei meinem alten Laptop, an dem ich notgedrungen hatte schreiben müssen, klemmten die L-, K- und O-Tasten, weswegen meine Protagonistin häufiger *Che* oder *Chlllooe* geheißen hatte. Doch davon einmal abgesehen, kribbelte es mich in den Fingern, die geschriebenen Seiten zu korrigieren und in mein Schreibprogramm zu kopieren. Es gab kein schöneres Gefühl, als wenn sich die Wörter von selbst schrieben und man nur dabei zusehen musste, wie die Geschichte mit jedem Absatz wuchs.

»Sag mal, vögelt dich endlich mal einer, oder wieso hast du so gute Laune?«

»Soll ich dich mal vögeln, damit *du* mal gute Laune hast?«, kam prompt eine Antwort, wenn auch nicht von mir. Harvey stand breit grinsend an unserer Tischgruppe und zwinkerte Ethan zu. »Ich fang normalerweise nichts mit Kollegen an, aber ...«

»Halt die Schnauze, Cattell«, erwiderte Ethan und verzog angewidert das Gesicht, ehe er ruckartig aufstand und mit seiner Kaffeetasse zur Maschine ging. Rannte. Wir sahen ihm nach, und selbst Will riskierte einen kleinen Blick über die Schulter, als Ethan hinter ihm entlangrauschte. Vermutlich einige Flüche murmelnd.

»Ich würde für kein Geld der Welt was mit ihm anfangen«, sagte Harvey, immer noch grinsend, und wandte mir den Blick zu. »Nur dass das klar ist.«

»Ist notiert«, erwiderte ich leicht überfordert.

»Wenn er dich wieder nervt, frag ihn, ob er und Ria noch ein zweites Date hatten. Das wird ihn mindestens für eine Woche ruhigstellen.«

»Okay?« Normalerweise interessierte mich nichts, was mit Ethan zu tun hatte, aber in dem Fall war ich ein klein wenig neugierig. Insbesondere weil es nach einer ziemlich lustigen Geschichte klang. Harvey würde sich sicher gut mit Amira verstehen, die ein bisschen Erpressung auch für ein adäquates Mittel hielt, falls ihr Gegenüber ein klein wenig Überzeugungsarbeit benötigte. »Uhm. Wolltest du noch etwas?«

»Ah, ja«, antwortete er, als wäre es ihm gerade jetzt erst wieder eingefallen. »Im Main-Branch gibt es einen Bug.«

So, wie er das sagte, klang es wie ein unbedeutendes Detail und nicht etwa wie der heilige Teil unserer Arbeit, der unter keinen Umständen mit ungetestetem Code verunreinigt werden durfte. Der Main-Branch war die Sammlung aller entwickelten

Funktionen, die ausgiebig getestet wurden und fehlerfrei laufen sollten. Während der Entwicklung gab es für verschiedene Funktionen sogenannte Feature-Branches. Diese waren eine Art Kopie des Main-Branches und durften erst dann zum Main-Branch hinzugefügt werden, wenn der Code getestet und abgenommen war.

»Wie ist das passiert?«, fragte ich, auch wenn ich mir die Frage genauso gut selbst beantworten konnte. Normalerweise, einfach weil sich das bewährt hatte, entwickelte man eine Funktion fertig und ließ sie dann von jemand anderem testen. Oftmals war man in seiner eigenen Denkweise so gefangen, dass man Fehler schlichtweg nicht mehr sah. So wie ich als Autorin unbedingt die Arbeit meiner Lektorin brauchte, um am Ende ein gutes Buch veröffentlichen zu können.

Deshalb testeten wir unsere Entwicklungen gegenseitig. In der Regel ziemlich gewissenhaft. Zumindest sollte es so sein. »Wie lange ist das schon so?«

Harvey zuckte mit den Schultern. »Ich habe keine Ahnung. Mir ist es nur gerade nach dem Branchen aufgefallen, weil die Preise etwas kryptisch aussehen, sobald die Artikel im Warenkorb liegen.«

»Weiß Jesper schon Bescheid?«, fragte ich und warf einen Blick durch den Raum. Er saß noch immer an Samuels Schreibtisch und schien in eine Diskussion verwickelt zu sein, von der ich nur einzelne Wörter verstand, weil beide zu leise sprachen. Doch es schien keine angenehme Unterhaltung zu sein, denn Jespers Hand ballte sich immer wieder zu einer Faust, während Samuels Kopf mittlerweile feuerrot angelaufen war.

»Nope. Wollte es ihm gerade sagen, aber er ist noch beschäftigt.«

»Okay«, sagte ich und versuchte, mir ein Beispiel an seiner Unbekümmertheit zu nehmen. Panik war in den wenigsten Situationen hilfreich. »Wir müssen herausfinden, was nicht funktioniert und wann es eingecheckt wurde. Und dann noch einmal alles testen, was bis dahin entwickelt wurde.«

»Klingt nach einem Plan. Brauchen wir Jamie und Ethan?«

Wir sahen uns beide für einen Moment stumm an und schüttelten zeitgleich die Köpfe.

»Wir holen sie dazu, wenn wir mehr wissen«, sagte ich bestimmt. Zum einen konnten wir uns nicht alle damit aufhalten, und zum anderen hatte ich einfach gerade keinen Nerv, mit Ethan zu diskutieren. Und Harvey schien es ähnlich zu gehen.

»Kommst du mit zu meinem Platz? Da haben wir mehr Ruhe.«

Ruhe vor Ethan war das, was er hatte sagen wollen.

Ich griff nach meinem Laptop und folgte ihm zu der Dreier-Tischgruppe, die er nur mit Jesper belegte, seit Daniel vor vier Monaten gekündigt hatte. Also gehörte der Platz heute mir.

Wir klickten uns durch die Historie an eingecheckten Funktionalitäten, testeten verschiedene Versionen des Main-Branches und fanden nach gut einer Stunde zumindest heraus, welcher Teil nicht funktionierte.

»Das ist also schon seit drei Wochen falsch«, stellte ich genervt fest. Ethan hatte eigentlich die Berechnung von Eröffnungsrabatten implementieren sollen, die unter bestimmten Voraussetzungen ausgelöst wurden. Nur dass er offenbar die Hälfte der Voraussetzungen vergessen hatte. Und an der Berechnungsformel stimmte auch irgendetwas nicht.

»Sieht ganz so aus«, stimmte mir Harvey zu, der mittlerweile neben mir saß. Bisher hatte ich mich lieber allein um Bugs gekümmert, aber gerade jetzt stellte ich fest, dass Pair Programming tatsächlich auch Spaß machen konnte.

»Lass uns das nachher im Meeting ansprechen, damit die anderen Bescheid wissen. Ethan soll das selbst fixen. Sieh mal, er hat das sogar selbst freigegeben.«

Was eigentlich verboten war. Aus genau dem Grund, dass man seine eigenen Fehler nicht sah.

»Was ist los?«, fragte Jesper auf einmal – keine Ahnung, wie lange er schon wieder an seinem Platz saß. Während ich mit Harvey debugged hatte – er war tatsächlich auch ein besserer Debugging-Partner als Ada –, musste er sein Gespräch mit Samuel beendet haben.

»Fehler im Main«, erwiderte ich, weil er mich ansah und nicht Harvey. »Wir haben ihn bereits zurückverfolgt und wissen, was gefixt werden muss. Allerdings sollten wir mindestens drei Features noch mal prüfen, die danach eingecheckt wurden. Und im Repository muss noch die Funktion deaktiviert werden, damit man seine eigenen Pull Requests nicht freigeben kann.«

Jesper stieß ein langes Seufzen aus, während er mit dem Zeigefinger auf den Tisch trommelte. Wann immer einer seiner Metallringe die Kunststoffoberfläche berührte, ertönte ein dumpfes Geräusch. »Verdammt, das hatte ich vergessen. Danke.«

»Kein Problem«, erwiderte ich und spürte, wie Mitleid in mir aufstieg. Er sah müde aus. So unfassbar müde. Und ihm war anzusehen, wie sehr er diese ganze Organisation rund um das Projekt hasste. Die fairerweise auch in dem Ausmaß keine Aufgabe für einen Architekten war. »Möchtet ihr Kaffee?«

Ich brauchte gerade dringend einen nach meiner und Harveys ziemlich produktiven Zusammenarbeit und angesichts der Tatsache, dass Jesper aussah, als könnte er auch einen gebrauchen. Und seinen Kollegen Kaffee mitzubringen war doch etwas vollkommen Normales.

»Ich kann mir auch selbst einen holen«, erwiderte Jesper zeitgleich zu Harveys »Danke, mit extra Milch und Zucker bitte«. Meine Gedanken wanderten zu dem Gespräch mit Mr Trey zurück, und ich vermutete, dass es das war, woran auch Jesper gedacht hatte.

»Es ist kein Problem«, sagte ich rasch, stand auf, und ehe er noch etwas erwidern konnte, hatte ich den Raum bereits durchquert. Ich stellte die erste Tasse unter die Maschine, die begleitet von einem ohrenbetäubenden Lärm die Bohnen mahlte, und zog mein Handy hervor. Einen kurzen Moment Ablenkung hatte ich mir verdient. Erneut leuchtete der rote Kreis in der Ecke der LinkedIn-App, also öffnete ich sie und fand eine neue Nachricht vor. Sie war von derselben Frau, die mir eine knappe Woche zuvor geschrieben hatte.

Hallo Fallon,
ich hoffe, es ist nicht vermessen, noch einmal nachzufragen, ob du nicht vielleicht doch Interesse an einem persönlichen Gespräch hast. Wir sind sehr darauf bedacht, unsere Mitarbeitenden darin zu unterstützen, egal in welche Richtung sie sich weiterentwickeln möchten. Ich habe das Gefühl, dass du eine tolle Ergänzung für unser Team wärst.
Deshalb würde ich dich gern in unser Office in London einladen.

Mit besten Wünschen
Mary Raymond

Eines musste ich der Frau lassen – sie machte es mir nicht leicht, ihre Nachricht einfach so zu ignorieren. Die meisten Recruiter gaben nach der ersten Nachricht auf, wenn man ihnen nicht antwortete, doch das hier war keine Recruiterin. Sondern die Geschäftsführerin höchstpersönlich.

Und so öffneten meine Finger wie von selbst den Browser meines Handys und gaben ihren Namen ins Suchfeld ein.

Mary Raymond, 42 Jahre alt, jüngstes von vier Geschwistern –

mit drei älteren Brüdern. Sie hatte Informatik in Oxford studiert und ihren Masterabschluss als Beste ihres Jahrgangs gemacht. Anschließend hatte sie bei diversen Tech-Giganten gearbeitet, bis sie schließlich ihr eigenes Unternehmen gründete, um dort ein angenehmes Arbeitsumfeld zu schaffen, das mehr Frauen in naturwissenschaftliche Berufe ziehen sollte.

Was für eine beeindruckende Frau. Fast fühlte ich mich ein wenig geschmeichelt, dass sie so hartnäckig war. Insbesondere weil die Aussicht darauf, mich beruflich weiterentwickeln zu können, zu schön war, um wahr zu sein.

Nicht, dass das etwas an meinem Entschluss ändern würde.

Mit einem leisen Seufzen schloss ich den Tab wieder und stellte die zweite Tasse unter. Es wäre so einfach, hier alles hinzuwerfen. Doch wofür hatte ich die letzten Jahre dann so verbissen gekämpft? Nur damit am Ende alle über mich dachten, dass ich doch feige wäre und es mir leicht machen wollte? Oder noch schlimmer – dass ich ging, weil mein Versuch, Jesper zu verführen, fehlgeschlagen war?

Nein. Samuel würde zugeben müssen, dass ich gut war, immerhin hatte ich schon Jesper, Will und Harvey dazu bekommen.

Ich steckte das Handy zurück in die Hosentasche und drückte nun zum dritten Mal auf den Knopf, und die Maschine brummte erneut. Mit drei Tassen in den Händen ging ich vorsichtig zurück. Wirklich vorsichtig, denn der Kaffee war verdammt heiß, und ich brauchte alle zehn Finger noch.

Als ich Jespers Tasse vor ihm abstellte, wirkte er einen Moment irritiert. Und ich brauchte einen Moment, bis ich verstand, warum.

»Rosie meinte, dass ihr die gleiche Kaffeepräferenz habt …«, ließ ich den Satz verklingen und schob Harvey seine Tasse mit extraviel Milch und Zucker hin, in der Hoffnung, dass die Erklärung gut genug war. Andernfalls hätte ich zugeben müssen, dass mir Jespers Kaffeevorliebe aufgefallen war, und das wäre irgendwie seltsam gewesen.

»Ah«, machte er nur und lächelte dann. Vorsichtig. Als hätte ich ihm damit ein Friedensangebot gemacht. »Danke.«

»Gern«, sagte ich und hielt meine eigene Tasse fest umklammert. »Wir sehen uns nachher beim Meeting.«

Hastig griff ich noch nach meinem Laptop und huschte zurück zu meinem Platz.

»Wirst du jetzt herumgereicht?«, wisperte Ethan mit einem spöttischen Grinsen.

»Wäre eine angenehmere Beschäftigung, als deine Fehler auszubessern«, entgegnete ich.

Ich öffnete das Kanban-Board, in dem, wie in jedem Projekt, das ich bisher mitgemacht hatte, ein einziges Chaos herrschte. Was zum Großteil daran lag, dass keiner meiner Kollegen es zustande brachte, das Board ordentlich zu pflegen. Und so angenervt Jesper in meinen Erinnerungen immer davon war, die verdammten Tasks zu pflegen, so musste selbst er zugeben, dass das eindeutig die bessere Option war.

»Welchen Fehler?«, fragte Ethan und legte die Stirn in Falten, so als wäre allein die Annahme, er könnte Fehler machen, vollkommen abwegig.

»Bei der Implementierung der Logik für die Eröffnungsrabatte. Und du hast die Änderung selbst einfach freigegeben.«

»Ah.« Das Grinsen, was sich nun auf seine Lippen schlich, wirkte unpassend zufrieden. »Komisch, dass du dich daran nicht mehr erinnerst. Wir haben das doch zusammen angeschaut, und du hast gesagt, dass das so in Ordnung wäre.«

»Bitte was?«, erwiderte ich, ehrlich verdutzt, weil das, was er sagte, mehr wie ein Fiebertraum klang. »Das ist so nie passiert.«

»Doch, natürlich. Erinnerst du dich wirklich nicht mehr? Du hast neben mir gesessen.«

243

Obwohl Ethan so aussah, als würde er sich die Geschichte aus den Fingern saugen, ratterte es in meinem Gehirn, worauf er anspielte. Vor drei Wochen hatte ich tatsächlich neben ihm gesessen, weil er mich irgendetwas gefragt hatte. Aber es war nicht um die Rabatte dabei gegangen.

»Wir haben über die Stornierungen gesprochen«, erwiderte ich langsam. »Nicht über deinen Feature-Branch.«

Ethan zuckte mir den Schultern. »Haben wir das wirklich?«

»Sag mal, hast du sie noch alle?«, fuhr ich ihn an, fassungslos, dass er ernsthaft versuchte, mir das in die Schuhe zu schieben.

»Reg dich doch nicht so auf. Kein Grund, gleich hysterisch zu werden.« Er beugte sich ein klein wenig näher zu mir. »Darunter leidet nur deine Glaubwürdigkeit. Falls du eine hast.«

Ich würde ihn erwürgen und dann mit Micks Hilfe vergraben. Ganz sicher.

»Kann ich euch helfen?«

Jesper stand plötzlich neben uns, was nur bedeuten konnte, dass der ganze Raum unseren Streit mitangehört hatte.

»Fallon will nicht zugeben, dass sie das Feature getestet und verbal freigegeben hat«, sagte Ethan nun völlig professionell.

Einen Moment lang sah Jesper zu ihm, dann zu mir. »Stimmt das?«

»Natürlich nicht«, fuhr ich ihn an. »Wenn ich teste, dann auf meinem eigenen Rechner.«

»Aber sie hat es mir gesagt«, warf Ethan erneut ein, und ich fragte mich wirklich, woher er dieses Selbstbewusstsein nahm, so unglaublich dreist zu sein. »Ich habe nur …«

»Unabhängig davon«, unterbrach ihn Jesper, »hatten wir das anders vereinbart. Dass die Funktion im Repo nicht deaktiviert war, war mein Fehler. Aber es ist trotzdem nicht gestattet, seine eigenen Pull Requests freizugeben. Verstanden?«

Wut kochte in mir hoch, dass ich mir diese Belehrung anhören musste, nur weil Ethan meinte, mir so Steine in den Weg zu legen.

»Verstanden«, erwiderte ich leise, zeitgleich mit Ethan. Und weil ich sein gehässiges Lächeln nicht mehr ertrug, griff ich nach meinem Transponder und ging aus dem Büro. Im fast warmen Flur trottete ich die Stufen hinab, auf dem Weg in die erste Etage, um mir kurz bei Diana Luft zu machen. Die hoffentlich gerade an ihrem Platz war und nicht wieder irgendwelche Besorgungen für ihren Boss erledigen musste.

Doch noch bevor ich am Fenster vorbeigegangen und den zweiten Treppenabsatz hinabgestiegen war, ertönte hinter mir eine Stimme.

»Ist alles in Ordnung?«

Ich hielt inne und wandte mich um. »Wieso folgst du mir?«

»Weil ich wissen will, ob bei dir alles in Ordnung ist.«

Jesper, den ich, wie so oft, nicht hatte kommen hören – obwohl im Flur kein Teppichboden lag –, stellte sich neben mich ans Fenster, brachte aber so viel Abstand zwischen uns wie möglich. Nach unseren gemeinsamen Dates fühlte es sich jetzt noch seltsamer an, wenn er so distanziert war. Aber ich selbst hatte ihn schließlich darum gebeten.

»Ja«, sagte ich mit einem langen Seufzen. »Es ist alles in Ordnung.«

»Ich hoffe, du weißt, dass ich dir glaube«, entgegnete Jesper so leise, dass ich ihn über den Lärm, der von draußen hereindrang, fast nicht gehört hätte.

»Wirklich?«, rutschte es mir überrascht heraus.

»Ja. Nicht nur, weil Ethan sich trotzdem nicht an unsere Prozesse gehalten hat, sondern weil ich weiß, wie genau du deinen und den Code der anderen testest.« Er hielt inne. »Ich habe mitbekommen, dass du und Ethan Probleme miteinander habt, und wollte es nicht schlimmer machen.«

»Danke«, sagte ich leise. »Ich war kurz davor, Ethan zu erwürgen.«

Jesper schenkte mir – Fallon – ein aufmunterndes Lächeln. »Ich hätte dich unter anderen Umständen auch nicht davon abgehalten.«

»Dein erstes Projekt als Architekt und gleich ein Toter? Keine gute Bilanz«, pflichtete ich ihm bei und musste ebenfalls lachen. »Aber das würde dir die Entscheidung auch abnehmen, etwas Eigenes zu machen.«

»Was meinst du?«

Erst als er diese Frage stellte, bemerkte ich, dass das, worauf ich anspielte, nichts war, was ich als Fallon wusste. Sondern nur als Rosalie.

»Meine Schwester ... Du weißt schon.«

Jesper zog die Brauen einen Moment zusammen, dann nickte er langsam. Doch das misstrauische Funkeln in seinen Augen war nicht verschwunden.

(010111)
Fallon

»Ich halte das für keine gute Idee«, sagte ich und zupfte an dem paillettenbesetzten Minirock, in dem ich aussah wie eine Discokugel. Eine zugegebenermaßen ziemlich umwerfende Discokugel, die allmählich feststellte, dass sie in letzter Zeit zu viele *keine guten Ideen* gehabt hatte.

»Hat dich das davon abgehalten, Owens Klamotten anzuzünden?«, fragte Mick trocken und strich über ihren schwarzen Jumpsuit.

»Nein, aber …«, setzte ich an.

»Hat es dich davon abgehalten, eine Zwillingsschwester zu erfinden?«, setzte Amira mit einem liebenswürdig gruseligen Lächeln hinterher.

»Nein, auch nicht, aber …«

»Was sind dann deine Optionen?«

Ich warf Amira einen pikierten Blick zu, die ihn mit Engelsmiene erwiderte, während sie ihre unendlich langen, dunklen Haare zu einem Fischgrätenzopf flocht. Ihr hellgelbes Kleid ließ sie mit den letzten Überresten der Sonne um die Wette strahlen. Geschlagen schloss ich den Mund wieder, weil ich wusste, dass sie recht hatte.

»Wenn Jesper merkt, dass du Rosalie erfunden hast, wird das

zu einem Problem, richtig?«, sagte Mick, leicht undeutlich, weil sie zwei Pins im Mund hatte, mit denen sie eine Seite ihrer blonden Haare nach hinten steckte. »Also überzeugen wir ihn, dass sie existiert, sodass sie dann mit ihm Schluss machen kann. Dieses Mal wirklich. Irgendwie müssen wir diesen Wahnsinn ja beenden.«

Sie hatte recht. Ich hatte es in Jespers Blick gesehen, dass er zu zweifeln begann. Also war mein erster Impuls gewesen, Amira und Mick anzurufen, um etwas zu finden, dass ihn vom Gegenteil überzeugte. Denn ich hatte so eine verfluchte Angst davor, dass er die Wahrheit herausfand. Nicht jetzt, wo ich mich mit ihm als Fallon irgendwie verstand.

»Ich weiß genau, dass ihr das wahnsinnig unterhaltsam findet.«

»Ein bisschen«, flötete Amira, die ihre Haare mittlerweile gebändigt hatte und ein gelbes Tuch in einer Schleife um das Haargummi band. »Man könnte fast meinen, du stehst auf ihn.«

Ich presste die Lippen fest aufeinander, sodass ich einen bösen Blick von Mick kassierte, weil ich vermutlich gerade meinen Lippenstift ruiniert hatte. Aber ich weigerte mich auch, auf Amiras Aussage zu antworten.

Mick rettete mich und tippte auf ihre goldene Armbanduhr. »Du musst los.«

Liebevoll bugsierten mich die beiden aus der Tür meiner eigenen Wohnung und winkten mit breitem Grinsen, während ich die Treppe nach unten stieg und hoffte, dass Mrs Jenkins nicht gerade jetzt durch den Spion sah.

Wenn man einmal von einigen Catcalls und Pfiffen absah, sprach mich heute zumindest niemand an. Auch wenn es traurig war, dass das der Maßstab war. Die Messlatte für gutes Benehmen von Männern lag wirklich in der Hölle.

Schon von Weitem konnte ich Jesper erkennen, der lässig gegen die Wand eines Hauses lehnte, einen Arm in einer Hosentasche vergraben hatte, während er in der anderen sein Handy hielt, auf das er gerade starrte.

Mit klopfendem Herzen zog ich mein eigenes hervor und tippte:

Findest du mich?

Augenblicklich stieß er sich von der Wand ab und richtete sich auf, sein Blick glitt durch die Menge, bis er schließlich an mir hängen blieb. Und auf der undurchdringlichen Miene breitete sich ein Lächeln aus, das mein Herz zum Stolpern brachte. Auch wenn ich es in den vergangenen Wochen immer häufiger gesehen hatte, löste es dennoch bei jedem Anblick etwas in mir aus. Besonders die Erkenntnis, dass das in Kombination mit seinem schwarzen Shirt und seiner grauen Jeans einfach unfassbar gut aussah?

»Hi«, sagte ich, leicht überrumpelt von dem Rumoren in meinem Inneren, und machte noch einen Schritt auf ihn zu. Seine Begrüßung wurde von dem überraschten Keuchen verschluckt, das er ausstieß, als ich meine Arme euphorisch um seinen Hals schlang. *Go big or go home.* »Ich freue mich, dich zu sehen.«

»Ich mich auch«, erwiderte er dicht an meinem Ohr. Sein warmer Atem und seine Nähe, sein Geruch, seine Wärme und das Geräusch seines leisen Lachens, all das ließ meine Haut prickeln. Ich musste mich für einen Moment daran erinnern, wieso ich das hier tat, damit ich mich irgendwann von ihm löste und merkte, dass sein Blick an meinen Lippen hängen blieb.

Wie würde es sich wohl anfühlen, Jesper zu kü–? Okay, stopp, das ging in eine ganz falsche Richtung.

»Wollen wir?«, fragte er und räusperte sich, nachdem auch er sein Starren bemerkt hatte, und deutete auf die Tür zur Bar, einige Schritte von uns entfernt. Dankbar, dass er meinen eigenartigen Gedankengang unterbrochen hatte, nickte ich. Für einen Augenblick überlegte ich, ob ich mich bei ihm einhaken sollte, doch seine Nähe tat seltsame Dinge mit mir.

»Woher kennst du die Bar?«, fragte Jesper, nachdem er die schwere Holztür aufgeschoben hatte und aufhielt, damit ich eintreten konnte.

»Ich habe Fallons Freundinnen befragt«, gab ich zu und lachte, vielleicht ein wenig zu schrill, doch mit jedem Schritt stieg die Nervosität. Die Nervosität, dass das Schauspiel, welches ich gleich aufführen würde, mit einem lauten Knall in Flammen aufgehen würde.

Die Musik wurde zunehmend lauter, und als ich die Ohren ein klein wenig spitzte, erkannte ich Taylors *The Man*. Ich war nicht abergläubisch, auch wenn ich penibel darauf achtete, keine Spiegel zu zerbrechen, aber das musste doch einfach ein Zeichen sein.

Das *Stardust* war gut besucht, doch in einer Ecke entdeckte ich noch einen freien Tisch. Einen, der dankenswerterweise eine Couch hatte – immerhin würden wir nicht lange zu zweit bleiben.

»Also«, sagte ich mit zitternder Stimme, nachdem wir uns auf die Couch gesetzt hatten. »Wie war deine Woche?«

»Anstrengend«, gab er nach kurzem Zögern zu. Das wusste ich besser als jede andere, immerhin glich das Projekt gerade einem einzigen Schlachtfeld.

»Hättest du Fallon doch besser mal den Job überlassen, hm?« Mein Tonfall war leicht und locker, zumindest hoffte ich das, doch Jesper lachte nicht über meinen Scherz. Er schmunzelte nicht einmal, was zweifelsfrei daran lag, dass er keinen Humor hatte, und nicht etwa daran, dass ich nicht lustig war.

»Ehrlich gesagt, ja.« Er seufzte und drehte gedankenverloren an einem der Ringe an seiner linken Hand. »Aber ich konnte nicht.«

»Weil Samuel und der Kunde dich dafür haben wollten?«

»Ja und nein. Sie wollten mich dafür haben, aber ich konnte auch nicht ablehnen.«

Mir gefiel dieser leicht resignierte Tonfall nicht. Ich wollte mir einreden, dass es daran lag, dass es meinen Plan möglicherweise gefährden würde, doch ich spürte, dass da noch etwas anderes war.

Etwas, das ich schnellstmöglich in einem Cocktail ertränken sollte.

»Erpresst Samuel dich?«, fragte ich mit einem leicht spöttischen Unterton.

»Nein.« Endlich schlich sich auch ein kleines Lächeln auf seine Lippen. »Aber ich habe … Verpflichtungen.«

»Oh mein Gott.« Ich schlug mir eine Hand vor den Mund, penibel darauf bedacht, meinen roten Lippenstift nicht zu verschmieren. »Du hast ein Kind.«

Jesper lachte auf, so laut, dass er kurz einen beschämten Blick zur Seite warf, obwohl ich nicht verstand, warum. Sein Lachen klang wie eine warme Melodie, ließ jeden klaren Gedanken, den ich bis zu diesem Moment gehabt hatte, völlig verschwimmen.

»Nein. Zumindest nicht, wenn man meine Schwester nicht mitzählt«, antwortete er nach einem kleinen Räuspern. Hätte ich es nicht besser gewusst, hätte ich fast angenommen, es wäre ihm peinlich, tatsächlich Gefühle gezeigt zu haben. Selbst auf unseren Irgendwie-Dates umgab ihn immer diese Kontrolle. So als müsste er sich und alles um sich herum irgendwie im Griff haben.

»Du solltest hoffen, dass ich ihr das nicht erzähle.«

»Mein Leben liegt in deinen Händen. Wortwörtlich, denn wenn sie mitbekommt, dass ich sie ausgerechnet vor dir schlechtrede, dann vergiftet sie wahrscheinlich meinen Tee.« Wieder lag dieses feine amüsierte Lächeln auf seinen Lippen, das mich dazu brachte, ihn länger anzusehen, als ich wollte.

»Was dann?«, fragte ich, auch wenn mir bewusst war, dass ich damit möglicherweise alles zunichtemachte. Zumindest den Versuch, die letzten vier Minuten über eine halbwegs lockere Atmosphäre zu schaffen. Aber meine Neugier war einfach zu groß.

Jespers Blick traf meinen, während alles andere in den Hintergrund rückte. Die Musik, die Menschen, sogar mein absolut idiotischer Plan. Er starrte mich an, während in seinen Augen ein Kampf tobte.

»Was möchtest du trinken?«

Es war mehr als offensichtlich, welche Seite gewonnen hatte, denn eindeutiger konnte man das Thema wohl nicht wechseln.

»Einen Daiquiri bitte«, sagte ich, auf der einen Seite leicht beschämt, dass ich nachgebohrt hatte, aber auf der anderen Seite sauer, dass er kaum etwas von sich preisgeben wollte. Auch wenn ich ihm im letzten Punkt nicht einmal einen Vorwurf machen konnte.

»Kommt sofort.« Mit einem Lächeln rutschte Jesper vom Sofa und bahnte sich einen Weg durch die Menge, um zur Bar zu gelangen. Prüfend sah ich ihm einige Momente nach, ehe ich mein Handy zückte, um nachzusehen, ob sich Amira und Mick gemeldet hatten. Doch beide hatten noch kein Lebenszeichen von sich gegeben.

Fast schon war ich versucht, das Ganze einfach abzubrechen. Aber gerade schien er so krampfhaft darauf bedacht, mir nichts zu sagen, dass ich mehr und mehr das Gefühl bekam, er ahnte etwas.

Und das durfte er nicht.

Ich lehnte mich tief in das Polster und lauschte der Musik, bis Jesper irgendwann wiederkam.

»Danke«, sagte ich und nahm den Cocktail entgegen. »Wie war eigentlich die Stimmung am Montag im Büro? Hat sich Luis mit einem Kaffee gerächt?«

»Nicht bei mir. Hat Fallon etwas gesagt?«

»Nein.« Ich nippte an dem Glas. »Sie war nur etwas … irritiert von der produktiven Zusammenarbeit mit Harvey.«

»Das war auch für mich ein ungewöhnlicher Anblick«, sagte er amüsiert. »Sie hat mir sogar einen Kaffee gebracht. Also nicht, dass ich ihr gesagt habe, dass sie das tun soll«, setzte er hinterher, doch ich winkte ab.

»Ich weiß, ich weiß«, erwiderte ich mit einem Lachen und konnte mir nicht verkneifen, hinterherzusetzen: »Wenn du ihr jemals sagst, dass sie dir Kaffee holen soll, dann bekommst du wirklich ein Problem.«

»Ist angekommen.«

»Ich weiß, dass sie manchmal schwierig ist«, sagte ich und nahm einen weiteren Schluck, um meine Nerven zu beruhigen. »Aber sie mochte die Zusammenarbeit mit Harvey.«

»Sie hat eine sehr subtile Art, das zu zeigen.«

»Oh ja.« Ich verdrehte gespielt genervt die Augen. »Es ist manchmal so schwer, zu sagen, was sie denkt. Oder zu verstehen, warum sie nicht um Hilfe bitten will.«

Es fühlte sich ein klein wenig – extrem – unangenehm an, das Gespräch so auf Fallon zu lenken, aber wenn ich ihn glauben machen wollte, dass wir Schwestern waren, musste ich auch so über mich reden.

»Wir haben uns mal im Wald verlaufen, als wir mit unserem Dad angeln waren. An uns sind bestimmt Dutzende Spaziergänger vorbeigelaufen, und Fallon hat sich geweigert, irgendwen nach dem Weg zum See zu fragen. Stattdessen hat sie mich eine Stunde durch die Gegend gezerrt, bis ich irgendwann einfach stehen geblieben bin, weil ich nicht mehr wollte.«

Geschichten mit einem Funken Wahrheit zu erzählen war deutlich leichter, als ihm reine Lügen aufzutischen.

»Wir haben Dad mithilfe einer netten Frau dann wiedergefunden, aber er war ziemlich sauer.«

Besagte Frau hatte eher mich gefunden, weil ich mich auch nach der einen Stunde geweigert hatte, anzuerkennen, dass ich allein nicht mehr zu Dad fand.

Jesper lachte. »Wo war eure Mum?«

Und mein Lachen gefror. »Sie war … weg.«

Es fiel mir schon schwer genug, so zu tun, als hätte ich eine Zwillingsschwester. Ich konnte nicht auch noch so tun, als hätte ich wirklich eine Mum gehabt.

»Weg?«, wiederholte Jesper irritiert. »Auf Geschäftsreise?«

»Nein.« Ich machte eine kurze Pause und zuckte mit den Schultern. »Weg. Sie ist eines Tages mit einer Reisetasche zur Tür raus und dann nicht mehr wieder zurückgekommen.«

So viel zu leichten und lockeren Themen. Ich war wirklich ein absolutes Kommunikationsgenie.

»Das tut mir leid.« Die sanfte Art, mit der er die Worte aussprach, löste etwas in mir aus. Etwas, das mich dazu brachte, weiterzureden.

»Muss es nicht«, winkte ich ab und dachte an die große Frau mit den dunkelbraunen Haaren und dem schmalen, zusammengepressten Mund, deren Zuneigung ich mir stets mit guten Noten oder anderen Leistungen hatte verdienen müssen. »Sie war… nie wirklich zufrieden. Mit sich nicht und mit uns auch nicht. Ich habe lange versucht, es ihr recht zu machen, aber offensichtlich ohne Erfolg.« Ich zuckte mit den Schultern. »Die meiste Zeit haben sie und Dad nur gestritten, dann ist sie für einige Tage oder Wochen verschwunden und kam irgendwann zurück. Bis zum nächsten Streit. Und irgendwann kam sie einfach nicht mehr wieder.«

Die Zeit, in der sie nicht da gewesen war, hatte sich Dad umso mehr Mühe gegeben, dass wir gemeinsam schöne Erinnerungen schaffen konnten.

»Also hattest du seitdem keinen Kontakt mehr zu ihr?«, fragte Jesper vorsichtig.

»Nein. Ich habe keine Ahnung, wo sie ist und was sie tut. Und ob sie jetzt glücklicher ist.« Ich versuchte mich an einem kleinen Lächeln, um die etwas düster gewordene Stimmung wieder aufzulockern. »Und ehrlich gesagt ist es mir mittlerweile auch egal. Mein Dad ist dafür der tollste Mensch überhaupt.«

Jespers Mundwinkel kräuselten sich. »Lass das nur deine Schwester nicht hören.«

Ach verdammt, da war ja noch was.

»Für sie ist Dad auch der tollste Mensch, also passt das schon«, sagte ich hastig und nahm einen weiteren Schluck von dem Cocktail, von dem allmählich nichts mehr übrig war. Wenn ich in dem Tempo weitermachte, dann wäre ich betrunken, noch ehe Amira und Mick hier wären. »Auch wenn er uns manchmal etwas fragwürdige Dinge hat tun lassen.«

Jesper zog eine Augenbraue nach oben und strich, wie auch schon im Pub, gedankenverloren über das Wasser auf der Oberfläche seines Glases. Es kostete mich ein wenig zu viel Konzentration, die Augen von seinen langen Fingern zu lösen. Mir nicht vorzustellen, an welchen Stellen sie über meine Haut gleiten könnten.

»Was für Dinge?«

»Er musste immer ziemlich viel arbeiten, weswegen er schon früh versucht hat, uns beizubringen, wie wir sämtliche Küchengeräte benutzen konnten. Es ist ein Wunder, dass wir unsere Wohnung nicht niedergebrannt haben.«

Zumindest war ich selbst als Elfjährige schlau genug gewesen, den Backofen nicht zu öffnen, nachdem das Backpapier im Inneren plötzlich Feuer gefangen hatte. Gut, vielleicht hatte ich auch einfach Angst gehabt und war panisch aus der Küche gerannt, wer wusste das schon so genau.

»Seitdem gab es nur noch Brot, wenn Dad nicht da war.«

»Das kommt mir bekannt vor. Zumindest der erste Teil«, sagte Jesper, doch während seine Stimme fast belustigt klang, erreichte das Lächeln, das darin mitschwang, seine dunklen Augen nicht. »Meine Eltern waren auch selten da, deswegen musste ich für mich und Kinsey kochen. Aber mir hat es tatsächlich Spaß gemacht.«

»Wegen ihrer Arbeit?« Er hatte schließlich gesagt, dass sie Musiker waren.

»Ja, sie waren immer unterwegs. Teilweise auch mehrere Wochen, egal, ob Kinsey eine Theateraufführung hatte oder Klausuren anstanden. Ein benachbartes älteres Ehepaar hat sich manchmal um uns gekümmert.«

Ich schluckte, doch der Kloß in meinem Hals wollte einfach nicht verschwinden. In Jespers Stimme schwang ein Hauch von Verbitterung mit, gepaart mit einer Traurigkeit, die er niemanden sehen lassen wollte. Es musste schwer für ihn gewesen sein, sich um sie beide zu kümmern.

Denn Dad war tagsüber oft weg gewesen, doch er hatte immer alles in seiner Macht Stehende getan, damit wir wenigstens zusammen abendessen konnten. Er hatte sich für die Präsentation meiner Schulprojekte immer Zeit genommen, wenn er es irgendwie einrichten konnte. Er hatte mir nie das Gefühl gegeben, dass er mich nicht liebte.

»Das muss schwer gewesen sein«, sagte ich matt und griff nach seiner Hand, die, zu einer Faust geballt, auf dem Tisch lag.

»Ich glaube, für Kinsey ist es deutlich schwerer gewesen. Nicht, dass sie es zugeben würde, aber … sie hat kein gutes Verhältnis zu unseren Eltern.«

Was vielleicht einer der Gründe war, wieso Kinsey bei ihrem Bruder wohnte.

»Und du?«, erwiderte ich, weil ich mich an unser Telefonat erinnerte, nachdem er mich im *Plants & Friends* versetzt hatte. Er hatte schließlich damals auch gesagt, dass er ein schwieriges Verhältnis zu ihnen hatte.

»Ich unterstütze sie, wo ich kann. Damals, in dem ich mich um Kinsey gekümmert habe, und heute finanziell.«

»Aber … das hätte nicht deine Aufgabe sein sollen.«

Jesper stieß ein Schnauben aus, das mehr einem freudlosen Lachen glich. »Das stimmt. Aber ich hatte nicht wirklich eine Wahl.«

Er drehte die Hand, sodass meine nun in seiner lag, und verschränkte unsere Finger ineinander. Die Hitze seiner Haut, gemischt mit dem glatten Metall seiner Ringe, sorgte dafür, dass ein Kribbeln durch meinen Körper jagte. Ja, er hatte keine Wahl gehabt, aber es war trotzdem so unfair.

»Hast du deswegen Angst, dein VR-Projekt anzugehen?«, fragte ich vorsichtig, weil sich in meinem Kopf allmählich ein Bild zusammensetzte. Ein Bild von jemandem, der viel zu früh viel zu viel Verantwortung übernehmen musste. »Weil es so ein Risiko ist?«

Er nickte.

»Es ist seltsam«, sagte er und sah mir auf diese Art in die Augen, bei der ich glaubte, er würde bis in meine Seele schauen. Durch jede Verkleidung hindurch, einfach nur mich sehen.

»Was meinst du?«, erwiderte ich heiser.

»Ich frage mich, wieso ich mit dir so reden kann.« Er zog meine Hand näher zu sich.

»So?« Mein Herz pochte unregelmäßig und tosend.

»So ehrlich.« Seine Lippen strichen federleicht über meinen Handrücken und schienen jedes winzige bisschen Haut in Brand zu setzen, während in meinem Kopf nichts als Leere herrschte. Oder das völlige Chaos. Es fühlte sich alles gleichzeitig nach zu viel und zu wenig an. Als würde ich fliegen und fallen, als würden meine Gedanken wie ein Wirbel in meinem Kopf kreisen. Ich wollte wissen, wie sich diese Lippen auf meinen anfühlen würden, wie sich seine Finger anfühlten, wenn sie an meiner Taille entlang tiefer wanderten, den schwarzen Slip beiseiteschoben …

»Rosalie?«, fragte Jesper leise, und ich blinzelte, einmal, zweimal, ehe ich meine Hand wegzog, als hätte ich mich verbrannt. Und vielleicht hatte ich das auch. Nicht nur meine Hand stand in Flammen, sondern mein ganzer Körper.

»Tut mir leid«, stammelte ich vollkommen überfordert. Was war mit mir los? Hastig stand ich auf, stolperte fast über meine eigenen Beine. »Ich bin gleich wieder da.«

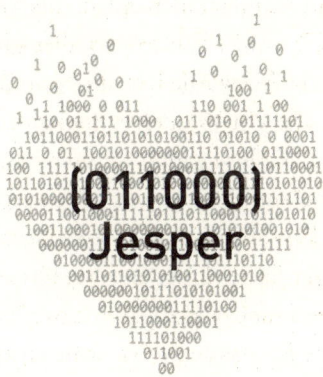

(011000)
Jesper

Irritiert sah ich Rosalie nach, wie sie wortwörtlich durch die Bar hastete, bis sie hinter einer Tür verschwand, die zu den Toiletten führte.

Was war gerade passiert? Im einen Moment redeten wir über unsere mehr oder weniger merkwürdige Kindheit, und dann küsste ich plötzlich ihre Hand.

Ich nahm die Brille ab, stützte die Ellenbogen auf den Tisch, ehe ich das Gesicht in den Händen vergrub.

Was war nur los mit mir? Das war so alles nicht geplant. Ich hatte nicht vorgehabt … ja, was eigentlich? Ihr näherzukommen? Dass ich das gewollt hatte, stand bereits seit unserer ersten Begegnung fest. Doch ich hatte es langsamer angehen wollen. Die Signale, die bei mir ankamen, waren so widersprüchlich, dass ich nicht sagen konnte, was Rosalie wirklich von mir dachte. Während sie im einen Moment so aussah, als würde sie mich am liebsten küssen, zog sie sich im nächsten wieder zurück. Vielleicht hatte sie schlechte Erfahrungen in ihren bisherigen Beziehungen gemacht und wollte es langsam angehen. Doch ich wusste einfach nicht, wie ich mich ihr gegenüber verhalten sollte.

Diese unberechenbaren Impulse machten mir Angst. Und ihr offensichtlich auch. Hatte ich es jetzt versaut?

»Na wen haben wir denn da?«, sagte plötzlich eine helle Stimme neben mir. Die Gestalt kam mir vage bekannt vor, doch erst als ich die Brille wieder aufsetzte, wurde mir klar, woher. Fallons Freundin aus dem Café, Amira. Und daneben ihre andere – Mikayla. Beide hielten einen Cocktail in den Händen.

»Hallo«, erwiderte ich mit einem Lächeln, bis mir klar wurde, dass demnach auch Fallon nicht weit sein würde. Ich sah an Mikayla vorbei, doch ich konnte ihre dunklen Haare und ihren frostigen Blick nirgendwo entdecken.

»Fallon ist nicht hier, falls du sie suchst«, sagte Mikayla mit einem wissenden Grinsen, und ich konnte nicht verhindern, dass mich das tatsächlich beruhigte. Mit Fallon über Rosalie zu reden war eine Sache. Aber Fallon bei einem Date mit Rosalie in der Nähe zu haben, irgendwie eine andere. »Aber wir wissen, dass du ein heißes Date hast.«

»Natürlich wisst ihr das.« Es hätte mich auch gewundert, wenn nicht.

»Wo ist Rosie denn?«, fragte Amira und zog die Augenbrauen in die Höhe, ehe sie Mikayla einen fragenden Blick zuwarf. Diese zuckte nur leicht mit den Schultern. Irgendwie hatte ich das Gefühl, einem Gespräch beizuwohnen, bei dem ich etwas Entscheidendes nicht mitbekommen hatte.

»Auf der Toilette.« Zumindest hoffte ich, dass sie nicht heimlich durch eines der Fenster die Flucht ergriffen hatte.

»Was dagegen, wenn wir uns kurz zu euch setzen? Die anderen Tische sind gerade alle belegt.« Auch wenn Mikayla es als Frage formulierte, machte mir die Art, wie sie es gesagt hatte, sehr deutlich, dass es keine gewesen war.

»Sicher«, erwiderte ich und deutete auf die freien Plätze. Wenn Amira und Mikayla wussten, dass wir auf einem Date waren – hatte Rosalie ihnen dann auch gesagt, wo wir sein würden? Waren sie deswegen hier?

»Wir sind nicht hier, um euch zu stalken«, bemerkte Mikayla, weil mein Gesicht, das ich sonst so sorgsam unter Kontrolle hatte, scheinbar mehr preisgab, als ich wollte. Oder sie konnte Gedanken lesen. »Rosie hatte uns nach einer Empfehlung gefragt, und wir hatten selbst Lust, herzukommen.«

Ein winziges bisschen Misstrauen blieb, aber wenn sie uns einfach nur hätten beobachten wollen, dann wären sie kaum zu unserem Tisch gekommen.

»Rosie ist früher häufiger mit uns weggegangen, bevor sie nach London gezogen ist«, sagte Amira mit einem Seufzen. »Fallon haben wir in der Hinsicht kaum aus dem Haus bekommen. Tun wir auch jetzt nicht, wie du siehst.«

Sie tippte auf ihrem Handy und hielt mir ein Bild hin.

»Süß, oder?«

Auf dem Bild waren Rosalie, Mikayla und Amira, alle in Kostümen, und zogen Grimassen. Rosalie hatte ihre Haare zu einem strengen Zopf nach hinten gebunden und grau angesprüht, während sie ihre Wangen aufplusterte. Das Auffälligste war jedoch der riesige Rüssel, der mit einem Gummiband an ihrer Nase befestigt war.

»Ziemlich«, erwiderte ich.

»Hast du schon mal versucht, zu töpfern?«, fragte Amira dann und zeigte mir das nächste Bild. Rosalie, mit einer Haube auf den Haaren und rötlichen Tonflecken an ihren Händen und Armen, die sie schützend vors Gesicht hielt.

»Sie wollte nicht fotografiert werden«, mutmaßte ich.

»Absolut richtig«, bestätigte Mick, und Amira ließ ein neues Bild erscheinen. »Das hier hat sie getöpfert.«

Für einen Moment starrte ich etwas sprachlos auf das … Ding, was auf der Drehscheibe vor Rosalie stand. Was auch immer es hatte werden sollen, es sah unverkennbar nach einem Penis aus. Einem riesigen, ziemlich krummen Penis.

»Eine Blumenvase«, warf Amira flötend ein. »Zumindest war das ihr Ziel gewesen.«

»Das habe ich natürlich sofort erkannt.«

»Oh, das hier ist auch schön«, sagte sie und wischte weiter. Allmählich irritierte es mich, dass sämtliche Bilder, die sie mir zeigten, alle direkt aufeinanderfolgten. Als hätten sie eine Art Slideshow vorbereitet.

Doch warum sollten sie das tun? Um Rosalie zu ärgern?

Das Bild lenkte meine Aufmerksamkeit jedoch auf sich. Rosalie, deren vermeintlich abgetrennter Kopf auf einem Silbertablett lag. Ich wusste, dass es in der Camera Obscura entstanden sein musste, weil ich selbst einige Male da gewesen war. Während ich die optischen Illusionen ganz nett und unterhaltsam fand, hatte mich besonders das oberste Stockwerk im Turm des Gebäudes interessiert. In dem dunklen Raum, der namensgebenden *Camera Obscura*, gab es einen Tisch, der mittels Lichtreflexion das Bild der Stadt draußen daraufprojizierte.

»Ihre Haare sehen auf dem Bild ein wenig aus wie die von Fallon«, bemerkte ich. Mit Ausnahme, dass sie leicht gelockt waren, wirkten sie dennoch deutlich dunkler. Amiras Blick huschte kurz zu Mikayla, ehe diese zu lachen begann.

»Hast du gedacht, Rosie wäre natürlich blond?«

»Ehrlich gesagt habe ich mir darüber bisher noch keine Gedanken gemacht«, gab ich zu, kam mir aber tatsächlich ein klein wenig dumm dabei vor. Immerhin waren sie eindeutig Zwillinge, auch wenn das Make-up und die Wahl ihrer Kleidung das vielleicht nicht auf den ersten Blick offensichtlich machte.

»Rosie hat die gleiche Haarfarbe wie Fallon. Aber weil sie es leid war, immer mit ihr verwechselt zu werden, hat sie angefangen, sich die Haare zu färben.«

Das ergab tatsächlich Sinn, demnach musste das Bild schon älter sein.

»Gibt es auch ein Bild von Rosalie und Fallon zusammen?«, fragte ich neugierig, denn ich war mir ziemlich sicher, dass es welche geben musste.

»Uhm, klar«, machte Amira und zog das Handy wieder an sich.

»Was macht ihr hier?«

Rosalie stand plötzlich neben unserem Tisch und starrte auf ihre Freundinnen.

»Wir haben dir von der Bar erzählt, glaubst du, wir gehen nicht selber hierher?«, fragte Mikayla mit einem Schulterzucken. »Und wir dachten, dass Jesper bestimmt liebend gern ein paar Bilder von dir sehen will.«

Rosalie vergrub das Gesicht in den Händen und spähte durch eine winzige Lücke zwischen den Finger zu uns. »Wie peinlich war es?«

»Eine solide Sieben«, sagte Amira und klopfte auf das Sofa, damit sich Rosalie wieder setzte. »Wir haben das Bild von dir und dem Besen aber rausgelassen.«

»Welchem Besen?«, fragte ich neugierig, während Rosalie auf die Polster rutschte, direkt neben mich. Sie mied meinen Blick, sah stattdessen das Handy an, das noch immer vor mir auf dem Tisch lag.

»Wir haben ihn den Ed-Besen genannt«, sagte Mick mit einem breiten Lächeln. »Rosalie war so verknallt in Edward aus *Twilight*, dass sie einem Besen eine Jacke angezogen hat und mit ihm durch die Wohnung stolziert ist.«

»Ich hätte dir das niemals erzählen sollen«, sagte Rosalie, sichtlich peinlich berührt.

»Und ich bin froh, dass du es getan hast. Aber ich sehe gerade, dass da drüben ein Tisch frei wird, also lassen wir euch jetzt mal allein. Bis dann.«

Amira winkte uns ebenfalls zu und folgte Mikayla, die in eine Richtung lief, in der ich keinen freien Tisch erkennen konnte.

»Tut mir leid«, murmelte Rosalie und griff nach ihrem Cocktail, dessen Eiswürfel mittlerweile fast vollständig geschmolzen waren. »Es war keine gute Idee, ausgerechnet die beiden zu fragen.«

»Das macht nichts. Ich habe ein paar interessante Geschichten gehört«, erwiderte ich amüsiert.

»Todespeinlich trifft es wohl eher.«

»Ansichtssache. Ich fand dein Elefantenkostüm wirklich niedlich.«

Sie verzog die dunkelroten Lippen zu einem grimmigen Lächeln, mit dem sie Fallon erneut so unglaublich ähnlich sah. Wenn ihre Haare in Wirklichkeit genauso aussahen wie die von Fallon, was war dann mit ihrer Augenfarbe? Hätten Rosalies Augen dann nicht auch grün sein müssen?

Doch ehe ich weiter darüber nachdenken konnte, sprach Rosalie weiter.

»Erinner mich nicht daran. Ich habe an dem Abend viel zu viele Fragen gehört, ob ich auch mal ein paar andere Rüssel sehen will.« Sie verdrehte die Augen. »Kinsey zeigt mir bestimmt auch niedliche Kostümbilder von dir, wenn ich sie danach frage.«

Ich fuhr mit einem Finger die Unterlippe entlang und merkte, wie sich Rosalies Aufmerksamkeit auf meinen Mund richtete. Es war wirklich schwierig, aus ihr schlau zu werden. »Sie würde, wenn es welche gäbe.«

»Ich bin nicht sicher, ob ich dir das glaube«, sagte sie einen Moment zu langsam und riss den Blick los. »Aber das kann ich Kinsey ja selbst fragen.«

»So? Lädst du dich zu mir nach Hause ein?«, erwiderte ich amüsiert.

»Würdest du Ja sagen, wenn ich dich frage?«, hakte sie mit einem hinreißenden Lächeln nach.

»Vielleicht.«

Sie plusterte die Wangen auf, genauso wie auf dem Elefantenbild, und hatte damit leichte Ähnlichkeit mit einem wirklich hübschen Kugelfisch.

»Bist du neugierig, wie ich wohne?«

»Vielleicht«, wiederholte sie meine Antwort von vorhin.

»In Wirklichkeit bist du nur auf der Suche nach peinlichen Fotos von mir, hm?«

»Erwischt.« Sie grinste. »Aber da ich nun aufgeflogen bin, habe ich einen anderen Vorschlag. Wollen wir noch einen Abendspaziergang machen?«

Ihre Augen huschten für einen Moment an mir vorbei in die Menge, in der irgendwo ihre Freundinnen sitzen mussten. Möglicherweise hatte sie Angst, dass die beiden zurückkamen und noch mehr Fotos von ihr präsentierten.

»Lass uns gehen«, antwortete ich und rutschte von der Bank. Ich hielt ihr die Hand hin, damit wir einander in der Menschenmenge nicht verloren, und ihre Finger verschränkten sich mit meinen. Wir bahnten uns einen Weg zum Ausgang, bis Rosalie plötzlich einen erstickten Laut von sich gab. Noch ehe ich mich zu ihr umdrehen konnte, um zu sehen, was sie erschreckte, hatte sie mir ihre Finger entzogen und stattdessen ihre Arme um meinen Hals geschlungen. Sie drängte ihren Körper so dicht an meinen, dass ich nicht mehr sagen konnte, wo ich aufhörte und sie begann. Welches Herz es war, das so laut pochte? Wie von selbst strichen meine Hände über ihren Rücken, über den schmalen Streifen nackter Haut zwischen Rock und schwarzem Oberteil. Ein gedämpftes Keuchen ertönte an meinem Ohr, das in mir den Wunsch weckte, ihr noch weitere Geräusche zu entlocken. Während meine Hände an ihren Hüften lagen, zog ich sie noch näher zu mir heran, sodass mein rechter Oberschenkel zwischen ihren Beinen war.

»Jesper«, wisperte sie heiser und lehnte sich ein Stück zurück, sodass wir uns ansehen konnten, während ihre Arme noch immer hinter meinem Nacken verschränkt waren. Ihre geweiteten Pupillen ließen ihre Augen im schwachen Licht der Bar so dunkel wirken, und dennoch hatte ich das Gefühl, dort ein Lodern sehen zu können. Mein Blick glitt über ihre leicht geöffneten Lippen, die meinen so nah waren, dass mich ihr blumig süßer Duft einhüllte. Alles in mir zerrte an meiner Selbstbeherrschung, diesen winzigen Abstand einfach zu überwinden, doch ich tat es nicht. Ich hielt mich zurück, weil ich wollte, dass sie es tat. Dass sie mir zu verstehen gab, dass sie das hier ebenso sehr wollte wie ich.

Und sie tat es.

Ihre Lippen pressten sich auf meine, und in dem Moment, in dem sie sich berührten, schien die Zeit um uns herum stillzustehen, alle Geräusche, Gespräche und die Musik verschwanden einfach so im Nichts. Ich erwiderte den Kuss, löste eine Hand von ihrer Hüfte und vergrub sie in ihrem Haar. Mit sanftem Druck zog ich daran, sodass sie ihren Hals entblößen musste, an dem ich mit den Lippen entlangwanderte. Sie zu schmecken, ihren Geruch einzuatmen war berauschender, als jeder Drink es hätte sein können. Dann presste ich erneut die Lippen auf ihre, öffnete ihren Mund mit der Zunge und drängte ihren Körper dichter an meinen. Spürte ihre Hitze überall.

Als sich unsere Lippen voneinander trennten, raunte ich ihr leise zu: »Möchtest du mit zu mir nach Hause kommen?«

(011001) Fallon

Ich musste unbedingt hier raus. Während mir der Plan, Amira und Mick zufällig zu begegnen, um Rosalie glaubwürdiger darzustellen, vor wenigen Stunden noch wie eine nicht ganz so schlechte Idee vorgekommen war, fragte ich mich nun, was mich dazu verleitet hatte, das in einer viel zu vollen, viel zu überhitzten Bar zu tun. Dazu noch mit Alkohol. Also hatte ich gedacht, dass mich ein Abendspaziergang vielleicht ein wenig abkühlen könnte.

Womit ich allerdings nicht gerechnet hatte, war, auf dem Weg zum Ausgang ausgerechnet meinem Ex Owen zu begegnen. Er war uns entgegengekommen, während seine Begleitung nicht zu bemerken schien, dass er sich jetzt schon nach anderen Frauen umsah. Und genau in diesem Moment war sein Blick an mir hängen geblieben. Er hatte einen Schritt auf mich zugemacht, breit grinsend und mit einem Zwinkern, das mehr danach aussah, als hätte er Zuckungen. Doch dann war das Grinsen verschwunden und einem Ausdruck der Irritation gewichen.

Mein erster Impuls war es gewesen, hinter die Bar zu springen und mich zu verstecken, doch das hätte bei Jesper sicher mehr als nur eine Frage aufgeworfen. Mal ganz davon abgesehen, dass akrobatische Meisterleistungen in diesem Rock einfach nicht möglich waren.

Also hatte ich das Nächstmögliche getan. Und mich in Jespers Armen zu verstecken war mir wie ein solider Plan B erschienen. Zumindest bis zu dem Moment, in dem ich wirklich in seinen Armen lag. Ab da hatte sich mein Gehirn völlig verabschiedet und hatte meinem nichtsnutzigen Körper die Kontrolle überlassen.

Und der hatte es für eine absolute Notwendigkeit gehalten, Jesper zu küssen. Mich von ihm küssen zu lassen. Mich näher an seinen Körper zu drängen, um das Gefühl seines Oberschenkels zwischen den Beinen noch stärker zu spüren. Das Ziehen in meinem Unterleib trieb mich langsam, aber sicher in den Wahnsinn.

Also war alles, was ich machen konnte, auf seine Frage mit einem heiseren »Ja« zu antworten, bei dem meine eigene Stimme so wahnsinnig fremd in meinen Ohren klang. Noch einmal fanden seine Lippen meine, knabberten leicht an meiner Unterlippe, bis ich bereitwillig den Mund öffnete.

»Dann lass uns gehen«, flüsterte er, als wir uns schwer atmend voneinander lösten, und lockerte seinen Griff um meinen Körper, um unsere Finger miteinander zu verschränken.

Wir verließen die Bar, und die letzten Gedanken daran, ob Owen mich erkannt hatte oder nicht, verschwanden vollends. Mein ganzer Körper fühlte sich elektrisch geladen an, voller freudiger Anspannung und einem Kribbeln, das stetig über meine Haut glitt.

Wir gingen schweigend die Straße entlang, auf der Suche nach einem Taxi, und niemand von uns traute sich, diesen knisternden Moment zu unterbrechen. Und während ich das Gefühl hatte, mein Gesicht würde wie eine grellrote Reklametafel leuchten, war Jespers Miene unergründlich. Doch bei unserem Kuss hatte ich am Oberschenkel überdeutlich gespürt, dass ich ihn nicht kaltließ. Dass er das hier genauso sehr wollte wie ich.

Im Taxi hatte er lediglich einmal sein Handy hervorgeholt

und eine Nachricht geschrieben, meine Hand jedoch nicht losgelassen und auch kein Wort mehr als nötig gesagt.

Ein Hauch von Nervosität breitete sich in mir aus, als wir vor seiner Wohnungstür standen, die er gerade aufschloss. Es war so lange her, dass ich mich so gefühlt hatte, dass ich erst jetzt bemerkte, wie sehr ich körperliche Nähe vermisst hatte.

Wie sehr ich diese Art von körperlicher Nähe vermisst hatte. Eine, die mich verbrannte und verschlang.

»Komm rein«, sagte Jesper mit einem amüsierten Grinsen im Gesicht, auf dem sich Überreste meines roten Lippenstifts abzeichneten, und hielt die Tür auf, die ich gedankenverloren offenbar mehrere Sekunden lang angestarrt hatte.

»Danke«, sagte ich zögernd und trat ein. Und erst als mein Blick auf das Schuhregal mit einigen Boots und Stiefeln fiel, die Jesper einige Nummern zu klein sein mussten, machte es plötzlich klick.

»Deine Schwester«, sagte ich und warf in einem Anflug von Panik einen Blick durch den Flur. Was paradox war, denn vorhin im *Stardust* war es mir völlig egal gewesen, dass mein Minirock verräterisch hochgerutscht war und der halbe Laden meinen schwarzen Slip hätte sehen können. Doch nun, ausgerechnet bei Jesper zu Hause, verpasste der Gedanke dem Kribbeln einen kleinen Dämpfer.

Doch kaum dass die Tür hinter mir ins Schloss gefallen war, stand Jesper direkt vor mir und drängte mich mit einem Kuss dagegen.

»Sie ist nicht hier«, sagte er und küsste vom Mund an meinen Hals entlang bis zum Schlüsselbein. Völlig automatisch legte ich den Kopf zur Seite, und seine Lippen wanderten wieder nach oben zu meinem Ohr. »Wir sind vollkommen allein.«

Ein Schauer glitt über meinen Körper, während seine Finger an meiner Seite entlangwanderten, über den Ansatz meiner Brust, bis zum Bund des Rocks. Das Gefühl seiner Ringe ließ mich erneut erschaudern, als er seine Hände unter das Oberteil gleiten ließ, meine nackte Haut wieder und wieder berührte.

Ich griff nach dem Stoff seines Shirts und zog ihn zu mir herunter, um ihn erneut zu küssen, die Lippen auf seine zu drängen, die Zunge mit seiner tanzen zu lassen. Er gab ein leises Stöhnen von sich, verstärkte den Griff um meine Taille. Seine Hand wanderte meinen Nacken hinauf, vergrub sich erneut in meinem Haar. Alles stand in Flammen, alles an mir verzehrte sich nach seiner Berührung.

»Wa…?«, brachte ich hervor, als er seine Finger von meiner Haut löste, doch noch ehe ich registrieren konnte, was passierte, hatte er beide Hände um meine Handgelenke gelegt und hielt sie über meinem Kopf zusammen.

»Behalt sie da oben«, sagte er dicht an meinem Ohr, seine Stimme rau und dunkel. Das Gewicht auf meinen Handgelenken verschwand, doch ich wagte es nicht, sie sinken zu lassen. Stattdessen verharrte ich genau in dieser Position, während Jesper vor mir auf die Knie sank.

Was hatte er …?

Noch ehe ich den Gedanken zu Ende bringen konnte, hatte er die Hände im Stoff meines Rocks vergraben und schob ihn langsam nach oben. Stück für Stück, bis er nur noch auf meinen Hüften lag. Dann hakte er die Finger rechts und links an meinen Oberschenkeln in den schwarzen Slip ein und zog ihn langsam, quälend langsam, nach unten, bis er von allein zu den Knöcheln glitt.

Dann waren seine Hände erneut an meinen Oberschenkeln. Er vergrub die Finger in meiner Haut, fest, doch nicht zu fest, und entlockte mir damit erneut ein Stöhnen.

»Ich habe noch gar nicht angefangen«, hörte ich ihn sagen, gemischt mit einem leisen Lachen, das mich nur noch mehr um den

Verstand brachte. Er beugte sich näher zu meiner Mitte, während sich das Ziehen im Unterleib immer stärker bemerkbar machte. Immer drängender wurde. Seine Zunge glitt über meine empfindlichste Stelle, und ich keuchte auf. Wieder und wieder und wieder. Ich traute meinen Beinen nicht, mein eigenes Gewicht zu halten, hätte er mich nicht festgehalten.

»Deine Hände«, sagte er knapp und hielt für einen Moment inne. Benommen registrierte ich, dass sie nun kraftlos neben dem Körper hingen. Doch ohne ein Widerwort nahm ich sie wieder nach oben. Und kaum dass sie da waren, leckte er mich erneut. Schneller. Tiefer.

Es kostete mich alle Kraft, nicht in seine Haare zu greifen und ihn noch dichter an mich zu drängen, aus Angst, er würde aufhören. Denn das war das Letzte, was ich wollte.

»Jesper«, brachte ich keuchend hervor, spürte, wie das Ziehen im Unterleib immer stärker wurde. Mit jeder Berührung seiner Zunge trieb er mich weiter.

»Ich …«, sagte ich, auch wenn ich nicht einmal wusste, was ich sagen wollte. Jeder Überrest eines klaren Gedankens wurde weggerissen, als ich kam. Ein spitzer Schrei entwich meiner Kehle, vielleicht hatte ich auch erneut seinen Namen gesagt, während ich mich schwer atmend gegen die Tür lehnte.

»Rosalie«, sagte er mit rauer Stimme, und unsere Blicke trafen sich.

Und mit einem Mal brach alles in sich zusammen. Brach alles in mir zusammen.

Was tat ich hier eigentlich? Das war falsch. So unglaublich falsch.

»Ich …«, brachte ich hervor und erhob mich, während Jesper noch vor mir kniete. Hastig zog ich den Slip wieder nach oben und den Rock zurecht. »Es tut mir leid. Ich kann das nicht.«

Quälend langsam erhob sich Jesper, Feuchtigkeit glitzerte auf seinen Lippen, die mich daran erinnerte, wo diese bis vor zwei Minuten noch gewesen waren.

Nicht, dass ich dafür eine Erinnerung gebraucht hätte.

»Es ist alles gut«, sagte Jesper und griff sanft nach meiner Hand, während er seine andere an meine Wange legte und mit dem Daumen über die Haut strich. »Du musst nichts machen, was du nicht willst.«

Seine Worte ließen erneut etwas in meinem Inneren brechen, weil sie mich an eine Zeit erinnerten, in der mir die Bedeutung dieses Satzes nicht klar gewesen war.

Tränen brannten mir in den Augen und rollten über meine Haut, ehe ich auch nur versuchen konnte, sie wegzublinzeln. Jesper löste seine Hand von meiner und legte sie an meine andere Wange, um die Tränen wegzuwischen.

»Habe ich etwas falsch gemacht?«, fragte er vorsichtig, während in seinem Blick nichts als Verständnis lag.

»Nein«, erwiderte ich schnell. »Es ist … Ich bin …«

Es liegt an mir. Ich bin ein schlechter Mensch.

Ein schlechter Mensch, der Jesper viel zu nah gekommen war. Wegen meiner eigenen, egoistischen Gründe.

»Es tut mir leid«, wisperte ich erneut, doch Jesper schüttelte kaum merklich den Kopf.

»Das muss es nicht. Wirklich nicht.«

Doch. All das tat mir so viel mehr leid, als ich jemals zugeben konnte.

»Möchtest du«, er deutete auf eine Tür am anderen Ende des Flurs, »einen Tee? Oder soll ich dich lieber nach Hause bringen?«

»Ich rufe mir ein Taxi«, erwiderte ich leise und rieb mir über die Wange, wo die Tränen mittlerweile in einem salzigen Strom getrocknet waren.

Jesper nickte erneut und trat einen Schritt zurück, damit ich die Tür öffnen konnte. Ein Hadern zeichnete sich auf seinem Gesicht ab, so als wollte er noch etwas sagen. Doch ich wartete nicht darauf, dass er es tat, sondern ging hastig hinaus, ohne einen Blick zurückzuwerfen.

Ich konnte das hier nicht länger tun. Ich hatte immer gewusst, dass es nur eine Frage der Zeit war, bis ich Rosalie aufgeben musste. Doch wieso tat die Erkenntnis jetzt so unglaublich weh?

(011010)
Fallon & Jesper

Fallon

Kaum dass ich Jespers Wohnhaus verlassen hatte, holte ich mein Handy hervor und sah die unzähligen Anrufe von Mick und Amira, die versucht hatten, mich zu erreichen. Mit leicht zitternden Fingern wechselte ich zu einer Karten-App, weil ich auf dem Hinweg überhaupt nicht darauf geachtet hatte, in welchen Teil von Edinburgh uns das Taxi gefahren hatte. Meine Gedanken waren anderweitig beschäftigt gewesen.

Ich lugte über die Schulter, hoch zu dem Haus, das ich gerade überstürzt verlassen hatte, und ging so weit, dass Jesper mich unmöglich vom Fenster aus sehen konnte. Wenigstens waren auch sonst kaum Menschen unterwegs, nur vereinzelt erklangen Stimmen. Als Erstes rief ich das Taxi-Unternehmen an, anschließend Amira. Ein wenig bereute ich es, keine Jacke mitgenommen zu haben, denn jetzt, wo es Nacht war, hatte sich die Luft merklich abgekühlt.

»Wo bist du?«, war Amiras Begrüßung, dann raschelte es kurz, bis ich Micks Stimme vernahm, die Amira das Handy abgenommen hatte.

»Wieso bist du einfach abgehauen? Wir haben uns Sorgen um dich gemacht.«

»Union Street«, sagte ich mit einem leisen Seufzen und stieß mich wieder von der kühlen Steinmauer ab. »Und … ich weiß es auch nicht.«

Wieder Geraschel, offenbar Amiras Versuch, ihr Handy zurückzuerobern.

»Fährst du jetzt nach Hause? Wollen wir uns bei dir treffen?«

»Ja«, brachte ich erstickt hervor, weil ich das Bild von Jespers verständnisvollem Blick nicht aus dem Kopf bekam. »Und ja.«

Kaum dass ich eingetreten war, stürzten Amira und Mick in den Flur, betrachteten mich einen Moment, ehe sie sich gegenseitig einen Blick zuwarfen und mich, ohne Widerworte zuzulassen, ins Badezimmer schubsten. Während ich versuchte, die Kontaktlinsen, die durch die Tränen unangenehm kratzten, herauszunehmen, stellte ich fest, dass ich mit meinem verschmierten Makeup ein wenig wie ein Panda aussah. Und das, zu meinem großen Schrecken, meine Perücke ein Stück verrutscht war, sodass man hinter dem Ohr Strähnen meines braunen Haars erkennen konnte. Doch wenn Jesper etwas gemerkt hätte, dann hätte er sicher etwas gesagt. Ganz sicher.

Nachdem ich mich abgeschminkt und umgezogen hatte und das vertraute Gewicht meiner Brille wieder auf der Nase spürte, kam ich zurück ins Wohnzimmer. Der zarte Duft einer Zimtkerze erfüllte den Raum, die auf dem Couchtisch stand, während Amira auf dem Sofa saß. Von Mick war keine Spur zu sehen, doch das Klappern und leise Fluchen verriet mir, dass sie ihr Unwesen in der Küche trieb.

»Setz dich«, sagte Amira und verfrachtete mich auf die Couch, ehe sie meine riesige Kuscheldecke nahm und mich wie einen Burrito einwickelte.

»Danke«, sagte ich leise und schmiegte mich in den warmen Stoff.

Kurze Zeit später kam Mick zurück, in ihren Händen hielt sie drei Tassen, die sie neben der Kerze abstellte. Heiße Schokolade. Dann ließ sie sich auf meiner anderen Seite nieder.

Ich versuchte, meine Arme aus der Decke zu befreien, hatte aber gründlich unterschätzt, wie gut Amira darin war, Leute zu fixieren.

»Wie fühlst du dich?«, fragte diese nun und reichte mir eine der Tassen, nachdem ich es endlich geschafft hatte, zumindest meine Hände herauszuschieben.

»Verwirrt.« Ich blies vorsichtig in die dunkle Flüssigkeit. Mir war klar, dass das nicht alles sein konnte, doch gerade hatte ich das Gefühl, jede winzige Gefühlsregung wäre durch eine hohe Mauer abgeschirmt worden. Ich fühlte mich leer und matt.

»Verwirrt?«, wiederholte Mick und nahm sich ebenfalls eine Tasse. Sie und Amira waren bereits abgeschminkt und trugen ihre Pyjamas. »Was ist passiert?«

»Ich …«, begann ich, doch schon beim zweiten Wort brach meine Stimme ab. Was war überhaupt passiert? Was hatte ich getan? »Ich habe einen Fehler gemacht.«

Jede Silbe kam mir nur schwer über die Lippen.

»Was für einen Fehler?« Amira strich mir vorsichtig über den Arm, und ich war ihr dankbar, dass sie nicht noch ein »Es waren in letzter Zeit echt einige« hinterhersetzte.

»Ich habe Jesper geküsst. Ich hatte das nicht geplant, aber dann war da plötzlich Owen. Und ich hatte Angst, dass er mich erkennt, und dann habe ich Jesper umarmt und … Ich weiß nicht, was ich mir dabei gedacht habe.«

Nichts. Die Antwort darauf war so simpel wie offensichtlich. Ich hatte mir nichts dabei gedacht. Ich hatte ab diesem Zeitpunkt überhaupt nicht mehr gedacht, sondern nur noch gefühlt.

»Ist doch alles gut«, wisperte Amira, und ich nahm einen Schluck, wohl wissend, dass das nur ein Teil der Geschichte war.

»Das ist noch nicht alles, oder?«, fragte Mick in einem Tonfall, der mehr als deutlich machte, dass sie die Antwort darauf bereits kannte. Denn das erklärte schließlich nicht mein Verschwinden.

»Wir sind zu ihm gegangen«, antwortete ich leise, und mit allem, was ich ihnen gestand, bekam die Mauer in meinem Inneren Risse. Immer weiter zogen sich feine Linien durch das Gestein, während Staub zu Boden rieselte. »Und haben weitergemacht.«

Ich atmete tief ein und hatte gleichzeitig das Gefühl, keine Luft zu bekommen. »Aber dann irgendwann hat er mich plötzlich Rosalie genannt.«

Meine Augen brannten erneut, und ein neuer Schwall Tränen lief mir über die Wangen. Der Schmerz brach mit einem lauten Krachen über mir zusammen.

»Und das Schlimmste ist, dass er auch noch so verflucht verständnisvoll war.«

Mick löste die Tasse vorsichtig aus meinen Fingern, dann hatten mich die beiden schon in ihre Arme geschlossen.

»Ich wollte das nicht«, brachte ich erstickt hervor. »Ich wollte nicht, dass es so weit kommt.«

Ich hatte ihn nur davon überzeugen wollen, dass es Rosalie wirklich gab, ehe sie aus seinem Leben verschwand.

»Das wissen wir.« Mick strich mir über die Haare.

Wir saßen eine ganze Weile lang auf der Couch, und als ich das nächste Mal einen Schluck der heißen Schokolade nahm, war diese bereits kalt.

»Ich muss es beenden«, durchbrach ich als Erste die Stille und starrte auf den Boden meiner Tasse, unfähig, Mick oder Amira anzusehen. Ich musste endlich aufhören, es weiter hinauszuzögern und vor mir selbst mit Ausreden zu rechtfertigen.

»Oder du sagst ihm die Wahrheit«, erwiderte Amira.

»Ich kann nicht.« *Ich wollte nicht*, wäre die Wahrheit gewesen. »Was, wenn er mich verrät?«

»Die Frage ist doch, was du eigentlich von ihm willst.« Mick stand auf und streckte sich. Das hätte ich auch gern getan, wenn ich nicht noch immer wie ein Burrito eingewickelt gewesen wäre.

»Was ich von ihm will?«, wiederholte ich, nachdem der Inhalt dieser Frage durch mein ermattetes Gehirn gedrungen war.

»Du magst ihn, oder?«

Noch vor knapp zwei Monaten hätte ich diese Frage mit einem entschiedenen *Nein* beantwortet. Doch gerade bekam ich das Wort nicht über meine Lippen, weil es sich falsch anfühlte. Weil ich wusste, dass es eine Lüge war.

»Ich hasse ihn nicht mehr«, entgegnete ich ausweichend, und Mick verdrehte ihre Augen, was in ihrem Gänseblümchen-Schlafanzug deutlich weniger bedrohlich wirkte als sonst.

»So, wie ich das sehe, hast du zwei Möglichkeiten.« Sie hielt Daumen und Zeigefinger in die Höhe. Ein wenig liebte und hasste ich sie für ihren Pragmatismus, denn auch wenn ich wusste, dass sie es nur gut meinte, hatte mir die entspannte Atmosphäre und das Mitleid gerade ganz gut gefallen.

»Erstens – du sagst ihm die Wahrheit. Möglicherweise fliegt dein Geheimnis dann auf, und er verzeiht dir nicht.«

»Klingt großartig«, brummte ich, und Amira tätschelte mir den Arm.

»Möglichkeit Nummer zwei«, machte sie weiter, so als hätte sie mich nicht gehört, »du machst das, was du eigentlich schon die ganze Zeit vorhattest, und kappst endlich als Rosalie jeglichen Kontakt zu ihm. Konsequenz – er wird ziemlich sicher nichts mit dir anfangen, weil du Rosalies Schwester bist. Und euer ganzer weiterer Kontakt, falls ihr welchen habt, basiert auf einer Lüge, die jederzeit auffliegen könnte.«

Beide Optionen klangen furchtbar.

»Vielleicht verzeiht er dir aber auch«, klinkte sich Amira ein. »Wenn du ihm erklärst, wieso du das getan hast.«

»Nein.« Ich schüttelte den Kopf, weil sich mein Herz bei dem Gedanken daran, ihm die Wahrheit zu sagen, schmerzhaft zusammenzog. »Nein. Rosalie muss endlich aus seinem Leben verschwinden.«

Am nächsten Morgen vollkommen übermüdet mit Nackenschmerzen auf meiner Couch aufzuwachen und zu sehen, dass mir Jesper mehrere Nachrichten geschrieben hatte, nachdem ich abgehauen war, machte mein ganzes Dilemma nicht besser. Ich drückte sie weg, wollte nicht wissen, was in ihnen stand, weil das mein schlechtes Gewissen nur noch weiter befeuert hätte.

Und im schlimmsten Fall auch meinen Entschluss ins Wanken gebracht hätte. Ob ich es zugeben wollte oder nicht, aber ich mochte es, mit Jesper Zeit zu verbringen. Vielleicht ein wenig zu sehr. Als Rosalie war es einfach, zumindest jetzt.

Und das war umso mehr ein Grund, wieso ich endlich damit aufhören musste. Mal ganz davon abgesehen, dass es nur noch eine Frage der Zeit war, bis ich mich doch verriet.

Amira murmelte auf der anderen Seite der Couch irgendetwas, während Mick mit überkreuzten Armen auf der Matratze schlief, die wir aus meinem Bett geholt und ins Wohnzimmer gelegt hatten. Wenn man sie so sah, hätte sie auch genauso gut in einem Sarg liegen können.

Ich war den beiden so unendlich dankbar, dass sie existierten und sich mein Gejammer anhörten. Mein Gejammer über die schlechten Entscheidungen, die ich gerade wieder und wieder traf, samt der daraus resultierenden Konsequenzen.

Gerade als ich mein Handy weglegen und aufstehen wollte, bemerkte ich eine Benachrichtigung auf LinkedIn. Und fast wie ich erwartet hatte, war es erneut Mary Raymond. Diese Frau wäre in einer anderen Zeit sicher eine gute Geldeintreiberin geworden.

Hallo Fallon,
ich versuche es noch ein allerletztes Mal und lade dich hiermit zu einer offenen Besichtigung unserer Büroräume in London ein. Der Termin ist nächste Woche Mittwoch. Falls du Interesse hast, dann gib mir Bescheid, die Kosten für Anreise und Unterkunft übernehmen wir.

Herzlichst
Mary Raymond

Unschlüssig starrte ich einige Augenblicke auf die Nachricht und hatte sie gedanklich bereits wieder geschlossen, doch etwas hielt mich davon ab, das auch wirklich zu tun. Edinburgh zu verlassen und etwas physischen Abstand zwischen Jesper und mich zu bringen war vielleicht genau das, was ich brauchte. Um meine Gedanken zu sortieren, ehe ich es beendete.
Also tippte ich:

Hallo Mary,
vielen Dank für deine Nachrichten. Ich würde gern zur Besichtigung kommen.

Herzlichst
Fallon Specter

»Du bist ja schon wach«, brummte Amira und blinzelte verschlafen gegen das Sonnenlicht. Einzelne Strähnen ihres geflochtenen

Zopfes hatten sich gelöst und standen ihr nun so wild vom Kopf ab, als hätte sie die halbe Nacht mit ihrem Kissen gekämpft.

»Ja«, sagte ich und sah zu dem hellen Spalt, der neben den Vorhängen der Fenster durchschimmerte. »Und so, wie es aussieht, fahre ich nächste Woche nach London.«

Jesper

»Und? Uuuuund?«

Kinsey war, wie vereinbart, am nächsten Tag erst weit nach Mittag wieder nach Hause gekommen. Es war ungewöhnlich, dass sie tatsächlich einmal das tat, worum ich sie bat, doch die 200 Pfund Erpressungsgeld könnten geholfen haben. Dafür schlich sie aber nun seit ihrer Rückkehr um mich herum, während ich versuchte, mich auf mein Buch zu konzentrieren.

Was mir auch ohne Kinseys Anwesenheit nicht gelungen war, denn dafür war Rosalie noch viel zu präsent in meinen Gedanken. Nicht nur ihr Geruch, das Gefühl von meinen Fingern auf ihrer Haut oder meiner Zunge in ihr. Nein, auch ihr Lachen, die sarkastischen Bemerkungen und das Leuchten in den Augen.

Was es umso schwerer machte, zu akzeptieren, dass sie gerade nur sehr sporadisch auf meine Nachrichten antwortete. Ich wurde das Gefühl nicht los, dass ich etwas falsch gemacht hatte, auch wenn sie mir versichert hatte, dass es nicht so war.

Doch etwas musste passiert sein.

»Werde ich Rosalie zukünftig häufiger sehen? Denkst du, sie erzählt mir von ihren Ideen? Denkst du, ich darf ihr vielleicht sogar Feedback geben?«, redete Kinsey munter weiter, und ich wünschte mir, ich hätte wenigstens zehn Prozent ihrer Energie. Und ihres Optimismus.

»Hallo?« Sie ließ sich auf das Sofa gegenüber von meinem Lesesessel fallen und tippte mit einem Fuß ungeduldig auf den Holzboden.

»Ich weiß es nicht«, antwortete ich schließlich, auch wenn ich genau wusste, dass ihr die Antwort nicht reichen würde. Und wie auf Kommando zog sie eine Augenbraue nach oben, schürzte ihre schwarz geschminkten Lippen.

»Wie, du weißt es nicht?«

»Ich weiß es nicht. Sie antwortet gerade nur knapp auf meine Nachrichten und …«

»Was hast du getan?«

»Wieso gehst du davon aus, dass es meine Schuld ist?« Nicht, dass ich glaubte, sie hätte damit unrecht, aber ein wenig beleidigt war ich schon, dass selbst meine eigene Schwester so schlecht von mir dachte.

»Okay, rekonstruieren wir das ganze mal«, sagte sie und zog nachdenklich ihre Stirn in Falten, ohne auf meine Frage einzugehen. Aber das war ich mittlerweile auch gewohnt. »Ihr habt euch an der Bar getroffen, richtig?«

»Ja.«

»Und dann weiter? Wie war die Stimmung?«

Leicht genervt klappte ich mein Buch betont geräuschvoll zu, doch Kinsey verzog keine Miene.

»Gut.« Zumindest war sie das gewesen, bis ich ihre Hand genommen und geküsst hatte. »Ihre Freundinnen sind plötzlich aufgetaucht und haben mir ein paar alte Geschichten über sie erzählt.«

»Oh.« Kinseys Augen begannen zu leuchten. »Was für welche?«

»Private«, erwiderte ich mit einem halben Lachen, weil ich wusste, dass sie sich darüber ärgern würde. »Und dann wollten wir irgendwann gehen …«

Und plötzlich hatte sie in meinen Armen gelegen, und wir hatten uns geküsst. Es hatte sich so richtig angefühlt.

»Ich liebe es, wenn du mitten im Satz einfach aufhörst, zu re-

282

den, Bruderherz.« Kinseys sarkastischer Ton riss mich aus meinen Gedanken und machte mir bewusst, wieso ich überhaupt aufgehört hatte. Und dass ich unmöglich wieder anfangen konnte. Zumindest nicht mit der ganzen Wahrheit. Nur weil Kinsey das Wort *Schamgefühl* neben *Privatsphäre* vollständig aus ihrem Wortschatz verbannt hatte, musste es mir nicht genauso gehen.

»Sie war dann noch hier, wir haben … geredet und dann ist sie wieder gegangen.«

»Okay«, sagte sie und schlug ihre Beine übereinander. »Und während ihr ›geredet‹ habt«, sie machte bei dem Wort Anführungszeichen mit den Fingern in der Luft, »was hast du da gesagt?«

Nicht, dass ich vorhatte, ihr darauf eine Antwort zu geben, aber was hatte ich zu ihr gesagt? Bilder von ihr, gelehnt an die Wohnungstür, während ich vor ihr kniete, fluteten meine Gedanken. Wir hatten währenddessen nicht sonderlich viel geredet, doch bis zu einem bestimmten Moment war alles in Ordnung gewesen. Bis … Ich versuchte krampfhaft das Bild ihres hochgezogenen schwarzen Oberteils und ihrem ebenso schwarzen BH auszublenden. Den glitzernden Rock, den ich bis zu ihren Hüften hochgeschoben hatte, während ihr Slip zu ihren Füßen lag.

Was hatte ich gesagt?

Alles, was mir einfiel, war ihr Name, wenige Sekunden nachdem sie auf meiner Zunge gekommen war. Aber es ergab überhaupt keinen Sinn, wieso ausgerechnet das der Auslöser gewesen sein sollte.

Doch je länger ich darüber nachdachte, umso mehr Dinge fielen mir auf, die an diesem Abend nicht zusammenpassten. Nicht nur das spontane Aufeinandertreffen mit ihren Freundinnen, die praktischerweise Bilder auf ihren Handys dabeihatten, die angeblich mehrere Jahre alt waren, nein. Rosalie hatte sie bei unserem Treffen im Café als Fallons Freundinnen vorgestellt, trotzdem hatte es kein Bild gegeben, wo die vier gemeinsam zu sehen waren. Nicht mal eines von Fallon und Rosalie. Und wenn ich mich richtig erinnerte, dann hatte Mikayla deutlich gesagt, dass sich Rosalie ihre Haare färbte. Doch ich war mir sicher, dass ich zwischen dem Blond einige brünette Strähnen gesehen hatte, die nicht danach aussahen, als wären sie herausgewachsen.

»Jesper?«

»Du folgst Rosalie doch schon eine Weile auf Instagram, oder?«, fragte ich, und Kinsey nickte. »Hat sie mal Bilder von London gezeigt?«

Kinseys Blick wanderte langsam zur Decke. »Nicht, dass ich mich daran erinnern kann. Ich glaube, sie hat nie explizit erwähnt, wo sie wohnt.«

Es war nur so ein Gefühl, doch nun, da ich einmal angefangen hatte, der Spur zu folgen, erschienen mir auch manche Situationen in den letzten Wochen in einem anderen Licht. Nicht nur zuletzt das, was Fallon angeblich von Rosalie wusste. Auch die Art, wie sich Fallon selbst verändert hatte.

Irgendetwas stimmte hier nicht.

»Okay, Sherlock, was ist los?«

»Das muss ich noch herausfinden.«

Auf ihrer Instagram-Seite gab es tatsächlich keine Aufnahmen, die auf London schließen ließen. Oder auf irgendeinen Wohnort. Ihre sämtlichen Bilder mussten in ihrer Wohnung aufgenommen worden sein, denn alles, was ich erkennen konnte, waren Bücherregale, ihren Schreibtisch, diverse Post-its und Bilder von ihren Büchern und eben ihr selbst. Mir war klar, dass das nichts heißen musste, aber es minderte meinen Eindruck, dass ich etwas ziemlich Offensichtliches übersah, nicht gerade. Insbesondere weil sie auf ihrer Instagram-Seite unzählige Fotos von sich hatte, sie aber für die Nachrichten-App kein Profilbild nutzte.

Was gab es noch? Fallon und Rosalie tranken beide schwarzen Kaffee. Gut, das konnte sein. Rosalie tippte sich manchmal auf den Nasenrücken, wie um ihre nicht vorhandene Brille zurechtzurücken. Was nur bedeuten konnte, dass sie in Wahrheit doch eine trug. Was ebenso zu meiner Theorie passte, dass Rosalie Kontaktlinsen trug. Auch ihr Verhalten in verschiedenen Situationen war dem von Fallon einfach so ähnlich gewesen. Und es würde erklären, wieso sie mir ständig diese widersprüchlichen Signale sendete …

Wenn du das Unmögliche ausgeschlossen hast, dann ist das, was übrig bleibt, die Wahrheit, wie unwahrscheinlich sie auch klingen mag, hatte Sir Arthur Conan Doyle in *Die Abenteuer des Sherlock Holmes* geschrieben. Einer der wenigen Romane, die ich jemals in meinem Leben gelesen hatte.

Wenn ich nun davon ausging, dass Rosalie nicht die war, für die sie sich ausgab, was blieb dann übrig? Ihrem Gesichtsausdruck nach bei unserer ersten Begegnung war es fast unmöglich, dass sie mich nicht kannte. Dieser geschockte Ausdruck konnte kaum der Tatsache geschuldet sein, dass ich der einzige Mann bei ihrer Lesung gewesen war. Auch wenn ich den Gedanken damals beiseitegeschoben hatte, sah ich ihre Mimik nun ganz deutlich in meinen Erinnerungen.

Sie hatte mich erkannt. Was im Prinzip nur zwei Schlüsse zuließ: Entweder hatte Fallon ihrer Schwester eine ganze Menge über mich erzählt, sodass sie sofort gewusst hatte, wer ich war. Oder Fallon gab sich als ihre eigene Schwester aus.

Eine seltsame Leere breitete sich in mir aus, als mir klar wurde, dass die zweite Möglichkeit nicht so abwegig war, wie ich im ersten Moment geglaubt hatte. Alles in mir fühlte sich betäubt an. Was wäre, wenn Rosalie wirklich Fallon war? Wie viel von dem, was sie gesagt hatte, war echt gewesen und wie viel geschauspielert?

Ich holte tief Luft. Ich musste sie fragen. Am Telefon oder bei der Arbeit. Oder ich stattete ihr einen Besuch ab. Ziemlich sicher erwartete sie nicht, dass ich plötzlich vor ihrer Tür stand. Und vor allem – wen würde ich dort antreffen?

Meine Gedanken verharrten noch einen Moment bei der Überlegung. Ich hatte einen guten Grund, misstrauisch zu sein, und mir war klar, dass ich damit möglicherweise eine Grenze überschritt. Insbesondere dann, wenn sich meine Theorie als falsch herausstellen sollte. Fallon und ich verstanden uns gerade gut, und ich wollte das ungern mit so einer unüberlegten Aktion kaputtmachen.

Um etwas Abstand zu meinen Gedanken zu bekommen, wandte ich mich wieder dem Ordner zu, den ich aus den Untiefen meiner Struktur hervorgeholt hatte. Wann immer es mir möglich war, hatte ich daran gearbeitet, Informationen zusammengetragen und strukturiert. Es war schon erstaunlich, was Cody und ich in diesem einen Jahr unserer Reise alles gesammelt hatten. Ich vergrub mich in der Geschichte des Kolosseums, bis ich irgendwann wieder auf mein Handy sah und feststellte, dass ich eine E-Mail bekommen hatte.

Von Cody. Er hatte mit nur einem einzigen Wort geantwortet: *Wann?*

[011011]
Fallon

Mich für ein paar Tage krankzumelden, nur um dann nach London zu der Besichtigung zu fahren, war eine meiner besseren *nicht guten Ideen*, auch wenn Samuel mich feuern würde, sollte er jemals die Wahrheit erfahren. Wenigstens hier waren meine Augenringe einmal von Nutzen gewesen, denn es hatte wenig Überzeugungsarbeit gebraucht, dem Arzt zu erklären, dass ich nervlich am Ende war. Was an sich auch keine Lüge war, nur hätte ich mich unter normalen Umständen niemals dafür krankgemeldet. Samuels leicht angefressene Antwort auf meine Mail, dass ich den Zeitpunkt wirklich besser hätte wählen sollen, nagte zwar an mir, aber ich konnte es auch gerade nicht ändern.

Denn die Aussicht darauf, Jesper am Montag wieder im Büro zu sehen, hatte mir schlaflose Nächte bereitet. Ich wusste, dass ich es persönlich beenden musste, doch all die Gründe, die ich dafür aufführen wollte, fielen mir einfach nicht ein. Ganz gleich, wie lange ich auf die leere Notizbuchseite starrte.

Also hatte ich mir Zeit erkauft und ihm als Rosalie geschrieben, dass ich die nächsten Tage intensiv an meinem Manuskript arbeiten müsste. Was nicht gelogen war, denn ich hatte wirklich die letzten beiden Tage von morgens bis abends damit verbracht, zu schreiben. Das war leider nicht von allein passiert, und meine

Deadline war in wenigen Wochen, und wenn ich Margo nicht erneut um eine Verlängerung bitten wollte, dann hatte ich noch einiges zu tun.

Als die Uhr meines Handys verkündete, dass wir in den nächsten fünf Minuten den Bahnhof King's Cross erreichten, klappte ich den Laptop zu und steckte ihn zurück in meinen Rucksack. Weil ich das Gefühl hatte, der Typ schräg hinter mir würde mir die ganze Zeit auf den Bildschirm schauen, hatte ich die Helligkeit so weit heruntergedreht, dass ich kaum mehr etwas hatte lesen können. Ich sah so viele Leute, die in Zügen schrieben, und fragte mich, ob die sich nicht davon stören ließen, dass andere mit hoher Wahrscheinlichkeit mitlasen.

Der Zug kam endlich zum Stehen, und ich trat nach draußen, hinein in die Menschenmenge. Ein Mann im Anzug und mit Aktentasche hätte mich fast umgerannt, weil seine Augen an seinem Handy festgeklebt waren, während er den Bahnhof durchquerte. Hätte er mir nicht noch seine Tasche gegen den Oberschenkel gehauen und wäre einfach weitergegangen, dann hätte das auch der Beginn einer neuen Boss-Romance-Story werden können.

Außerhalb des Bahnhofs war es nicht viel besser, und ein klein wenig bereute ich meine Entscheidung, herzukommen. Diese Stadt war der Inbegriff von Hektik. Es war ein Werktag, etwas nach Mittag, da die Besichtigung um eins begann, und gefühlt jeder Zweite trug ein Businessoutfit und hatte ein Sandwich in der Hand, während er an der Ampel darauf wartete, die Straße überqueren zu können.

Auch Edinburgh war zeitweise voll, gerade zu Hogmanay zog es viele Touristen in die Stadt, die bei Musik und Feuerwerk auf der Princes Street ins neue Jahr starten wollten. Doch in London war dieser Zustand mehr die Regel als die Ausnahme.

Zumindest bestätigte sich das bei jedem Besuch hier.

In der E-Mail, die mir Mary geschickt hatte, war eine Adresse angegeben, die nur einige Tube-Haltestellen von King's Cross entfernt lag.

Underground zu fahren gehörte nicht zu meinen Lieblingsbeschäftigungen und würde es auch nie. Nicht weil es so beengt war und alles permanent wackelte – das taten die Busse in Edinburgh ebenso –, sondern weil mir die Dunkelheit irgendwie unheimlich war. Von den seltsamen Geräuschen, die ständig ertönten, einmal abgesehen.

Nach einiger Zeit gelangte ich zu dem riesigen Gebäude, in dem Marys Unternehmen ihren Sitz hatte. In den vier obersten Etagen eines Bürotowers, von dem aus man einen ganz guten Blick über die Stadt hatte. Vor der Tür hielt ich einen Moment inne und strich meine dunkelgrüne Bluse glatt, die ich bisher sonst nie ohne die blonde Perücke getragen hatte. Was wirklich traurig war, da ich sie ziemlich mochte. Es hatte mich einiges an Überwindung gekostet, mich als Fallon zu schminken und Kleidung anzuziehen, die mir nicht drei Nummern zu groß war, doch es hätte sich einfach falsch angefühlt, so aufzutauchen, wie ich normalerweise bei We Solve IT herumlief. Immerhin wollte ich einen guten Eindruck machen, selbst wenn ich den Job ablehnen würde.

Als ich das Gebäude betrat, wandte ich meine Aufmerksamkeit auf den Mann, der an einem Empfangstresen saß und mir ein aufmunterndes Lächeln zuwarf, das ich zu erwidern versuchte, auch wenn mir meine wachsende Nervosität die Kehle zuschnürte.

»Hallo«, begrüßte ich ihn und trat noch einen Schritt näher zu ihm. »Ich bin Fallon Specter. Mary Raymond hatte mich eingeladen.«

Ich zeigte ihm die digitale Einladung auf meinem Display, die Mary der Mail angehängt hatte, und der Mann nickte, ehe er aufstand und mich zu einem von vier Aufzügen geleitete.

Wir verharrten für einige Augenblicke dort, bis sich eine der

Türen öffnete und mindestens ein Dutzend Leute ausstiegen. Nachdem drei weitere Männer eingestiegen waren, hielt der Portier eine Schlüsselkarte an das Terminal und drückte auf die Dreißig, die man ohne die Karte offensichtlich nicht anwählen konnte.

Ich bedankte mich hastig, ehe ich einstieg. Die drei Männer hatten zwischenzeitlich auf zwei verschiedene Etagen gedrückt. Gerade als sich die Tür schloss, rief jemand »Moment«, und instinktiv streckte ich die Hand zwischen die Türen, und diese gingen erneut auf.

»Danke«, japste die junge Frau atemlos und stützte die Hände an der hellen Jeans ab. Dunkle, kurze Locken umrahmten ihr Gesicht, als sie sich wieder aufrichtete.

»Es dauert manchmal einfach so lange, einen Aufzug zu bekommen«, sagte sie grinsend. »Keine Ahnung, wer gedacht hat, dass vier Aufzüge reichen. Bist du für EmpowerIT hier?«

Leicht überfordert starrte ich sie an, dann nickte ich langsam. »Du auch?«

»Ja. Also nicht für die Besichtigung, ich arbeite schon hier. Ich bin übrigens Sage.«

»Fallon«, erwiderte ich und griff nach der Hand, die sie mir hinhielt. Die Türen öffneten sich, und zwei der Männer drängten sich an uns vorbei, während fünf andere den Aufzug wieder betraten.

»Um die Mittagszeit ist es hier echt die Hölle«, sagte Sage und zog mich in eine Ecke des Aufzugs. »Aber ich habe heute mein Essen vergessen und musste mich in das Gedränge stürzen.«

Sie stieß einen langen Seufzer aus.

»Dagegen ist es in Edinburgh wirklich gemütlich«, erwiderte ich mit einem Lachen.

»Das glaube ich. Ich hoffe aber, dass dich London noch nicht völlig abgeschreckt hat.«

»Nein«, erwiderte ich rasch. »Ich war schon einige Male hier.«

Nach etlichen weiteren Minuten erreichten wir endlich die dreißigste Etage. Bereits der Eingangsbereich und der kurze Blick in die anderen Stockwerke hatten mir einen kleinen Eindruck verschafft von der hellen Atmosphäre, die uns empfing, als wir nach draußen traten. Hier oben gab es ebenfalls noch einen Empfang, an dem eine ältere Frau saß, die uns begrüßte.

»Hallo, Sage«, sagte sie und sah dann zu mir.

»Hallo, ich bin Fallon Specter und für die Besichtigung hier«, sagte ich, und sie nickte, reichte mir ein Schlüsselband, an dessen Ende sich ein Kärtchen mit meinem Namen befand sowie der Vermerk »Gast«.

»Das bitte die ganze Zeit über tragen und hier einmal unterschreiben.«

Ich überflog das Blatt Papier, das sie mir reichte. Eine Art Versicherung für das Unternehmen, dass ich keine Informationen, die ich im Zuge meines Besuches erlangte, in einer Weise verwenden würde, die sich negativ auf das Unternehmen auswirken würde, oder diese sonst in irgendeiner Art weitergab.

Ich unterschrieb es und schob das Blatt samt Kugelschreiber wieder zu der Frau zurück. Vielleicht sollte mir etwas mulmig werden bei dem Gedanken, dass ich nun einen Beweis hinterlassen hatte, dass ich nicht krank in meinem Bett lag, doch gerade fühlte es sich gut an. Vielmehr machte sich eine eigenartige Vorfreude in mir breit, die anderen Menschen kennenzulernen, die Mary Raymond eingeladen hatte.

»Ich bring dich in den Meetingraum«, sagte Sage und führte mich durch die hellen, lichtdurchfluteten Gänge, in denen uns immer wieder Leute begegneten, die Sage freundlich begrüßten. Statt riesiger Großraumbüros gab es hier unzählige kleine, manche nur mit zwei oder drei Arbeitsplätzen. Es musste himmlisch sein, wenn man keine unfreiwillige Teilnehmerin in fünf parallel laufenden Gesprächen war.

Was mich aber noch mehr begeisterte, war die Tatsache, dass es hier wirklich nicht nur Männer gab. Ich hatte nicht damit gerechnet, dass es keine gab, doch der Anteil schien zumindest auf den ersten Blick halbwegs ausgeglichen. Was die Chancen ziemlich erhöhte, keine Aufreißer-Geschichten an der Kaffeemaschine hören zu müssen.

»So, da sind wir.« Sage stieß eine Tür zu einem Raum auf, der an einer Wand komplett verglast war. Ich trat ein, und für einen kurzen Moment richteten sich sieben Augenpaare auf mich.

»Hallo«, sagte ich in die Runde. Vier Frauen und drei Männer standen mit Kaffeetassen und Häppchen in Zweier- und Dreiergruppen zusammen und schienen sich angeregt zu unterhalten. »Ich bin Fallon.«

»Wie schön, dass du hier bist«, sagte eine der Frauen, die ich von ihrem Profilbild erkannte. Mary Raymond.

Bereits auf ihrem Foto hatte sie eine unglaubliche Ausstrahlung gehabt. Selbstbewusst, doch nicht arrogant. Sie kam auf mich zu und schüttelte mir die Hand. »Ich hoffe, du hattest eine angenehme Reise.«

»Ja, vielen Dank für die Einladung«, erwiderte ich.

»Wir haben dich ja auch so lange gefragt, bis du praktisch keine andere Wahl mehr hattest«, sagte sie mit einem breiten Grinsen. »Glaub mir, du hättest es bereut.«

Ich lächelte unverbindlich, um nicht ganz danach auszusehen, als würde ich ihr nicht glauben, denn ich hätte es sicher bereut. Aber auf der anderen Seite war mir mehr als bewusst, dass ich das hier nur nutzte, um diesem verfluchten Drang nachzugeben, vor meinen Problemen wegzulaufen. Doch das musste ich ihr ja nicht auf die Nase binden.

»Also dann«, sagte sie und klatschte in die Hände, um die Aufmerksamkeit der anderen auf sich zu ziehen. »Wir sind vollzählig. Dann bitte mir nach.«

Sie ging voran, und wir trotteten ihr gemächlich hinterher.

»Ich bin Nora«, sagte eine der Frauen und streckte mir die Hand entgegen, die ich gleich ergriff.

»Hi, ich bin Fallon«, erwiderte ich erfreut. »Schön, dich kennenzulernen.«

»Gleichfalls. Ich find's so cool, dass ich heute hier sein kann.« Sie deutete auf die hellen Gänge, die wir passierten. »Mary ist so eine beeindruckende Frau.«

»Oh ja, das stimmt«, gab ich ihr recht und ließ meinen Blick umherschweifen. Es gab nicht direkt etwas, woran ich es festmachen konnte, doch die ganze Atmosphäre hier war anders. Unbeschwerter. Vereinzeltes Lachen war zu hören, während die Sonne durch die großen Fensterfronten schien. Allem Anschein nach verfügte jedes Büro über höhenverstellbare Schreibtische. Und ziemlich sicher hatten die Angestellten hier Laptops, die nicht so klangen, als würden sie jeden Moment zum Mond abheben. Und statt benutztem Geschirr, das überall im Büro herumstand, waren hier so viele Pflanzen, die alles gleich zehnmal schöner machten.

Neben den kleinen Büros gab es in der offenen Fläche eine ganze Reihe an Sitzgelegenheiten, meist Sofas und kleine Tische, an denen man entweder arbeiten oder sich unterhalten konnte.

Wir besichtigten vereinzelte Büros, sprachen kurz über die Projekte, an denen die Menschen hier arbeiteten. Mary führte uns dann eine Etage weiter nach oben durch den Flur, in dem auch ihr Büro lag, mit dem besten Blick auf London. Diese Frau war wirklich bemerkenswert. Nachdem wir die Führung der Büroräume hinter uns hatten, brachten uns Mary und Sage wieder zurück zu dem Meetingraum, in dem wir uns zuerst getroffen hatten.

»Setzt euch gern wieder. Sage wird euch noch einiges über unsere generelle Arbeitsweise erzählen«, sagte Mary und deutete auf die Stühle.

Nachdem wir uns gesetzt hatten, trat Sage mit einem selbstbewussten Lächeln vor. Sie schien gar nicht so viel älter zu sein als ich, doch ihre Ausstrahlung war eine völlig andere.

»Danke, Mary. Also, EmpowerIT ist, wie ihr mittlerweile wisst, eine Dienstleistungsfirma. Von einigen von euch weiß ich, dass sie in genau so einem Unternehmen bereits arbeiten.«

Dabei fiel ihr Blick auf mich.

»Wir wissen, dass Dienstleistungen ein hart umkämpfter Markt sind und die meisten Kunden auf das günstigste Angebot zurückgreifen. Was in der Regel mit ziemlich viel Stress für die Devs und alle anderen Beteiligten verbunden ist, da die Projekte oft nur gerade so noch pünktlich fertig werden können.«

Davon konnte ich ein Lied singen.

»Und genau das machen wir anders. Uns ist wichtig, realistische Zeitpläne zu erstellen, die für alle einhaltbar sind. Wir haben eine klare Aufgabenverteilung und wollen gemeinsam mit unseren Angestellten ihre Fähigkeiten gezielt fördern. Uns ist bewusst, dass unsere Preiskalkulation für viele potenzielle Kunden ein Ausschlusskriterium ist. Aber diejenigen, die uns beauftragen, wissen, dass Qualität ihren Preis hat.«

Natürlich war mir klar, dass sie ihr Unternehmen möglichst gut darstellen wollten, wenn sie darauf hofften, Leute abzuwerben. Aber allein schon die Dinge, die ich gesehen hatte, deuteten für mich darauf hin, dass etwas an ihren Worten dran war. Sage erzählte uns von einigen Projekten, natürlich ohne den Namen der Kunden zu nennen, und erklärte uns, wie sie diese aufbauten. Und ob ich es zugeben wollte oder nicht – es war alles so viel durchdachter als bei We Solve IT. Es gab eine klare Rollenverteilung, SCRUM wurde tatsächlich richtig benutzt, und auch die Zeitpläne, die sie angab, klangen alle sehr realistisch. Also machbar, ohne dass sich jemand die Nächte um die Ohren schlagen musste. Und selbst wenn am Ende nur die Hälfte der Versprechen eintrat, dann war das so viel mehr als bei We Solve IT.

»Natürlich läuft auch hier nicht immer alles glatt«, sagte Sage und zuckte mit den Schultern, »aber bisher haben wir es trotzdem hinbekommen, gemeinsam eine Lösung zu finden.«

Sie machte weiter mit einigen allgemeinen Themen zur Unternehmenskultur, und insbesondere ihr letzter Punkt ließ mich stutzen. »Es herrscht bei uns eine Transparenz-Policy in Bezug auf die Gehälter. Es steht allen frei, über ihre Gehälter zu sprechen, und wir ermutigen unsere Angestellten auch dazu, damit sich niemand unfair behandelt fühlt. Wenn es Gehaltsunterschiede gibt, dann nur, weil sich der Tätigkeits- oder der Verantwortungsbereich unterscheidet.«

Das klang alles viel zu gut, um wahr zu sein. Irgendwo musste es einen Haken geben. Denn wenn sie all das anboten, dann bekamen sie täglich sicher unzählige Bewerbungen. Wieso hatte sich Mary so eine Mühe gemacht, mich hierherzubekommen?

Nachdem Sage geendet hatte, trat Mary an ihre Stelle und sprach über ihre Vision, zu einem der führenden Dienstleister werden zu wollen und weitere Standorte sowohl in Großbritannien als auch in Europa eröffnen zu können.

»Also dann, ich hoffe, euch hat die Führung gefallen«, sagte Mary und klatschte in die Hände. »Wenn euer Interesse geweckt ist, sendet mir gern eine E-Mail mit eurem CV, und wir vereinbaren ein privates Gespräch. Meine Adresse steht in der Einladungsmail.«

Mit einem Hauch von Bedauern stellte ich fest, dass die Veranstaltung nun zu Ende war.

»Und?«, fragte mich Nora im Aufzug nach unten. »Wirst du dich bewerben?«

»Ich weiß noch nicht«, sagte ich gespielt unschlüssig, auch wenn ich meine Antwort bereits kannte. Marys Unternehmen war toll. Ihre Art, mit anderen umzugehen, war toll. Und dennoch wusste ich, dass ich hier nicht arbeiten konnte.

Ich konnte nicht alles hinwerfen. Einfach zu kündigen hätte sich nach einer Niederlage angefühlt. Und der zweite Punkt war, dass ich nicht aus Edinburgh wegwollte. Amira und Mick waren dort, ebenso wie … Jesper.

Mein Herz wurde schwer bei dem Gedanken an ihn. Und er schien auch nicht verschwinden zu wollen.

Nachdem ich mit Nora abendessen war, hatten wir uns beide auf unsere Hotelzimmer verzogen. Nora hatte bereits auf dem Rückweg zum Hotel verkündet, weiter in ihrem Buch lesen zu wollen, und mir fast einen Herzstillstand beschert, als sie mir besagtes Buch gezeigt hatte – denn es war mein eigenes. Und an der Art, wie sie über die Geschichte sprach, merkte ich so deutlich, dass sie ihr gefiel. Dass sie sich verstanden fühlte. Ich hatte den Roman geschrieben, weil ich zeigen wollte, wie unfair die IT-Branche immer noch für Frauen war. Weil ich meiner Frustration und meiner Wut eine Form geben musste. Und zu wissen, dass sich andere ITlerinnen in Leilas Geschichte wiedererkannten, löste ein unbeschreiblich warmes Gefühl in mir aus.

Für einen Moment hatte ich das Bedürfnis, Nora die Wahrheit zu sagen. Doch ich hatte es nicht über mich gebracht. Stattdessen hatte ich ihr nur versprochen, das Buch definitiv zu lesen.

Nun lag ich mit dem leeren Notizbuch im Bett und lauschte meiner Taylor-Playlist, während ich fieberhaft überlegte, was ich Jesper sagen sollte. Wie ich ihn am wenigsten verletzte.

Eine halbe Stunde verging, dann noch eine, und die Seite blieb immer noch leer. Und mich beschlich das Gefühl, dass sie auch weiterhin leer bleiben würde. Doch ich konnte mich nicht ewig hinter meinem sogenannten Plan verstecken, wenn ich eigentlich wusste, dass ich das Unvermeidliche wieder nur hinauszögerte.

Also klappte ich das Notizbuch zu und griff nach meinem Handy, tippte auf Jespers Nummer und lauschte mit angehaltenem Atem dem Klingeln.

»Rosalie?«

Beim Klang seiner Stimme glitt Gänsehaut über meinen Arm.

»Hallo, Jesper«, erwiderte ich mit klopfendem Herzen. »Hast du kurz Zeit?«

Ein leises Lachen erklang. »Natürlich. Wie kommst du mit deinem Manuskript voran?«

»Ganz gut. Ich sehe allmählich das Ende.«

»Wenigstens einer von uns«, erwiderte er mit einem halben Seufzen, und mein schlechtes Gewissen meldete sich, weil meine angebliche Krankheit seinen Workload sicher nicht verringert hatte.

»Können wir uns morgen treffen?«, platzte es aus mir heraus, ehe mein Gehirn mir wieder all die Gründe aufzählte, weswegen ich es besser nicht sagen sollte.

»Gern. In einem Café? Oder lieber bei mir?«

Die Vorstellung, dieses Gespräch mit ihm zu führen, während uns zig neugierige Augenpaare beobachteten, verursachte noch mehr Panik in mir. Aber da Fallon offiziell noch immer krank war, konnte ich ihn kaum zu mir einladen.

»Wenn das für deine Schwester in Ordnung ist, können wir uns gern bei dir treffen.«

Er lachte erneut. »Mit entsprechendem Anreiz räumt meine Schwester auch freiwillig die Wohnung.«

»Mit entsprechendem Anreiz …?«, wiederholte ich irritiert.

»Mit Geld.«

»Du bezahlst deine Schwester, damit sie aus der Wohnung verschwindet?«

»Manchmal besteche ich sie auch mit Büchern.«

Sein Tonfall klang etwas weniger angespannt als noch vor einigen Momenten, aber ich war mir gerade absolut nicht sicher, ob er mich auf den Arm nahm oder nicht.

»Ich kann Bücher mitbringen«, sagte ich etwas unsicher.

»Ich glaube, deine hat sie bereits alle. Aber wenn du ihre anderen signieren würdest, wäre ich nicht 200 Pfund ärmer.«

Gegen meinen Willen musste ich leise prusten. »Das ist das Mindeste, was ich tun kann, um dich vor dem finanziellen Ruin zu bewahren.«

»Ich revanchiere mich dafür mit einem Essen. Immerhin hat Kinsey meine Fähigkeiten so angepriesen, während ich noch gar keine Chance hatte, sie zu beweisen.«

Diese vielleicht nicht, dafür jedoch eine andere. »Ich bin mir sicher, dass deine Fähigkeiten mehr als ausreichend sind«, sagte ich mit einer kurzen Verzögerung.

»Das sind sie, aber ich stelle sie trotzdem gern unter Beweis.«

Seine Stimme war warm und dunkel und jagte mir einen Schauer über die Haut. Das ging schon wieder in eine vollkommen falsche Richtung.

»Dann sehen wir uns morgen. Um acht?«, erwiderte ich bemüht ruhig.

»Um acht«, wiederholte er. »Schlaf gut.«

[011100]
Jesper

Ich hasste es, dieses verfluchte Kanban-Board zu pflegen, in dem immer weniger ersichtlich wurde, was bereits erledigt war und was nicht. Während ich nicht die Person gewesen war, die sich darum hatte kümmern müssen, hatte ich vieles höchstens stichpunktartig notiert, doch mittlerweile merkte ich sehr gut, dass Fallon in der Hinsicht absolut recht gehabt hatte. Denn ihre User Storys waren wirklich die einzigen, aus denen man alle relevanten Informationen herauslesen konnte.

Aber die organisatorische Seite des Projektes zu übernehmen war eigentlich auch nicht die Aufgabe eines Architekten. Nur gab es eben niemanden hier, der sie sonst erledigte.

»Samuel, das geht so nicht«, sagte ich mit einem langen Seufzen. »Das ist jetzt schon die vierte neue Produktliste, die er uns schickt.«

»Jesper. Ich wollte dich für die Rolle, weil du ein guter Entwickler bist«, sagte dieser mit einem Ausdruck in den Augen, den auch ein enttäuschter Vater gegenüber seinem Sohn hätte haben können. Es war schon irgendwie ironisch, dass das sein Grund war, denn wenn ich eines in diesem Projekt kaum gemacht hatte, dann war es Softwareentwicklung. Stattdessen hatte ich versucht, aus den wirren Anforderungen User Storys zu schreiben, was mir überhaupt nicht lag, mich mit Mr Trey herumgeschlagen und sonstige Organisationsaufgaben übernommen, weil wir keinen Businessanalysten hatten. Oder einen Product Owner. Oder irgendwen sonst, dessen Hauptverantwortung das war. »Wenn ich jemand gewollt hätte, der nur herumjammert, dann hätte ich die Position auch gleich Fallon geben können.«

»Bitte was?«

Gern hätte ich mir eingeredet, mich verhört zu haben, doch ich wusste, dass ich mir diese Worte nicht eingebildet hatte.

»Du weißt, was ich meine. Ich brauche jemand mit einem kühlen Kopf, der auch mit schwierigen Kunden klarkommt und nicht bei jeder Kleinigkeit direkt an die Decke geht.«

»Er hat sie gefragt, ob sie ihm einen Kaffee macht, und sie hat ihn freundlich darauf hingewiesen, dass sie nicht deine Sekretärin ist.«

Zumindest hatte sie nicht versucht, ihn mit seiner Krawatte zu strangulieren, was ich ihr ebenfalls zugetraut hätte.

»Mag sein. Aber anstatt zu diskutieren und uns damit in eine unangenehme Lage zu bringen, hätte sie ihm auch einfach einen machen können.«

»Aber das ist nicht Teil ihrer Aufgabe.«

Wenn ich schon das Gefühl hatte, gegen eine Wand zu reden, konnte ich mir nur teilweise vorstellen, wie sich Fallon mit ihren Problemen gefühlt hatte.

»Und? Vielleicht hätte der Kunde ein besseres Bild von ihr gehabt.«

»Ich hätte ihm aber auch keinen Kaffee gemacht. Gerade dann nicht, wenn die Kanne auf dem Tisch steht.«

»Dich hat er aber nicht gefragt. Ich weiß gar nicht, was überhaupt dein Problem ist, Jesper.«

»Mr Trey hat nicht den Eindruck gemacht, dass es ihm wichtig wäre, wer die Leitung des Projekts übernimmt.« Immerhin war ihm alles absolut egal gewesen. »Hat er sich wirklich gegen Fallon ausgesprochen?«

»Vielleicht nicht direkt«, druckste Samuel nur verlegen herum, und ich verschränkte die Arme vor der Brust. »Aber ich wollte nicht riskieren, dass wir den Auftrag nicht bekommen. Mal ganz davon abgesehen«, er zuckte mit den Schultern, »hätte ich ihr dann eine Gehaltserhöhung geben müssen.«

»Die hast du mir auch gegeben.«

»Das stimmt. Aber der Sprung war nicht so …« Er stockte, lockerte die Krawatte um den Hals, während mich ein Verdacht beschlich, der so offensichtlich war, dass es fast wehtat. »Verdient Fallon so viel weniger als die anderen?«

Samuels Gesicht nahm eine rötliche Farbe an.

»Darüber darf ich mit dir nicht sprechen. Sieh zu, dass das Projekt zum Abgabedatum fertig ist.« Er machte eine wegscheuchende Bewegung mit der Hand, und ich verließ den Meetingraum.

Das war doch nicht zu glauben. Das war alles nicht zu glauben, dachte ich wieder und wieder, während ich die Stufen nach unten in meine Etage stieg. Mit grimmiger Miene ging ich zur Kaffeemaschine und stellte eine Tasse darunter.

»Du hast tatsächlich Gefühle. Erstaunlich«, sagte Will, der wie aus dem Nichts neben mir aufgetaucht war.

»Haha«, machte ich missgelaunt und senkte dann die Stimme. Immerhin war das hier noch immer nur ein einziger großer Raum, auch wenn die Küchenzeile durch eine halb eingezogene Wand wenigstens ein bisschen von den Arbeitsplätzen abgetrennt war. Leise erzählte ich ihm, was Samuel mir gesagt hatte.

Will wirkte nicht einmal überrascht. Und ich hätte es auch nicht sein sollen.

»Sagst du es ihr?«, fragte er leise und stellte seine Tasse ebenfalls unter die Maschine.

»Ja.« Vielleicht bot mir das die Möglichkeit, meine Theorie, was Fallon und ihre angebliche Schwester anging, zu überprüfen.

»Ihre Arbeit ist um einiges besser als die der anderen, deswegen ist es absolut nicht fair.«

»Wenn ich Sachen von Ethan reviewen muss, würde ich mir manchmal gern die Augen rausreißen. Wieso einfach, wenn es auch umständlich geht?«

Ich lachte leise auf und hoffte, dass das Geräusch von dem Lärm der Maschine übertönt wurde. Die Art, wie We Solve IT geleitet wurde, war wirklich eine mittelschwere Katastrophe, das merkte ich immer deutlicher. Mir hätte klar sein müssen, dass ich am Ende als Architekt mehr die Vermittlung mit dem Kunden managen würde, weil Samuel es nicht einsah, eine ordentliche Aufgabenverteilung aufzuziehen. Mich hatte damals das gute Gehalt überzeugt. Tja. Nun wusste ich auch, wieso sie es mir bezahlten. Weil sie es an anderer Stelle einsparen konnten.

»Ich treffe mich heute mit einem alten Freund«, sagte ich die Worte schnell, ehe ich es mir anders überlegte. Nicht nur, damit ich mich wirklich mit Cody traf und nicht im letzten Moment kniff, sondern auch, weil ich Wills Zuspruch brauchte. Weil ich seinen Zuspruch wollte.

»Mit dem du gereist bist?«, fragte Will mit zusammengezogenen Brauen.

»Genau der.« Will hatte Cody nie persönlich kennengelernt, doch ich hatte ihm von unserer Reise erzählt.

»Ihr hattet schon eine Weile keinen Kontakt mehr.«

»Ja. Und genau das will ich ändern.«

Auf seinen Lippen zeichnete sich ein wissendes Lächeln ab.

»Wegen Rosalie?«

Ich nickte. Auch wenn es so viel Ungeklärtes zwischen uns gab. Doch das war für mein Treffen mit Cody egal. »Ich will nicht bereuen, etwas nicht wenigstens versucht zu haben.«

Um halb vier Uhr fuhr ich den Laptop herunter, räumte die Tasse in den Geschirrspüler und verließ hastig das Büro. Ungewöhnlich früh für mich, doch dafür hatte ich heute bereits um halb sieben angefangen. Und da Samuel vor einer Stunde den Feierabend eingeläutet hatte, konnte er sich auch kaum beschweren.

Es dauerte knapp zwanzig Minuten, bis ich beim National Museum of Scotland angekommen war, und obwohl wir erst für vier Uhr verabredet waren, wartete Cody bereits am Eingang auf mich.

Und er hatte sich verändert. Seine roten Haare, die ein ganzes Stück länger waren, trug er in einem Dutt. Und seine Haut machte endlich den Krebsen keine Konkurrenz mehr.

»Hey«, sagte ich, weil Cody noch auf sein Handy starrte, dann aber den Blick hob.

»Lange nicht mehr gesehen«, meinte Cody, in einem Tonfall, der weder besonders freundlich noch abweisend klang. Mehr wie eine neutrale Feststellung. Und daran merkte ich, dass sich doch etwas verändert hatte. Denn in meiner Erinnerung gab es keinen Tag, an dem er nicht gelacht hatte. Aber das konnte ich ihm kaum vorwerfen.

»Das stimmt«, erwiderte ich und hielt ihm die Hand hin. »Danke, dass du gekommen bist.«

Er beäugte meine Hand einen Moment, sodass ich fast davon ausging, er würde mich hängen lassen, doch schließlich ergriff er sie.

»Ich war neugierig«, gab er zu. »Wieso du dich plötzlich meldest.«

»Wollen wir reingehen?«, erwiderte ich, weil ich diese Unterhaltung nicht hier draußen führen wollte. Wir betraten die Eingangshalle, warfen jeweils eine Zehnpfundnote in die Spenden-box und gingen weiter in die Brasserie des Museums.

Der Ort, an dem wir im Studium unsere Pläne geschmiedet hatten. Umgeben von Geschichte gab es hier ruhige Ecken, in die man sich zurückziehen konnte.

»Wann warst du das letzte Mal hier?«, fragte Cody und sah sich mit einem Ausdruck in den Augen um, der mir nur allzu bekannt vorkam. Denn es war der gleiche wie damals auch.

»Vor zwei Jahren«, erwiderte ich, und als ich es aussprach, wurde mir erst bewusst, was für eine lange Zeit das war.

»Ich auch.«

Wir bestellten uns einen Kaffee und hatten Glück, dass die Ecke, in der wir sonst so häufig gesessen hatten, tatsächlich noch frei war. Ich hatte das rote Leder der Sitzbänke irgendwie ver-misst, das eigenartige Geräusche von sich gab, sobald man darauf Platz nahm.

»Also«, sagte ich, nachdem wir uns gesetzt hatten, unsicher, wie ich das Ganze hier einleiten sollte. Von uns beiden war Cody immer der Kommunikative gewesen, der es schaffte, dass sich selbst der schlecht gelaunteste alte Mann mit ihm unterhalten wollte. Doch nun machte er absolut keine Anstalten, das Ge-spräch zu beginnen. »Wie geht es dir?«

Cody starrte mich für den Bruchteil einer Sekunde sprachlos an, ehe er schnaubte. »Small Talk, ausgerechnet du?«

»Soll ich gleich mit der Tür ins Haus fallen?«, erwiderte ich und nippte an meinem Kaffee.

»Wäre mir lieber, ja. Dann weiß ich wenigstens schnell, ob ich hier meine Zeit verschwende oder nicht.« Sein Tonfall war noch immer vollkommen ruhig, doch in seinen Augen blitzte etwas Herausforderndes auf. Etwas, mit dem er mich aus der Reserve locken wollte.

»Wie du willst.« Mit einem leisen *Klack* stellte ich die Tasse zurück auf den Teller. »Ich will sie entwickeln. Unsere Virtual History. Mit dir zusammen.«

Wieder breitete sich Schweigen zwischen uns aus, während Cody mich anstarrte, als hätte ich den Verstand verloren. Und vielleicht hatte ich das auch. Vielleicht war es ein dummer Traum, der mich am Ende ruinieren würde.

Aber vielleicht auch nicht.

Gefühlt Minuten verstrichen, ehe sich endlich etwas in Codys Gesicht regte. Er lachte. Doch es war weit entfernt von seinem damaligen Lachen aus vollem Herzen.

»Fast hättest du mich gehabt«, sagte er und strich sich über den Winkel des rechten Auges, als müsste er eine Träne wegwischen. »Was willst du wirklich?«

Auch wenn es wehtat, konnte ich ihm nicht verdenken, dass er mir nicht glaubte. Nein, ich konnte froh sein, dass er trotzdem hergekommen war.

»Mich entschuldigen. Es tut mir leid, dass ich dich damals hängen gelassen habe.«

»Ah.« Erkenntnis blitzte in seinen Augen auf. »Wieso jetzt?«

»Weil ich jetzt weiß, dass ich unsere Virtual History unbedingt entwickeln will.«

»Das war kein Witz?« Ungläubig lehnte er sich in das rote Polster zurück, das ein leises Quietschen von sich gab.

»Nein.«

Ich sah das Funkeln in Codys Augen, doch er selbst kämpfte die Begeisterung nieder und presste die Lippen zusammen.

»Was hat sich geändert?«, fragte er.

»Ich will nicht mehr bereuen, es nie versucht zu haben.«

»Und was ist mit deinen Eltern?«

Seine Frage versetzte mir einen kleinen Stich, weil ich wusste, dass das ein Gespräch war, dass ich mit ihnen führen musste. Ich musste ihnen sagen, dass ich nicht ewig alles für sie regeln konnte.

»Müssen lernen, dass sie für ihr eigenes Leben verantwortlich sind.«

Cody pfiff anerkennend. »Ich hätte nicht gedacht, dass du noch zu dieser Erkenntnis kommst.«

»Ich weiß, dass es viel zu lang gedauert hat«, erwiderte ich, unsicher, ob er mich gerade verspottete oder nicht.

»Kann man so sagen.« Ein leiser Vorwurf schwang in seiner Stimme mit, doch trotz allem hatte er immer noch nicht abgelehnt. Mir immer noch nicht gesagt, dass ich zu spät gekommen war.

»Was sagst du?«, fragte ich mit einem kleinen Grinsen. »Wollen wir es noch mal miteinander versuchen?«

»Mann, Jesper.« Cody stieß ein Lachen aus, das mich an unsere Reise erinnerte. »Du klingst so, als hätten wir Schluss gemacht.«

Ich zuckte mit den Schultern. »Für mich hat es sich wie eine Trennung angefühlt. Ich hatte sogar Liebeskummer.«

»Du bist ein Arsch«, sagte Cody und hatte Mühe, das Grinsen von den Lippen zu verbannen. »Ich hatte mir fest vorgenommen, es dir nicht so leicht zu machen. Aber …«

Er stieß einen langen frustrierten Seufzer aus. »Ich weiß, dass ich mich damals auch nicht richtig verhalten habe. Ich war nur einfach so wahnsinnig wütend auf dich, weil du alles so plötzlich hingeworfen hast.«

Erinnerungen an den Tag, an dem wir uns gestritten hatten, genau hier an diesem Tisch, kamen in mir hoch. Vorwürfe, weil ich erst nach meiner Rückkehr gemerkt hatte, wie schlecht es Kinsey ging und wie wenig Mum und Dad allein klargekommen waren. Mein schlechtes Gewissen hatte mich damals erdrückt, weil ich es so weit hatte kommen lassen.

»Du hattest jedes Recht, wütend auf mich zu sein«, erwiderte ich leise.

»Vielleicht in diesem Moment. Aber dir zu sagen, dass du dich nie wieder bei mir melden sollst – das war nicht richtig. Weil du verdammter Pedant dich natürlich daran gehalten hast.«

»Zumindest bis vor ein paar Tagen.«

»Ich war froh, ehrlich. Weil ich zu dumm und stolz war, mich selbst bei dir zu melden.« Er fuhr sich durch die Haare.

»Was hast du in der Zeit gemacht?«, fragte ich.

»Dies und das. Habe bei verschiedenen Unternehmen gearbeitet, aber so richtig zufrieden bin ich nicht. Ich fühle mich wie ein Programmieräffchen.«

Das Gefühl kam mir nur allzu bekannt vor. Wir brachten unseren Arbeitgebern Geld, ohne dass wir uns wirklich mit dem identifizierten, was wir taten. Unsere Herzen hingen nicht daran. Und für manche mochte das okay sein – für mich war es das nicht. Nicht mehr.

»Das heißt aber nicht«, fuhr er fort, ohne dass ich überhaupt etwas gesagt hatte, »dass ich zustimme. Ich muss mich erst mit eigenen Augen davon überzeugen, dass du wirklich dabei bist.«

»Ich habe angefangen, einen Businessplan zu schreiben und zu kalkulieren, wie viel Eigenkapital wir brauchen, um einen Prototypen zu entwickeln. Mit dem machen wir uns dann auf die Suche nach Investoren. Und da ich mit dir zusammen entscheiden wollte, was wir für den Prototypen nehmen, habe ich angefangen, unsere Interviews, Texte und Bilder aufzubereiten.«

Bis ich durch die Dateien geschaut hatte, war mir ganz entfallen, wie viel wir gesammelt hatten. Es würde locker mehrere Monate dauern, durch alles durchzugehen. Aber irgendwo mussten wir ja anfangen.

»Du hast dich vorbereitet«, sagte er auf meine Ausführung hin, und ein Hauch Anerkennung schwang darin mit. »Nicht, dass ich wirklich etwas anderes erwartet hätte.«

»Manche Dinge ändern sich nie«, antwortete ich mit einem kleinen Lächeln, das Cody erwiderte, ehe er wieder ernst wurde.

»Lass mich darüber nachdenken, okay? Bis vor einer halben Stunde habe ich nicht mal geglaubt, dass ich das überhaupt in Erwägung ziehen würde.«

Ich nickte. »Danke. Mehr will ich gar nicht.«

[011101]
Fallon

Mein Kurztrip nach London war genau das gewesen, was ich gebraucht hatte. Zumindest war es das, was mein Manuskript gebraucht hatte, um endlich voranzukommen. Von der Stadt selbst hatte ich absolut nichts gesehen, doch ich war auch nicht zum Vergnügen dort gewesen.

Dass ich nun mit blonder Perücke, Kontaktlinsen und Make-up vor Jespers Haustür stand, holte mich mit einem Mal wieder zurück in die Realität. Ich konnte das. Ich konnte mit ihm Schluss machen, ihm sagen, dass ich ihn nicht weiter treffen wollte, und dann aus seinem Leben verschwinden. Und vielleicht noch seinen Instagram-Kanal blockieren. Nur zur Sicherheit.

Meine Hand zitterte, als ich die Klingel drückte und auch als ich die leise summende Tür aufstieß. Für jede Stufe, die ich nach oben in den zweiten Stock stieg, pochte mein Herz mindestens vier Mal rasch hintereinander.

»Schön, dich zu sehen«, erklang Jespers Stimme, und ich riss den Blick nach oben, der bis eben konzentriert auf meinen Schuhen gelegen hatte. Er lehnte im Türrahmen, die schwarzen Haare leicht zerzaust und auf den Lippen die Andeutung eines Lächelns. Erst jetzt, da ich ihn in einem weißen Shirt sah, fiel mir auf, dass er sonst bevorzugt dunkle Kleidung zu tragen schien.

»Hallo«, erwiderte ich und blieb prompt mit der Spitze meines Ballerinaschuhs an der nächsten Stufe hängen. Doch ehe ich Bekanntschaft mit dem Teppichboden des Treppenhauses machte, in dem möglicherweise ein eigenes Ökosystem hauste, hatte mich Jesper am Oberarm gepackt.

»Alles in Ordnung?«, fragte er und half mir auf. Seine Berührung ließ mir die Haut kribbeln.

»Du bist zu umwerfend«, erwiderte ich mit einem Lachen und hoffte, dass es über die Nervosität hinwegtäuschte.

»Das habe ich schon häufiger gehört.«

»So?«

»Vielleicht haben sie auch *besserwisserisch* oder *arrogant* gesagt, wer weiß das schon.«

»Sicher haben sie *umwerfend* gesagt. *Besserwisserisch* und *arrogant* wären die letzten Adjektive, mit denen ich dich beschreiben würde«, sagte ich und folgte ihm in die Wohnung, aus der es herrlich duftete.

»Ganz deiner Meinung«, erwiderte er, kramte in einem Schrank rechts von der Wohnungstür nach etwas, während ich meine Schuhe abstreifte. »Hier.«

Er stellte ein Paar Hausschuhe vor mir ab, in die ich hineinschlüpfte. Da ich bei meinem letzten Besuch außer den Flur kaum etwas gesehen hatte, sah ich unschlüssig auf die Türen, die davon abgingen.

»Hier entlang.«

Jesper lotste mich in das Wohnzimmer, in dem neben einer Couchecke und einem riesigen Bücherregal ein bereits gedeckter Esstisch stand. Neugierig blieb ich vor dem Regal stehen. Kein einziger Roman war darin zu finden, nur Bücher über Geschichte, alte Zivilisationen, Kriege und Gesellschaften im Allgemeinen. Und natürlich alles sortiert und beschriftet. Falls ich hier jemals etwas zum Lesen suchen würde, wäre ich mit Kinseys Regal sicher besser bedient. Also nicht, dass ich vorhatte, noch einmal hierher zurückzukommen.

Wahllos griff ich nach dem Buch, das im Gegensatz zu allen anderen viel zu weit vorn stand und einen merkwürdigen Bruch in die sonst so tadellose Ordnung von Jesper brachte. *Entwicklung der modernen Gesellschaft.* Das war eindeutig nicht so ganz mein Thema. Eigentlich hatte ich mich nur gefragt, ob er die Todsünde bei Büchern beging und Eselsohren in die Seiten machte. Ich drehte das Buch um, schlug es auf und begutachtete den Zustand, der absolut tadellos war. Immerhin etwas. Gerade als ich es wieder zurückstellen wollte, fiel mir etwas anderes ins Auge. Etwas, das ich nicht erwartet hatte zu sehen.

Nämlich einen meiner Romane.

Ich zog *Loveless Touch* hervor, stellte das andere Buch zurück und wandte mich zu Jesper um, der gerade damit beschäftigt war, eine Flasche Wein zu öffnen.

»Klaust du deiner Schwester Bücher?«, fragte ich belustigt und hielt den Roman hoch. Jespers Lippen kräuselten sich.

»Nein. Den habe ich tatsächlich selbst gekauft.« Mit einem geräuschvollen *Plopp* löste sich der Korken aus der Flasche. »Kurz nach deiner Lesung.«

»Und den Rillen auf dem Buchrücken nach zu urteilen hast du sogar reingelesen«, sagte ich und strich über den Rücken meines armen Babys. Daran merkte man, dass er sonst nur gebundene Bücher las, wie mir der Rest seiner Büchersammlung natürlich auch verriet.

»Ertappt.« Mit zwei gefüllten Gläsern kam er zu mir und hielt mir eins hin. »Ich hätte dich vorher fragen sollen, ob du überhaupt Wein trinkst.«

»Du hast Glück«, erwiderte ich lachend und nahm ihm ein Glas ab.

Meine Nerven flatterten wie ein äußerst unruhiger Vogel, eingesperrt in meinem Körper, und der kühle Weißwein könnte mir vielleicht helfen, sie ein wenig zu beruhigen.

»Wieso hast du es nicht gleich bei der Lesung gekauft? Ich hätte es dir sogar signiert.«

Unsere Gläser klirrten beim Aufeinandertreffen, und ich nahm einen Schluck. Süß und frisch.

»Meine Schwester hätte mich damit niemals in Ruhe gelassen. Aber ich war neugierig, also …«

Die Vorstellung, dass Jesper heimlich Liebesromane kaufte und sie vor seiner Schwester versteckte, war überraschend niedlich.

»Wie hat es dir gefallen?«, fragte ich und setzte das Glas erneut an meine Lippen, das von meinem roten Lippenstift bereits verfärbt war.

»Am Anfang konnte ich nicht verstehen, was das Problem der Protagonistin war. Mittlerweile habe ich das Gefühl, dass ich es im echten Leben tatsächlich bemerke.«

Seine Antwort klang so ehrlich und ernst, dass sich in mir alles zusammenzog. Ich musste das hier beenden. Es führte kein Weg daran vorbei. Ich musste es beenden, ehe einer von uns zu tief drinsteckte.

Wenn es dafür nicht schon längst zu spät war.

»Vielleicht sollte ich es zu Bildungszwecken in IT-Unternehmen verteilen?«, schlug ich vor, um diese trüben Gedanken zu vertreiben.

»Ich weiß nicht, ob die meisten den Bildungsaspekt mitbekommen, wenn sie bei den Sexszenen angelangt sind.«

Ich zuckte mit den Schultern und stellte das Buch wieder zurück ins Regal, gut sichtbar neben den Wälzer über die Gesellschaft. »Meiner Erfahrung nach können die meisten Männer in der Hinsicht auch noch das ein oder andere lernen.«

Zunächst schlich sich ein belustigtes Lächeln auf seine Lippen, doch dann wurde er so plötzlich wieder ernst, dass ich mich fragte, ob ich etwas Falsches gesagt hatte.

»Bei deiner Lesung damals hast du gesagt, dass du nach der Trennung deines ersten Freundes mit dem Schreiben von eigenen Geschichten angefangen hast. Was ist damals passiert? Falls du es erzählen möchtest«, setzte er den letzten Satz noch rasch hinterher.

Himmel, das Gedächtnis dieses Kerls war einfach nicht von dieser Welt. Selbst ich hatte bis eben völlig vergessen, dass ich das gesagt hatte. Aber wenn ich ihn schon bei so vielen Dingen belog, dann konnte ich ihm wenigstens in dieser Sache die Wahrheit sagen.

»Es ist nichts Dramatisches gewesen«, begann ich, hielt dann kurz inne. »Also er hat mich nicht geschlagen. Aber das ist auch nicht gerade ein Maßstab.«

Ich schüttelte den Kopf, um meine eigenen Gedanken irgendwie zu sortieren. Nicht, dass es wirklich half. Eher warf es sie noch mehr durcheinander.

»Ich habe nicht gewusst, wie ich Grenzen setzen soll, als ich mit ihm zusammen war«, sagte ich ruhig und versuchte, die Erinnerungen an unsere Beziehung nicht an mich heranzulassen. »Ich habe versucht, alles zu tun, damit er glücklich ist. Aber das hat auch bedeutet, dass ich manchmal Dinge getan habe, nur weil er sie mochte. Nicht weil ich es wollte. Auf ein erstes *Nein* hat er so lange gebettelt, bis irgendwann doch ein *Na gut* daraus geworden ist. Aber eigentlich hätte er auf ein enthusiastisches *Ja* warten sollen.«

Erneut setzte ich das Glas an die Lippen und nahm einen Schluck. »Ich wusste nicht, was ich wollte, und er hat mir nie die Chance gegeben, das herauszufinden, weil er immer alles gelenkt hat. Deswegen wollte ich über Frauen schreiben, die sich nicht alles gefallen lassen. Die wissen, was sie wollen, ob auf der Arbeit oder im Bett. Und über Männer, die ihre Antworten akzeptieren und nicht versuchen, sie zu etwas anderem zu überreden.«

Ein tiefer Seufzer entwich mir, und am liebsten hätte ich das Gesicht in den Händen vergraben. »Er hat sich irgendwann von mir getrennt, nachdem ich nicht mehr alles mitgemacht habe, und es war das Beste, was mir hätte passieren können. Mittlerweile ist es mir einfach nur noch unglaublich peinlich, dass ich nicht früher erkannt habe, was für eine Art Mann er war.«

Jesper, der meinem doch etwas sehr ausführlichen Monolog völlig stumm gelauscht hatte, legte nachdenklich die Stirn in Falten. »Ich finde es nicht peinlich. Gerade in der ersten Beziehung kommt es vermutlich häufiger vor, dass man Dinge tut, um der anderen Person zu gefallen.«

»Sprichst du da aus Erfahrung?«, fragte ich neugierig, und sein Lächeln wurde breiter.

»Möglich. Aber die Geschichte erzähle ich dir erst nach der Vorspeise.«

Er deutete zu dem gedeckten Tisch, zu dem ich ihm folgte, ehe er den Stuhl vorzog, damit ich Platz nehmen konnte.

»Ich bin sofort wieder da«, sagte er und verschwand nach nebenan. Es dauerte keine fünf Minuten, da kam er mit zwei Tellern zurück, die er auf den Untertellern abstellte, die bereits vor uns standen. Ich wusste nicht, womit ich gerechnet hatte, als er mich zum Essen eingeladen hatte, doch das sah stark nach etwas aus, was man in einem Restaurant bekam, das mich ein halbes Monatsgehalt gekostet hätte.

»Also«, sagte ich, nachdem nicht einmal mehr ein Salatblatt auf dem Teller zurückgeblieben war. »Wie war das mit deiner Dating-Historie?«

»Hm, ich hatte die Hoffnung, dass dich das Essen diese Frage vielleicht vergessen lässt«, meinte er leicht theatralisch und seufzte. »Ich habe versucht, spontan zu sein.«

Irritiert sah ich ihn an. »Bitte was?«

»Meine erste Freundin fand es nicht gut, dass ich immer alles geplant habe. Ich meine, ich kann spontan sein. Wenn ich eben vorher weiß, wann ich es sein soll.«

Ich prustete. »Was ist passiert?«

»Wir sind spontan mit dem Zug in die Highlands gefahren, weil das Wetter an dem Tag so gut war. Natürlich ohne Getränke und Proviant. Das haben wir noch in einem Kiosk bekommen. Wir haben dann eine Wanderung gemacht, und irgendwann, als es dunkel wurde, hat sie gefragt, wann der letzte Zug zurück nach Edinburgh fahren würde. Da ich spontan sein wollte, hatte ich das natürlich nicht nachgeschlagen.«

Er zuckte mit den Schultern. »Am Ende mussten uns ihre Eltern abholen, die wenig begeistert waren.«

»Gute Planung ist eben wichtig«, stimmte ich ihm zu, auch wenn ich wusste, dass ich in der Hinsicht deutlich weniger pedantisch war als er. Aber ich konnte einen Roman schließlich auch nicht wie ein Pantser schreiben. So ein bisschen Plotting gehörte einfach dazu. Aber ein bisschen Spontanität eben auch.

»Dich anzuschreiben war übrigens auch ein kläglicher Versuch, spontan zu sein.«

»Manchmal kommt bei ein bisschen Spontaneität doch eben auch etwas Gutes raus«, erwiderte ich mit einem Lächeln, weil ich wusste, dass es die Wahrheit war.

Der Hauptgang bestand aus einer veganen Ente, die ich selbst ohne Wein nicht von einer echten hätte unterscheiden können. Es gab definitiv schlimmere Schicksale, als sich von Jesper bis ans Ende des Lebens bekochen zu lassen, dachte ich und nahm einen weiteren Bissen.

»Ich weiß, dass das eigentlich kein sehr passendes Thema für den heutigen Abend ist, aber«, begann er plötzlich, was ein ziemlicher Wechsel von unserer seltsamen Lehrstunde zum Thema

Wie bin ich spontan? war, und verzog das Gesicht, »ich hatte heute ein Gespräch mit Samuel.«

»Okay?«, erwiderte ich irritiert, weil ich mir nicht vorstellen konnte, in welche Richtung das nun gehen würde.

»Samuel hat entschieden, dass Fallon nicht die Architektin wird, nicht der Kunde.«

»Was?«, stieß ich hervor und konnte nichts anderes tun, als ihn mit weit aufgerissenen Augen anzustarren. Das war definitiv nicht das, was mir Samuel erzählt hatte.

Jesper nickte, den Blick unverwandt auf mich gerichtet. »Und er bezahlt dir deutlich weniger als den anderen Devs.«

»Das ist nicht dein Ernst. Ich hätte es mir denken können.«

Zorn stieg in mir hoch. Ich hätte es wissen müssen. Aber ich hatte mich immer noch an die Illusion klammern wollen, dass er wenigstens in dieser Hinsicht fair war. Dass er mich zwar nicht für eine fähige Architektin hielt, aber zumindest anerkannte, dass ich eine fähige Entwicklerin war. Doch selbst dieser Gedanke schien ziemlich naiv gewesen zu sein.

Die Wut verrauchte mit einem Mal, als in meinem leicht benebelten Verstand die Info durchsickerte, dass ich mich gerade sehr Fallon-mäßig verhielt. Und etwas an der Art, wie er mich ansah, sagte mir, dass auch ihm das aufgefallen war. Was hatte er eben genau gesagt …?

Ich rang mir ein falsches Räuspern ab und setzte wieder ein Lächeln auf. »Ich werde es ihr ausrichten. Das geht schließlich gar nicht.«

»Das stimmt«, erwiderte Jesper eigenartig ruhig und sah mich so unverwandt an, dass ich den Blick abwenden musste.

»Bitte entschuldige mich kurz.« Ich stand auf und ging zum Gästebad, ließ mir kaltes Wasser über die Handgelenke laufen und atmete tief durch. Die Zeit war abgelaufen, und ich musste es endlich hinter mich bringen.

»Hör zu, Jesper«, sagte ich, nachdem ich wieder im Wohnzimmer war, und blieb einige Schritte vor dem Tisch stehen. »Der Abend war wirklich schön, aber … wir können uns nicht mehr sehen«, brachte ich die Worte schnell über meine Lippen.

Jespers Miene war undurchdringlich, und für einige Sekunden war die Musik im Hintergrund alles, was ich hörte, bis er schließlich aufstand.

»Wieso?«, fragte er und kam langsam näher.

»Weil …«, begann ich, wohl wissend, dass meine Liste mit Gründen nach wie vor völlig leer war. Dass ich keinen richtigen Grund gefunden hatte. »Ich muss … zurück nach London.«

»Aber du kannst doch immer wieder herkommen, oder?« Er machte noch einen Schritt auf mich zu, während ich zurückwich. Er durfte mir nicht zu nah kommen. Meine ohnehin schon schwer greifbaren Gedanken verschwammen in seiner Gegenwart immer mehr.

»Das geht nicht.« Ich stieß gegen sein Bücherregal.

»Das geht nicht, oder du willst nicht?« Seine dunkle Stimme brachte mich noch um den Verstand. Hatte mich bereits um den Verstand gebracht.

»Ich …«, setzte ich an, nur um erneut abzubrechen. Es wäre so einfach gewesen, ihm zu sagen, dass ich das hier nicht wollte. Doch nach all den Lügen war es genau diese eine, die ich nicht aussprechen konnte. Die ich nicht aussprechen wollte. »Es ist kompliziert.«

»Dann erklär es mir. Bitte«, erwiderte er und streckte seine Hand nach meiner aus, hielt jedoch inne, kurz bevor sich unsere Finger berührten. So als wollte er mir die Wahl lassen, sie zu ergreifen oder zu gehen.

Ich wollte nicht gehen. Das spürte ich mit jeder Faser meines Körpers überdeutlich. Ich wollte nicht gehen, doch ich musste. Das war eine Linie, die ich nicht übertreten durfte.

»Ich kann nicht.« Meine Stimme klang so eigenartig fremd in meinen Ohren. »Es geht einfach nicht.«

Jesper nickte, ließ den Arm wieder fallen und trat einen Schritt zurück. Seine Miene war unergründlich, doch ich konnte nicht hierbleiben, um sie zu analysieren. Stattdessen ging ich an ihm vorbei.

»Bitte bleib, Fallon.«

Als ich meinen Namen hörte, erstarrte ich augenblicklich.

»Du weißt es«, wisperte ich und hörte das Blut in den Ohren rauschen. Mit einem Mal fühlte ich mich, als würde ich in Flammen stehen. »O Gott, du weißt es.«

»Es ist alles in Ordnung«, sagte Jesper so unfassbar sanft und legte die Hände an meine Oberarme, strich mir mit den Fingern sanft über die Haut. »Atme ganz ruhig.«

Ich holte tief Luft, versuchte, zu begreifen, was sich hier gerade abspielte. Er wusste es. Er wusste es. Und er wollte dennoch, dass ich blieb.

Als ob in meinem Kopf ein Schalter umgelegt worden war, drängte ich mich an ihn, presste die Lippen auf seine. Ein überraschtes Keuchen erklang, doch den Bruchteil einer Sekunde später ließ er die Zunge über meine Unterlippe gleiten. Ich öffnete meinen Mund, genoss das Gefühl, von ihm geküsst zu werden, von ihm verschlungen zu werden. Seine Hände wanderten zu meinem Hintern, und wie von selbst schlang ich die Beine um seine Hüften. Während wir uns küssten, trug er mich zur Couch.

Ich konnte spüren, dass er mich wollte, nun, da ich rittlings auf ihm saß, umso mehr. Seine Hände lagen noch immer an meinem Hintern, und er drängte mich gegen seine harte Erektion.

»Ich will dich«, wisperte er zwischen zwei Küssen, und mein ganzer Körper kribbelte. Mein ganzer Körper verzehrte sich nach ihm. Noch ehe ich reagieren konnte, hatte er mich herumgedreht, sodass mein Rücken nun gegen seine Brust gepresst wurde. Ein kleiner Aufschrei entwich mir, dann ein zweiter, als seine Hand plötzlich zwischen meinen Beinen lag, den Slip mühelos beiseiteschob und meine Mitte fand. Erst mit einem Finger, dann mit einem zweiten. Jede Berührung setzte mich erneut in Flammen, fuhr über meine empfindlichste Stelle. Er spielte mit meiner Klitoris, ehe er seine Finger in mir versenkte.

»Jesper«, stieß ich hervor, während er mich von innen dehnte. Seine Lippen strichen über meine Haare, über die Wange, jede Berührung brachte meinen Körper weiter an seine Grenzen.

»Ich bin hier«, sagte er direkt in mein Ohr, seine freie Hand spreizte meine Beine, während er mich mit der anderen fingerte. Sein fester Griff, seine dunkle Stimme und das Geschick seiner Finger ließen den Orgasmus über mich hinwegrollen wie ein plötzlich aufkommender Sturm. Schwer atmend, verharrte ich einen Moment auf seinem Schoß.

»Ist alles in Ordnung?«, fragte Jesper, seine Hände nun ruhig auf meinen Oberschenkeln.

»Ja«, gab ich krächzend zurück und holte erneut tief Luft. So leicht gab ich mich nicht geschlagen. Noch bevor Jesper ein weiteres Wort sagen konnte, hatte ich mich herumgedreht und war von der Couch gerutscht, blieb direkt zu seinen Füßen sitzen. Als ich zu ihm hochsah, in seine dunklen Augen, blieb mein Blick an der großen Beule hängen, die sich in seiner Hose gebildet hatte. Die ich nur allzu deutlich in meinem Rücken gespürt hatte.

Meine Finger glitten zu Jespers Gürtel und zerrten ihn auf, entlockten ihm ein Keuchen, das wie Musik in meinen Ohren war. Kaum war der Gürtel gelockert, zerrte ich an der Hose, bis nur noch die Boxershorts seinen Penis bedeckten.

»Ich …«

Nun war es Jesper, dem es schwerfiel, einen klaren Gedanken zu fassen, stellte ich mit Genugtuung fest. Denn das sollte er auch nicht mehr können. Ich wollte, dass er die Kontrolle verlor.

Meine Finger griffen nach den schwarzen Boxershorts und zogen sie mit einem Ruck herunter. Erneut erklang ein Stöhnen, und ein zweites und drittes, als ich den Mund auf ihm senkte.

»Fallon«, keuchte er, und ich liebte es, wie er meinen Namen stöhnte, während ich den Kopf auf und ab bewegte. Instinktiv vergruben sich seine Hände in meinen Haaren, doch ich war diejenige, die den Rhythmus vorgab. Ich sah zu ihm hoch. Und er begegnete meinem Blick. Der Griff in meinen Haaren wurde fester, und obwohl – oder gerade weil – ich vor wenigen Minuten erst gekommen war, bildete sich erneut Hitze zwischen meinen Beinen.

»Warte.« Fast hätte ich seine Stimme nicht gehört, doch seine Hand hielt meine Haare fest, sodass ich seinen Penis nicht wieder aufnehmen konnte.

»Was ist?«, fragte ich, doch statt zu antworten, hatte er mich hochgezogen, und ich lag in seinen Armen. Mühelos hob er mich hoch, streifte die Überreste der Hose ab und trug mich in ein anderes Zimmer.

In sein Schlafzimmer. Er ließ mich los, und ich landete auf seiner Bettdecke. Alles hier hatte diesen Geruch aus Zitrone, gemischt mit etwas Holzigem.

»Willst du das wirklich?«, fragte er, während er sich mit den Armen rechts und links von mir abstützte.

»Ja«, entgegnete ich, ohne weiter nachzudenken, und öffnete jeden einzelnen Knopf der dunkelblauen Bluse. Kaum dass ich sie geöffnet hatte, waren Jespers Lippen auf dem Ansatz meiner Brüste, zerrten den BH herunter und leckten über die Nippel.

Ungeduldig zog ich an dem Verschluss des Rocks und riss ihn mir vom Körper.

»Du bist wunderschön«, murmelte Jesper und fuhr mir erneut mit seinen Lippen über die Brüste. Mir war so unfassbar heiß, dass ich glaubte, jeden Moment zu verglühen, wenn er mich nicht erneut kommen ließ.

»Bitte«, stieß ich gequält hervor und zog das Shirt über seinen Kopf, woraufhin ein leises, hinreißendes Lachen ertönte.

»Wie du willst.«

Das Geräusch von Plastik erklang, und für einen Moment war jegliche Berührung verschwunden.

Und dann drang er in mich ein. Hart und schnell. Für einen Moment drehte sich alles, und ich verlor das Gefühl dafür, wo oben und wo unten war. Doch es war egal, solange ich wusste, dass Jesper über mir war. In mir.

Seine Hände griffen erneut nach meinen Handgelenken und hielten sie über mir zusammen, während er unermüdlich in mich eindrang. Wieder und wieder, immer schneller, immer härter. Bis ich erneut mit seinem Namen auf den Lippen kam.

[011110]
Fallon

Völlig verschlafen und mit leichten Kopfschmerzen tastete ich nach dem Übel, das meinen friedlichen Schlaf störte. Erst als ich langsam die Augen öffnete und ich die Deckenlampe ungewohnt scharf sehen konnte, dämmerte mir, dass ich noch meine Kontaktlinsen trug.

Zwei Dinge wurden mir in dem Moment schlagartig klar, da sie wie ein eiskalter Wasserschwall über mich hereinbrachen. Das hier war nicht meine Wohnung. Und ich lag mit dem Besitzer des Handys, das gerade diesen Höllenlärm verursachte, leicht bekleidet in einem Bett. Besagter Besitzer regte sich erst kaum merklich, dann stieß er ein leises Seufzen aus und tastete offensichtlich blind nach dem Handy. Endlich verstummte es, doch mein Herz pochte so schnell in meiner Brust, dass ich das Blut in den Ohren rauschen hören konnte. Und mit einem Mal kamen die Erinnerungen an die vergangene Nacht zurück. Fuck. Fuck. Fuck.

Ich war gestern hierhergekommen, um das mit Jesper zu beenden, doch stattdessen hatte ich mit ihm geschlafen. Meine Finger glitten zu einer Strähne meines dunkelbraunen Haars.

Und nun kannte er mein Geheimnis.

Das war eine einzige Katastrophe. Er würde mich verraten. Er würde es allen verraten.

Panisch griff ich nach meinem Handy und sprang aus dem Bett, als mir klar wurde, dass heute nicht Samstag war, sondern erst Freitag. Was bedeutete, dass ich ins Büro musste.

»Fallon?«, brummte Jesper verschlafen neben mir und richtete sich langsam auf. Die Decke glitt von seinem Oberkörper und rief erneut die Erinnerung an gestern Nacht wach. »Was ist los?«

»Das hier war ein Fehler«, stieß ich panisch hervor und stolperte durch das Zimmer, um meine Rosalie-Klamotten einzusammeln, die quer im ganzen Schlafzimmer verteilt waren.

»Was?« Er rieb sich über die Augen, dann tastete er nach der Brille, die auf seinem Nachttisch lag, und sah mich mit einem Ausdruck völligen Unglaubens in den Augen an.

»Wie lange wusstest du es schon?«, brachte ich hervor und starrte ihn an.

»Wie lange wusste ich was schon?«

»Dass ich Rosalie bin?«

Er schwieg einen Moment, und mein Herz sank eine Etage tiefer. »Seit ein paar Tagen. Zumindest hatte ich eine Vermutung.«

Mein Herz, das sich an die leise Hoffnung geklammert hatte, er hätte es wirklich erst gestern Abend bemerkt, zog sich schmerzhaft zusammen. Er hatte es gewusst. »Wieso hast du weitergemacht? Hat es dir Spaß gemacht, mit mir zu spielen?«

»Ich, mit dir spielen?« Jesper schwang die Beine aus dem Bett und machte einen Schritt auf mich zu. »Wer von uns beiden hat seinen eigenen Zwilling vorgetäuscht?«

»Ich hatte keine andere Wahl«, sagte ich und wich einen Schritt zurück. Nicht weil ich ernsthaft glaubte, er würde mir irgendetwas tun, sondern mehr, weil ich es gerade nicht ertragen konnte, ihm so nah zu sein.

»Keine andere Wahl?«

»Ich konnte ja kaum riskieren, dass du allen davon erzählst. Und ich konnte ja wohl nicht damit rechnen, dass du plötzlich so ein großes Interesse an Rosalie hast.« Ich machte einen verächtlichen Laut. »Aber es war eigentlich klar. Make-up und enge Kleidung, wer kann da schon widerstehen?«

»Du wirfst mir also vor, dass ich Interesse an deiner vermeintlichen Zwillingsschwester hatte, weil sie Make-up benutzt hat? Und Kleider getragen hat?«

»Weswegen sonst?«

»Hm, mal überlegen. Wie wäre es mit der Begeisterungsfähigkeit? Mit der Tatsache, dass du mich mit deiner Liebe und Begeisterung für die Geschichten angesteckt hast? Dass du schlagfertig und witzig bist und es Spaß gemacht hat, Zeit mit dir zu verbringen?« Nun war er es, der einen verächtlichen Laut ausstieß. Doch statt noch näher auf mich zuzukommen, wich er zurück und sammelte in aller Ruhe seine Kleidung auf, die das einzige Chaos in diesem nahezu perfekt aufgeräumten Raum bildeten. »Du bist wirklich eine Heuchlerin, Fallon. Du hast mir erzählt, man müsste Risiken eingehen, um seine Träume zu erfüllen, und trotzdem stehst du nicht zu dem, was du liebst.«

»Ich habe auch nicht erwartet, dass du das verstehst«, zischte ich, während ich mir die dunkelblaue Bluse über den Kopf zerrte. »Du hast keine Ahnung, was sich Frauen anhören müssen, auch ohne dass sie nebenbei noch Liebesromane schreiben.«

»Du hast recht, ich hatte keine Ahnung. Aber ich habe versucht, das zu ändern.«

Ich wusste, dass er recht hatte. Er hatte sich verändert.

»Ich bin froh, zu wissen, was du wirklich von mir denkst. Nicht nur bezogen auf unseren Kleinkrieg bei der Arbeit, sondern auch, dass du mich nach der ganzen Zeit immer noch für so einen schlechten Menschen hältst.«

Ich presste die Zähne aufeinander, Panik, Wut und Schmerz brodelten in meinem Inneren. Hastig zog ich den Rock an, und als ich aufsah, bemerkte ich, dass Jesper mich beobachtete.

»Du brauchst dir keine Sorgen machen, dass ich dein Geheimnis verrate, dass du um jeden Preis schützen willst. Immerhin war das alles, was du von mir wolltest, oder?«

Meine Kehle war wie zugeschnürt, und ich brachte kein Wort heraus, also lief ich wortlos an ihm vorbei, schlüpfte in die Schuhe und stürmte mit meiner Tasche nach draußen.

Um zu mir nach Hause zu gelangen, brauchte ich etwas mehr als 40 Minuten. Von meinem letzten Besuch hatte ich gewusst, dass Jesper und ich gar nicht so weit auseinanderwohnten. Und da mir still sitzen oder stehen gerade ziemlich sicher körperliche Schmerzen bereiten würde, verbrannte ich lieber noch etwas mehr Energie. Kaum dass ich meine Wohnung betreten hatte, nahm ich die Kontaktlinsen heraus, wegen denen meine Augen mittlerweile so aussahen, als hätte ich drei Stunden geweint. Alles ziepte und juckte, und auch nach einem Liter Augentropfen waren sie noch immer trocken und gerötet. Aber daran konnte ich nun auch nichts ändern. Stattdessen hastete ich unter die Dusche und wusch mir die Überreste des Make-ups ab, ehe ich mich in eine lockere Jeans und ein Oversized-T-Shirt schmiss. Und erst als ich Rosalies Klamotten auf dem Stuhl im Schlafzimmer liegen sah, bemerkte ich, dass ich die Perücke bei Jesper gelassen hatte. Verdammt.

Tränen quollen hervor, die meine ohnehin schon gereizten Augen noch mehr reizten. Wie albern, wegen einer Perücke zu weinen.

Unwirsch wischte ich sie weg, packte meinen Rucksack und machte mich wieder auf den Weg ins Büro. Es war mittlerweile kurz nach halb zehn, und ich war viel zu spät dran. Ich öffnete die Tür so leise wie möglich, um keine unnötige Aufmerksamkeit auf mich zu ziehen, weil mir sehr wohl bewusst war, dass Jesper mit einhundertprozentiger Wahrscheinlichkeit bereits hier war.

Was war, wenn er es doch allen erzählt hatte? Was war, wenn nun alle wussten, dass ich Liebesromane schrieb, die man besser nicht in der Öffentlichkeit lesen sollte? Ihre verächtlichen Kommentare dröhnten mir bereits in den Ohren, als würden mich von allen Seiten Menschen anschreien.

Mein Blick fiel auf Wills Rücken. Wussten er und Harvey es? Dass ich auch sie angelogen hatte? Hassten sie mich jetzt? Oder machten sie sich nun insgeheim auch über mich lustig?

Als hätte Will meinen Blick gespürt, wandte er sich plötzlich um, und etwas Fragendes zeichnete sich auf seinem Gesicht ab. Doch noch ehe er ein Wort herausbrachte, war ich hinter ihm entlanggeschlüpft und ging mit schnellen Schritten zu meinem Platz.

Um mich herum kam mir alles so still vor. So still, dass ich glaubte, jeder würde mein Herz hören können, das panisch in der Brust raste.

»Na, tauchst du heute also doch noch auf?«, sagte Ethan und lehnte sich seitlich an seinem Monitor vorbei, um mich ansehen zu können. »Du siehst echt beschissen aus. Hast du geheult?«

»Ich war krank«, sagte ich und versuchte mich an einem Husten. Immerhin war das die offizielle Version fürs Büro, auch wenn Jesper mittlerweile wusste, dass ich gelogen hatte.

Fuck, was war, wenn er das Samuel sagte?

»Dann solltest du hier nicht auftauchen.«

»Verzieh dich doch einfach hinter deinen Monitor, dann musst du mich auch nicht sehen«, sagte ich und starrte auf meinen eigenen, alles, um zu verhindern, dass ich in Jespers Richtung sah.

Wieso war ich überhaupt hier? Wieso war ich panisch ins Büro gerannt, statt mich einfach noch mal ins Bett zu legen und bis Montag zu warten?

Weil ich nicht bis Montag hätte warten können, um herauszu-finden, was Jesper ihnen gesagt hatte. Weil ich übers Wochenende vermutlich verrückt geworden wäre.

Aber hier wurde ich es auch.

Angespannt verharrte ich die nächsten zweieinhalb Stunden am Rechner, versuchte, die neu angeforderte Rabattierungslogik zu implementieren, wenn mehr als vier Produkte im Warenkorb lagen. Ich testete doppelt und dreifach, was passierte, wenn ich ein Produkt wieder herausnahm, und auch, welche Preise angezeigt wurden, wenn der Eröffnungsrabatt mit abgezogen wurde. Ir-gendwie ergab das mit den Vorgaben keinen Sinn. Was bedeutete, dass ich Jesper fragen musste. Ich biss mir auf die Lippe. Nicht jetzt. Ich wusste genau, dass ich jetzt nicht mit ihm reden konnte.

»Ich habe zwei Sandwiches und bin allein, von daher musst du mir jetzt Gesellschaft leisten.«

Irritiert sah ich vom Bildschirm auf und blickte zu Harvey, der mit zwei eingepackten Sandwiches vor mir stand, jeweils eines in jeder Hand.

»Wieso bist du nicht mit Will und … den anderen im Pub?«

»Tja, warum nur?« Ganz so, als ob er die Antwort selbst nicht kannte, legte er den Kopf schief. »Ich wollte mir dir reden.«

»Mit mir?«, wiederholte ich und erntete dafür ein Augenrol-len, weil außer mir sonst niemand mehr hier war. Bevor ich noch irgendetwas sagen konnte, hatte Harvey mir eines der Sandwiches in die Hand gedrückt, sich Ethans Stuhl herangezogen und ließ sich mir gegenüber nieder. Das war irgendwie merkwürdig.

»Also«, begann Harvey und zog die Plastikfolie ab, »nimmst du an?«

»Nehme ich was an?«, erwiderte ich irritiert und konnte nicht anders, als ihn anzustarren wie ein Reh im Scheinwerferlicht.

»Na den Job bei EmpowerIT. Sage hat mir gesagt, dass du da warst.«

Ich verschluckte mich an meinem Kaffee und konnte gerade noch so verhindern, die schwarze Flüssigkeit über meine Kleidung zu verteilen.

»Woher kennst du Sage?«, wisperte ich panisch zurück und sah die Kündigung bereits in großen Buchstaben über mir schweben.

»Oh, hat sie das nicht gesagt?« Er grinste und sah dabei kein bisschen schuldbewusst aus. »Sie ist meine Schwester. Halbschwester, wenn du meine geschiedene Mum fragen würdest, die einen großen Wert auf diese Unterscheidung legt.« Er verdrehte die Augen dramatisch, grinste aber dann wieder. »Vermutlich weil ich Sage lieber mag als meine restlichen Geschwister, aus denen sie kleine verzogene Monster gemacht hat.«

»Ich versteh gerade gar nichts mehr«, gab ich zu, auch wenn ich mich vage daran erinnerte, dass er im Pub tatsächlich seine Schwester erwähnt hatte.

»Sage und ihre Chefin haben neue Leute gesucht und dein Profil gefunden. Und da wir beide hier arbeiten, hat sie mich zu dir befragt.«

Ich überschlug den Zeitraum, in dem mir Mary das erste Mal geschrieben hatte. »Aber ... wieso? Du magst mich nicht mal.«

Er hatte selbst gesagt, dass er mich nicht mochte. Zwar zu Rosalie, aber Marys Nachricht kam lange, bevor wir uns in dem Pub getroffen hatten.

»Und? Sage wollte wissen, ob du eine fähige Entwicklerin bist. Nicht, ob ich dich meine allerbeste Freundin nennen würde.« Er sah aus, als würde er sich wundern, wieso er mir etwas so Offensichtliches erklären musste.

»Hm, wenn ich so darüber nachdenke, bin ich mir nicht sicher, ob ich mit dir überhaupt darüber reden durfte.« Er legte den Kopf schief. »Ich glaube, Sage hatte es mir verboten, weil sie Angst hatte, dass ich dich beeinflussen würde. Also sei ein Schatz, und erzähl ihr das nicht, ja? Mein Kopf gefällt mir auf meinem Körper am besten.«

Sein Lächeln war so einnehmend, dass ich nur nicken konnte. »Danke. Denke ich.«

Es fühlte sich merkwürdig an, dass Harvey tatsächlich etwas Nettes für mich getan hatte, obwohl ich ihm absolut keinen Grund dazu gegeben hatte.

»Gern geschehen. Also?«

»Ich kann nicht«, brachte ich hervor, auch wenn ich die Info, dass Harvey und Sage verwandt waren, noch immer nicht so ganz verarbeitet hatte. »Ich habe so hart dafür gearbeitet, dass Samuel meine Leistung endlich anerkennt.«

»Ich will dir nicht die Welt erklären, aber eher friert die Hölle zu, als dass du Samuel dazu bringst, gute Leistung anzuerkennen. Insbesondere deine.«

Ich presste die Lippen aufeinander, weil sich meine Worte wie eine auswendig gelernte Ausrede anhörten. »Aber ich weiß, dass ich es schaffen kann.«

»Ich denke, dass du einen Fehler machst. Sages Chefin ist um Welten kompetenter, und der einzige Grund, wieso ich da nicht arbeite, ist nur, weil Sage und ich uns vermutlich trotz unserer unendlichen Geschwisterliebe umbringen würden.« Er seufzte und zog eine Visitenkarte aus dem Portemonnaie, die er mir herüberschob. Es war die von Sage. »Aber ich habe Sage versprochen, dass ich dich nicht beeinflusse, von daher, reden wir über etwas anderes.«

»Okay?«

Während es mir als Rosalie fast leichtfiel, in eine andere Rolle zu schlüpfen, bekam ich es gerade überhaupt nicht hin, mit Harvey ein halbwegs normales Gespräch zu führen. Um wenigstens einige Sekunden herauszuholen, biss ich in mein Sandwich.

»Was ist mit dir und Jesper?«

Ein Krümel des Toastbrots bahnte sich seinen Weg in meine Luftröhre, und ich begann zu husten. Mit einem fast schon genervten Seufzen klopfte mir Harvey auf den Rücken. Als reichte es nicht schon, dass ich mich gerade völlig lebensunfähig fühlte.

»Vielleicht sollte ich bis nach dem Essen warten. Am Ende erstickst du noch.«

»Tut mir leid. Du stellst nur sehr … überraschende Fragen«, erwiderte ich, nachdem ich mich wieder beruhigt hatte.

»Tja, dafür bin ich bekannt. Denke ich zumindest. Aber das war keine Antwort.«

Sein Blick hatte etwas so Musterndes, dass es mir die Kehle zuschnürte.

»Wir haben uns gestritten«, sagte ich wahrheitsgemäß. »So wie früher.«

»Und genau da liegst du falsch.« Er hielt für einen Moment inne. »Das war nicht so wie früher. Hat es etwas mit deiner … Schwester zu tun?«

Mir entging die kurze Pause nicht. Hatte Jesper es ihm doch verraten?

»Ja.« Es war nicht ganz gelogen. »Sie werden sich nicht mehr sehen.«

»Das erklärt, wieso er mich dazu gezwungen hat, heute mal wirklich zu arbeiten und nicht nur Solitaire zu spielen.« Harvey stieß ein langes Gähnen aus. »Wenn du mich fragst – und das solltest du –, dann sollten die beiden noch mal dringend miteinander reden.«

Ich biss erneut in mein Sandwich, um ihm nicht gleich antworten zu müssen. »Ich gebe es weiter.«

Auf seine Lippen schlich sich ein seltsames Lächeln. »Gut. Gern möglichst bald, ehe ich mich hier noch zu Tode schufte.«

»Was machst du da, Cattell?«, rief Ethan quer durchs Büro, und ich sah an Harvey vorbei, wie er mit hochrotem Kopf zu uns herüberstapfte, während ihn die anderen Kollegen leicht irritiert musterten, sich aber ohne einen Kommentar an ihre Schreibtische setzten. Meine Augen scannten den Raum nach Jesper, doch er und Will waren noch nicht wieder hier.

»Ich sitze«, gab Harvey ungerührt zurück, nachdem Ethan sich vor ihm aufgebaut hatte, stand dann aber auf und schubste den Stuhl zu Ethan. »Du solltest dringend zu einem Optiker gehen, wenn du das nicht siehst.«

»Halt die Schnauze«, blaffte dieser zurück, doch Harvey machte nicht den Eindruck, als würde er sich davon irgendwie beeindrucken lassen. Statt Ethan zu antworten, wandte er sich an mich.

»Also, bis dann, Fallon.«

»Danke für das Essen«, erwiderte ich, auch wenn es mir etwas unangenehm war, dass er es laut genug gesagt hatte, dass das halbe Büro ihn hören konnte. Aber vermutlich war auch genau das sein Ziel gewesen. Ethan zu zeigen, dass ich nicht mehr allein war. Denn dieser warf mir einen derartig giftigen Blick zu, als hätte ich seine sämtlichen Vorfahren beleidigt.

Mein Blick wanderte wieder zu Jespers Schreibtisch, und es war mir in diesem Moment sogar egal, dass mich Ethan noch immer anstarrte.

Jesper war wieder da. Und sah mich ebenfalls an.

(011111)
Jesper

Fallon zu sehen, wie sie sich fast entspannt mit Harvey unterhielt, tat mehr weh, als es sollte. Nicht weil ich eifersüchtig auf meinen Kumpel war, sondern mehr, weil ich nicht verstand, wieso sie ernsthaft all diese Dinge über mich glaubte.

»Geht es dir gut?«, fragte Will, der bemerkt haben musste, wen ich ansah. Und offensichtlich auch, wie.

»Ja«, erwiderte ich grimmig und wandte den Blick ab, suchte irgendetwas anderes in diesem Büro, das ich ansehen konnte.

»Du hast mich völlig überzeugt.«

Ich reagierte gar nicht weiter auf Wills Anmerkung, sondern ging einfach zurück zu meinem Platz und versuchte mich mit Arbeit abzulenken. Doch es war so unglaublich viel davon zu tun, dass ich ehrlich keine Ahnung hatte, wo ich anfangen sollte. War dieses Projekt überhaupt noch zu retten? Nicht nur, dass wir ohnehin schon hinter dem Zeitplan lagen und der Kunde auf meine eigentlichen Rückfragen nur sporadisch antwortete, nein, Samuel hatte Harvey und Jamie nun auch noch zusätzlich in ein anderes Projekt gesteckt. Wir hatten häufig mehr als ein Projekt, aber gerade jetzt auch noch Devs von diesem hier abzuziehen war einfach eine schlechte Entscheidung. Gerade weil er dennoch nicht müde wurde, zu betonen, wie wichtig dieses hier war.

Aber Samuel war auch nicht gerade für seine Kompetenz bekannt. Und während mir zu Anfang gefallen hatte, dass er uns weitestgehend in Ruhe ließ, merkte ich nun mehr und mehr, wie anstrengend es war, mit ihm zu arbeiten.

»Hast du kurz Zeit?«, fragte Harvey, der neben meinem Tisch aufgetaucht war.

»Wenn du noch mehr schlechte Nachrichten hast, nein.«

Ohne eine Antwort zu geben, wandte er sich um.

»Warte«, sagte ich, irritiert und genervt, dass er tatsächlich gehen wollte. »Was ist los?«

»Es gibt Unklarheiten mit den verschiedenen Rabatten. Nirgendwo hat der Kunde vermerkt, wie die Berechnung oder Handhabung sein soll, wenn verschiedene Rabatte kombiniert werden.«

Ich runzelte die Stirn und sah auf das Board. »Arbeitest du da gerade dran?«

»Nein?« Harvey grinste, doch dass er es als Frage formulierte, war mehr als seltsam.

»Wieso fragst du dann? Brauchst du neue Aufgaben?« Davon hatten wir gerade mehr als genug.

»Danke, aber ich bin ausgelastet. Wäre super, wenn du das in Erfahrung bringen könntest.«

Ehe ich reagieren konnte, huschte Harvey um den Tisch zum Arbeitsplatz direkt mir gegenüber und machte sich hinter seinen Monitoren klein.

»Wieso fragst du?«, wiederholte ich gerade so laut, dass er mich verstand. »Fallon arbeitet gerade doch daran, oder?«

Ihr Name kam mir jetzt nur schwer über die Lippen, während ich ihn vergangene Nacht gar nicht oft genug hatte sagen können.

»Möglich.«

»Hat sie dir gesagt, dass du mich fragen sollst?«

»Auch möglich.«

Ich schob den Stuhl zurück, hörte Harvey hinter mir noch etwas sagen und ging hinüber zu Fallons Tisch. Sie hatte ihre Schultern hochgezogen und blickte mit starrer Miene auf den Monitor. Ethan bemerkte mich zuerst, sah aber rasch wieder weg, während plötzlich ein Lächeln auf seinen Lippen lag. Es war einfach unfassbar, wie wütend mich dieser Typ machte. Wie er hier seine Spielchen trieb, von denen ich vermutlich nur die Hälfte mitbekam.

»Fallon?«, sagte ich bemüht ruhig, doch so, wie sie zusammenzuckte, hätte ich sie auch genauso gut anbrüllen können. »Harvey sagte, du hast ein Problem.«

Sie starrte mich an, mit den großen grünen Augen, und biss sich auf die Lippe.

»Ja«, erwiderte sie zögerlich. »Es steht nirgends geschrieben, wie …«

»Was bei verschiedenen Rabatten passieren soll«, unterbrach ich sie. Während sie vor wenigen Sekunden noch wie ein aufgeschrecktes Reh gewirkt hatte, verengten sich nun ihre Augen.

»Wieso fragst du, wenn du es schon weißt?«

»Weil ich wissen will, wieso mich Harvey das fragt, obwohl es dein Thema ist.«

»Weil er dir gegenübersitzt«, kam prompt die Antwort zurück. »Und ich dachte, es wäre einfacher.«

»Einfacher? Das Projekt ist bereits chaotisch genug, ohne dass du Aufgaben an deine Kollegen delegierst. Harvey hat seine eigenen Sachen, um die er sich kümmern muss. Also sieh in Zukunft davon ab, es dir einfacher zu machen.«

Fallon presste angestrengt den Kiefer zusammen, wohl wissend, dass ich nicht von diesem verfluchten Projekt sprach, sondern von der Tatsache, dass sie mir so leicht Vorwürfe machen und einfach gehen konnte, als hätte ihr unsere gemeinsame Zeit nichts bedeutet.

»Ich mache es mir nicht einfacher«, brachte sie mit gepresster Stimme hervor und stand auf.

»Wie nennst du es dann – Prozessoptimierung?«

Ich wusste, dass es nicht richtig war, diesen Streit hier im Büro vor den Augen aller Kollegen auszutragen, doch diese Wut, die ich seit ihrem Verschwinden heute Morgen in mir spürte, kochte hoch.

»Ich wusste nicht, dass das für dich so ein Problem ist.« Sie verschränkte die Arme vor der Brust und erinnerte mich damit wieder an die Fallon, die nichts und niemanden an sich herangelassen hatte. Ich beugte mich zu ihr hinunter, und obwohl ich fast erwartete, dass sie zurückwich, tat sie es nicht.

»Und daran merkt man wohl, dass du mich überhaupt nicht kennst.«

Ich wandte mich ab, ging zu meinem Schreibtisch zurück, während ich ihren Blick im Nacken spürte. Ich konnte das nicht mehr. Nur ein einziges Mal wollte ich derjenige sein, der sich nicht schmerzhaft bemühte, alles unter Kontrolle halten zu müssen.

Kaum dass ich wieder saß, flüsterte Harvey irgendetwas, doch ich blendete es vollkommen aus. Stattdessen schrieb ich eine Mail an Samuel.

Ich kündige.

»Du hast was?«, fragte Kinsey, nachdem ich eine Stunde später zu Hause war. Viel zu früh für einen gewöhnlichen Arbeitstag, insbesondere da sie von unserem Projekt wusste. Nicht für wen es war, nur dass es nicht lief.

»Gekündigt«, wiederholte ich und sah von dem Buch auf, während meine Schwester Kreise in unserem Wohnzimmer drehte.

»Ich kann's nicht glauben. Wirklich nicht.« Entgegen ihrer Worte war der Tonfall untypisch fröhlich. Vielleicht weil ihr sämtliche Konsequenzen noch nicht bewusst waren, die meine doch sehr spontane Entscheidung mit sich gebracht hatte. Aber ich konnte nicht mehr länger warten. Ganz gleich, dass sich Cody noch nicht gemeldet hatte oder dass ich zusehen musste, wie ich auf die Schnelle an Geld kam. Es war meine Entscheidung gewesen, und sie hatte sich verdammt gut angefühlt.

»Wir müssen in nächster Zeit ein bisschen auf unsere Ausgaben achten«, sagte ich mit einem leisen Seufzen, weil ihr das besser früher als später bewusst werden sollte.

»Kein Problem«, erwiderte sie lässig. »Ich wollte mir schon längst einen Nebenjob suchen.«

Nur hatte sie es meinetwegen nicht getan. Weil ich verhindern wollte, dass sie das Gefühl hatte, sich um etwas kümmern zu müssen. Ich wollte, dass sie ihr Leben genießen konnte als Ausgleich zu der Instabilität, die sie bei unseren Eltern erlebt hatte.

»Das ist für dich wirklich in Ordnung?«

»Ist es, wirklich.« Sie ließ sich auf das Sofa fallen und streckte ihre Arme aus. »Es gibt in der Nähe der Uni ein superniedliches Café, bei dem ich mich bewerben will. Vielleicht hat Anna auch Lust«, redete sie munter weiter, als wäre das nicht die lebensverändernde Nachricht, die es für mich war.

Auch nach den drei Jahren unseres Zusammenlebens überraschte es mich immer wieder, dass Kinsey in manchen Situationen so vollkommen anders reagierte, als ich es erwartet hätte.

Ich hatte noch etwas an Geld angespart, sodass es für mindestens fünf Monate Miete und Essen reichte, ebenso wie drei Monatsmieten für meine Eltern. Das restliche Geld hatte ich ausgeben müssen, um sie vor neuen Mahnungen zu bewahren.

»Was ist dein Plan? Suchst du dir einen neuen Job oder …?«, fragte Kinsey und sprang wieder auf. Es war mir ein Rätsel, wie sie mit so viel Energie die Geduld aufbrachte, sich hinzusetzen und ein Buch zu lesen.

»Ich will Codys und mein Projekt entwickeln.«

Ich erzählte ihr von dem Treffen mit Cody, wobei ich das Gefühl hatte, es läge schon viel länger zurück.

»Egal, was er sagt, ich will es auf jeden Fall entwickeln«, fügte ich hinzu. »Ich habe mir bereits einen Plan gemacht.«

Kaum dass ich den Satz ausgesprochen hatte, stieß Kinsey ein Quietschen aus und warf mir die Arme um den Hals. Soweit es ging, während ich im Lesesessel saß.

»Wirklich? Wirklich? Wirklich?«

»Ja«, antwortete ich mit einem kleinen Lächeln. »Wirklich.«

»Endlich. Hat ja auch lange genug gedauert.« Sie löste sich von mir und hüpfte in tanzenden Bewegungen um das Sofa. »Ehrlich, Jesper, ich freue mich für dich.«

»Danke.« Ich holte tief Luft, weil es noch etwas anderes gab, was ich ihr unbedingt sagen musste und von dem ich nicht wollte, dass sie es selbst ansprach. »Und das mit Rosalie ist vorbei.«

Das freudige Lächeln in ihrem Gesicht fiel ein wenig in sich zusammen, doch sie wirkte alles andere als überrascht. »Das habe ich befürchtet. Du sahst vorhin nicht sehr glücklich aus. Willst du darüber reden?«

Und erneut war ich verblüfft, wie gut meine Schwester mich kannte.

»Nein, noch nicht. Aber danke.«

(100000)
Fallon & Jesper

Fallon

»Du hast *was*?« Dass mir Mick das Glas Weißwein nicht direkt ins Gesicht schüttete, grenzte an ein Wunder, denn sie schwenkte es bereits bei weniger bahnbrechenden Neuigkeiten hin und her.

»Ich habe mit Jesper geschlafen«, wiederholte ich geduldig, während sie das Glas wie in Zeitlupe auf dem Tisch abstellte und mich anstarrte, als wäre ich nun endgültig verrückt geworden. Vielleicht war ich schon seit Längerem verrückt, und jetzt war der Moment, in dem es meinen Freundinnen auch dämmerte.

»Was ist passiert?«, fragte Amira nach einigen Sekunden, und ich war dankbar, dass sie diese Frage stellte.

»Ich habe einen Fehler gemacht«, gab ich zu, auch wenn die Worte nur zäh und träge über meine Lippen kamen. Nicht weil ich mir Fehler grundsätzlich nicht eingestehen konnte, sondern weil ich insbesondere diesen Fehler so bereute. Tränen bahnten sich den Weg in meine Augen und rollten mir dann über die Wangen. »Jesper weiß, dass ich Rosalie bin. Und dann habe ich mit ihm geschlafen.«

»Als du uns hierherzitiert hast mit den Worten *Ich muss euch etwas sagen*, hatte ich ja mit vielem gerechnet«, gab Mick zu, »aber du schaffst es jedes Mal, mich zu überraschen.«

»War er wütend?«, fragte Amira.

»Nein. Darüber nicht, glaube ich. Aber … ich habe danach etwas Dummes gesagt«, sagte ich zerknirscht. »Ich habe ihm vorgeworfen, er wäre oberflächlich, und er hätte nur mit mir gespielt, weil er schon seit einiger Zeit vermutet hatte, dass ich Rosalie bin. Ich hatte so eine verdammte Angst, dass er es jetzt unseren Kollegen erzählt, dass ich Panik bekommen habe.«

Ich griff nach einem der Sofakissen und drückte es zusammen. »Und dann haben wir uns im Büro auch noch so gestritten, dass ich gerade gar nicht mehr weiß, wie ich mit ihm umgehen soll. Ich weiß, dass er jedes Recht hat, wütend zu sein.«

Tränen rollten mir über die Wangen, während ich sämtliche Kraft darauf verwendete, das Kissen so klein wie möglich zu bekommen. »Und das Schlimmste ist, dass ich mittlerweile nicht einmal mehr weiß, warum es mir so wichtig war, das unbedingt geheim zu halten.«

Die Sicht vor meinen Augen verschwamm, und ich nahm die Brille ab, drückte das Kissen stattdessen aufs Gesicht, um irgendwie mit all diesen Emotionen klarzukommen. Mit dieser Verzweiflung, zu wissen, dass ich alles kaputtgemacht hatte, was daraus vielleicht hätte entstehen können.

Amira und Mick rückten näher an mich heran, schlangen ihre Arme rechts und links um mich, während ich mich am liebsten vor der Welt verstecken wollte.

Obwohl genau das das Problem war.

»Willst du nicht noch einmal versuchen, mit ihm zu reden?«, fragte Amira leise. »Er ist verletzt, aber …«

Ihre ungesagten Worte verklangen. *Aber er mag dich doch.*

Doch selbst wenn – reichte das, damit er mir verzieh? Er hatte mir sehr deutlich gesagt, dass ich ihn nicht kannte, und damit hatte er ziemlich sicher recht. Obwohl er so viel von sich preisgab, hatte ich in meiner Panik all das vergessen. Weil es einfacher für mich gewesen war, an dem alten Bild von ihm festzuhalten, das ich von ihm gehabt hatte, statt anzuerkennen, dass ich unrecht hatte. Statt anzuerkennen, dass ich Teil des Problems gewesen war, weswegen wir uns so oft gestritten hatten. Dass ich ziemlich sicher der Großteil des Problems gewesen war.

»Bevor du zu ihm gehst, solltest du wissen, was du von ihm willst.« Micks Worte klangen hart, auch wenn sie dabei über meine Haare strich. »Bevor du ihn nur noch mehr verletzt.«

»Ja«, wisperte ich. »Ich weiß, was ich von ihm will.«

Jesper

Es war Mittwochabend, und die Klingel war so laut, dass ich sie selbst unter der Dusche hörte, unter der ich gerade noch, eingehüllt in Schaum, stand. Einmal, zweimal, dreimal. Und sie hörte einfach nicht auf. Hastig wusch ich das Shampoo aus, griff nach einem Handtuch und wäre auf dem Weg in den Flur fast an der Ecke einer Kommode hängen geblieben.

»Ja?«, sagte ich durch die Gegensprechanlage, nachdem das Klingeln immer noch nicht nachgelassen hatte. Fast schon erwartete ich, am anderen Ende die Stimme meiner Schwester zu hören, die wieder mal ihren Schlüssel vergessen hatte. Doch die Stimme war um einiges tiefer.

»Mach auf.«

Und um einiges genervter. Ich entsperrte die Tür und huschte in mein Schlafzimmer, um mir rasch eine Jogginghose und ein Shirt anzuziehen. Auch wenn ich Will gut kannte, war ich mir nicht sicher, wie viel Nacktheit unsere Freundschaft vertrug.

Als ich wieder zurück zur Tür hastete, erklang noch eine weitere Stimme im Treppenhaus, und ich lugte hinaus. Neben Wills blonden Haaren tauchten Harveys kurze schwarze auf. Dann sein breites Grinsen, das einen ziemlichen Kontrast zu Wills finsterer Miene bildete.

»Haben wir dich bei irgendwas gestört?«, fragte Harvey belustigt und deutete mit seinem Zeigefinger an mir rauf und runter. Nachdem ich dem Wink gefolgt war, bemerkte ich, dass ich das Shirt auf links angezogen hatte und der Waschzettel sehr prominent zu sehen war.

»Habt ihr«, erwiderte ich und ließ sie eintreten. »Beim Duschen.«

»Tja, was für ein Pech.« Harvey klang nicht im Geringsten bedauernd.

»Ja, was für ein Pech«, wiederholte Will, im Gegensatz dazu ziemlich, ziemlich grimmig. »Fast so ungünstig, wie seine Kollegen hängen zu lassen und nicht mehr bei der Arbeit aufzutauchen. Ohne irgendeine Erklärung.«

Zu sagen, dass Will angefressen klang, wäre die Untertreibung des Jahrtausends gewesen. Dafür musste ich nicht einmal sein Gesicht sehen. Es dauerte eine ganze Weile, bis Will wirklich sauer wurde. Dafür war ihm das meiste einfach zu egal. Doch wenn er es einmal war, dann war ich bisher ziemlich froh gewesen, nicht der Grund dafür zu sein.

»Setzt euch ins Wohnzimmer, ich komme gleich.«

Ich machte mir ein klein wenig Sorgen, dass Will meine Bücher in Brand stecken würde, und war deshalb umso erleichterter, dass Harvey dabei war, um ihn davon abzuhalten. Zumindest hoffte ich, dass das die Rolle war, die er übernehmen würde, statt Öl hinterherzuschütten. Rasch huschte ich zurück in mein Schlafzimmer, zog das Shirt richtig herum an und tauschte die Jogginghose gegen eine Jeans aus. Die ich richtig herum trug.

Zu meiner großen Erleichterung war mein Wohnzimmer noch intakt, doch die Stimmen verstummten augenblicklich, als ich es betrat.

»Soll ich wieder gehen?«, fragte ich trocken und machte einen halben Schritt zur Tür hinter mir, doch Harvey winkte ab.

»Komm rein, und setz dich.«

Trotz seines lockeren Tonfalls klang es nicht wirklich danach, als hätte ich eine Wahl, also leistete ich seinen Anweisungen Folge.

»Was hast du zu deiner Verteidigung zu sagen?«, brachte Will hervor.

»Es ist kompliziert.«

»Gott, was bist du, ein Facebook-Status?«

Meine Mundwinkel zuckten, bis mir auffiel, dass das die Worte waren, die Fallon benutzt hatte, um unsere Situation zu beschreiben. »Gerade fühle ich mich tatsächlich so.«

Doch Will verzog keine Miene. »Wieso hast du gekündigt?«

»Hat Samuel euch das schon erzählt?«, erwiderte ich ehrlich erstaunt. Immerhin hatte er mir die letzten drei Tage und selbst übers Wochenende mehrere Mails geschickt, um mich davon zu überzeugen, dass ich einen Fehler machte.

»Nicht direkt«, klinkte sich Harvey ein. »Er hat uns gesagt, dass du krank bist. Aber er ist ein so beschissener Lügner, also … habe ich mal einen Blick in sein Postfach geworfen, als er in der Mittagspause war, und deine Mail gefunden. *Was?*«

»Du hast so viel kriminelle Energie in dir«, stellte ich fest.

»Ist nicht meine Schuld, wenn er seinen Rechner nie sperrt.«

Auch wieder wahr.

»Wieso hast du uns nichts gesagt? Wieso sagst du uns gerade überhaupt nichts? Ich hatte irgendwie den Eindruck, dass wir so was wie Freunde wären.« Wills passiv-aggressiver Tonfall wurde allmählich schwächer, und erst jetzt wurde mir klar, dass er offensichtlich ehrlich verletzt war.

»Es tut mir leid«, erwiderte ich und stieß einen leisen Seufzer aus. »Es ist gerade alles so unfassbar chaotisch, und ich habe es einfach nicht mehr ausgehalten.«

»Das sind echt viele Worte für so wenig Inhalt.«

»Das war auch noch nicht die ganze Erklärung.«

»Ich warte.«

Harvey sah zwischen mir und Will hin und her und fühlte sich vermutlich wie ein Kindergärtner, der gerade zwei kleine Jungs besänftigen musste, die sich um eine Schaufel stritten.

»Ich habe gekündigt, um mich selbstständig zu machen.«

»Du? Selbstständig?«

Ich erzählte ihnen von Cody, unserem Zerwürfnis und unserem aktuellen Kontakt. Unserem aktuell sehr sporadischen Kontakt, da er sich nach unserem Treffen noch immer nicht gemeldet hatte.

»Ich will es endlich machen. Und da ich, wie ihr vielleicht wisst, dazu neige, alles zu zerdenken, musste ich es sofort machen. Ohne große Vorbereitungszeit. Rational gesehen ist es eine wirklich dumme Idee. Aber lieber scheitere ich damit, bevor ich es gar nicht erst versuche.«

»Das erklärt trotzdem nicht, wieso du uns nichts gesagt hast«, erwiderte Will mit einer Spur Trotz in der Stimme und verschränkte die Arme vor der Brust.

»Weil ich Angst hatte, dass ihr mir all die Gründe nennt, wieso ich es nicht machen sollte«, gab ich nach einem Moment Stille zu. »Ich wollte es euch erst sagen, wenn es kein Zurück mehr gibt.«

Will starrte mich stumm an, doch seine abwehrende Haltung löste sich allmählich, und er ließ die Arme auf die Oberschenkel sinken.

»Vielleicht hätte ich es gemacht«, sagte er nachdenklich und starrte auf seine Hände. »Vielleicht hätte ich versucht, dich zu überreden, damit du bei We Solve IT bleibst.«

Er machte eine kurze Pause, dann sah er wieder zu mir. »Offenbar bin ich kein besonders guter Freund.«

Ich schüttelte bestimmt den Kopf. »Du weißt, dass das nicht stimmt. Und ich weiß das auch.«

Will sagte von sich immer, dass er Menschen einfach nicht mochte. Zumindest einen Großteil davon. Wenn er mich also zum Bleiben hätte überreden wollen, dann nur, weil er Angst hatte, dass unser Kontakt abbrach.

»Außerdem bin ich doch immer noch da«, sagte Harvey und klopfte ihm aufmunternd auf den Rücken. »Und wir wissen, wo er wohnt, also entkommt er uns so schnell nicht.«

Das klang deutlich beunruhigender, als es sollte, aber zumindest sorgte es dafür, dass sich Wills Miene wieder aufhellte.

»Stimmt.«

»Da das nun geklärt ist – Was ist jetzt mit dir und den Specter-Schwestern?«, hakte Harvey nach, bei dem ich mehr und mehr das Gefühl hatte, dass es das war, weswegen er eigentlich hier war. Ich verzog das Gesicht.

»Wehe, du sagst *kompliziert*«, schnitt mir Will das Wort ab, noch ehe ich antworten konnte.

»Nicht kompliziert. Noch komplizierter.«

Den bösen Blick hatte ich vermutlich verdient.

Eine Weile herrschte Schweigen, weil die beiden ganz offensichtlich darauf warteten, dass ich noch mehr dazu sagte, während ich nicht wusste, was ich ihnen sagen konnte. Die ganze Wahrheit wohl kaum, darauf hatte ich Fallon mein Wort gegeben. Aber ich wollte meine Freunde auch nicht einfach so belügen.

»Ich kann es euch nicht sagen«, gab ich ehrlich zu.

»Und das ehrt dich, wirklich«, erwiderte Harvey, auch wenn das aus seinem Mund nicht gerade wie ein Kompliment klang, »aber dir ist schon klar, dass es manchmal hilft, darüber zu reden, oder?«

»Vermutlich.«

Harvey hielt einen Moment inne, so als würde er darauf warten, dass ich noch irgendetwas sagte. Doch schließlich seufzte er untypisch genervt auf.

»Okay, dann eben so. Du hast Rosalie mit Fallon betrogen?«

»Bitte was?«

»Du hast Fallon weisgemacht, dass du sie liebst.«

»Wie kommst du auf so was?«

»Du wolltest wirklich einen Dreier, und nun hassen dich beide.«

»Halt einfach den Mund«, stieß ich hervor, weil seine Vorschläge immer absurder wurden.

»Du hast Rosalie das Herz gebrochen, und nun ist Fallon sauer auf dich.«

»Wenn, dann hat eher sie mir das Herz gebrochen.« Die Worte waren schneller über meine Lippen geglitten, als ich sie zurückhalten konnte, und Harvey sah mit einem Mal überaus zufrieden mit sich aus.

»Okay, Rosalie hat dir das Herz gebrochen, ist notiert«, sagte er fröhlich und verschränkte die Finger ineinander. Ein eindeutiges Zeichen, dass er noch lange nicht fertig war. »Du bist also sauer auf Fallon, weil ihre Schwester mit dir Schluss gemacht hat? So hätte ich dich echt nicht eingeschätzt.«

»So ist es auch nicht«, schoss ich zurück. Harvey blickte zu Will und zog fragend eine Augenbraue in die Höhe.

»Was hat Fallon dann damit zu tun?«

»Alles.« Frustriert nahm ich meine Brille ab und fuhr mir mit einer Hand übers Gesicht. »Fallon hat alles damit zu tun. Mit jedem verdammten bisschen.«

»Alles?«, wiederholte Will leise, und ich konnte genau hören, wie sich jedes einzelne Zahnrad in seinem Kopf drehte. »Das ... nein. Das meinst du nicht.«

Ich erwiderte nichts darauf, lehnte mich stattdessen mit geschlossenen Augen gegen die Lehne des Sofas.

»Hallo? Was ist los?«, klinkte sich Harvey ein. »Wärt ihr so freundlich, mich auch mal einzuweihen?«

»Fallon hat keine Zwillingsschwester, oder?«, hörte ich Will sagen.

Ich stieß einen langen Seufzer aus, denn wenn er selbst zu dieser Schlussfolgerung gekommen war, dann musste ich es auch nicht mehr leugnen.

»Ja.«

»Das heißt, deine ganzen Dates?«

»Waren mit Fallon«, beendete ich seinen Satz.

»Und jetzt warst du im Bett so schlecht, dass ihr euch gestritten habt?«

Ein freudloses Lachen entwich meiner Kehle. »Wenn es nur das gewesen wäre. Nein, sie hat mir verschiedene Dinge vorgeworfen, die sehr deutlich gemacht haben, was sie von mir hält. Selbst nachdem sie mich … besser kennengelernt hat.«

»Du schuldest mir zehn Pfund«, sagte Harvey mit einem breiten Grinsen an Will gewandt, der nur die Augen verdrehte, wortlos seinen Geldbeutel aus der Gesäßtasche zog und Harvey den Schein in die Hand drückte.

»Ich hasse euch«, sagte ich, musste aber nun tatsächlich lachen.

»Prima, nachdem wir das aus dem Weg geräumt haben – erzähl uns alles.«

Und das tat ich schließlich. Und es tat überraschend gut.

(100001)
Fallon

»Fallon, komm bitte mal her«, rief Samuel quer durch den Raum, und ich war irritiert. Und ein klein wenig beleidigt, weil er es nicht einmal für nötig hielt, entweder direkt zu mir zu kommen oder mir wenigstens eine Nachricht in Teams zu schreiben. Denn nun waren die Augen des ganzen Büros auf mich gerichtet. Wie aktuell so häufig.

»Oooh, das gibt Ärger«, flötete Ethan so gut gelaunt, dass ich ihm am liebsten eine reingehauen hätte, einfach damit ich sein Grinsen nicht mehr sehen müsste. Doch ich tat ihm nicht den Gefallen, darauf zu reagieren, sondern sperrte meinen Rechner und ging vollkommen ruhig zu Samuel. Nicht weil ich wusste, dass ich mir nichts zuschulden hatte kommen lassen, sondern weil es mir gerade absolut egal war. Es hatte sich eine unsägliche Leere in mir breitgemacht, die nicht verschwinden wollte, ganz gleich, was ich tat.

»Was gibt es?«, fragte ich, als ich vor Samuels Tisch stand und versuchte, nicht auf Jespers leeren Platz zu starren, an dem ich hatte vorbeilaufen müssen.

»Setz dich«, sagte er, deutete auf den Stuhl vor seinem Tisch, und ich tat, wie mir geheißen.

»Du wirst das Projekt übernehmen.«

»Was?«, sagte ich vollkommen verdattert, weil ich mir zu achtundneunzig Prozent sicher war, mich verhört zu haben. »Wieso?«

Samuel warf einen kurzen Blick nach links und rechts, als hätte er die völlig abwegige Angst, dass uns jemand in einem offenen Großraumbüro, in dem es nicht mal ordentliche Noise-Cancelling-Kopfhörer gab, belauschen könnte.

»Nun.« Er räusperte sich, und seine Wangen bekamen allmählich die altbekannten roten Flecken. Was kein gutes Zeichen war. »Jesper hat gekündigt.«

Für den Bruchteil einer Sekunde glaubte ich, dass die Zeit stehen blieb. Oder mein Herz. »Wieso?«

Er zuckte mit den Schultern und griff dann an seine hellgelbe Krawatte, um den Knoten etwas zu lockern. Ein sicheres Zeichen dafür, dass er nicht mehr so gut Luft bekam.

»Ich weiß es nicht. Fakt ist aber, dass nun mein Architekt weg ist und ich einen Ersatz brauche. Deswegen musst du nun seine Aufgaben übernehmen.«

Jesper hatte gekündigt. Nachdem er die ganze letzte Woche wegen einer angeblichen Krankheit nicht im Büro gewesen war, hatte ich gehofft, dass er wiederkommen würde. Doch das würde er nicht.

»Es ist gerade alles sehr zeitkritisch, deswegen können wir keine Änderung deines Vertrags machen, aber das holen wir später nach. Das ist kein Problem für dich, oder? Immerhin ist die Architektur auch schon gemacht. Wichtig ist, dass wir das Projekt mit dem Zeitplan einhalten können. Sieh es deswegen als eine Art Feuerprobe.«

Samuel redete immer weiter, doch ich hatte schon vor drei Sätzen aufgehört, ihm wirklich zuzuhören. Nur ein Gedanke drängte alle anderen in den Hintergrund.

Jesper hatte gekündigt. Jesper war weg. Und er würde nicht mehr zurückkommen.

»Und, was sagst du? Fallon? Hallo?« Er wedelte mit einer Hand vor meinem Gesicht herum.

»Ich muss darüber nachdenken«, brachte ich hervor, und Samuels Augenbrauen wanderten fast bis zu seinem nicht mehr vorhandenen Haaransatz.

»Ich dachte, du würdest dich über diese Chance freuen.«

Ein Teil sagte mir, dass ich das tun müsste. Immerhin hatte ich nicht nur meine geheime Identität gesichert, sondern nun auch die Stelle bekommen, die ich von Anfang an hatte haben wollen. Die ich von Anfang an verdient hatte.

Wieso fühlte ich mich dann so leer?

»War das alles?«, erwiderte ich und stand auf, weil ich gerade das Gefühl hatte, zu ertrinken.

»Hör zu«, sagte Samuel leise, aber mit einem merkwürdig schneidenden Unterton in der Stimme und starrte mich an. »Ich wollte dir die Chance geben, dich selbst dafür zu entscheiden. Aber da du dich nicht dazu herablassen kannst, anzunehmen, sage ich es dir so: Du wirst Jespers Aufgaben übernehmen. Das ist keine Frage, sondern eine Anweisung.«

»Sonst noch was?«, rutschte mir die Erwiderung heraus, ehe ich sie zurückhalten konnte. Weil es genau das gewesen war, was ich ihn wirklich hatte fragen wollen. Weil ich es leid war, mir alles von ihm gefallen zu lassen.

Samuel war für einen Moment ruhig, sein Mund leicht geöffnet, als hätte ich mit meiner Aussage seine innere *CPU* völlig überlastet.

»Wenn du dich in diesem Projekt nicht beweisen kannst, dann bist du für den Job als Architektin offensichtlich ungeeignet«, stieß er hervor, deutlich lauter als noch vorhin, und mit einem Mal war mir sehr bewusst, wie still es in dem sonst so unruhigen Büro war. Doch mittlerweile war es mir auch egal, dass wir von allen neugierig beobachtet wurden.

»Ich habe mich schon häufig genug bewiesen. Such dir für das Projekt jemand anderen.«

Ehe er etwas erwidern konnte, entfernte ich mich von seinem Schreibtisch und hörte sein empörtes Schnauben, gefolgt von einem gebrüllten »Ethan!«.

Noch ehe ich meinen Schreibtisch erreicht hatte, hastete dieser an mir vorbei, leichte Ratlosigkeit spiegelte sich in seinem Blick, als er mich ansah. Unser Tisch war praktisch am anderen Ende des Raumes, weswegen er von der vorangegangenen Konversation vermutlich nicht allzu viel mitbekommen hatte.

Ich ließ mich wieder auf dem Schreibtischstuhl nieder und starrte für einige Zeit auf den bezaubernden Sperrbildschirm, auf dem Microsoft interessante Orte, Pflanzen und Tiere zeigte. Es war eine alte Ruine, die irgendwo in Italien stand. Bestrafte mich nun auch noch mein Rechner, indem er mich jetzt an Jesper erinnerte?

Irgendwann schaffte ich es endlich, den Blick davon zu lösen und den Rechner zu entsperren, um die neuen Produkte in die Datenbank einzupflegen, die uns Mr Trey freundlicherweise erst jetzt hatte zukommen lassen. Man sollte meinen, dass ihm vorher klar sein sollte, was genau er eigentlich verkaufen wollte. Oder eher was seine Klientin verkaufen wollte. Fast war ich versucht, ihr zu schreiben, dass sie ihn feuern sollte, so wie er mit dem ganzen Projekt umging.

»Tja«, sagte Ethan mit einem unerträglich süffisanten Grinsen auf den Lippen und stand mit verschränkten Armen neben mir. Ich hatte keine Ahnung, wie lange er schon zurück war und darauf gewartet hatte, dass ich ihn von allein bemerkte.

Ich sah ihn für einen Moment an, wandte dann aber meine Aufmerksamkeit wieder einem gemockupten Designfoto eines Oversize-Sweaters zu, auf dem Cassies Kanallogo zu sehen war, zusammen mit dem Spruch *Life is beautiful*. Ich mochte Cassies

Content, aber sämtliche Produkte hätten auch aus einem generischen Motivationskalender stammen können. *Don't worry, be happy. Never Give Up.* Und mein Favorit: *Don't dream your life, live your dream.* Fast schon schade, dass die Produktpalette keine Wandtattoos beinhaltete.

»Rate mal, wer der neue Architekt ist«, sagte Ethan schließlich mit dieser überheblichen Art, für die ich ihm normalerweise gern gegen das Schienbein getreten hätte. Doch gerade konnte ich nicht anders, als zu lachen.

»Passt Samuel deinen Vertrag wenigstens gleich an, oder musst du auch bis zum nächsten Projekt warten?«

Die Überheblichkeit verschwand.

»Das geht dich überhaupt nichts an«, sagte er und bewegte sich endlich aus meiner Komfortzone, indem er sich auf seinen Platz setzte und ungewöhnlich wütend sein Passwort eintippte.

Falls er gehofft hatte, ich würde mich darüber ärgern, dann enttäuschte ich ihn nur allzu gern.

Die nachfolgenden Tage stellte sich heraus, dass Ethan, der als Kollege selbst im besten Fall eine Zumutung war, eine noch größere als Architekt war. Er spielte sich auf, als hätte Samuel ihm mit dem Titel auch noch Götterkräfte verliehen, sodass er nun mit seinem Hammer durch die Gegend fliegen konnte. Das einzig Positive an der ganzen Situation war nur, dass er auf Jespers Platz gewechselt war. Womit ich mich nicht mehr hinter dem Monitor verstecken musste, wenn ich sein Gesicht nicht sehen wollte. Weniger Glück hatte in der Hinsicht Harvey, dem die zweifelhafte Ehre zuteilwurde, jetzt Ethans neuer Tischnachbar zu sein.

»Werde damit gefälligst bis morgen fertig«, motzte Ethan mich in einem Meeting an, nachdem Mr Trey eine neue Mail geschrieben hatte, in dem er die Produktbeschreibungen ändern wollte. Und das, obwohl noch nicht einmal sämtliche Features eingebaut waren.

»Das sind über hundertzwanzig Produkte. Selbst wenn Jamie und ich uns das aufteilen, brauchen wir mindestens zwei Tage«, erwiderte ich ruhig, während Jamie leidend das Gesicht verzog. Ja, es war eine undankbare Aufgabe.

»Jamie muss sich noch um das Feedbackformular kümmern. Dann wirst du wohl Überstunden machen müssen.«

Das hast du beim letzten Projekt doch auch gemacht, waren die unausgesprochenen Worte, die seiner Aussage nachhingen. Und ja, ich hatte das beim letzten Projekt getan. Weil ich es gewollt hatte. Und nicht weil mir das irgendein aufgeblasener Typ sagte.

»Ich gebe dir Bescheid, wenn ich fertig bin«, erwiderte ich, ohne ein wirkliches Zugeständnis. Doch das schien Ethan nicht zu bemerken, denn er grinste nur zufrieden. Es war irgendwie schon fast lachhaft, dass er nun, wo Jesper einen Großteil der Arbeit und Konzeption erledigt hatte, glaubte, Samuel damit wirklich beeindrucken zu können.

Aber wäre Jesper aus anderen Gründen gegangen, dann hätte ich das wohl auch gedacht.

»Also wenn er so weitermacht, dann schubse ich ihn die Treppe hinunter und lasse es wie einen Unfall aussehen«, raunte mir Harvey zu, als wir besagte Treppe zu unserer Etage nach unten gingen. Trotz des Streits mit Jesper hatte sich sein Verhalten mir gegenüber kaum geändert. Er war nach wie vor unbeirrt freundlich. Im Rahmen seiner Möglichkeiten, denn ein klein bisschen Angst hatte ich dennoch vor ihm. Auf eine seltsame Art und Weise erinnerte er mich ein wenig zu sehr an Amira.

»Und ich würde dir dabei helfen«, erwiderte ich leise.

»Stellt euch hinten an«, hörten wir Will murmeln, der direkt vor uns lief. Gerade als dieser die Hand nach der Tür ausstreckte, die vor ihm ins Schloss zu fallen drohte, griff ich nach seinem T-Shirt und hielt ihn zurück.

»Uhm, kann ich kurz mit euch reden?«, brachte ich hervor und ließ ihn prompt wieder los, als er sich zu mir umdrehte. Es war schwer zu sagen, ob ich gerade ein Kapitalverbrechen begangen hatte oder nicht, denn seine Miene wirkte ein klein wenig beängstigend. Trotzdem nahm ich meinen Mut zusammen. »Nachher in der Mittagspause?«

»Wir dachten schon, du fragst nie«, erwiderte Harvey fast fröhlich und tätschelte mir die Schulter, während Will nur gleichgültig mit den Schultern zuckte, als wollte er *Wenn es unbedingt sein muss* sagen.

»Danke.«

Wir gingen zurück zu unseren Plätzen, und ich machte mich daran, die Änderungen, die uns Mr Trey netterweise in einem Word-Dokument geschickt hatte, einzuarbeiten. Um Punkt zwölf brachen die meisten zur Mittagspause auf, allen voran Samuel, dicht gefolgt von Ethan, der offensichtlich beschlossen hatte, ihm nicht mehr von der Seite zu weichen. Es dauerte keine zehn Minuten, dann war das Büro leer. Mit Ausnahme von uns dreien.

»Also, wo wollen wir hingehen?«, fragte Harvey, noch immer unbeirrt gut gelaunt, während er auf Ethans altem Platz saß. Was auch immer er nahm, ich wollte es auch.

»Es gibt ein kleines Café mit leckeren Bagels gleich um die Ecke«, schlug ich vor, weil ich verhindern wollte, nach dem Essen über der Tastatur einzuschlafen.

»Klingt gut«, sagte Will, der neben den Tischen stand und mit dem Fuß auf den Boden tippte.

Wir machten uns auf den Weg zu dem *Bagels Are Happiness*, das zur Mittagszeit stets gut besucht war. Doch wir hatten Glück und fanden noch einen Tisch am Rand, der zwischen dem eines älteren Paars und drei Frauen stand. Und beide Parteien schienen sehr angeregt in ihre eigenen Unterhaltungen vertieft zu sein.

»Also, was können wir für dich tun?«, fragte Harvey und legte die Finger ineinander verschlungen auf den Tisch. Er und Will hatten auf den Stühlen mir gegenüber Platz genommen. Den Weg über hatten wir damit verbracht, über Ethan zu lästern, doch mir war klar, dass ich irgendwann mit der Wahrheit rausrücken musste. Mit der ganzen Wahrheit.

»Habt ihr was von Jesper gehört?«, fragte ich geradeheraus, noch bevor ich einen Blick auf die Karte werfen konnte.

Harvey wandte sich zu Will, und die beiden tauschten einen stummen Blick aus. Vielleicht auch mehrere, denn es sah eher aus wie eine Konversation, die nicht für meine Ohren bestimmt war. Oder für meine Augen.

»Soll ich euch beide kurz allein lassen?«

Damit hatte ich ihre Aufmerksamkeit wieder.

»Bleib ruhig sitzen«, erwiderte Harvey leicht gönnerhaft und wedelte mit der Hand. »Ich kann dir leider nicht helfen.«

»Und ich«, sagte Will und hielt für einen Moment inne, »will dir ehrlich gesagt nicht helfen.«

»Ich habe nicht gesagt, dass ich Hilfe will.« Ich gab mir alle Mühe, eher neutral als patzig zu klingen, doch Wills hochgezogene Augenbraue sagte mir, dass ich damit nicht erfolgreich war. »Ich will nur wissen, wie es ihm geht.«

»Ihm geht es den Umständen entsprechend«, antwortete Will ausweichend, und die Art, wie er mich ansah, machte mir klar, dass Jesper mit ihnen geredet haben musste.

Und ehrlicherweise konnte ich ihm deswegen nicht mal einen Vorwurf machen. Es wäre unfair gewesen, von ihm zu verlangen, dass er sich niemandem anvertraute. Und wenn ich in den letzten Wochen eines gemerkt hatte, dann dass Harvey und Will wirklich keine schlechten Menschen waren.

»Ich habe einen Fehler gemacht. Ich habe Jesper angelogen und ihm dann auch noch Dinge an den Kopf geworfen, die nicht wahr sind, weil ich so eine verdammte Angst hatte«, sagte ich und ballte die Hände zu Fäusten, als mein Inneres zu beben begann.

»Und du glaubst, dass damit wieder alles gut ist?« Wills sonst so monotoner Tonfall hatte einen schneidenden Unterton angenommen.

»Nein«, gab ich zu. »Ich … Denkt ihr, er würde mit mir reden?«

Harvey stieß einen langen Seufzer aus, und das sonst so präsente Dauergrinsen auf seinem Gesicht verschwand. Es war kein gutes Zeichen, ihn so ungewohnt ernst zu sehen.

»Nimm es nicht persönlich, Fallon, aber ich glaube, du solltest ihm Zeit geben.«

Meine Augen brannten, auch wenn ich wusste, dass ich seine Worte verdient hatte. Dass er nur ein guter Freund für Jesper war.

»Der Meinung bin ich auch.« Wills offene Feindseligkeit tat weh.

Harvey klopfte ihm leicht auf die Schulter, und sein finsterer Blick wurde etwas weniger Furcht einflößend.

»Er macht endlich das, was er schon immer machen wollte. Also mach ihm das bitte nicht kaputt.«

Ich nickte, weil meine Kehle so zugeschnürt war, dass ich keinen Ton mehr herausbekam.

»Arbeitet er an dem VR-Projekt?«, wisperte ich langsam und kämpfte die Tränen mühsam zurück. Er tat es wirklich. Er machte sich daran, seinen Traum zu verwirklichen.

»Ah, er hat dir davon erzählt«, bemerkte Harvey.

»Wahrscheinlich hat er es *Rosalie* erzählt«, erwiderte Will prompt und nestelte plötzlich an seinem Rucksack. »Die brauchst du sicher noch, oder?«

Er reichte mir eine Plastiktüte, und es dauerte einen Augenblick, bis ich registrierte, dass darin meine Perücke lag. »Jesper wollte, dass wir sie dir unauffällig geben.«

»Danke«, sagte ich leise und schob die Tüte in meinen eigenen Rucksack. Vermutlich sollte ich froh sein, dass ich sie wiederbekommen hatte, doch das Gefühl der Erleichterung stellte sich nicht ein. Stattdessen wirkte die Perücke mit einem Mal merkwürdig fremd.

»Hör zu«, sagte Will und stand auf, »solange du mit deinen eigenen Problemen nicht zurechtkommst, solltest du Jesper in Ruhe lassen.«

Ich biss die Zähne fest aufeinander und nickte, als er einen letzten Blick mit Harvey austauschte und dann verschwand. Ich hatte Will immer für jemanden gehalten, dem alles egal war. Doch das stimmte nicht – seine Freunde waren ihm wichtig. Und er hatte recht.

Ich konnte nicht wieder in Jespers Leben platzen, solange ich nichts an den Gründen geändert hatte, wieso ich es überhaupt erst kaputtgemacht hatte.

»Ich weiß«, brachte ich erstickt hervor und atmete tief ein. Ich hatte es satt, mich zu verstecken. Ich wollte mich nicht länger dafür schämen, was ich tat und was ich liebte, weil ich Angst davor hatte, verurteilt zu werden.

Harvey schien ein zu schlechtes Gewissen zu haben, um mich hier sitzen zu lassen, auch wenn ich mir fast sicher war, dass er Will gern gefolgt wäre. Gleichzeitig war ich dankbar für seine Anwesenheit, obwohl die Atmosphäre maximal unangenehm war. Er gab sich Mühe, eine lockere Unterhaltung zu führen, während ich immer noch mit meinen Gedanken und teilweise auch den Tränen kämpfte und jeglicher Hunger verflogen war.

Es ist schon komisch, dass in Filmen und Büchern immer der perfekte dramatische Abschluss in solchen emotionsgeladenen Gesprächen gefunden wird. In der Realität sitzt man dann eine halbe Stunde am gleichen Tisch und versucht alles, um die Situation nicht noch unangenehmer zu machen, als sie bereits ist.

Schweigend gingen wir wieder zurück. Gerade als ich das Büro betreten hatte, klopfte mir Harvey aufmunternd auf die Schulter, ehe er zu seinem Platz ging, während ich es vermied, in Wills Richtung zu sehen. Mit einem langen Seufzen ließ ich mich in meinen Stuhl fallen, einmal mehr dankbar, dass Ethan nicht mehr vor mir saß, und zückte das Handy. Würde Jesper drangehen, wenn ich ihn anrief?

Rasch verwarf ich diesen Gedanken wieder, denn Will hatte recht. Es wäre nicht okay, Jesper zu kontaktieren, während ich nichts getan hatte, um an meinen Problemen zu arbeiten. Wenn alles, was ich tat, nur war, vor ihnen wegzulaufen.

Eine Mail von meiner Lektorin Margo ploppte auf meinem Bildschirm auf, und ich klickte sie an. Sie schickte mir mein Cover. Das Cover für meinen neusten Roman. Mein Herz machte einen Sprung, verfiel dann in das nervöse Pochen, das mich immer ereilte, wenn ich kurz davor war, eines meiner Buchkleider zu sehen. Immer mit der winzigen Angst im Hinterkopf, dass ich es hässlich finden könnte.

Ich öffnete das Bild und hielt für einen Moment den Atem an. Es war atemberaubend schön. Der goldene Schriftzug von *Haunting Love* passte einfach perfekt, ebenso wie die unzähligen Funken um ein brennendes Herz. Doch ich wusste, dass etwas nicht stimmte. Dass etwas daran falsch war.

Und in diesem Moment war mir alles klar.

Ich schloss die Mail, öffnete stattdessen ein Word-Dokument und schrieb die erlösenden Worte.

Hiermit kündige ich.

(100010)
Fallon

»Das ist nicht dein Ernst«, sagte Diana mit einem Hauch Verzweiflung in der Stimme und griff so prompt nach meiner Hand, dass ich vor Schreck fast die Kaffeetasse neben mir umgeworfen hätte. »Lass mich nicht allein.«

»Ich komme dich besuchen«, versprach ich mit einem kleinen Lächeln und tätschelte die rot lackierten Finger. Die Erinnerung an Samuels verdattertes Gesicht, als ich ihm die ausgedruckte Kündigung auf den Tisch geknallt hatte, verschaffte mir immer noch ein gewisses Gefühl von Genugtuung. Der verzweifelte Versuch, mich noch umzustimmen, bis er endlich begriffen hatte, dass es sinnlos war. Dass ich nicht mehr länger bleiben wollte. Danach war er ziemlich kühl gewesen, und das würde sich die nächsten zwei Wochen auch nicht ändern, bis ich meinen letzten Tag hatte.

Doch zum ersten Mal war es mir absolut egal.

»Das will ich hoffen. Auch wenn ich verstehen kann, wieso du es getan hast.« Sie seufzte. »Was machst du jetzt? Hast du schon eine Stelle in Aussicht?«

»Nein. Die ganze Aktion war doch etwas spontan«, gab ich zu, auch wenn ich zumindest wusste, wo ich anfragen wollte. Auch wenn die Aussichten darauf nach meiner Absage nach der Besichtigung eher schlecht aussahen.

»Erst Jesper, dann du. Wenn das so weitergeht, dann hat Samuel bald keine Leute mehr.« Diana grinste und zog ihre Hand zurück.

»Jetzt, wo Ethan alle terrorisiert, kann das schnell passieren.« Gerade Harvey und Will erweckten nicht gerade den Eindruck, dass sie so an ihrem Arbeitsplatz hingen. Vielleicht sahen sie sich bereits parallel nach etwas anderem um.

»Auch wenn ich sauer auf dich bin, dass du einfach abhaust und ich nun niemanden mehr zum Lästern habe, freue ich mich für dich. Wirklich.«

»Das weiß ich. Und wenn ich könnte, würde ich dich auch sofort mitnehmen.«

Auch wenn wir anfangs eher eine Art Zweck-Bekanntschaft gebildet hatten, weil wir zwei der wenigen jüngeren Frauen in diesem Gebäude waren, wusste ich, dass sie mir fehlen würde.

»Hey, DD, die Maschine geht nicht«, rief ein Typ in einem schlecht sitzenden Anzug quer durch die Küche und deutete zu dem Automaten, der wild blinkte. Diana atmete tief durch und verfluchte bestimmt in Gedanken ihre Eltern dafür, dass sie sie Diana Dexter genannt hatten.

»Hilfe«, wisperte sie leise und verdrehte die Augen, ehe sie sich zu dem Typen umwandte. »Mein Name ist Diana.«

»Ich will dich nicht weiter aufhalten«, sagte ich und stand ebenfalls auf. Auf meiner Checkliste waren noch ein paar Punkte, die ich dringend abhaken musste. »Würdest du mir deine Handynummer geben?«

Sie lächelte, ehe sie mir die Nummer diktierte und wir uns mit einer Umarmung verabschiedeten. Bei unserer nächsten Begegnung würde ich ihr ein Buch von mir mitbringen.

Nachdem ich das Gebäude verlassen hatte und auf dem Weg nach Hause war, schickte ich Mick und Amira eine Nachricht. Amira war um diese Uhrzeit meist noch in ihrer Arbeit vergraben, doch Mick klingelte prompt durch, während ich im Hintergrund Matthias lachen hören konnte.

»Glückwunsch zu dieser Entscheidung«, begrüßte sie mich, und auch, wenn ich ihre Meinung zu We Solve IT mehr als gut kannte, tat ihr Zuspruch gut. Insbesondere da ich noch eine weitere Person auf meiner Liste hatte, der ich endlich die Wahrheit sagen musste.

Nachdem ich wieder zu Hause war und Mick Delilah von neuen Untaten abhalten musste, ließ ich mich auf meine Couch fallen und wählte Dads Nummer aus. Keine lange mentale Vorbereitung – Augen zu und durch.

»Hey, Dad«, begrüßte ich ihn so fröhlich, dass er glauben musste, ich hätte irgendetwas genommen. Mein Herz pochte unruhig, aber ich wusste, dass ich das tun musste. Und ganz gleich, wie seine Reaktion ausfallen würde, ich hatte nichts falsch gemacht.

»Hallo, Fallon, schön, dass du anrufst«, erwiderte Dad mit diesem warmen Tonfall. »Wie geht es dir? Was macht die Arbeit?«

»Ich habe gekündigt«, sagte ich, weil es einfacher war, gleich mit der Tür ins Haus zu fallen.

»Tatsächlich?« Er klang ehrlich überrascht, und nachdem er so oft versucht hatte, mich davon zu überzeugen, konnte ich es ihm nicht verdenken.

»Jepp. Mein Chef ist ein Arsch, und das wird sich auch nicht ändern.«

Dads brummendes Lachen ertönte am anderen Ende der Leitung. »Das stimmt wohl.«

»Und ich muss dir noch was erzählen«, sagte ich hastig, ehe er ein anderes Thema anschneiden konnte. »Im November kommt ein Buch von mir raus.«

Am Ende der Leitung herrschte für einen Moment Stille, sodass ich schon fast befürchtete, Dad hätte aufgelegt. Doch dann ertönte ein überraschtes »Hm?«.

»Ja, genau«, plapperte ich nervös weiter, auch wenn er noch nicht wirklich etwas erwidert hatte. »Es ist ein Liebesroman, und ich bin ziemlich stolz darauf, wie er geworden ist. Also ein bisschen werde ich ihn noch überarbeiten müssen, aber das grobe Manuskript ist super.«

Ich holte tief Luft und hielt sie an, einfach nur, damit ich aufhörte zu reden.

»Bücher?«

Ich stieß den Atem aus. »Ja, Dad, Bücher. Liebesromane.«

»Oh.« Wieder Stille. Alles in mir stand nun unter Spannung, und es grenzte an maximale Selbstbeherrschung, dass ich nicht aufsprang und nervös durch die Wohnung tigerte und sämtliche Lebensentscheidungen infrage stellte.

»Kann ich das dann wirklich im Buchladen kaufen?«

»Jap. Aber ich schicke dir gern eins. Du musst mir nur versprechen, dass du es nicht liest«, setzte ich hastig hinterher.

»Das ist gut. Ich hab fürs Lesen eh keine Geduld. Aber ich stell's mir gern ins Regal. Und zeig's allen Nachbarn.«

»Super, danke, Dad«, sagte ich und verdrängte den aufkommenden Impuls, ihn davon abzuhalten. Sollten doch Dads Nachbarn wissen, dass seine intelligente Dev-Tochter auch Liebesromane schrieb. Tolle Liebesromane. Superheiße Liebesromane.

»Bist du nicht enttäuscht?« Die Frage glitt mir über die Lippen, bevor ich sie zurückhalten konnte.

»Wieso enttäuscht?«

»Weil ich so etwas … Mädchenhaftes mache. Und du dich oft über die Töchter der Millers aufgeregt hast.«

»Ach, Fallon«, sagte er in einem so liebevollen Tonfall, dass meine Sicht ein klein wenig verschwamm. »Nichts, was du machst, könnte mich jemals enttäuschen. Es tut mir leid, wenn ich dir das Gefühl gegeben habe, dass du mit mir nicht über so was reden kannst.«

Er war mit jedem Wort leiser geworden und räusperte sich nun. »Nachdem deine Mum weggegangen ist, war ich mit vielem überfordert. Und mit vielen Dingen konnte ich auch nichts anfangen. Aber ich bin stolz darauf, wie du geworden bist.«

»Danke, Dad«, wisperte ich. »Du hast das toll gemacht. Wir haben das toll gemacht.«

Unsere Leben auf die Reihe zu bekommen, nachdem ein Teil plötzlich fehlte. Wir hatten es gemeinsam geschafft, diesen Teil wieder zu füllen.

Dad erzählte mir von mehreren Kleinstadtdramen, und ich war einfach nur froh, dass es mich in die Großstadt gezogen hatte. Ich wusste, dass ich noch lang nicht alles gesagt hatte. Wie etwa, dass ich nicht gern angelte und Sport generell langweilig fand. Und dass ich lieber Taylor Swift als Black Sabbath hörte. Doch das war etwas, was ich persönlich machen wollte.

(100011)
Jesper

Seit dem letzten Gespräch mit Mum, bei dem sie einfach aufgelegt hatte, war der Kontakt zu meinen Eltern ziemlich sporadisch geworden. Sämtliche Rückrufe und Nachrichten hatten sowohl sie als auch Dad nur knapp beantwortet.

Und ob ich es wollte oder nicht, es tat weh. Dass sie mich einfach so ignorierten, nach allem, was ich für sie aufgegeben hatte, war wirklich schmerzhaft.

Und dieses Gespräch würde ebenfalls wehtun.

Ich stand vor der Tür ihres Wohnhauses und hörte die laute Musik, die aus einem gekippten Fenster drang. Sie waren zu Hause, so viel war sicher. Mit einem flauen Gefühl drückte ich auf die Klingel, bis sich irgendwann eine Stimme von der Gegensprechanlage meldete.

»Hallo?« Es war Dad.

»Ich bin es, Jesper«, sagte ich und wappnete mich schon dafür, dass sie mich einfach hier draußen stehen lassen würden. Doch Dad öffnete zu meinem Erstaunen wortlos die Tür.

Mit gemächlichen Schritten ging ich die Treppe hinauf, versuchte, den Geruch von Kleber zu ignorieren, der noch immer so penetrant in der Luft lag. Dad stand bereits in der Wohnungstür, tiefe Augenringe im Gesicht.

»Hallo, Jesper«, sagte er und trat beiseite, sodass ich eintreten konnte. Sein Ton war ungewohnt niedergeschlagen, so als wüsste er, wieso ich hier war. Und vermutlich tat er das auch, immerhin hatte ich es in meinen Nachrichten bereits angedeutet.

»Ist Mum da?«, fragte ich, streifte die Schuhe am Eingang ab und folgte Dad in den Flur. Erneut ertönte Musik, und erneut lag kalter Rauch in der Luft.

»Ja, sie ist im Wohnzimmer.«

»Ist sie allein da?«

»Nein.«

Ich seufzte. Natürlich nicht. Vermutlich waren ihre Bandmitglieder seit meinem letzten Besuch nicht wieder gegangen. Aber das wollte ich auch nicht mehr zu meinem Problem machen.

»Dann hol sie bitte ins Büro.«

Dad nickte wortlos und bog ins Wohnzimmer ab, während ich zielstrebig auf das Büro zumarschierte.

Und wie zu erwarten ein einziges Chaos vorfand. Alles in meinem Inneren zog sich zusammen. Es war sinnlos, wie oft ich versuchte, Ordnung hier reinzubringen. Es würde niemals so bleiben. Weil sie davon ausgingen, dass ich ihnen die Arbeit erneut abnehmen würde. So wie immer. Weil ich selbst nach dem Vorschlag an Mum die Sachen bezahlt hatte, deren Rechnungen sie mir gegeben hatte. Obwohl ich sonst kein weiteres Wort von ihnen gehört hatte. Es war nicht einmal Dankbarkeit, die ich von ihnen wollte. Es war die fehlende Anerkennung, dass ich alles versuchte, um ihnen zu helfen.

Automatisch streckte ich eine Hand nach den Zetteln aus, die verteilt auf dem Schreibtisch und auch dem Boden lagen, doch ehe ich das Papier berührte, zog ich sie zurück. Ich konnte das nicht tun. Ich durfte das nicht mehr tun.

Die Tür, die ich wie aus Reflex geschlossen hatte, flog mit einem Knall gegen die angrenzende Wand, und Mum trat ein.

»Schön, dass du dich auch mal wieder blicken lässt«, sagte sie, doch ihre Worte klangen merkwürdig schwer. Der Gips an ihrem Arm war verschwunden, doch wirklich gesünder sah sie nicht aus.

»Hast du getrunken?«, fragte ich sie, doch statt einer Antwort reckte sie nur das Kinn nach vorne. »Ich dachte, du hättest damit aufgehört.«

»Was geht dich das an?«, zischte sie und lehnte sich an die Wand. Dad legte ihr behutsam die Hände auf die Schultern, doch sie schien seine Berührung gar nicht wahrzunehmen.

»Du hast mir versprochen, aufzuhören«, beharrte ich.

»Du hast mir gar nichts zu sagen.«

Und mit einem Mal überkam mich eine böse Ahnung. Kinseys Worte kurz nach Mums Unfall.

Und vielleicht war Mum betrunken. Ist ja nicht so, dass sie jemals wirklich verantwortungsvoll war.

»Du trinkst schon seit einer Weile wieder«, sagte ich, weil wir alle wussten, dass es die Wahrheit war.

»Ich bin erwachsen.«

»Erwachsen?«, sagte ich matt und deutete auf die Blätter, die überall im Raum verteilt waren. »Ihr könnt euch nicht die Aspekte vom Erwachsenenleben herauspicken, die euch gerade passen, und den Rest ignorieren. So funktioniert das nicht.«

»Hey, hey, beruhigen wir uns doch alle erst mal wieder«, sagte Dad, der die angespannte Stimmung zwar offensichtlich zu registrieren schien, doch so taub für die Untertöne war, die dazwischenlagen.

Doch ich wollte nicht derjenige sein, der die Beherrschung verlor und anfing, sie anzuschreien. Das war nicht ich, und das war auch nicht meine Art und Weise, ihnen klarzumachen, dass sich etwas ändern würde.

»Du hast recht«, sagte ich und holte tief Luft. »Ihr seid erwachsen und könnt deswegen tun, was ihr wollt. Aber von jetzt an seid ihr auch für euch verantwortlich.«

»Was meinst du?«, fragte Dad, und ich konnte nicht verstehen, dass er es wirklich nicht zu begreifen schien.

»Ich habe gekündigt.«

Für einige zähe Sekunden herrschte Stille. Eine bedrückende Stille.

»Wieso hast du das getan?« Dad war der Erste, der seine Sprache wiedergefunden hatte. »Du bist doch gerade erst befördert worden.«

Ich atmete tief ein. »Weil es nicht das ist, was ich machen will. Und weil ich nun das tun werde, was ich wirklich will.«

»Ich verstehe das nicht«, sagte Dad, während Mum noch immer schwieg. »Wieso?«

»Weil ich es sonst bereuen würde.« Ein leises Seufzen entwich mir. »Hört zu, ich habe euch immer, so gut ich konnte, unterstützt. Aber ich will jetzt auch einmal das tun dürfen, was ich mochte.«

»Aber wie stellst du dir das vor?«, fragte Dad und deutete auf die Zettel am Boden. So, als wäre ich dafür verantwortlich.

»Ich werde euch für die nächsten drei Monate Geld für die Miete geben. So habt ihr Zeit, euch nach Jobs umzusehen.« Auch wenn unser Verhältnis gerade angespannt war, brachte ich es nicht über mich, ihnen sofort alles wegzunehmen. Immerhin hatten sie schon zuvor in anderen Berufen gearbeitet. Zumindest so lange, bis ich nach meinem Studium verhältnismäßig viel Geld verdient hatte. »Aber ich werde keine weiteren Rechnungen mehr bezahlen können.«

»Und wovon sollen wir dann leben?«, erwiderte Mum schneidend und stieß sich von der Wand ab. Mit leicht unsteten Schritten wankte sie auf mich zu, Dad dicht an ihrer Seite. »Lässt du uns verhungern?«

Jetzt, da sie so dich vor mir stand, konnte ich den Alkohol riechen.

»Du hast es gerade selbst gesagt: Ihr seid erwachsen.«

Ich hatte mir gewünscht, dass sie anders reagieren würden. Und die Tatsache, dass sie sich nicht einmal für mich und meine Pläne freuten, dass sie nicht einmal nachfragten, was meine Pläne überhaupt waren, tat mehr weh, als es sollte. Als ich es erwartet hatte.

Mums Gesicht war emotionslos, die Lippen aufeinanderge-presst, während Dad noch immer nicht ganz zu begreifen schien, was eigentlich passierte.

»Du solltest besser gehen«, sagte Mum schließlich und deute-te auf die Tür. Ich nickte und ging an ihr vorbei, denn in diesem Punkt waren wir uns endlich einig.

Die Fahrt zurück nach Edinburgh war wie ein Film an mir vor-beigerauscht, den ich nur am Rande wahrgenommen hatte. Als ich endlich in meinem Lesesessel saß, konnte ich nicht einmal mehr sagen, wie ich vom Bahnhof überhaupt bis in die Wohnung gekommen war. Es war schon ein Wunder, dass ich in der Däm-merung von keinem Bus überfahren worden war.

»So, bitte sehr«, sagte Kinsey, die mich aus der Küche verbannt hatte, während sie irgendwelche Experimente durchführte. Es gab Dinge, die wollte ich einfach nicht genauer wissen, selbst wenn sie in meiner eigenen Wohnung passierten. »Kreation Nummer eins.«

»Will ich wissen, was dadrin ist?«, fragte ich beim Blick auf das hohe Cocktailglas, das mit einer tiefroten Flüssigkeit gefüllt war.

»Es ist nicht lebensgefährlich, falls du das meinst«, erwiderte sie mit einem breiten Grinsen und hielt ihr eigenes Glas prostend in die Höhe. Ich beließ es dabei und nahm einen Schluck durch den Metallstrohhalm. Ein süßer Geschmack nach Beeren breitete sich in meinem Mund aus, gemischt mit etwas Minze.

»Ist da Alkohol drin?«

»Nur ein bisschen. Du musst ja schließlich ein paar meiner Kreationen probieren.«

Ich nickte. »Die ist gut.«

Kinsey grinste und nahm einen Schluck von ihrem. »Ist notiert. Hat sich Cody eigentlich schon gemeldet?«

»Nein, noch nicht.«

»Willst du ihm sagen, dass du endlich von unseren Erzeugern befreit bist?«

Ich schnaubte. »Nein, definitiv nicht.«

Denn ich konnte mir beim besten Willen nicht vorstellen, wie ich ihm das vermitteln sollte, ohne dass es im Kern unglaublich peinlich klang. Davon abgesehen wollte ich ihn auch nicht unter Druck setzen. Es war meine Entscheidung gewesen, all das zu tun, nicht seine.

»Das solltest du aber.«

»Definitiv nicht.«

Ich leerte Kinseys Kreation Nummer eins, stellte das Glas auf den Couchtisch und schloss für einige Sekunden zufrieden die Augen. Ich fühlte mich behaglich. Irgendwie leicht. Etwas, das ich wirklich lange nicht mehr gespürt hatte.

»Hey«, machte sich meine liebreizende Schwester bemerkbar und stach mir mit dem spitzen Fingernagel in den Oberarm. »Ich habe noch vier weitere Rezepte, du kannst jetzt nicht schon schlafen.«

»Tu ich nicht. Ich ruhe nur meine Augen aus«, sagte ich, ohne sie anzusehen. »Mal ganz davon abgesehen, ist mein Glas leer.«

»Das stimmt, das sollte ich dringend ändern.«

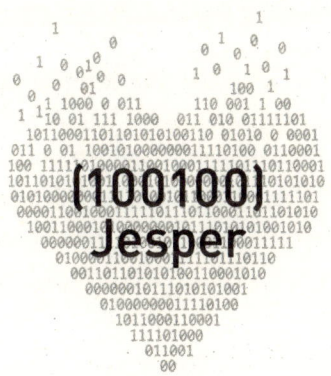

(100100)
Jesper

Es war wirklich lange her, dass ich mit derartigen Kopfschmerzen aufgewacht war. Mein Schädel fühlte sich an, als hätte jemand lauter kleine Sprengkörper darin deponiert, die nach und nach detonierten. So musste sich der Parthenon auch gefühlt haben, während er zerstört worden war.

Ich blinzelte gegen das hereinscheinende Licht, das mit voller Wucht durch das Fenster knallte, da ich gestern Abend vergessen hatte, die Gardinen vorzuziehen.

Aber ich hätte es auch besser wissen müssen, als irgendwelche bunten Cocktails von Kinsey entgegenzunehmen. So wie ich mich fühlte, hatte sie ganze Arbeit damit geleistet, den Alkohol mit Unmengen an Fruchtsäften oder Sirup zu überdecken.

Doch trotz dieser höllischen Kopfschmerzen fühlte ich mich gut. Erleichtert. Befreit. Das Verhältnis zu meinen Eltern würde nie wieder so sein, wie es mal war, und das wusste ich. Aber ich wusste auch, dass ich nicht alles allein ändern konnte. Ich wollte den Kontakt zu ihnen nicht komplett abbrechen. Aber ich würde um jeden Preis verhindern, dass es noch einmal so weit kam. Wie sich alles Weitere also entwickelte, hing von ihnen ab. Von ihnen und ihrer Bereitschaft, Verantwortung zu übernehmen.

Ich griff nach meinem Handy, um nach der Uhrzeit zu sehen,

und entdeckte, dass ich eine neue E-Mail hatte. Für den Bruchteil einer Sekunde hatte ich fast gehofft, dass sich Fallon melden würde, doch es ergab keinen Sinn, wieso sie mir eine Nachricht schreiben sollte. Seit unserem Streit hatte ich nichts mehr von ihr gehört, und selbst auf ihren Social-Media-Kanälen herrschte Stille.

Noch ehe ich weiter über Fallon nachdenken konnte und das Gefühl von Leichtigkeit in meinem Inneren verflog, öffnete ich die Mail.

Sie war von Cody.

Ich hätte nicht gedacht, dass du das wirklich durchziehst. Glückwunsch. Ich bin dabei. Erwecken wir Virtual History zum Leben.

PS: Änder besser dein Passwort.

Leicht verwirrt starrte ich auf die Zeilen, unsicher, ob sich mein Gehirn irgendetwas einbildete, was eigentlich gar nicht da war. Doch auch nach einer halben Minute hatte sich der Inhalt der Mail nicht geändert. Und auch wenn ich wusste, dass ich mich darüber freuen sollte, blieb ich an der ersten und letzten Zeile hängen.

Ich hätte nicht gedacht, dass du das wirklich durchziehst. Und *PS: Änder besser dein Passwort.* Was meinte er? Das von meinen Eltern? Ich hätte mich ziemlich sicher daran erin—

Als ich ein Stück nach unten scrollte, bemerkte ich, dass ich ihm tatsächlich eine Nachricht geschrieben hatte. Zumindest war sie von meinem Account verschickt worden.

Hi Cody,
ich hoffe, es geht dir gut. Ohne dich beeinflussen zu wollen, wollte ich dir nur mitteilen, dass meine Eltern jetzt zusehen

müssen, dass sie allein klarkommen, und ich voll und ganz bei unserem Projekt dabei bin. Ich hoffe, du auch.

Jesper

Ich vergrub mein Gesicht in einer Hand, fuhr über meine immer noch müden Augen und griff dann nach meiner Brille, die auf dem Nachttisch lag. Es war schon eine gewaltige körperliche Anstrengung, mich aus dem Bett zu quälen, ein Shirt und eine Jogginghose anzuziehen und mich in die Küche zu schleppen, wo meine liebste Schwester völlig ohne Kater bereits mit der Pfanne hantierte.

»Was hatten wir über das Thema Privatsphäre gesagt?«, fragte ich sie und ließ mich auf einem Stuhl nieder. Auf magische Weise erschien ein Glas Wasser mit einer Aspirin direkt vor mir.

»Hat Cody geantwortet?«, fragte sie begeistert und klatschte in die Hände. »Was sagt er?«

»Dass ich mein Passwort ändern soll«, brummte ich und leerte das Glas in einem Zug.

»Ist vermutlich nicht die schlechteste Idee«, sagte sie und wandte sich wieder der Pfanne zu. »Ich dachte auch, dass du dir nach dem letzten Mal bessere PINs überlegst. Oder zumindest keine bedeutenden historischen Jahreszahlen mehr. Möchtest du Pancakes?«

»Ja.« Ich stützte die Ellenbogen auf dem Tisch ab und legte den Kopf darauf, weil ich das Gefühl hatte, ihn zusammenhalten zu müssen. Keine fünf Minuten später standen auch die Pancakes vor mir, und Kinsey kletterte mit einem zweiten Teller auf den Barhocker neben mir.

»Okay, tut mir leid, dass ich noch mal deine Privatsphäre missachtet habe«, sagte sie mit einem langen Seufzen und schob sich eine Strähne dunkler Haare hinters Ohr. »Aber ich habe mich so für dich gefreut, dass du endlich mit Cody an eurem Projekt arbeiten willst. Und ich wusste nicht, wann du ihm das von unseren Eltern erzählst. Gerade weil das der Grund ist, wieso ihr euch damals zerstritten hattet.«

Ich wusste, dass sie es liebte, sich in alles einzumischen. Und ich wusste auch, dass sie mich liebte und sich wirklich ehrlich für mich freute und unbedingt wollte, dass ich das Projekt endlich begann. Und vermutlich hätte ich Cody nicht direkt davon erzählt, weil ich so das Gefühl gehabt hätte, ihn unter Druck zu setzen. Was es leider irgendwie schwer machte, wirklich sauer auf sie zu sein.

»Ich habe keine sonstigen Mails oder so gelesen. Ich habe nur eine neue Mail aufgemacht und seinen Namen in die Adresszeile eingegeben, und dann kam auch schon der Vorschlag«, setzte sie noch hinterher.

»Das habe ich gemerkt«, entgegnete ich trocken, und sie grinste. In keiner Welt hätte ich so einen Text jemals geschrieben. Und das hatte Cody ebenso gewusst.

»War er sauer?«

»Cody? Nein. Er hat zugestimmt«, murmelte ich zwischen zwei Bissen Pancakes und war nicht vorbereitet auf das ohrenbetäubende Quietschen, das Kinsey ausstieß.

»Wirklich? Das ist so toll!«

Auf meine Lippen schlich sich ein Lächeln.

»Ja, das ist es.«

Cody und ich trafen uns ausnahmsweise nicht im Museum, sondern an der Bushaltestelle, die direkt vor dem Scottish Parliament lag. Durch das geschlossene Tor konnten wir den Palace of Holyroodhouse sehen, doch dieser war nicht unser Ziel.

»Ich war schon echt lange nicht mehr hier«, sagte Cody und hielt sich eine Hand an die Stirn, um die Augen vor der Sonne zu schützen.

»Gleichfalls«, gab ich zu und wechselte meine Brille mit einer Sonnenbrille, die ich in meinem Rucksack verstaut hatte.

»Pff«, machte Cody und lachte. »Schaffst du es überhaupt noch bis da hoch?«

Er streckte einen Arm aus und deutete auf die Spitze von Arthur's Seat, wo ich bereits aus der Ferne schon unzählige Menschen laufen sehen konnte.

»Vor den ganzen Touristen kann ich mir doch nicht die Blöße geben.«

Wir schulterten unser Gepäck und liefen den Trampelpfad entlang, der zunächst in einer sanften Steigung nach oben führte, die dann immer stärker zunahm. Während am Fuß des Berges die Menge an Menschen schon ziemlich aufgefächert war, nahm sie ab, je weiter wir gingen, einfach weil alle langsamer wurden. Besonders beeindruckend fand ich zwei Damen, die den Aufstieg nicht nur in hohen Schuhen gewagt hatten, sondern dazu noch elegante Kostüme samt Hüten trugen, mit denen sie dem englischen Königshaus Konkurrenz machen konnten.

Ich atmete tief ein. Je näher wir der Spitze kamen, umso klarer und frischer war die Luft.

»Na, kannst du noch?«, fragte Cody grinsend neben mir.

»Pff«, machte ich nur und lachte. »Mir ist nicht entgangen, dass du auch ziemlich am Keuchen bist.«

»Das bildest du dir ein.«

Wir stiegen weiter nach oben und überholten immer mehr Menschen, die über ihre Outfits offensichtlich nicht nachgedacht hatten. Ein Mann in einem weißen Polohemd, heller Hose und mit ehemals weißen Schuhen beschwerte sich lautstark bei seiner Begleitung, dass seine Kleidung dreckig war. Zumindest war das meine Interpretation seines aufgebrachten Redens, während er an sich herunterdeutete, da ich seine Sprache nicht verstand. Die Frau neben ihm hingegen verdrehte nur die Augen und zuckte mit den Schultern, denn im Gegensatz zu ihm trug sie dunkle Sportkleidung und passende Schuhe. Nicht, dass man für eine Besteigung von Arthur's Seat eine komplette Bergsteigerausrüstung brauchte, doch es war nun einmal mehr als ein gewöhnlicher Spaziergang.

An dem ersten Plateau machten wir eine kurze Rast, tranken einen Schluck Wasser und sogen den Blick bis zum Meer auf, der sich uns bot. Zwei Frauen posierten vor der Szenerie, eine davon mit mittellangen braunen Haaren, die mich unweigerlich an Fallon erinnerten.

»Was ist?«, fragte Cody und zog die Augenbrauen zusammen.

»Nichts«, erwiderte ich und bemühte mich darum, mein Gesicht zu entspannen, doch das Misstrauen in Codys Augen verschwand nicht. »Nichts, worüber ich gerade reden will.«

»Hat dieses ›Nichts‹«, er machte Anführungszeichen in die Luft, »zufällig etwas mit deinem Sinneswandel zu tun?«

»Ja«, gab ich nach einigen Sekunden Bedenkzeit zu, und Cody nickte, so als würde er etwas verstehen, das ich nicht einmal selbst verstand. Wir verfielen in ein einvernehmliches Schweigen, bis wir weitergingen. Der Weg wurde steiler und schmaler, und wir mussten über einige Felsbrocken klettern, bis wir irgendwann fast an der Spitze angelangt waren. Der Wind pfiff trotz des warmen Tages kalt in unseren Ohren.

Wir warteten noch einen Moment, bis die Besucher vor uns die eigentliche Spitze des Bergs verließen. Denn dieser Moment sollte nur uns gehören.

Die Familie kletterte wieder hinunter, und dann standen wir ganz oben.

»Ich weiß nicht, was bei dir los ist«, sagte Cody und hielt sich

an dem Stein in der Mitte fest, um bei dem Wind nicht herunter-
gefegt zu werden, »aber ich bin wirklich froh, dass du dich gemeldet hast.«

Ich fühlte den Schmerz und die Wut über Fallons Anschul-
digungen. Doch ich fühlte auch den Mut, den mir ihre Worte
gegeben hatten.

»Ich auch.«

(100101)
Fallon

Die nächsten Tage flogen förmlich an mir vorbei. Während ich in meiner restlichen Zeit bei We Solve IT nur noch das Nötigste machte und alles für die Übergabe vorbereitete, lag mein Fokus ganz auf meinem Manuskript.

Vielleicht hätte ich es einfach wie Jesper machen und mich krankmelden sollen, um noch mehr Zeit zu haben. Doch nach all den Lügen der letzten Wochen hatte ich es nicht fertiggebracht, eine weitere auszusprechen.

Kaum dass die Finger auf den Tasten des Laptops lagen, waren alle Gedanken an Samuels grimmige Blicke, Ethans gehässige Kommentare und das Chaos im Projekt einfach wie weggefegt. Ganz so, als wäre mit der Kündigung eine schwere Last von mir abgefallen, flossen die Worte nur so aus mir heraus. Und mit jedem weiteren Absatz verliebte ich mich noch ein klein wenig mehr in die Geschichte.

Fünf Tage hatte ich mir Zeit gegeben, einfach nur schreiben zu können. Fünf Tage, an denen ich mögliche Sorgen über meine Zukunft einfach ignorierte.

Doch das konnte ich leider nicht ewig tun, schließlich brauchte ich einen neuen Job. Auch wenn ich mit meinen Büchern ein bisschen Geld verdiente, reichte es nicht, um davon in Edinburgh leben zu können. Und wenn ich ehrlich war, so frustrierend der Job als Dev manchmal auch war, vermisste ich ihn. Also zog ich die Visitenkarte von Sage hervor, die mir Harvey gegeben hatte, atmete tief ein und wählte ihre Nummer.

»Bancroft?«, meldete sie sich.

»Hi, Sage, hier ist Fallon«, sagte ich und war zugegebenermaßen ein klein wenig aufgeregt. »Harvey hat mir deine Kontaktdaten gegeben.«

»Hat dir mein Bruder doch noch ins Gewissen geredet?«, entgegnete sie, und ich glaubte, ein Grinsen in ihrer Stimme zu hören.

»Hat er dir von unserem Gespräch erzählt?«, fragte ich.

»Ja, er hat mir gestanden, dass er sich *verplappert* hat. Was in Harveys Fall *pure Absicht* bedeutet. Ich hoffe, du nimmst es mir nicht übel, dass ich dir das nicht gesagt habe.«

»Nein.« Das konnte ich wohl kaum. »Ich war nur etwas überrascht.«

»Ich wollte nicht, dass du dich dabei irgendwie komisch fühlst. Mary und ich waren wirklich der Meinung, dass du super zu uns passt, und nachdem Harvey meinte, dass deine fachlichen Skills richtig gut sind, ging der Rest auch von uns aus. Also nur falls du denkst, er hätte mich überredet.«

»Nein, das habe ich nicht gedacht. Ich habe mich nur gewundert, dass Harvey so eine hohe Meinung von mir hat.«

Sie lachte. »Keine Angst, er hat nicht vergessen, zu erwähnen, dass du im Büro eine etwas frostige Persönlichkeit an den Tag legst. Aber bei unserem Kennenlernen konnte ich mir ja meinen eigenen Eindruck machen. Und der ist gar nicht so frostig.«

»Vielleicht weil in eurem Büro keine Eiszeit herrscht«, erwiderte ich erleichtert, und Sage lachte erneut.

»Also, was kann ich für dich tun? Falls du über deinen Chef lästern willst, bin ich ganz Ohr, aber ich glaube nicht, dass das alles ist.«

»Das stimmt.« Ich räusperte mich. »Ich würde gern bei euch arbeiten. Es war ein Fehler, abzulehnen, das weiß ich jetzt. Falls es also noch eine Möglichkeit gibt, wie ich beweisen kann, dass ich zu euch passe, dann sag es mir bitte.«

»Hm«, machte Sage, und dann hörte ich einige Sekunden lang gar nichts. »Du hast dir schon eine ziemlich gute Chance entgehen lassen.«

»Ich weiß«, erwiderte ich zerknirscht, und mit einem Mal sah ich alle Hoffnung davonschwimmen. »Falls ihr irgendwann erneut sucht, dann sagt mir bitte Bescheid.«

»Hach, wenn du so traurig klingst, macht es keinen Spaß, dich aufzuziehen.«

Bitte was?

»Wir vereinbaren einen Termin für ein Vorstellungsgespräch, anschließend bekommst du eine Aufgabe. Wenn du es schaffst, uns zu überzeugen, dann hast du den Job. Aber nimm dich in Acht, wir testen sehr genau, wen wir bei uns anstellen.«

Erleichtert atmete ich auf. »Danke, Sage.«

»Ach was, alles gut. Ist nicht so, dass ich das aus der Güte meines Herzens mache.« Sie lachte. »Wir suchen gute Leute, und du bist gut, also Win-win für uns alle.«

Da hatte sie wohl recht.

»Was hat dich dazu bewogen, mich anzurufen?«, fragte sie dann. »Das hat keinen Einfluss auf meinen Vorschlag. Ich bin nur neugierig.«

»Wie dein Bruder«, erwiderte ich, und sie lachte erneut. »Ich habe gekündigt, weil ich gemerkt habe, dass es mich nicht zu einer besseren Entwicklerin macht, wenn ich ein Arbeitsumfeld ertrage, das mir nicht guttut.« Auch wenn ich wusste, dass diese Worte wahr waren, tat es dennoch ein klein wenig weh, sie auszusprechen. »Und dass es nichts bringt, sich den falschen Leuten beweisen zu wollen.«

»Das musste ich auch auf die harte Tour lernen.« Dann erklang ihre Stimme plötzlich nur noch gedämpft. »Ah, sorry, ich muss gleich in den nächsten Termin«, sagte sie wieder deutlicher. »Ich stimme mich mit Mary ab und schicke dir einige Terminvorschläge.«

»Danke. Nur eine Sache noch: Ich arbeite nebenher als Autorin. Wäre das ein Problem?«

»Nein, ist es nicht. Zumindest nicht, wenn du mir ein Buch signierst«, erwiderte sie, und ein Hauch von Stolz erfüllte mich.

»Das bekomme ich hin.«

»Perfekt. Dann haben wir einen Deal.«

Auch wenn Sage es nicht sehen konnte, hatte sich ein breites Lächeln auf meine Lippen geschlichen. Vorfreude gemischt mit Erleichterung. Dieser eine Schritt war getan, und ich setzte einen Haken hinter diesen Punkt meiner mentalen To-do-Liste. Bis mir noch etwas anderes einfiel.

»Sag mal, Sage, ihr braucht nicht zufällig noch eine Back-office-Managerin?«

Es war merkwürdig, meinen eigenen Namen auf dem Cover meines Romans zu lesen. So lange Zeit hatte ich mich hinter einem Pseudonym aus rotem Lippenstift und Perücke versteckt, dass es mir für den Bruchteil einer Sekunde fast fremd vorkam. Doch je länger ich es anstarrte, desto sicherer war ich mir, dass das die richtige Entscheidung war.

Ich wollte mutig sein. Ich wollte zu dem stehen, was ich tat und was ich liebte. Ich wollte nicht mehr länger weglaufen.

Ich startete den Livestream auf meinem Instagram-Kanal und begrüßte die Ersten, die wenige Sekunden später in den Chat strömten.

»Hi, schön, dass ihr alle vorbeischaut«, sagte ich mit klopfendem Herzen und winkte meinem Spiegelbild leicht überdreht entgegen. »Ich kann es kaum erwarten, euch das Cover zu zeigen. Es ist einfach so schön geworden. Die liebe Natalie, die das Cover gezaubert hat, hat sich wirklich selbst übertroffen.«

Nach den ersten fünf Minuten waren etwa dreihundert Leute anwesend, und mein Herz pochte immer nervöser in der Brust. Ob Jesper wohl unter ihnen war? Vermutlich nicht. Vermutlich hatte er nicht einmal mitbekommen, dass ich gerade einen Livestream gestartet hatte, nachdem es die letzte Zeit hier wie ausgestorben gewesen war.

Der Gedanke an ihn war jedes Mal wie ein kleiner Stich. Unabhängig davon, wie das mit uns ausgehen würde, wusste ich, was ich tun musste. Wusste ich, was ich tun wollte.

»Bevor ich das Cover reveale, will ich euch zuerst noch ein bisschen was über die Geschichte erzählen. Wir haben die *Tropes Haters-to-Lovers*, *Workplace-Romance* und *Forced Proximity*. Was sagt ihr, das klingt doch nach einer tollen Kombination, oder?«

Einige Herzen tauchten auf dem Bildschirm auf, und ich konnte mir trotz meiner Anspannung das breite Grinsen nicht verkneifen. Sie freuten sich auf meine Geschichte. Sie konnten sich für mich und meine Ideen, meine Leidenschaft begeistern. Wieso also hatte ich nicht ehrlich zu ihnen sein können? Wieso hatte ich so viel dafür getan, mich zu verstecken?

»Ich liebe die Tropes auch«, sagte ich bei den Kommentaren, die im Chat erschienen. »Dann kommen wir also zum Klappentext. Chloe Bennington kann nicht glauben, dass der heiße Typ, mit dem sie einen One-Night-Stand hatte, sich als ihr neuer Chef entpuppt. Während sie beide genau wissen, dass es falsch ist, sich weiter aufeinander einzulassen, können sie sich aber nur schwer voneinander fernhalten. Erst recht, da Chloe nicht ohne eine eigene Agenda in Jacks Unternehmen gekommen ist.«

Ich ließ die Worte verklingen und atmete tief ein, um mein nervöses Herz zu beruhigen. Die Kommentare im Chat wurden immer mehr, begleitet von unzähligen Emojis.

»So, jetzt will ich euch auch gar nicht weiter auf die Folter spannen.«

Meine Finger zitterten ein klein wenig, als ich nach dem Bilderrahmen griff, in den ich das Cover gelegt hatte, und ihn nach oben hielt.

Alles in mir schrie danach, das Video zu beenden, doch ich warf erneut einen Blick in die Kommentarsektion. Zwischen den anfänglichen Reaktionen mit weiteren Herzchen schlichen sich nun immer mehr Fragezeichen ein.

»Ja, ihr habt richtig gelesen«, sagte ich schließlich mit einem Lächeln. »Der Titel lautet *Haunting Love*. Ich werde zukünftig nicht mehr unter Rosalie Golden veröffentlichen. Sondern unter Fallon R. Specter. Meinem richtigen Namen.«

Nachdem ich die ersten Worte über die Lippen gebracht hatte, kam der Rest ganz leicht hinterher. Ich ließ das Cover sinken und griff nach meiner Perücke, die nur lose auf meinem Kopf lag, und zog sie mit einem Ruck nach unten. »Und das hier waren offensichtlich nicht meine echten Haare, sonst hätte ich vor laufender Kamera wohl einen Nervenzusammenbruch.«

Es war schon ein wenig seltsam, so gar kein verbales Feedback zu bekommen, aber das ging gerade nun nicht anders. Vorsichtig löste ich das Haargummi, entfernte die Bobby-Pins aus den braunen Haaren und ließ sie über die Schultern fallen.

»Eigentlich trage ich eine Brille, weil ich ohne so viel sehen kann wie ein Maulwurf. Aber die kann ich gerade nicht aufsetzen, weil ich mir beim Herausnehmen der Kontaktlinsen ohne Spiegel die Augen aussteche. Und das würde ich wirklich gern vermeiden.«

Unruhig strich ich durch meine Haare und lugte erneut in

meinen Chat. »Was ist der Grund dafür?«, las ich eine Frage laut vor, die so oder in ähnlichen Worten mehrfach über den Bildschirm flog.

Ich räusperte mich. »Ich habe mit dem Pseudonym und der Verkleidung angefangen, weil ich Angst hatte, dass mich jemand erkennt. In meiner Branche macht man sich schon genug über Frauen lustig, deswegen wollte ich das um jeden Preis vermeiden. Aber ich will das nicht mehr. Ich will jemand sein, der zu sich und seinen Facetten steht. Und ich liebe es nun mal, spicy Liebesromane zu schreiben. Und dazu will ich stehen.« Ein kleines wehmütiges Lachen legte sich mir auf die Lippen. »Wenn die richtigen Menschen an eurer Seite stehen, dann kann es euch egal sein, was der Rest über euch denkt. Seid nicht so dumm wie ich und macht alles kaputt, nur weil ihr euch nicht traut. Glaubt an euch.«

Peinlich berührt räusperte ich mich erneut. Ich hatte vermutlich wie ein Glückskeks geklungen, aber es war nun einmal das gewesen, was ich gefühlt hatte. Und nicht nur an dem positiven Zuspruch merkte ich, dass es die richtige Entscheidung gewesen war. Mein Herz fühlte sich leichter an. Fast schon schwerelos. Und ich wusste, dass es nur einen einzigen Moment innerhalb der letzten Jahre gegeben hatte, in dem ich dieses Gefühl empfunden hatte.

»Nun ja«, setzte ich erneut an. »Wundert euch also nicht, wenn es auf dem Kanal in nächster Zeit ein klein wenig anders aussehen wird. Angefangen beim neuen Kanalnamen.«

Den ich mir vorsichtshalber bereits vor dem Stream gesichert hatte. Manche Leute hielten es für besonders witzig, den begehrten Handle genau dann zu belegen.

»Wie ich mit Brille aussehe?«, las ich eine der Fragen vor, die ich gerade zu Gesicht bekam. »Moment.«

Ich reckte mich und griff nach der Brille, die außerhalb des Kameraausschnitts auf einer kleinen Kommode lag, und setzte sie auf. Augenblicklich war alles verschwommen.

»Tja, jetzt sehe ich zwar nichts mehr, aber zumindest wisst ihr nun, wie ich aussehe«, scherzte ich und nahm sie wieder ab, ehe ich davon Kopfschmerzen bekam. »Ich hoffe, ihr begleitet mich als Fallon genauso toll wie als Rosalie und habt Freude an meinen Geschichten. Keine Sorge, einen Genrewechsel gibt es nicht. Nur falls jemand Angst hatte, ich schreibe plötzlich Fantasy oder Krimis.«

Einige Lach-Emojis tauchten im Chat auf, der mittlerweile auf sechshundert Menschen gewachsen war. Gern hätte ich die Hand ausgestreckt und nach seinem Namen gesucht. Aber auch wenn ich zufrieden damit war, mich zu zeigen, samt meines Namens, musste ich nun trotzdem nicht alles ins Internet stellen. Zumal ich mir ziemlich sicher war, dass Jesper nicht gerade begeistert davon wäre, wenn ich ihn einfach so in den Fokus rücken würde.

»Also, das war's so weit auch schon«, sagte ich schließlich. »Ich muss mich wieder an den Roman setzen, sonst habt ihr zwar ein schönes Cover, aber keinen Inhalt. Vielen Dank an alle, die da waren und sich mit mir gefreut haben. Ihr glaubt gar nicht, wie viel mir das bedeutet. Und die restlichen Fragen beantworte ich die Tage noch.«

Es waren noch einige davon im Chat, doch mein Maximalmaß an Anspannung war für heute erreicht, also winkte ich noch für einige Sekunden in die Kamera und verabschiedete mich mit einem breiten Lächeln. Ein Schritt nach dem anderen. Hauptsache, immer weitergehen.

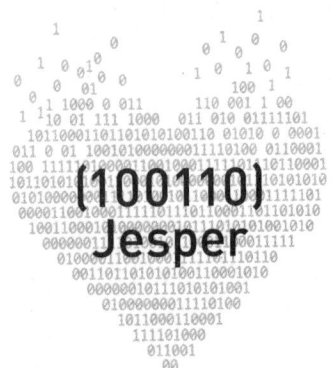

(100110)
Jesper

Es klingelte an der Tür. Zumindest glaubte ich, dass ich durch meine Kopfhörer ein entferntes Geräusch gehört hatte. Während in meinem Kopf die Debatte stattfand, ob ich wirklich aufstehen und nachsehen sollte, obwohl ich nichts und niemanden erwartete, nahm mir Kinsey die Entscheidung ab. Selbst durch die geschlossene Tür hörte ich überdeutlich, dass sie so hektisch zur Tür rannte, als würde ihr Leben davon abhängen.

Vielleicht hatte Kinsey Anna eingeladen. Das würde zumindest erklären, wieso sie seit heute Vormittag damit beschäftigt gewesen war, die Wohnung zu putzen, obwohl das laut Plan meine Aufgabe gewesen wäre. Was in den Jahren unseres Zusammenlebens bisher noch nie vorgekommen war.

Das war fast ein wenig verdächtig.

Für einen Moment hielt ich inne, ob es der seltsame Nachbar unter uns war, der in unregelmäßigen Abständen nach Mehl fragte. Oder es war doch ein Paket, auf das Kinsey gewartet hatte.

»Komm hoch«, hörte ich die Stimme meiner Schwester. Ziemlich sicher Anna.

Doch kaum dass die Kopfhörer wieder auf den Ohren waren, riss Kinsey die Tür auf und bewegte die Lippen. Mit einem leisen Seufzen nahm ich sie wieder herunter. Ich sollte dringend über einen Platz in einem Co-Working-Space nachdenken, wenn ich in Ruhe arbeiten wollte. Falls ich Samuel ärgern wollte, sollte ich einfach zu dem in der ersten Etage gehen.

»Besuch für dich.«

»Ich erwarte niemanden«, erwiderte ich irritiert, während meine Schwester auf Zehenspitzen hin und her wippte, als wäre der Boden aus Lava.

»Doch, ich denke schon. Ich bin in meinem Zimmer und höre Musik. Sehr laut.«

Ehe ich nachfragen konnte, was sie meinte, verschwand sie aus dem Türrahmen und knallte ihre eigene Zimmertür geräuschvoll zu. Manchmal fragte ich mich wirklich, was in ihrem Kopf vor sich ging.

Gemächlich stand ich auf und durchquerte das Zimmer, weil ich Schritte im Treppenhaus ausmachen konnte, da die Wohnungstür ebenfalls noch offen stand. Hatten es sich Harvey und Will anders überlegt und wollten mich nun eigenhändig zu We Solve IT zurückschleifen? Doch zu meiner Überraschung war es keiner der beiden, ebenso wenig wie Cody. Ein brauner Haarschopf tauchte zunächst auf, dann starrten mich weit aufgerissene grüne Augen hinter einer goldenen Brille an.

Mein Herz, das ich die letzten Tage, wann immer es möglich war, ignoriert hatte, zog sich schmerzhaft zusammen. So als wäre ihr Anblick alles, was es eigentlich gewollt hatte. Was ich eigentlich gewollt hatte.

»Hi«, sagte Fallon ungewöhnlich zurückhaltend und kam so behutsam näher, als wollte sie mich nicht verschrecken. Als hätte sie Angst vor meiner Reaktion. »Es tut mir leid, dass ich einfach so hier auftauche, aber …«

Sie brach ab, als sie an der letzten Treppenstufe angekommen war. »Aber ich wollte dich unbedingt sehen.«

»Wirklich?«, erwiderte ich mit einer Spur Sarkasmus und versuchte die Erinnerungen und Gefühle zu verdrängen, die mit einem Mal hochkamen. »Wenn ich mich richtig erinnere, konntest du beim letzten Mal gar nicht schnell genug wegkommen.«

Sie biss sich auf die Unterlippe.

»Es tut mir leid«, sagte sie und machte einen weiteren Schritt auf mich zu, doch ich rührte mich nicht. Wies sie weder ab, noch bat ich sie herein.

Das war sicher kein Gespräch, was man im Hausflur führen wollte, doch ein Teil von mir war zu stur, es ihr leicht zu machen. Ein Teil von mir wollte sehen, wie weit sie ging, ehe sie sich wieder zurückzog.

»Was tut dir leid?«

Uns trennte nur noch ein Schritt voneinander, dann würden sich die Spitzen unserer Schuhe berühren. Fallon sah mich mit nach oben gerecktem Kinn an, und ein Ausdruck von Entschlossenheit lag in ihren Augen.

»Alles.« Das Wort kam dennoch leise über ihre Lippen. »Dass ich dich angelogen habe. Dass ich dich oberflächlich genannt und dir vorgeworfen habe, dass es dir Spaß gemacht hat, mit mir zu spielen, obwohl ich diejenige war, die dir etwas vorgespielt hat.«

Obwohl ihre Stimme zitterte, sah sie nicht weg und wich auch nicht zurück.

»Und du hattest recht. Ich bin eine Heuchlerin. Ich wollte nicht zugeben, dass ich Liebesromane schreibe, weil ich Angst vor den Kommentaren unserer Kollegen hatte. Davor, noch weniger ernst genommen zu werden. Ich hatte solche Panik, dass alles, wofür ich so hart gearbeitet hatte, einfach zerbricht«, brachte sie hervor, und auch wenn ihre Augen glasig wurden, senkte sie den Kopf nicht. »Ich wollte um jeden Preis das Bild von mir aufrechterhalten, das alle hatten. Nur damit ich am Ende erkenne, dass ich das einzig Wichtige kaputtgemacht habe.«

Eine Träne rollte über ihre Wange, doch sie wischte sie nur

unbeirrt beiseite. »Ich bereue, dass ich dir nicht von Anfang an eine Chance gegeben und dich stattdessen lieber zu meinem persönlichen Feind erklärt habe. Vielleicht hätten wir uns auch ohne dieses ganze Chaos kennenlernen können. Aber ...«

Sie räusperte sich, während in meinem Kopf tausend Gedanken wild durcheinanderkreisten, ich jedoch vollkommen unfähig war, mich zu bewegen. »Ich bereue nicht, dass ich dich kennengelernt habe.«

Einen Moment füllte Stille den Hausflur, und alles in mir wollte diese Stille durchbrechen. Wollte ihr sagen, dass ich es ebenso wenig bereute, sie kennengelernt zu haben. Doch ich tat es nicht. Denn auch wenn mich Fallon mit einer Mischung aus Angst und Erwartung ansah, so als erhoffte sie sich irgendeine Reaktion, brachte ich kein Wort heraus.

Das erste Mal während ihres Monologs schlug sie für einen Moment die Augen nieder und holte tief Luft. Doch dann sah sie mich erneut an, und das Ziehen in meiner Brust wurde fast unerträglich.

»Und ich bereue auch nicht, dass ich mich in dich verliebt habe.«

Die letzten Worte waren nur noch ein Flüstern, und noch mehr Tränen rannen über ihr Gesicht.

»Danke dafür, dass du mir gesagt hast, was ich nicht hören wollte. Danke, dass du mir den Mut gegeben hast, zu mir zu stehen. Wenn du mich nie wieder sehen willst, dann lasse ich dich in Ruhe. Harvey und Will haben mir gesagt, dass du an deinem VR-Projekt arbeitest. Ich hoffe, es wird so, wie du es dir vorstellst.«

Je länger sie sprach, umso schneller brachen die Wörter aus ihr hervor, und als sie geendet hatte, holte sie tief Luft.

»Uhm, ja«, sagte sie leicht atemlos, und die Entschlossenheit schwand mit einem Mal aus ihrem Blick. Sie blinzelte mehrfach, so als wäre ihr jetzt erst klar geworden, wo sie hier war und was sie tat. »Das war alles, was ich sagen wollte.« Sie sah über die Schulter zur Treppe hinunter, wandte den Oberkörper leicht von mir weg. »Ich geh dann ma–«

Ich hielt es nicht mehr länger aus. Noch ehe sie den Satz zu Ende gesprochen hatte, hatte ich den Abstand zwischen uns überwunden und sie in meine Arme gezogen. Ein erstauntes Keuchen erklang, und für einen Moment war Fallon völlig starr an meiner Brust, während ich die Arme um sie schlang.

»Hat sich die Fallon.exe gerade aufgehängt?«, fragte ich halb belustigt und halb, um zu verbergen, was ihre Worte in mir ausgelöst hatten. Statt mir zu antworten, griff sie in den Stoff meines T-Shirts und vergrub die Finger darin, während sie das Gesicht an mich presste. Zumindest so weit, dass sie die Brille nicht zerstörte.

»Ja«, nuschelte sie undeutlich. »Ich dachte, du hasst mich.«

»Ich habe dich nie gehasst«, erwiderte ich leise und gab ihr einen Kuss auf die braunen Haare. »Aber ich war ziemlich verletzt.«

»Ich war einfach so unglaublich dumm«, murmelte sie in meine Kleidung, unwillig, sich von mir zu lösen. »Aber ich mache es wieder gut.«

»Vielleicht indem du erst mal reinkommst?«

Sie riss den Kopf hoch und sah sich um, so als wäre ihr jetzt erst wieder eingefallen, wo wir uns befanden, doch ehe sie darauf antworten konnte, hatte ich sie mit einem Ruck in die Wohnung gezogen.

»Ich stehe nicht so auf Voyeurismus«, sagte ich mit einem Lächeln und legte eine Hand an ihre Wange, strich mit dem Daumen behutsam über ihre Haut.

»Ich auch nicht«, wisperte sie zurück und reckte sich mir entgegen. Ihre Lippen auf meinen zu spüren fühlte sich gleichzeitig vertraut und völlig neu an. Sie biss mit einem sanften Druck in meine Unterlippe, und in dem Moment, als sich unsere Zungen berührten, war jede Zurückhaltung vergessen. Fallon keuchte auf, als ich die Hände an ihre Hüften legte, um sie näher an mich heranzuziehen, während sie die Arme hinter meinem Kopf verschränkte. Dieses Mal war alles zwischen uns ehrlich, alles war echt.

»Ähm«, machte es plötzlich, und wir lösten uns hastig voneinander. »Ich weiß, dass ich gesagt habe, dass ich in meinem Zimmer sein werde, aber ich muss dir nur kurz sagen, wie schön dein neues Cover ist.«

Fallon lachte leise und löste ihre Finger von meinem Shirt, um einen Schritt auf Kinsey zuzumachen.

»Du hast den Live-Stream gesehen?«

Meine Schwester nickte begeistert, und wie von selbst legte ich eine Hand an Fallons Taille, um sie wieder zu mir zu ziehen. So schnell entkam sie mir nicht.

»Sogar ich habe ihn gesehen«, sagte ich zu ihr, und die leicht geröteten Lippen verzogen sich zu einem Lächeln. Sie hatte ihr größtes Geheimnis vor allen preisgegeben und war mutig gewesen. Ich küsste sie erneut und hörte nur noch ein »Bin schon weg«, ehe eine Tür zuknallte.

»Es wird keine fünf Minuten dauern, bis sie wiederkommt«, sagte ich mit einem leisen Seufzen, nachdem sich unsere Lippen voneinander gelöst hatten.

Fallon grinste mich an. »Dann heben wir uns das für ein andermal auf, und du erzählst mir erst mal von eurem VR-Projekt.«

»Nur zu gern«, erwiderte ich und zog sie mit ins Wohnzimmer.

Epilog – Fallon
Zwei Monate später

»Okay, okay, hör zu«, begann ich und scrollte durch die Notizen und Ideen, die mir gestern Abend gekommen waren, pünktlich eine halbe Sekunde bevor sich mein Gehirn in den Ruhemodus begeben wollte. »Was ist, wenn James so tut, als hätte er keine Erinnerungen mehr, sich aber in Wirklichkeit an alles erinnert und nur herausfinden will, was Mira ihm weismachen will?«

Vicky, deren Video immer eine Sekunde hinter dem Ton zurückhing, nickte begeistert. »Und was ist, wenn nicht nur Mira versucht, ihn zu manipulieren, sondern auch der Rest seiner Familie?«

»Und einzig Felicity erzählt ihm die Wahrheit.« Eifrig tippte ich mit. Mir eine echte Schreibfreundin zu suchen, die auch tatsächlich antwortete, war eine der besten Entscheidungen gewesen, die ich in den letzten Wochen hatte treffen können. Natürlich liebte ich Ada, und heulte mich immer noch liebend gern bei ihr aus, wenn etwas nicht funktionierte, doch für das Brainstorming war Vicky um Welten besser. Wir hatten uns vor eineinhalb Monaten in einem Schreibforum kennengelernt, und irgendwie hatte es sofort klick gemacht. Seither trafen wir uns mindestens einmal in der Woche zum virtuellen Co-Working, weil sie leider in Wick wohnte, einer kleinen Hafenstadt ganz im

Norden Schottlands. Aber wir hatten bereits Pläne geschmiedet, einander zu besuchen.

»So langsam findest du an den Suspense-Elementen doch gefallen, hm?«, sagte Vicky mit einem breiten Grinsen und fuhr sich durch die fingerbreit langen Haare, die nur erahnen ließen, dass sie vermutlich hellbraun waren. Vickys Genre-Vorliebe war Romantic-Thrill, und nachdem ich ihre beiden selbst veröffentlichten Romane gelesen hatte, war ich Feuer und Flamme, mich langsam darin einzuarbeiten. Hoffentlich würde das meine Leserschaft ebenso freuen.

Ich lachte. »Sehr gut möglich. Und vielleicht bekomme ich dich im Gegenzug dazu dann mal zu einer Rom–«

Es klopfte an der Tür, und ich hielt inne. »Warte mal kurz.«

Ich machte Kamera und Ton aus und ging zur Tür, an der Jesper stand, der sich offenbar mit meinem Schlüssel selbst hineingelassen hatte.

»So ungern ich euer Schreibtreffen unterbreche«, sagte er und schloss mich in die Arme. »Wir müssen langsam los. Sonst kommen wir noch später.«

Oh verdammt. In meiner Euphorie hatte ich die Zeit vollkommen vergessen.

»Wenigstens bin ich schon umgezogen«, sagte ich halb entschuldigend und deutete an mir herunter, auf die schwarze Jeans und die dunkelgrüne Bluse. Jesper legte eine Hand unter mein Kinn und küsste mich sanft.

»Du siehst hübsch aus«, murmelte er gegen meine Lippen und entlockte mir damit ein Grinsen.

»Ich verabschiede mich kurz von Vicky, dann können wir los«, erwiderte ich und stahl mir noch einen zweiten, kurzen Kuss. »Du musst mir gleich unbedingt erzählen, wie euer Termin gelaufen ist.«

Ehe Jesper noch etwas sagen konnte, hastete ich zum PC,

schaltete Kamera und Ton wieder an und wurde von Vickys Zungenpiercing begrüßt. Wann immer ich unsere Sessions kurz unterbracht, zog sie so lange Grimassen, bis ich wiederkam.

»Tut mir leid wegen der hektischen Verabschiedung, aber ich muss leider los«, sagte ich rasch. »Aber nächsten Mittwoch sehen wir uns wieder?«

»Auf jeden Fall. Hab einen schönen Abend!« Sie winkte euphorisch in die Kamera, und wir beendeten den Call. Hastig schnappte ich mir meine Tasche von der Garderobe und verstaute Handy und Schlüssel darin, ehe ich in ein Paar traumhaft schöner dunkelgrüner Sandalen schlüpfte. Jesper, der bereits fertig angezogen an der Tür stand, musterte mich mit einem Schmunzeln.

Da wir ohnehin schon zu spät waren, nahmen wir den Bus bis zur Prince Street, bis wir zu dem kleinen Pub gelangten, in dem die anderen ziemlich sicher bereits warteten. Vermutlich sogar Amira, die bei allen Treffen sonst immer die Letzte war, weil Zeitgefühl bei ihr faktisch nicht vorhanden war. Doch ganz gleich, wie oft ich Jesper auf der Strecke nach seinem Termin fragte, wollte er einfach nicht mit der Sprache herausrücken. Vermutlich weil er es den anderen sonst noch einmal erzählen musste.

»Mein Dad hat mich heute noch angerufen«, sagte er stattdessen.

»Oh?«, machte ich nur, weil Jesper den Kontakt zu seinen Eltern nach ihrem letzten Gespräch ziemlich zurückgefahren hatte. Gut, genau genommen nicht nach dem letzten Gespräch, sondern eine Weile danach, als er allmählich angefangen hat, die Zahlungen an sie einzustellen und keine Rechnungen mehr für sie zu begleichen. Denn das war auch der Moment gewesen, in dem sie ihn mit Anrufen überschüttet hatten. »Was wollte er?«

»›Reden‹.« Jespers Tonfall war ein einziges Paar Anführungszeichen. Also ging es doch wieder um Geld.

»Und ... willst du *reden*?«, fragte ich vorsichtig und griff nach seiner Hand. Nach allem, was er für sie getan hatte, und nach dem, wie sie ihn behandelt hatten, fiel es ihm noch immer schwer, ihnen nicht zu helfen. Kinsey hatte ihm geraten, ihre Nummern zu blockieren, doch das brachte er nicht übers Herz. Und irgendwie verstand ich auch, warum.

Er schüttelte den Kopf, verschränkte seine Finger mit meinen. »Nein. Nicht so.«

»Es ist die richtige Entscheidung«, wisperte ich sanft, und er lächelte.

»Ich weiß.«

»Na endlich«, hörten wir Harveys Stimme durch den Pub, nachdem wir eine halbe Stunde später eingetreten waren. »Wurde auch mal Zeit. Wir haben schon die wildesten Theorien aufgestellt, was euch davon abgehalten hat, pünktlich hier aufzutauchen.« Er wackelte suggestiv mit den Brauen, während Jesper nur die Augen verdrehte und sich zwischen Harvey und Will setzte.

»Irgendjemand hat sich mit seiner Schreibpartnerin verquatscht«, sagte ich und schob noch ein »Sorry« hinterher, als ich auf dem freien Stuhl neben Amira Platz nahm. Es war wirklich die Hölle gewesen, in der Urlaubszeit einen Termin zu finden, zu dem endlich einmal unser kompletter Freundeskreis Zeit hatte.

»Ich versteh schon«, sagte Harvey mit einem theatralischen Seufzen. »Jetzt, da Jesper faktisch arbeitslos ist, musst du euch schließlich mit zwei Jobs über Wasser halten.«

»Ich habe mittlerweile auch einen Job«, klinkte sich Kinsey ein und wandte sich dann mit leuchtenden Augen an mich. »Was habt ihr besprochen?«

»Das ist noch streng geheim.« Grinsend legte ich einen Finger an die Lippen. »Aber wenn die Rohfassung fertig ist, darfst du sie als Allererste lesen. Das kann allerdings noch etwas dauern. Ich muss mich vom letzten Manuskript erst mal erholen.«

Dessen Deadline ich gerade so geschafft hatte.

»Und nur zu deiner Info«, begann Jesper und tippte mit dem Zeigefinger direkt vor Harvey auf den Tisch. »Cody und ich haben Mr Farah mit unserem Konzept und dem Prototypen so beeindruckt, dass er für nächste Woche einen Termin mit seiner Chefin, Mrs Heyden, vereinbart hat. Sie leitet die Kulturstiftung und hat großes Interesse an einer Zusammenarbeit. Wenn wir sie überzeugen können, dann finanziert sie unsere Arbeit für die nächsten drei Jahre. Dann müssten weder Cody noch ich irgend-welche Projekte nebenher machen.«

»Also bist du de facto doch nicht arbeitslos?«, erwiderte Harvey mit einem breiten Grinsen.

»Nicht ganz. Ruhig schlafen werde ich erst können, wenn Mrs Heyden zugestimmt hat, aber es ist der erste Schritt.«

Ich stieß ein Schnauben aus. »Ein bisschen mehr Optimismus bitte.«

»Sagt diejenige, die sich wegen des Vorstellungsgesprächs bei EmpowerIT verrückt gemacht hat«, sagte Jesper mit diesem Ausdruck, der sehr deutlich machte, dass er glaubte, diese Diskussion gewonnen zu haben.

»Das war etwas völlig anderes«, hielt ich – zugegeben, ziemlich schwach – dagegen.

»Und? Am Ende hast du den Job trotzdem bekommen. So wie ich es dir gesagt habe.«

»Und du wirst die Finanzierung bekommen. So wie ich es gesagt habe.«

»Ich vermisse euch beide ehrlich gesagt überhaupt nicht im Büro.« Will nippte fast schon stoisch an seinem Bier. »Es ist so viel ruhiger.«

»Wenn man von Samuels Wutanfällen einmal absieht. Aber

die muss hauptsächlich Sandy, seine arme Sekretärin, ausbaden.«
Harvey zuckte mit den Schultern. Es gab Menschen, die würden
sich nie ändern, und Samuel, in seiner Art, mit Frauen umzugehen, stand ganz oben auf der Liste. »Aber zumindest wird Ethan
da keine Karriere mehr machen, nachdem er die Sache mit dem
Influencer-Webshop an die Wand gefahren hat. Samuel hat ihn
mitten im Büro so zusammengefaltet, dass ich an seiner Stelle
sofort gekündigt hätte. Aber bisher taucht er noch brav auf. Keine
Ahnung, ob er hofft, wieder in Samuels Gunst zu gelangen, aber
die anderen Devs haben keinen Bock mehr auf seine Gesellschaft,
so wie er sie behandelt hat.«

»Manchmal ist es mir ein einziges Rätsel, wie dieser Laden
überhaupt noch laufen kann«, sagte Will und schüttelte kaum
merklich den Kopf. Er und Harvey waren mittlerweile auch auf
der Suche nach neuen Jobs und mitten in einigen Bewerbungs-
prozessen. Auch wenn ich Ethan hinter mir lassen wollte, kam
ich nicht umhin, ein klein wenig schadenfroh zu sein. Und erleichtert, denn die Wahrscheinlichkeit, dass Ethan eines Tages bei
EmpowerIT auftauchte, war so verschwindend gering.

»Nächste Woche bist du wieder in London, oder?«, fragte
Diana, die mittlerweile dahin umgezogen war und in Edinburgh
gerade ihre Eltern besuchte. Im Gegensatz zu mir konnte sie ihren Job als Backoffice-Managerin nicht komplett remote erledigen. Doch die Chance auf einen Neustart in einer anderen Stadt
schien ihr gerade recht gekommen zu sein.

»Jap«, bestätigte ich. »Eine ganze Woche.«

»Yes! Pünktlich zum Whisky-Tasting.«

Das Whisky-Tasting – eigentlich *Whisk(e)y-Tasting*, weil
wir einige Iren im Unternehmen hatten, die auf ihre eigen-
tümliche Schreibweise bestanden – war eine Veranstaltung von
EmpowerIT und einfach ein gemütlicher Abend im Büro, der
die perfekte Möglichkeit bot, sich auch mal privat zu unterhalten.

»Weswegen, glaubst du, komme ich nächste Woche?«, erwiderte ich lachend. Mick und Amira, aber auch Jesper hatten mich darin bestätigt, mich nicht so zu vergraben, insbesondere weil ich meine neuen Kollegen und Kolleginnen dieses Mal auch wirklich kennenlernen wollte. Also fuhr ich einmal im Monat für eine Woche nach London. Und auch wenn mir die Stadt immer noch zu voll und trubelig war, hatte ich sie mittlerweile zu schätzen gelernt. Ebenso oder eher hauptsächlich, weil ich mein neues Team unheimlich gern mochte. Genauso wie die Aufgaben und die ganze Atmosphäre. Ich hatte keine Ahnung, wieso ich so lang gebraucht hatte, um zu erkennen, dass ich nicht alles ertragen musste, um weiterzukommen. Das ich nicht schwach war, weil ich mir eine bessere Lebenssituation geschaffen hatte.

Ich griff über den Tisch hinweg nach Jespers Hand, der etwas zu Will gesagt hatte, den Kopf dann aber zu mir drehte und lächelte. Dieses Lächeln, das ich so liebte.

Danksagung

Ich erinnere mich noch ziemlich gut daran, wie ich meiner Agentin die Idee von Fallon und Jesper im Frühjahr 2023 gepitcht habe, weil ich unbedingt einen Roman mit IT-Bezug schreiben wollte. Eileen war sofort Feuer und Flamme dafür, und nun, ungefähr 1 ¼ Jahre später, darf ich diese Danksagung tippen. Vielen Dank, dass du an die Idee geglaubt hast.

Ein riesengroßes Dankeschön an meine smarten Cookies Ayleen, Ilka und Rebekka. Ich liebe es, wie wir uns gegenseitig anfeuern und unterstützen. Übrigens ist es Ayleen zu verdanken, dass Fallon beim Schreiben der spicy Szenen Chilischoten-Socken trägt.

Vielen Dank an Sina und Vanessa für euren großartigen Input. Ich hoffe, euch gefällt, was ich am Ende daraus gemacht habe.

Vielen Dank an Jasmin, Jara und den Moon Notes Verlag. Die Zusammenarbeit mit euch hat so unfassbar viel Spaß gemacht, weil ich genau wusste, dass Fallon und Jesper bei euch in den besten Händen sind (auch wenn ich nicht damit gerechnet hatte, dass mein geliebter Wortwitz-Arbeitstitel tatsächlich bleiben darf).

Vielen Dank an meine Freund*innen und Familie. Eine Autorin zu kennen ist nicht immer einfach, gerade dann, wenn die Deadline näher rückt. Ab jetzt bin ich wieder besser erreichbar, wirklich (zumindest bis zur nächsten Deadline).

Und zu guter Letzt: Vielen, vielen Dank an DICH, liebe*r Leser*in. Ich hoffe, dass ich dir ein paar schöne Lesestunden bescheren konnte und du vielleicht das ein oder andere aus der IT-Welt mitgenommen hast. ♥

Triggerwarnung

In diesem Buch finden sich folgende Themen, die triggernd wirken könnten:
– Mobbing am Arbeitsplatz
– Sexismus
– Frauenfeindlichkeit